JAHRBUCH
LITERATUR UND POLITIK
Band 7

Herausgegeben von
Heinz-Peter Preußer

Institut
für kulturwissenschaftliche
Deutschlandstudien
(IfkuD)
der Universität Bremen

REDAKTION
Andreas Ammann
David Marcel Gröger

Technik in Dystopien

Herausgegeben von
VIVIANA CHILESE
und
HEINZ-PETER PREUSSER

Redaktion
ANDREAS AMMANN
DAVID MARCEL GRÖGER

Universitätsverlag
WINTER
Heidelberg

Bibliografische Information der Deutschen Nationalbibliothek

Die Deutsche Nationalbibliothek verzeichnet diese Publikation
in der Deutschen Nationalbibliografie;
detaillierte bibliografische Daten sind im Internet
über *http://dnb.d-nb.de* abrufbar.

Gedruckt mit freundlicher Unterstützung der Sparkasse Bremen
und der Università degli Studi di Ferrara.

UMSCHLAGBILD

Titelgestaltung unter Verwendung einer Illustration
von © Martin Schulz · FGS Kommunikation Berlin.
Das Motiv zitiert das ›Auge‹ des Bordcomputers HAL 9000
aus Stanley Kubriks Film *2001: A Space Odyssey*. GB, USA, F 1968.

ISBN 978-3-8253-6100-6

Dieses Werk einschließlich aller seiner Teile ist urheberrechtlich geschützt. Jede Verwertung
außerhalb der engen Grenzen des Urheberrechtsgesetzes ist ohne Zustimmung des Verlages
unzulässig und strafbar. Das gilt insbesondere für Vervielfältigungen, Übersetzungen,
Mikroverfilmungen und die Einspeicherung und Verarbeitung in elektronischen Systemen.

© 2013 Universitätsverlag Winter GmbH Heidelberg
Imprimé en Allemagne · Printed in Germany
Druck: Memminger MedienCentrum, 87700 Memmingen

Gedruckt auf umweltfreundlichem, chlorfrei gebleichtem
und alterungsbeständigem Papier

Den Verlag erreichen Sie im Internet unter:
www.winter-verlag.de

Inhalt

Viviana Chilese und Heinz-Peter Preußer:
Technik in Dystopien. Eine Einleitung 7

I. GESELLSCHAFTSTECHNOLOGIEN

Wolfgang Krohn:
Von der *Instauratio Magna* zur Dystopia Magna?
Das endlose Experiment der gesellschaftlichen Modernisierung 31

Niels Werber:
Prey/Beute 47

Elena Esposito:
Die Selbst-Falsizifizierung der Technik und ihre Rätsel 63

Olaf Breidbach:
Über die Antizipation des Fatalen in der Wissenschaftsgeschichte 75

Heribert Tommek:
Das allgegenwärtige Lager und die gestische Stille.
Reinhard Jirgls dystopisches Raunen 93

II. MEDIEN- UND INFORMATIONSTECHNOLOGIEN

Andreas Böhn:
Informations- und Kommunikationstechnologien in literarischen und
filmischen Dystopien der Gegenwart: Schwarmintelligenz und *Ubiquitous
Computing* bei Philipp Kerr, Frank Schätzing und James Cameron 113

Dominik Orth:
‚Game Over' für den Fortschritt?
Überlegungen zur Rolle der Technik in dystopischen Computerspielen 121

Wolfgang Coy:
Daniel Suarez' kreative Zerstörung der Netzwerkgesellschaft 127

Peter Matussek:
Die vier Endspiele zwischen Utopie und Dystopie.
Untergänge und Übergänge in Zeit und Raum 133

Heinz-Peter Preußer:
Technik und Technikkritik im dystopischen Film 151

III. BIOTECHNOLOGIEN

Viviana Chilese:
Evolution 2.0 – Zur Utopie des vollkommenen Menschen
und ihrer dystopischen Kehrseite 177

Sigrid Graumann:
Genetische Gerechtigkeit? Zukunftsvisionen und die
Beurteilung neuer biomedizinischer Technologien 195

Dagmar Borchers:
Eine Welt ohne Ausbeutung –
Utopien und die Technisierung der Tier-Mensch-Beziehungen 209

Achim Geisenhanslüke:
Die verlorene Ehre der Mia Holl. Juli Zehs *Corpus Delicti* 223

André Steiner:
Neurowissenschaft in fiktionalen Dystopien 233

IV. ANHANG

Bildquellenverzeichnis 259
Bio-bibliografische Notiz:
Zu den Autorinnen und Autoren des Bandes 261
Personenregister 265

Viviana Chilese und Heinz-Peter Preußer

Technik in Dystopien. Eine Einleitung

Technik und Dystopie sollten, auf den ersten Blick, wenig gemein haben. In ihrer einfacheren Form ist die Technik so alt wie die Menschheit. Sie hat sich aber durch wissenschaftliche Forschung und die strukturierte Sammlung von Wissen erheblich entwickelt. Technik stützt sich auf Beobachtungen, Fakten, Beweise und Hypothesen und wird aufgrund der ihr zugrunde liegenden wissenschaftlichen Methoden als ernst zu nehmende menschliche Angelegenheit wahrgenommen. Sie bestimmt die Wirklichkeit des alltäglichen Lebens und immer mehr die Welt- und Selbstauffassung des Menschen. Dystopien sind hingegen ein relativ neues Phänomen. Sie sind Fantasiebilder von Schriftstellern oder Filmemachern, im Reich der Fiktion angesiedelt, und als solche werden sie gerne als Hirngespinste abgetan. Gemeinsam haben Technik und Dystopien, dass in ihnen eines der wesentlichen Merkmale des Menschseins zum Vorschein kommt: Im Hier und Jetzt existierend, greift der Mensch stets über die gegebenen Verhältnisse hinaus, um das Morgen mit seiner Schöpferkraft zu gestalten, um wünschenswerte, erwünschte oder unerwünschte Zukunftsperspektiven zu denken, ihnen vorzugreifen, sie zu prognostizieren und zu schaffen.

Die Fähigkeit, die jeweilige Wirklichkeit zu überschreiten und die Zukunft in Gedanken und Taten zu antizipieren und nach Möglichkeit zu gestalten, ist seit je der Motor für den endlosen Prozess der Kultur. Sie gewinnt aber erst in der Neuzeit an Relevanz, als sich der Mensch von der Idee eines religiösen oder mythologischen Ursprungs der kulturellen Ordnung verabschiedet und sich als Erfinder und Urheber derselben zu verstehen beginnt.[1] Sein neu gewonnenes Selbst- und Weltverständnis verdankt der Mensch vor allem den Erkenntnissen in den Naturwissenschaften, die bis zum 19. Jahrhundert auch das Erklärungs- und Orientierungswissen für die Literatur darstellen.[2] Mit der Forderung nach Autonomie in Literatur und Kunst trennen sich jedoch die fiktionalen Erklärungsmuster von den rational-wissenschaftlichen Konstruktionen. Der ungebrochene Fortschrittsglaube der Wissenschaft hinsichtlich der Zukunftserwartungen steht spätestens ab dem 20. Jahrhundert einer schleichenden Skepsis literarischer und filmischer Bearbeitungen gegenüber, die in der Zunahme dystopischer Erzählun-

---

[1] Vgl. Erik Zyber: *Homo utopicus. Die Utopie im Lichte der philosophischen Anthropologie*. Würzburg: Königshausen & Neumann 2007.
[2] Siehe Hans Esselborn: *Symbiose oder Ignoranz? Beziehungen zwischen Science Fiction, Wissenschaft und Technik am Beispiel der Erkundung des Weltraums*. In: *Neue Utopien. Zum Wandel eines Genres*. Hg. von Rolf Steltemeier, Sascha Dickel, Sandro Gaycken und Tobias Knobloch. Heidelberg: Manutius 2009, S. 36 – 54.

gen symptomatisch zum Ausdruck kommt. Zunehmend sind Zukunftsvisionen durch ein negatives Bild gekennzeichnet, in dem die Rolle von Technik und Technologie in gegenwärtigen Gesellschaften problematisiert wird. Anscheinend wird Technik in der Literatur oder im Kino immer weniger zur Problemlösung herangezogen, sondern gerät immer mehr zur Quelle von neuen Problemen.

Zur Konjunktur von Dystopien. Ein Erklärungsversuch

Wissenschaftlich systematisiertes Wissen – und seine Umsetzung – ist aufgrund seines Potenzials, das menschliche Leben in vielen Bereichen radikal zu verändern, schon immer ein Thema von Utopien und Dystopien gewesen. Entstanden sind Visionen, die entweder *eutopisch* im Sinne eines optimistischen Gegenangebots zu bestehenden Gesellschaften oder *dystopisch* als überhöhte und negativ gedeutete Entfaltung derselben konzipiert wurden. Schon das Buch, das der literarischen Gattung den Namen gegeben hat – *Utopia* von Thomas Morus –, ist ohne die Verankerung in der Sozialkritik an den Verelendungstendenzen im England des 16. Jahrhunderts kaum nachvollziehbar.[3] Und auch die als klassisch geltenden Dystopien – Samjatins *Wir*, Huxleys *Brave New World* und Orwells *Nineteen Eighty-Four* – lassen sich als Antworten auf den konsumfreudigen Kapitalismus – *Brave New World* – oder den auf Terror basierten Totalitarismus – *Wir* und *Nineteen Eighty-Four* – lesen. Gemeinsam haben diese erfahrungsfundierten Fantasiebilder, dass sie sich im Spannungsfeld einer Auseinandersetzung mit der Gegenwart bewegen, die des Öfteren in moralischen und nicht selten naiven Bewertungen ihrer soziopolitischen Mängel mündet.

Diese Tendenz bestimmt das Genre von seiner Entstehungszeit bis heute. Doch während bis zum Ende des 19. Jahrhunderts die Zukunftsentwürfe vorwiegend durch zuversichtliche Erwartungen und technologischen Fortschrittsglauben gekennzeichnet sind, haben heute schwarze Zukunftsvisionen, die Mängel der Gegenwart aufgreifen und diese in überhöhter Form in die Zukunft verlagern, erheblich zugenommen. Es reicht eine kurze Recherche im Internet, um die Behauptung zu überprüfen. Allein der Blog „dystopischeliteratur.org", der umfangreichste zum Thema dystopische Literatur im deutschsprachigen Raum, listet für die ersten zwei Jahrzehnte des 21. Jahrhunderts durchschnittlich 40 dystopische oder postapokalyptische Romane pro Jahr auf.[4] Das ist eine beachtliche Anzahl, vor allem wenn man bedenkt, dass in der gesamten zweiten Hälfte des 20. Jahrhunderts nicht annähernd so viele Dystopien erschienen sind wie in den letzten drei Jahren. Dystopien haben Konjunktur.

Historisch betrachtet könnte man meinen, das ‚Aufblühen' von schwarzen Zukunftsvisionen sei durch die Fakten der letzten zwei Jahrzehnte maßgeblich beeinflusst worden. Das Attentat auf die Twin Towers mit seiner medialen Insze-

---

[3] Richard Saage: *Zum Verhältnis von Individuum und Staat in Thomas Morus' „Utopia"*. In: *Utopie kreativ* (1997), Heft 86/87, S. 134–145.
[4] http://dystopischeliteratur.org/dystopien_liste/. Abruf am 10. 9. 2012.

nierung, die Finanzkrise mit der Schreckensvision eines Kollapses des ökonomischen Systems und nicht zuletzt die Naturkatastrophen mit den daraus resultierenden Technikkatastrophen scheinen dem utopischen Denken jenen fruchtbaren Boden endgültig entzogen zu haben, von dem es sich seit je genährt hat. Politisch ließe sich diese Tendenz unter anderem durch den Zusammenbruch des sozialistischen Blocks erklären, mit dem auch das Ideal einer kommunistischen Sozietät beerdigt wurde. Nicht von ungefähr bemerkt Joachim Fest 1991, dass der Zusammenbruch des Ostblocks auch das Ende des utopischen Zeitalters sanktioniert habe.[5]

Für den Politologen Francis Fukuyama stellt die politische Zäsur von 1990 die Zuspitzung einer Tendenz dar, die ihren Anfang in der Französischen Revolution nimmt und bis heute anhält. Der geschichtliche Prozess sei mit der Überwindung des extremen Liberalismus und des Totalitarismus an seinem Ziel – der liberalen Demokratie – angelangt und so die Utopie einer demokratischen Ordnung Realität geworden.[6] Zehn Jahre später revidiert Fukuyama seine These vom Ende der Geschichte, und dies bezeichnenderweise aufgrund der rasanten Entwicklungen in den Informationstechnologien und Humanwissenschaften: Solange Wissenschaft und Technik sich weiterentwickeln, werde auch der geschichtliche Prozess nicht zum Stillstand kommen.[7] Gerade der technologische Fortschritt, oder besser gesagt die Tatsache, dass primär die westlichen Demokratien Nutznießer des technologischen Fortschritts sind, ist hingegen für die Kritiker des zeitgenössischen Systems ein Indiz dafür, dass wir nicht in der ‚besten aller möglichen Welten',[8] sondern in einer real gewordenen Dystopie leben.[9]

Neben diesen politisierten Erklärungen für die Zunahme dystopischer Zukunftsvisionen finden sich in der Utopieforschung auch Interpretationsmuster, die diese Entwicklung im gewandelten Verhältnis zwischen Menschen und Technik und in der Krise des Fortschrittsgedankens situieren. Die raumbezogenen Utopien der Neuzeit hatten zwar der Wissenschaft und der Technik eine Sonderstellung innerhalb der idealen Staaten zugemessen, jedoch erst Bacons *Neu-Atlantis* stellt an die Naturwissenschaft die programmatische Forderung, die Natur zu unterwerfen

---

[5] Joachim Fest: *Der zerstörte Traum. Vom Ende des utopischen Zeitalters.* Berlin: Siedler 1991.
[6] Francis Fukuyama: *The End of History and the Last Man.* New York, NY: Free Press 1992.
[7] Francis Fukuyama: *Our Posthuman Future. Consequences of the Biotechnology Revolution.* London: Profile 2002.
[8] Dies die Begründung der *Theodizee* bei Leibniz. Die Formel wurde bereits von Voltaire ad absurdum geführt. Vgl. dazu Voltaire: *Candide oder der Optimismus.* In ders.: *Candide und andere Erzählungen.* Übers. aus d. Frz. von Liselotte Ronte und Ernst Sander. Gütersloh: Bertelsmann o. J. [1964?], S. 179 – 320, hier 182 und passim.
[9] Siehe Krishan Kumar: *Utopia and Anti-Utopia in Modern Times* [1987]. Oxford, Cambridge, MA: Blackwell 1991. *Utopias and the Millennium.* Hg. von Krishan Kumar und Stephan Bann. London: Reaction 1993. Vgl. Darko Suvin: *Theses on Dystopia 2001.* In: *Dark Horizons. Science Fiction and the Dystopian Imagination.* Hg. von Raffaella Boccolini und Tom Moylan. New York, NY: Routledge 2003, S. 187 – 201.

und sie in den Dienst des Menschen zu stellen.[10] Seit der Verzeitlichung des utopischen Konstrukts – das bedeutet seit Louis-Sébastien Merciers Roman *Das Jahr 2440* –[11] fungierten Wissenschaft und Technik zunehmend „als Mittel zur utopischen Zielsetzung, als Wegbereiter, als Voraussetzung der Überschreitung der Grenzen, die dem Menschen in Hic et Nunc (noch) gezogen sind".[12] Auch wenn bereits in Merciers Roman eine erstaunliche Sensibilität für die Gefahren der modernen Technik erkennbar ist,[13] bleibt das Vertrauen in Wissenschaft und Technik, die als eigentliches Fundament der neuen Gesellschaft betrachtet werden können, bei den Utopisten bis zum 20. Jahrhundert trotz entgegenwirkender Tendenzen ununterbrochen erhalten. Die markantesten Zeugnisse dieses Technik- und Fortschrittsoptimismus finden sich in Werken wie *A Modern Utopia* oder *Men like Gods* des englischen Schriftstellers Herbert George Wells,[14] in denen auf eigentümliche Weise das etatistische Gedankengut der klassischen Utopien mit einem enthusiastischen Fortschrittsglauben vermischt wird. Viele der Topoi der klassischen Utopien, die bereits im 18. Jahrhundert kritisiert wurden – der Verlust der Individualität, das Homogenitätsideal sowie die Isolation des utopischen Staates –, werden bei Wells durch die technologischen Errungenschaften abgeschwächt oder gar aufgehoben.

Nichtsdestoweniger sehen einige Utopiekritiker gerade in Wells' „blauäugigem Fortschrittsoptimismus" einen der Gründe für das Entstehen der ersten dystopischen Romane.[15] Vor allem Wells' Konzeption einer neuen Elite, die durch wissenschaftliche Erziehung gebildet wird und die dank ihrer Tugend auch die Gleichheit aller Menschen sichern sollte, wird zur Zielscheibe scharfer Kritik, da sie – wie beispielsweise in *A Modern Utopia* – über Mechanismen verfügt, die eine totale Kontrolle der Bürger durch die Technik ermöglichen. Neben dem bereits im

---

[10] Francis Bacon: *Neu-Atlantis* [*Nova Atlantis*, 1627]. Übers. aus d. Lat. von Günther Bugge. Hg. von Jürgen Klein. Stuttgart: Reclam 2003. Vgl. Richard Saage: *Politische Utopien der Neuzeit*. 2. Aufl. Bochum: Winkler 2000, S. 88 – 91. Siehe auch den Aufsatz von Wolfgang Krohn in diesem Band.

[11] Louis-Sébastien Mercier: *Das Jahr 2440. Ein Traum aller Träume* [*L'an deux mille quatre cent quarante. Rêve s'il en fût jamais*, 1771]. Übers. aus d. Frz. von Christian Felix Weiße. Hg. von Herbert Jaumann. Frankfurt/M.: Suhrkamp 1982.

[12] Martin Schwonke: *Vom Staatsroman zur Science Fiction. Eine Untersuchung über Geschichte und Funktion der naturwissenschaftlich-technischen Utopie*. Stuttgart: Enke 1957, S. 4. Siehe auch Uwe Fraunholz, Thomas Hänseroth und Anke Woschech: Hochmoderne und Utopie. In: *Technology Fiction. Technische Visionen und Utopien in der Hochmoderne*. Hg. von Uwe Fraunholz und Anke Woschech. Bielefeld: Transcript 2012, S. 11 – 24.

[13] Vgl. Saage, *Politische Utopien der Neuzeit* (Anm. 10), 171 – 176.

[14] Herbert G[eorge] Wells: *Jenseits des Sirius* [*A Modern Utopia*, 1905]. Übers. aus d. Engl. von Karl Reunert. Stuttgart: Hoffmann 1911. Herbert G[eorge] Wells: *Menschen, Göttern gleich* [*Men like Gods*, 1923]. Übers. aus d. Engl. von Paul Sonnenthal und Otto Mandel. Wien: Zsolnay 1993.

[15] Vgl. Saage, *Politische Utopien der Neuzeit* (Anm. 10), 295 – 324. Vgl. Stephan Meyer: *Die anti-utopische Tradition. Eine ideen- und problemgeschichtliche Darstellung*. Frankfurt/M.: Lang 2001, S. 287 – 293.

19. Jahrhundert erkennbaren Technik- und Fortschrittsskeptizismus, der in der wachsenden Abhängigkeit der Einzelnen von der Technik eine Schwächung der Autonomie des Individuums sah, wird nun im 20. Jahrhundert und verstärkt im 21. Jahrhundert die Anwendung der Technik als Mittel von Unterdrückung und Bedrohung hervorgehoben und die Möglichkeit der Entstehung eines neuen, besseren Menschentypus angezweifelt.[16] Die Beschleunigung des technischen Fortschritts in den zwei letzten Jahrzehnten scheint den Subjekten ihre Unzulänglichkeit immer stärker vor Augen zu führen, wie schon Norbert Elias erkannt hat.[17] Utopien werden nicht mehr allein als literarisches Genre gedeutet, sondern als „grundsätzliche Sinnform […], mit der Gesellschaften ihre Zukunft konstruieren"[18] – auch wenn sich das heute überwiegend negativ gestaltet.

Zum Dystopie-Begriff

Will man sich um eine Begriffsbestimmung für jene literarischen und filmischen Entwürfe bemühen,[19] die eine „negative Idealität der Sozialordnung" darstellen,[20] so stellt man zunächst fest, dass negative Gesellschaftsentwürfe an die Tradition des utopischen Denkens anknüpfen. Ob sie aber als "dystopia or inverted utopia or anti-utopia" bezeichnet werden sollen,[21] als Manifestation eines sich „mehr oder weniger stark artikulierende[n] Unbehagen[s] am Utopischen" zu interpretieren sind,[22] oder ob sie trotz aller negativen Züge weiterhin „an der Hoffnung auf eine bessere und vernünftige Gesellschaft festhalten"[23] und somit impliziert in die Tradition des utopischen Ideals einzuschreiben seien, bleibt offen.

Wie der bekannte Utopieforscher Richard Saage zeigen konnte, geht die klassische Tradition des utopischen Denkens seit der Neuzeit aus einer utopischen Sozialkritik hervor, deren Hauptaufgabe in der Benennung der Misere bestand, von

---

[16] Vgl. Saage, *Politische Utopien der Neuzeit* (Anm. 10), 324–330. Vgl. Norbert Elias: *Thomas Morus' Staatskritik*. In: *Utopieforschung. Interdisziplinäre Studien zur neuzeitlichen Utopie*, Bd. 2. Hg. von Wilhelm Voßkamp. Frankfurt/M.: Suhrkamp 1985, S. 101–150.
[17] Ebd., 148.
[18] Rolf Steltemeier, Sascha Dickel, Sandro Gaycken und Tobias Knobloch: *Einleitung*. In: *Neue Utopien*, Hg. Steltemeier u. a. (Anm. 2), 8–18, hier 9.
[19] Vgl. Meyer, *Die anti-utopische Tradition* (Anm. 15), 136 f. Früh bereits einschlägig ist Mark R. Hillegas: *The Future as Nightmare. H. G. Wells and the Anti-utopians*. Oxford, New York, NY: Oxford University Press 1967, S. 60, 63 f., 66, 68. Siehe auch Kumar: *Utopia & Anti-Utopia in Modern Times* (Anm. 9), 168. Zur relativ positiven Zeichnung von Technik auch in Wells' *Shape of Things to Come* vgl. ebd., 219 f.
[20] Hubertus Schulte Herbrüggen: *Utopie und Anti-Utopie. Von der Strukturanalyse zur Strukturtypologie*. Bochum-Langendreer: Pöppinghaus 1960, S. 117.
[21] Chad Walsh: *From Utopia to Nightmare*. London: Bles 1962, S. 14. Siehe auch Francesco Muzzioli: *Scritture della catastrofe*. Roma: Maltemi 2007, S. 34.
[22] Meyer, *Die anti-utopische Tradition* (Anm. 15), 11.
[23] Hans Esselborn: *Vorwort*. In: *Utopie, Antiutopie und Science Fiction im deutschsprachigen Roman des 20. Jahrhunderts*. Hg. von Hans Esselborn. Würzburg: Königshausen & Neumann 2003, S. 7–11, hier 8.

welcher der utopische Entwurf befreien sollte.[24] Auf der Basis realer Zustände gewann, Saage zufolge, die Fiktion eines „besten" Gemeinwesens an Bedeutung, da sie einerseits die Mechanismen von Ausbeutung, Unterdrückung und Ungleichheit höfischer Strukturen und frühkapitalistischen Privateigentums hervorhob und andererseits die Alternative einer gerechteren, auf Gemeineigentum basierenden gesellschaftlichen Ordnung präsentierte. Morus' kollektivierter Staat, der auf die Aufhebung des eklatanten Wohlstandsgefälles zielte und den Saage als Resultat einer Radikalisierung von Platons Idee des Gemeineigentums versteht,[25] wird zum grundlegenden Muster utopischer Entwürfe, dem – bei allen Unterschieden – auch spätere Utopisten wie Campanella[26] und Andreae[27] folgten. Die utopische Sozialordnung geht allerdings mit einem eigentümlichen Verständnis des Freiheitsbegriffs einher, bei dem die Interessen und Rechte des Einzelnen „der kollektiven Vernunft der Institutionen des idealen Gemeinwesens" untergeordnet sind.[28] Nicht das Stillen individueller Bedürfnisse oder die Entfaltung individueller Fähigkeiten stehen im Mittelpunkt der wohlfunktionierenden etatistischen Ordnungen, sondern die utopischen Entwürfe kehren die Idee der individuellen Freiheit um, indem sie im Verlust der Individualität die notwendige Voraussetzung für die Stärke und den Erhalt des etatistischen Staates sehen. Gemäß diesem Konzept kann man nur in einer Gemeinschaft wirklich frei sein, in der die Individuen ihre partikularen Interessen denen der Allgemeinheit unterwerfen.

Dass die klassischen utopischen Staatsgebilde eine *anti-egoistische* Bereitschaft der Menschen voraussetzen oder, wie bei den Utopisten seit der Aufklärung, ihr Funktionieren auf einem „neuen", durch Weisheit und Vernunft ausgezeichneten Menschentypus gründen,[29] stellt ein für die Utopie charakteristisches Signum dar, das bis in das 19. Jahrhundert hinein wirkt. Zum Ausdruck kommt dieser eigentümliche Freiheitsbegriff nicht nur in den gesellschaftlichen Beziehungen, in der *anti-individuellen* Tendenz und in der gerechten Verteilung von Ressourcen, sondern auch in der Homogenität der Kleider, in der Gleichförmigkeit architektonischer Bauten, sozialer oder politischer Strukturen oder in dem bis ins Detail festgelegten Tagesablauf der Bewohner.[30] Gerade diese *anti-individuelle* Gleichförmigkeit des utopischen Staates, die durch Isolation – ein beliebter Topos utopischer Staatsgebilde seit Morus – und starre Konzeption garantiert ist, wird spätestens ab dem 19. Jahrhundert zur Zielscheibe scharfer Kritiken. Zwar hatten die utopischen Ent-

---

[24] Vgl. Saage, *Politische Utopien der Neuzeit* (Anm. 10), 330.
[25] Ebd., 61–88.
[26] Tommaso Campanella: *La città del sole. Il manoscritto della prima redazione italiana (1602) e l'ultima edizione a stampa (1637)*. Hg. von Tonino Tornitore. Torino: Aragno 2008. Dt. *Die Sonnenstadt*. Übers. aus d. It. von Jürgen Ferner. Stuttgart: Reclam 2008.
[27] Johann Valentin Andreae: *Christianopolis* [1619]. Übers. aus d. Lat. und hg. von Wolfgang Biesterfeld. Stuttgart: Reclam 1975.
[28] Saage, *Politische Utopien der Neuzeit* (Anm. 10), 297.
[29] Ebd., 178 f., 257–259 sowie 314–317.
[30] Eine Ausnahme stellt Francis Bacons *Neu-Atlantis* dar. Siehe Saage, *Politische Utopien der Neuzeit* (Anm. 10), 70 f., auch 74.

würfe des 18. Jahrhunderts bereits viele der Grundannahmen der neuzeitlichen Utopien kritisiert und gegebenenfalls zu erneuern versucht, aber erst mit dem 19. Jahrhundert (mit Fourier, Cabet oder Hertzka) lässt sich ein Paradigmenwechsel innerhalb der Utopietradition registrieren, deren Hegemonie dann im 20. Jahrhundert durch die ‚schwarzen Utopien' der Samjatin, Huxley und Orwell verdrängt wird. Ihr erstes, auffallendes Charakteristikum besteht laut Saage darin, dass sie den Gegenstand ihrer Sozialkritik wechseln: „An die Stelle der Ausbeutungsmechanismen der realen Gesellschaften treten die des utopischen Gemeinwesens selbst."[31] Was in den Werken von Morus, Campanella, Andreae und ihren Nachfolgern wie ein Wunschbild präsentiert wird – sei es die Überwindung der Arm-Reich-Dichotomie durch ein etatistisches Gemeinwesen, sei es die Auflösung individueller Ansprüche für den Erhalt dieser etatistischen Ordnung, sei es die Abgeschiedenheit, die Rigidität oder die totalitäre Struktur der positiven Utopien –, wird in den negativen Utopien zum Signum eines Schreckensbildes, das sein Spezifikum in den unterschiedlichen Kontexten der jeweiligen Entstehungszeiten hat. Nicht von ungefähr stellt Norbert Elias fest, dass „die Häufigkeit von Furchtutopien im 20. Jahrhundert zum Teil auch mit Eigentümlichkeiten der literarischen Konvention zusammenhängt".[32]

Dieses Interpretationsmuster setzt die Visionen eines pervertierten Staates in direkte Verbindung mit der utopischen Tradition und versteht dementsprechend diese Schreckensentwürfe als Antwort auf die klassisch-neuzeitlichen Utopien. Während Saage und Elias diese Furchtbilder als ‚negative' oder ‚schwarze' Utopien bezeichnen und sie als Gegenbild der positiven Utopien betrachten, bevorzugen andere Forscher eine Unterscheidung, bei der die Utopie als Oberbegriff verstanden wird, der in eine positive und eine negative Subgattung unterteilt wird. Aus der im Englischen gegebenen Homophonie von *utopia* und *eutopia* wird der Begriff ‚Eutopie' (‚schöner Ort') abgeleitet und für die Benennung von positiven utopischen Entwürfen verwendet.[33] Die Bezeichnung der negativen utopischen Entwürfe ist hingegen breiter gefächert:[34] Huntemann spricht von „Mätopie",[35] Seeber und Schwonke bevorzugen den Begriff „Gegenutopie",[36] Gnüg verwendet „Warnutopie",[37] Schulte Herbrüggen und Esselborn benutzen „Antiutopie", während

---

[31] Ebd.
[32] Elias, *Thomas Morus' Staatskritik* (Anm. 16), 146.
[33] Siehe Georg Huntemann: *Utopisches Menschenbild und utopisches Bewußtsein im 19./20. Jahrhundert*. Diss. Erlangen 1953. Vgl. Hartmut Hirsch: *Von Orwell zu Ackroyd. Die britische Utopie in der 2. Hälfte des 20. Jahrhunderts*. Hamburg: Kovač 1998.
[34] Die Fülle der Literatur, die sich mit dem Themenfeld Utopien beschäftigt, kann hier nicht annähernd wiedergegeben werden. Einen lesenswerten und sehr aufschlussreichen Überblick findet man aber bei Meyer, *Die anti-utopische Tradition* (Anm. 15), 17–39.
[35] Huntemann, *Utopisches Menschenbild* (Anm. 33), 152 f.
[36] Hans Ulrich Seeber: *Bemerkungen zum Begriff der „Gegenutopie"*. In: *Literarische Utopien von Morus bis zur Gegenwart*. Hg. von Klaus L. Berghahn und Hans U. Seeber. Königstein/Ts.: Athenäum 1983, S. 163–171. Schwonke, *Vom Staatsroman zur Science Fiction* (Anm. 12).
[37] Hiltrud Gnüg: *Vorwort*. In: *Literarische Utopie-Entwürfe*. Hg. von ders. Frankfurt/M.: Suhrkamp 1991, S. 9–14.

Meyer die Schreibweise „Anti-Utopie"[38] wählt, und schließlich verwenden viele Kritiker auch den Begriff „Dystopie".[39] Unter all diesen Termini, die bestimmte Aspekte hervorheben und dementsprechend unterschiedlich definiert werden, haben sich die beiden letzteren weitgehend durchgesetzt und werden meistens synonym verwendet.

Eine Ausnahme bildet die Untersuchung von Stephan Meyer, die eine deutliche Trennlinie zwischen Anti-Utopie und Dystopie zieht.[40] Der Grund für diese Unterscheidung liegt für Meyer vor allem in der deutschen Übersetzung des Wortes: Die griechische Vorsilbe ‚dis-' entspricht dem deutschen ‚miss-'; das gesamte Konstrukt bedeutet ins Deutsche übertragen etwa ‚schlechter Ort' – was für Meyer den *zeitlichen* Charakter nicht zum Ausdruck kommen lässt. Aus diesem Grund bevorzugt er den Begriff ‚Anti-Utopie', der seiner Meinung nach am besten geeignet ist, die Phänomene der literarisch verkleideten Utopiekritik zu beschreiben. Gerade die Gründe, die Meyer für die Ablehnung vorbringt, scheinen uns hingegen entscheidende Faktoren für die Wahl des Begriffs der Dystopie. Abgesehen davon, dass auch mit dem Begriff Anti-Utopie der zeitliche Bezug verloren geht, haben sich die negativen Entwürfe in der Literatur und im Film der letzten Jahrzehnte weitgehend von den Mustern der traditionellen Utopien befreit. Die negativen Visionen bewegen sich zwar immer seltener innerhalb kollektivierter und totalitär anti-individueller Staatsstrukturen, jedoch bleibt der Bezug auf den „schlechten Ort" stets erhalten. In diesem Sinne schließen wir uns Aldridges Definition an, möchten allerdings die Dystopie als ein sich in Bewegung befindendes Genre verstehen:

> The dystopia is not merely 'utopia in reverse' as it has often been called, but a singular generic category issuing out of a twentieth-century shift of attitudes toward utopia. Dystopia is composed of unique qualities of imagination and sensibility – certain historically bound shifts of the social imagination – brought together not as a fictive philosophical tract, but in the form of the modern novel. However, the dystopian novelist, instead of recreating some fragment of the actual world, extrapolates form his concept of actuality in order to make a holistic framework, a complete alternative (inevitably futuristic) structure.[41]

---

[38] Schulte Herbrüggen, *Utopie und Antiutopie* (Anm. 20). Esselborn, *Vorwort* [zu *Utopie, Antiutopie und Science Fiction*] (Anm. 23), 36. Meyer, *Die anti-utopische Tradition* (Anm. 15), 31.
[39] So *The Quest for Utopia*. Hg. von Glenn Robert Negley und J. Max Patrick: New York, NY: Schumann 1952. *Utopia/Dystopia. Conditions of Historical Possibility*. Hg. von Michael D. Gordin; Helen Tilley und Gyan Prakash. Princeton, NJ: Princeton University Press 2010. Hirsch, *Von Orwell zu Ackroyd* (Anm. 33). Elena Zeißler: *Dunkle Welten. Die Dystopie auf dem Weg ins 21. Jahrhundert*. Marburg: Tectum 2008.
[40] Siehe Meyer, *Die anti-utopische Tradition* (Anm. 15), 26.
[41] Alexandra Aldridge: *The Scientific View in Dystopia*. Ann Arbor, MI: UMI Research Press 1984, S. IX.

Dystopie und Technologie heute

Obwohl der Begriff Dystopie über die Fachwelt hinaus kaum bekannt ist, hat das Genre schon längst in die Popkultur Einzug gehalten. Den eigentlichen Grund – die Warnung vor negativen Zukunftsentwicklungen – haben viele Dystopien verloren und sind in ihrer Wirkung einem wohligen Schauer gewichen und selbst vom Marketing und der Unterhaltungsindustrie okkupiert worden. Ihre Narrative sind zitierbar als Spielmarken in fiktiven Konstruktionen, die von den Rezipienten erkannt und dechiffriert werden. Sie rütteln nicht mehr auf, sondern bieten sich an zum ästhetischen Genuss. Dabei wurde die theoretisch projektive Dystopie von der Wirklichkeit in zum Teil ungeahnter Weise eingeholt und partiell übertroffen. Die Fernseh-Reality-Show *Big Brother* hatte international über Jahre Erfolg, und auch der direkte Verweis über die Namensgebung auf die gewalttätige Dystopie von *Nineteen Eighty-Four* führte nur bei einer Minderheit zum Nachdenken. Gleichwohl muss konstatiert werden, dass die gelebte und vermarktete reale Überwachung Freiwillige erfordert, die sich zur Aufhebung ihrer Privatsphäre entschließen – um damit Geld zu verdienen, bekannt zu werden und was der Anreize mehr sein mögen. In den Container kamen keine Gesellschaften, sondern Einzelne, die das Spiel spielen wollten.

Ein weiteres und frühes Beispiel für das Verwässern der Dystopien bietet sich gleichfalls am Gegenstand *Nineteen Eighty-Four*. In dem Jahr, das der Roman als Zukunftsentwurf beschreibt, zeigte die damals noch relativ kleine Firma Apple in der Halbzeitpause des Super Bowl einen Werbespot, der die marktbeherrschende Firma IBM als ‚Big Brother' inszeniert. Ein Heer hypnotisiert wirkender, willenlos im Gleichschritt agierender farbloser Menschen – wir kennen das Bild auch aus *Metropolis* –[42] wird von einer in Farbe dargestellten Athletin gerettet. Sie schleudert einen riesigen Hammer in den Bildschirm des ‚Big Brother' und zerstört so die Überwachungsmaschinerie samt der von ihr ausgehenden Unterdrückung.

Inzwischen hat sich das Spiel von David gegen Goliath aus der Werbung geradezu umgekehrt: Apple ist eines der erfolgreichsten und wertvollsten Unternehmen der Welt geworden. Die Firma hat es nicht nur geschafft, die Vision des Televisors oder Telescreens zu übertreffen – jeder trägt sein Überwachungsgerät inzwischen selbst in der Hosentasche –, sondern auch eine Marktmacht akkumuliert, die nun Regeln diktieren kann. Durch die Ausweitung des Geschäftsfeldes in die Unterhaltungsbranche entscheidet Apple indirekt, was mit seinen Geräten gekauft oder was darauf abgespielt wird, auch wenn das nicht immer beabsichtigt ist.[43] Da der App-Store die einzige offizielle Möglichkeit ist, Programme auf die Apple-Mobil-Geräte zu spielen, müssen sich alle Entwickler und Anbieter von Inhalten den Regeln dieses sogenannten *walled garden* unterwerfen. Aussortiert werden großflächig nackte Haut, politische Satire, kritische Auseinandersetzungen

---

[42] *Metropolis*. D 1927. Regie: Fritz Lang.
[43] Der Dienst iTunes Match tauschte versehentlich vorhandene Titel mit „anstößigen" Inhalten durch jugendfreie Versionen aus. Vgl. http://www.heise.de/mac-and-i/artikel/iTunes-Match-analysiert-1429969.html?artikelseite=2. Abruf am 19. 11. 2012.

mit den Produkten von Apple und alles, was das Geschäftsmodell der Firma gefährden könnte.[44]

Auch wenn man sich gelegentlich freuen mag, weil man den Ausschluss einiger Programme persönlich begrüßt, ist die Tendenz erschreckend: Von vielen unbemerkt, auf jeden Fall aber nicht von einer großen Welle der Entrüstung oder des Widerstands begleitet, entsteht, auf Basis des freien Marktes, eine allseits akzeptierte und gern genutzte Überwachungs- und Zensurinfrastruktur, als hätten Orwell und Huxley gemeinsam einen neueren Roman verfasst. Andere Akteure in diesem Spiel waren 1984 noch gar nicht gegründet, sind aber als würdige Nachfahren anzusehen: Paypal zum Beispiel zwingt Firmen, die ihre Dienste nutzen wollen, alle Produkte aus dem Sortiment zu entfernen, die nicht den Paypal-Regeln entsprechen. Darunter zählt das Unternehmen zum Beispiel bestimmte Bücher[45] oder kubanischen Rum,[46] der unter das US-Import-Embargo fällt. Auch politisch lässt sich mit der Marktstellung eines Unternehmens wie Paypal Einfluss nehmen.[47]

Die Gefahren, denen sich heutige Autoren von Dystopien gegenübersehen, sind weniger offensichtlich, und sie verlangen nach umfangreichen Erklärungen. In vielen Bereichen unseres Lebens ist die Pervertierung schon eingebaut. Aber – das muss hier nochmals wiederholt werden – der Zugriff auf den Einzelnen ist bei Weitem nicht so umfassend wie in der klassisch warnenden Dystopie. Es bedarf einer deutlichen Skandalisierung, um diesen Eindruck dennoch hervorzurufen. Und in den genannten Feldern ist der Entzug vor der universalen Beschattung immer noch möglich. Ilija Trojanow und Juli Zeh geben in ihrer Streitschrift *Angriff auf die Freiheit*, bei aller Tendenz zur Überzeichnung, doch den richtigen Hinweis. Es ist nicht zwingend, seine Daten im Netz und an der Supermarktkasse preiszugeben, sich allen Marktforschungsinteressen zu unterwerfen. Manches lässt sich schlicht ignorieren, anderes umgehen.[48] In jedem Fall gibt es eine kritische, zivile Öffentlichkeit, die gegen das Sicherheitsversprechen von Staaten und den Monopolanspruch von Unternehmen, Verfahren zu diktieren und das Individuum zu durchleuchten, eingefordert – sowie durchgesetzt – werden kann. Und gerade das Internet ist ein Mittel für diesen Einspruch.[49]

Trotzdem bleibt eine grundsätzliche Differenz zum ‚apokalyptischen Doppeljahrzehnt' bestehen, in dem die Erwartungsangst wohl ihren eindeutigen Höhe-

---

[44] Nur einige Beispiele für den Ausschluss von Programmen aus dem App-Store: http://www.handelsblatt.com/technologie/it-tk/mobile-welt/app-store-die-opfer-der-apple-zensur/6071112.html. Abruf am 19. 11. 2012.

[45] http://www.zdnet.de/41560893/paypal-rudert-bei-blockade-obszoener-e-books-zurueck. Abruf am 19. 11. 2012.

[46] *Kuba-Embargo halb durchgesetzt*. In: http://www.taz.de/!81168/. Abruf am 19. 11. 2012.

[47] Zur Sperrung der Spenden für Wikileaks: http://www.sueddeutsche.de/digital/streit-um-wikileaks-paypal-gibt-spenden-frei-1.1034135. Weitere Beispiele sind Legion: http://www.zeit.de/2012/32/Zensur-Apple-Facebook-Amazon-Google. Abruf am 19. 11. 2012.

[48] Vgl. Ilja Trojanow und Juli Zeh: *Angriff auf die Freiheit. Sicherheitswahn, Überwachungsstaat und der Abbau bürgerlicher Rechte*. München: Hanser 2009, S. 25 f., 74 f., 128 f., 138 f. und passim.

[49] Ebd., 124 f.

punkt erreicht – und deshalb inzwischen überschritten hat: In der Zeit nach dem Untergang können sich die Katastrophen nur noch perpetuieren.[50] Das ist eine Grunderkenntnis der Postmoderne. Die Bedrohung ist diffuser, weniger spektakulär, ungreifbarer geworden, als sie den Warnern und Mahnern zwischen 1970 und 1989 erschien. Man rechnet nicht mehr täglich, wie in den Zeiten des Kalten Krieges, mit dem Atompilz, den eine nukleare Bombe an den Himmel malt, und auch die Furcht vor dem totalitären System hat zumindest in Europa nicht mehr die elektrisierende Wirkung wie noch im alten Jahrtausend.

Die Verschränkung von Utopie, Dystopie und Technik in „The Island"

Weitgehend abgekoppelt aber von der tatsächlich empfundenen Bedrohung durch Technik arbeiten die Narrative weiter, setzen die bekannten Muster fort, verbinden und überkreuzen die einzelnen Motive, die in der Stoffgeschichte der großen Dystopien angesammelt wurden. Ausgerechnet ein primär unterhaltsamer Film für das große Publikum, Michael Bays *The Island*, hebt die inzwischen etablierten und zitierbaren Diskurse zum Thema Technik in Dystopien auf ein metatheoretisches Niveau. Hier lohnt ein kleiner Exkurs: Wir sehen in *The Island* eine sterile neue Welt, weiß und technisch grau-blau, wie schon bei *Things to Come* oder, zivilisationskritisch gedeutet, bei *THX 1138*.[51] Die Geschlechter leben und arbeiten getrennt, Liebe, körperliche Zuneigung und Sexualität sind strikt untersagt, wie im Film *1984*. Und wie beim Großen Bruder wird die Masse künstlich verdummt, über Entscheidungen und Zusammenhänge im Unklaren gelassen. Es gibt keine aufgeklärte Öffentlichkeit der Selbstverständigung – und keinen politischen Diskurs. Wie bei *Soylent Green* oder *Logan's Run* wird diesen abhängig Werktätigen, die uns seltsam unmündig erscheinen, eine Illusion vorgegaukelt,[52] ein Ziel gegeben, das es zu erreichen gilt für das individuelle Glück: die Insel. Naturgemäß ist das, seit Thomas Morus, der Unort, das Nirgendwo per se. Diese Insel soll, so die omnipräsente, großflächige Werbung – ähnlich bei *Total Recall* oder *Starship Troopers* –, der letzte nicht kontaminierte Bereich auf der Erdoberfläche sein, der mit den in einer Lotterie bestimmten Glücklichen neu besiedelt werde. Die Wartenden sind angeblich verstrahlte und erfolgreich dekontaminierte Überlebende einer effizient

---

[50] Zur Permanenz des Untergangs vgl.: *Apokalypse. Der Anfang im Ende*. Hg. von Maria Moog-Grünewald und Verena Olejniczak Lobsien. Heidelberg: Winter 2003. *Apokalyptik und kein Ende*. Hg. von Bernd U. Schipper und Georg Plasger. Göttingen: Vandenhoeck & Ruprecht 2007. Siehe außerdem Heinz-Peter Preußer: *Letzte Welten. Deutschsprachige Gegenwartsliteratur diesseits und jenseits der Apokalypse*. Heidelberg: Winter 2003.
[51] Vgl. *The Island*. USA 2005. Regie: Michael Bay. *Things to Come*. GB 1936. Regie: William Cameron Menzies. *THX 1138*. USA 1971. Regie: George Lucas.
[52] Vgl. *1984*. GB 1984. Regie: Michael Radford. *Soylent Green*. USA 1973. Regie: Richard Fleischer. *Logan's Run*. USA 1976. Regie: Michael Anderson. Siehe auch die entsprechende Episode über den weiblichen Klon Sonmi-451, die 2144 im koreanischen Neo-Seoul spielt – in *Cloud-Atlas*. D, USA, HK, SGP 2012. Regie: Tom Tykwer, Andy Wachowski und Lana Wachowski – hier mit direktem Bezug zum Film *Soylent Green*.

organisierten Postapokalypse, die faschistoide Züge annimmt, was uns auch aus *28 Days Later* bekannt ist.[53] Die Utopie der Insel legitimiert demnach die Dystopie einer gesellschaftlich strikten und telekommunikativ optimierten Diktatur. Das ist der Vorwurf, der utopischem Denken seit jeher vorgehalten wird. Erst durch die Projektion einer idealen Scheinwelt, die es zu erreichen gelte, wird der Zustand tatsächlicher Unterdrückung camoufliert. Die Idee der gerechten, natürlichen, gesunden Seinsweise macht die Diktatur erträglich: so auch in Bays Film.

Doch dann, schon fast in der Mitte des Narrativs, kippt die klare Konstruktion. Nichts ist, was es scheint. Die Legitimation des Wartezustands durch die Versprechung des Inseldaseins löst sich in einen großen Betrug auf. Die Erde ist nicht verstrahlt: Das ist eine Legende, die bewusstseinsfähigen Klonen implantiert wurde, um sie psychisch zu stabilisieren. Tatsächlich werden die Bewohner der unterirdischen Stadt als lebendes Ersatzteillager gezüchtet und anschließend verfügbar gehalten, bis ihre Auftraggeber das bestellte Produkt benötigen, etwa eine Austauschleber. Der ‚Produktträger' kommt dann unters Messer modernster Chirurgie und wird als Restkörper anschließend entsorgt. Das ist der nun wirklich dystopische Gehalt der Insel-Utopie. Auch solche Muster sind nicht neu seit Michael Crichtons Film *Coma* und Rainer Erlers *Fleisch*. Gebärende werden ebenfalls gleich nach der Entbindung zu Tode befördert, das Neugeborene den bestellenden Eltern übergeben. Das erzwungene Leihmutterprinzip kennen wir etwa aus *The Handmaid's Tale*.[54] Welche Rechte haben diese künstlich erzeugten Geschöpfe, welche Gefühle, welchen Intellekt? Fragen, die seit *Blade Runner* den Diskurs um die perfekten Androiden und die Klone beherrschen, etwa auch in *A. I. Artificial Intelligence*.

Das Böse ist, wieder einmal, nicht eine totalitäre Herrschaftsform, sondern der Geist des Kapitalismus – wie in der *Alien*-Reihe –, der Kreaturen zu leblosen Produkten erklärt, um sie, moralisch weniger belastet, verwerten und anschließend beseitigen zu können.[55] Das Szenario kennen wir, in unserer Gegenwart, als Tierethikdiskurs.[56] Dazu passt, dass die Klone, während der Wartezeit, ein Sport- und Ernährungsprogramm zu absolvieren haben, das wiederum dystopische Züge von Unfreiheit trägt, weil es gnadenlos kontrolliert wird. Von Filmen wie *Gattaca* sind die Muster vorgegeben. Die Bewusstseine werden zudem nahezu perfekt

---

[53] Vgl. *Total Recall*. USA 1990. Regie: Paul Verhoeven. *Starship Troopers*. USA 1997. Regie: Paul Verhoeven. *28 Days Later*. GB 2002. Regie: Danny Boyle.

[54] Vgl. *Coma*. USA 1978. Regie: Michael Crichton. *Fleisch*. D 1979. Regie: Rainer Erler. *The Handmaid's Tale*. USA, D 1990. Regie: Volker Schlöndorff.

[55] Vgl. *Blade Runner*. USA 1982. Regie: Ridley Scott. *A. I. Artificial Intelligence*. USA, GB 2001. Regie: Steven Spielberg. *Alien*. GB, USA 1979. Regie: Ridley Scott. *Aliens*. USA 1986. Regie: James Cameron. *Alien³*. USA 1992. Regie: David Fincher. *Alien: Resurrection*. USA 1997. Regie: Jean-Pierre Jeunet. Siehe dazu auch Heinz-Peter Preußer: *Arterhaltung, Hybridisierung, Verschmelzung. Das imaginierte Böse in den Alien-Filmen von Ridley Scott bis Jean-Pierre Jeunet*. In: *Anschauen und Vorstellen. Gelenkte Imagination im Kino*. Hg. von Heinz-Peter Preußer. Marburg: Schüren 2013 [im Erscheinen].

[56] Vgl. den Beitrag von Dagmar Borchers dazu im vorliegenden Band.

konditioniert und manipuliert. Das Vorbild ist seit *A Clockwork Orange* bis *The Matrix* geläufig.[57]

Hier soll es allerdings nicht primär um die Vernetzung der thematisch verwandten Filme gehen, nicht um wirkliche oder nur konstruierte intertextuelle Zitate: *The Island* ist deshalb ein – vielleicht unbewusster – Meta-Diskurs, weil er die Wissensgebiete so souverän verschränkt. Es sind zudem genau jene, die wir für dieses Buch als die grundlegenden ausgewiesen haben: Gesellschaftstechnologien, Medien- und Informationstechnologien sowie Biotechnologien. Und er bedient zudem die Verschränkung utopischer Projektionen mit der zivilisations- und kapitalismuskritischen Dystopie. Dass der Film abflacht, nachdem die beiden Protagonisten den wahren Zusammenhang der Dinge erkannt haben, und dann ein reiner Michael-Bay-Blockbuster wird, in dem es ordentlich krachen muss, ist naturgemäß bedauerlich, für unseren Befund aber nicht weiter relevant. Der Regisseur zeichnet auch für *Armageddon* und die *Transformers*-Filme verantwortlich.[58]

Optimistische Zukunftsprognosen – das Jahr 2057

Deutlich wird, nicht allein am besprochenen Mainstream-Film, wie nahezu ausschließlich die Dystopie das gemeinhin akzeptierte Zukunftsmodell grundiert. Will man dem ein „auf moderner Forschung basierendes, lebensbejahendes Szenario entgegen[..]stellen", wie dies Peter Arens, Leiter der Redaktion Kultur und Wissenschaft des ZDF für eine Dokufiktion-Reihe seines Senders und das zugehörige Buch fordert,[59] scheint man unwillkürlich zu den Naiven und unbedarften Optimisten zu zählen. Reichen uns denn die Organspenden-Skandale der großen Universitätskliniken in Göttingen, Regensburg und München nicht aus,[60] um uns für dystopische Narrative wie *The Island* empfänglich zu machen? – So könnte man fragen. Die Wissenschaftsfiktion hält dem die schöne neue Welt der Organdrucker entgegen.[61] Auch das menschlich reproduktive Klonen sei angeblich nur eine Frage der Zeit – trotz aller Verbote –, so wie auch Neuroimplantate im Gehirn bald therapeutisch eingesetzt würden, wenn nur „die Schnittstelle zwischen Mensch und

---

[57] Vgl. *Gattaca*. USA 1997. Regie: Andrew Niccol und den Beitrag von Sigrid Graumann im vorliegenden Band. Siehe dazu ebenfalls Juli Zeh: *Corpus Delicti: Ein Prozess*. Frankfurt/M.: Schöffling 2009 und den Beitrag von Achim Geisenhanslüke zu diesem Roman im vorliegenden Band. Weitere Filme: *A Clockwork Orange*. GB 1971. Regie: Stanley Kubrick. *The Matrix*. USA 1998. *Matrix Reloaded*. USA 2003. *Matrix Revolutions*. USA 2003. Regie in *Matrix 1 – 3*: Andy & Larry Wachowski.
[58] Vgl. *Armageddon*. USA 1998. Regie: Michael Bay. *Transformers*. USA 2007. *Transformers: Revenge of the Fallen*. USA 2009. *Transformers: Dark of the Moon*. USA 2011. Regie in *Transformers 1 – 3*: Michael Bay.
[59] Karl Olsberg, Claudia Ruby und Ulf Marquardt: *2057. Unser Leben in der Zukunft*. Hg. von Uwe Kersken und Sonja Trimbuch. 2. Aufl. Berlin: Aufbau 2007, Umschlag-Rückseite.
[60] Vgl. http://www.sueddeutsche.de/thema/Organspende-Skandal. Abruf am 17.11.2012.
[61] Olsberg u. a., *Unser Leben in der Zukunft* (Anm. 59), 48 f.

Maschine" so konfiguriert wird, „dass der Mensch die Kontrolle behält".[62] Lebensverlängernde Gentherapien gehören ebenso zum Programm[63] wie eine vollständig automatisierte Stadt, deren Verkehrsfluss, Warentransporte und Dienstleistungen komplex und universal vernetzt sind – mit intelligenter Kleidung, mitdenkenden Kühlschränken und Konferenzschaltungen für die Schulversorgung auf dem flachen Land: „unser Alltag wäre stressfreier und perfekt organisiert, bis zum ersten Anwendungsfehler, bis zum ersten Systemabsturz", weiß selbst unser Referenztext.[64] „Alles, was geht, steht oder fährt, kommuniziert über drahtlose Datenströme miteinander. Eine zentrale Schaltstelle hält alles zusammen."[65] Und mit dem Datenchip unter der Haut wird auch das Überwachungssystem perfektioniert – was, nach unserem AutorInnenteam, auch, ja fast nur positive Seiten hat, etwa beim ärztlichen Notfalleinsatz oder in der Verbrechensbekämpfung.[66]

Um den Klimawandel – der sich, „[u]nbestreitbar", gerade jetzt, „in diesem Augenblick" ereignet – wenigstens zu verlangsamen, müssen sich die Menschen nur ein wenig zusammenreißen. „Allerdings fehlt noch der rechte Wille" – um auf die alternativen, neuen Energiequellen zu setzen.[67] Auffällig ist in diesen Szenarien, wie wenig der klassische Stoff früherer Zukunftsprojektionen, das Ausgreifen des Menschen in den Weltraum, hier noch Thema ist. Eine Rückkehr zum Mond muss umständlich ökonomisch erklärt werden – etwa mit der Ausbeutung von Helium 3 für die Kernfusion. Oder man verteidigt solche Pläne wie die erneute bemannte Raumfahrt zum Erdtrabanten, weil nur so ein Status als Supermacht auch symbolisch bekräftigt werden kann. Schließlich möchten sich die USA und die NASA nicht demnächst von Indien oder China oder der ESA auf diesem Feld überholen lassen.[68] Dabei gibt es seit fast vierzig Jahren kein Fluggerät mehr, das allein die Strecke zum Mond bewältigen und Menschen heil dorthin und wieder zurück bringen könnte. Auf diese nüchternen Fakten geht unser Zukunftsführer nicht ein. Leicht verzagt hingegen werden „die tödlichen Effekte einer Reise durchs All" – etwa zum Mars – konstatiert.[69] So, wie auch die Dystopien weniger grandios ausfallen oder nur als narrative Muster noch tradiert werden, fehlt auch der positiven Skizze der große Wurf.

Kein Projekt, das über die Optimierung des Hier und Jetzt und die Funktionalität der Abläufe hinausginge. Und gerade diese Perfektionierungen kann man, im

---

[62] Ebd., 53, 57, vgl. 186.
[63] Ebd., 66 – 69, hier 67 insb.
[64] Ebd., 107, vgl. 114, 108.
[65] Ebd., 112.
[66] Ebd., 124, 123.
[67] Ebd., 170 f., 173. Das Methanhydrat am Meeresboden, eines der größten Reservelager zur Energieerzeugung weltweit, wird in seiner negativen Wirkung als Klimaschädling hier nicht weiter thematisiert. Vgl. ebd., 172 f.
[68] Ebd., 182 f.
[69] Ebd., 184. Etwas ironischer fasst das der Führer von Werner Küstenmacher: *Reisen zum Mond* [*Vorbereitung, Anreise, Leben auf dem Mond*]. 8. Aufl. Unterfischach: Koval 2000, mit den Kapiteln: *Die Registrierung, Trainingslager, Take-off, Im All, Auf dem Mond* und *Ausflüge*.

Gegenzug, jederzeit wieder als eine konkrete Dystopie verstehen. „Für die Einschätzung neuerer Entwicklungen kann die Rückschau auf die Geschichte unserer Zivilisation oft hilfreich sein: Sie nimmt manch einer Zukunftsprognose den Schrecken oder identifiziert deutlich den Fortschritt. Sie zu ignorieren wäre fatal", heißt es abschließend in unserem Reiseführer zur Zukunft.[70] Das gilt, könnten wir hier behaupten, aber ebenso gut für die Katastrophengeschichte, die einst Walter Benjamin seinen geschichtsphilosophischen Thesen zugrunde legte – nach der Erfahrung zweier Weltkriege und des Holocaust. Die Dystopie hätte dann immerhin den Sinn, an die Opfer zu erinnern, die der Geschichtsprozess – einschließlich der Technologieentwicklung – bislang schon gefordert hat. In der neunten These beschreibt Benjamin, ausgehend von einem Bild Paul Klees mit dem Titel *Angelus Novus*, den Engel der Geschichte, der auf die Vergangenheit blickt, die Verwüstung heilen und sich den Opfern zuwenden möchte, aber er wird von einem Sturm in die Zukunft gerissen, der vom Paradies her weht – und gemeinhin Fortschritt heißt.[71]

Gesellschaftstechnologien

Technik ist nicht allein das Werkzeug, das eine intelligente Spezies gebraucht, um sich die Natur zum Objekt des eigenen Herrschaftsinteresses zu machen, sondern auch eine Verfahrensweise zur Organisation von Gesellschaften. Es ist evident, dass auch und gerade hier Utopien und Dystopien angesiedelt sind. Wir eröffnen unseren Band darum mit Fragen zur und an die Sozietät, genauer zu den *Gesellschaftstechnologien*. Gerade weil alle Technikverwendung – im eingeschränkten Sinne des Werkzeuggebrauchs – letztlich gesellschaftliche Folgen zeitigt, scheint uns ein erster Blick in die Technik der Gesellschaften selbst sinnvoll. Wolfgang *Krohn* geht zurück auf Francis Bacon und dessen Hauptwerk der *Instauratio Magna*. Nicht Max Weber mit seiner Idee zunehmender Rationalisierung aller gesellschaftlichen Bereiche bietet nach Krohn das Modell für unsere basale Moderneerfahrung, sondern das Experiment Bacons, hier nicht allein verstanden als Bedingungsnotwendigkeit gesicherter Erkenntnis, sondern als Modell für Risiko, für Verlust und Belohnung, für Missglücken und Gelingen. Alles unterliegt der Kontingenz der Anfangs- und Randbedingungen. Das Experiment schließt den Zufall und die Überraschung ein – es ist grundsätzlich ambivalent und „suggeriert eine Welt auf Probe", dabei aber ist es zugleich autonom: „Das Laboratorium gilt als ein institutioneller Raum, in dem die Forschung ihren Geschäften nachgehen kann, ohne die Außenwelt zu belasten und von dieser belastet zu werden." Die Rationalisierung hingegen sieht alle Entwicklung als planbar und berechenbar voraus. Gesellschaften der (auch beginnenden) Moderne hingegen sind experimentell angelegt und strukturell offen. Erst mit der Industrialisierung seit dem 19. Jahrhundert wird

---

[70] Olsberg u. a., *Unser Leben in der Zukunft* (Anm. 59), 186.
[71] Vgl. Walter Benjamin: *Über den Begriff der Geschichte*. Zugleich ders.: *Werke und Nachlass – Kritische Gesamtausgabe*, Bd. 19. Hg. von Gérard Raulet. Berlin: Suhrkamp 2010.

dieser Horizont negiert, weil auch die Kultur und die Gesellschaft insgesamt an die industrielle Dynamik angeschlossen werden. Das ist, so der Autor, „die dystopische Erfahrung im Modernisierungsprozess".

Niels *Werber* zieht diese Grunderfahrung in die Projektionen von Zukunft aus, die sich der Metaphorisierungen von Ameisengesellschaft und Schwarmintelligenzen bedienen. Modellbildend für Dystopien war die Entomologie sozialer Insekten aus den 1930er Jahren, die Ameisen, Bienen, Termiten oder Wespen untersuchen, die in ‚Staaten' organisiert sind – und deren literarische Ausgestaltung. Epistemologisch aufgeladen ist auch ein Roman von 2002, der „Modelle sozialer Insekten als Medium gesellschaftlicher Selbstbeschreibung und kulturkritischer Reflexion" nutzt: Michael Crichtons *Beute/Prey*. Das Grundkonzept ist das der simplen Agenten, die erst durch den Zusammenschluss, durch Verschaltung, komplex werden und dadurch eine Schwarmintelligenz ausbilden. In der Konvergenz von Nano-, Computer- und Biotechnologie beschreibt die Narration die Selbstorganisation selbstlernender, robuster Systeme solcher einfachen Einheiten, deren Emergenz und künstliche Evolution. Nanobots stellen organische, gentechnisch erzeugte *Assembler* her, die vernetzt sind und untereinander drahtlos kommunizieren. Diese Kollektive kennen keinen Anführer, besitzen keine Hierarchie, haben kein Kommandozentrum und sind doch auf Beute aus, die sie aufspüren und überwältigen: denn die Nanobots benötigen Bakterien, die wiederum Biomasse brauchen für die eigene Reproduktion. In der Kette der potenziellen Versorger wird letztlich auch der Mensch zur Beute der von ihm programmierten, aber selbstorganisierenden und autoreplikativen Nonobots.

Elena *Esposito* untersucht nicht das vordergründige Scheitern, sondern die Selbst-Falsizifizierung der Technik und deren Rätsel. Die Debatte über die Folgen der Technik habe neuerdings eine neue Dimension angenommen, die sich nicht so sehr auf Fehler oder Fehlfunktionen bezieht, sondern auf die negativen Auswirkungen des korrekten Funktionierens. Insbesondere in Bezug auf innovative oder hochkomplexe Techniken betreffen die befürchteten Schäden häufig Fälle, in denen gerade die korrekte Anwendung einer Technik zu negativen Konsequenzen führt. Außerhalb des Bereichs der Hochtechnologien ist ein besonders offensichtlicher Fall die Verwendung von formalisierten Modellen des Risiko-Managements in den Finanzmärkten, die zu einer unkontrollierten Multiplikation der Risiken führte. Wie könnte der Begriff von Technik revidiert werden, um diese Schwierigkeiten zu vermeiden? Kann er mit Elementen von Reflexivität integriert werden, die es ermöglichen, auch zirkuläre Lagen und zeitliche Loops zu berücksichtigen – so fragt unsere Autorin.

Auch Olaf *Breidbach* analysiert einen Seitenstrang unserer Thematik, wenn er von der Antizipation des Fatalen in der Wissenschaftsgeschichte handelt. Utopien wie die von Morus oder Karl Marx zielten noch projektiv auf Zukunft, die zu gestalten war. Aber der heutige Spielraum dessen, was wir entwerfen können, wird immer kleiner: wie die Welt, die wir bewohnen. Die Moderne ist bescheiden geworden – und aus dem Bewusstsein dieser Limitationen gelangt man schnell von der Utopie zur Dystopie. Alle noch möglichen Handlungen erscheinen ineinander verflochten; der Grad der Vernetzungen macht grundlegende Kurskorrekturen schwierig und vor allem: behäbig. Das Machbare verkommt zu Variationen des Möglichen, die Freiheit des Einzelnen ist allein im Rahmen des gesellschaftlichen Konsenses zu realisieren et cetera. ‚Alternativlos' war das Schlagwort der Kanzlerin Angela Merkel und zugleich Unwort des Jahres 2010;[72] faktisch ist es nur ein Synonym für das Fatale der Selbstregulierungen in der Politik – wie in der Wissenschaftsentwicklung gleichermaßen. Die natürliche Welt ist nicht mehr das unbekannte Gelände, das erkundet und erobert werden will; sie ist eine schon ausgebeutete und in ihren Ressourcen begrenzte Region, die verantwortlich verwaltet werden will. Unsere Utopien sind damit nur noch Variationen des Bekannten: Doch gelte es, so unser Autor, Korridore zu finden „zwischen den Möglichkeiten des Fatalen".

Heribert *Tommek* zeigt uns anhand von Reinhard Jirgls Romanen eine gegenwärtige Dystopie. Totalitäre Machtkonstellationen, die auch ein Foucault hätte beschreiben können, kennzeichnen die erzählte Welt, deren Ursprünge jedoch im Vagen verbleiben. Und wie bei Benjamin ist Geschichte eine Verkettung von Katastrophen. Jirgls Figuren sind „‚gespenstische' Existenzen, die ihren Daseinsgrund, ihre Identität und Heimat im ‚Katastrophenjahrhundert' verloren haben, geprägt von „Verrat, Demütigung, Exklusion, moralischem Verfall, Schuld und Einsamkeit". Sie sind „zeitlos ‚Vertriebene', die sich in einem unendlichen ‚Treck', auf ‚Verladerampen' und in provisorischen ‚Lagern' befinden". Das gilt vor allem für den Roman *Die Unvollendeten* aus dem Jahr 2003. Adornos Kritik der Kulturindustrie wird hier verschränkt mit Baudrillards universaler Simulation und Flussers Medientheorie. Heimat verkommt, in diesem durchweg pessimistischen Bild und in der antimodern zivilisationskritischen Weiterführung Spenglers, zur Beute einer globalisierten Welt, die alle Differenz aufsaugt. Die Zivilisationsentwicklung wird vor allem technizistisch begriffen als Verlagerung vom Menschen als Subjekt zur Funktion. Nach dem Ende aller Utopien sei der technische Diskurs die letzte totalisierende, rein funktionale Utopie, der sich die Menschen unterwerfen. Wie bei Heidegger verbleibt für den verwalteten Menschen als Ort nur das ‚technische Gestell' und die „Angsterfahrung vor der Leere des Maschinen-Daseins".

Medien- und Informationstechnologien

Der zweite Teil unseres Buches geht auf Medien- Informations- und Kommunikationstechnologien ein. Andreas *Böhn* beleuchtet deren Erscheinungsformen in literarischen und filmischen Dystopien der Gegenwart. Der Gebrauch von Technik unterscheidet den Menschen von der Natur und setzt ihn zugleich zu ihr in Beziehung. Manche Formen von Technik wie etwa die Bionik umspielen diese prekäre Grenzlinie in augenfälliger Weise, andere machen wir uns durch Metaphern wie etwa ‚Schwarmintelligenz' anschaulich, die aus der Natur entlehnt und

---

[72] http://www.spiegel.de/kultur/gesellschaft/sprachkritik-alternativlos-ist-das-unwort-des-jahres-a-740096.html vom 8. 1. 2011. Abruf am 28. 10. 2012.

deshalb scheinbar vertraut sind. Einige Technik-Utopien suggerieren uns gar einen erneuten Einklang mit der Natur, doch haben fiktionale Gestaltungen schon relativ früh Dystopien entworfen, in denen eine intelligente Umgebung im Rahmen ihres eigenen organizistischen Weltbilds die Menschen als Fremdkörper und Krankheit auffasst und eliminiert, hier insbesondere das *Ubiquitous Computing* in Philip Kerrs *The Gridiron* (1995). Die nicht-individuelle, netzartige Intelligenz, die hier entworfen wird, kehrt in Schätzings Thriller *Der Schwarm* (2004) als kollektives Naturwesen wieder, das der Menschheit den Krieg erklärt und dem die menschliche Technik nicht gewachsen ist. Die Logik, dass in der Natur die bessere Technik zu finden sei, die den einzigen utopischen Ausweg aufzeige in einer durch gewinnorientierte Technik verursachten Dystopie, wird schließlich in James Camerons Film *Avatar* (2009) auf die Spitze getrieben.

„Game Over" für den Fortschritt?, fragt Dominik *Orth* in seinem Beitrag zur Rolle der Technik in dystopischen Computerspielen. Nicht nur in den Medien Literatur und Film kommt es zu Darstellungsformen der Dystopie. Das ‚neue Medium' Computerspiel integriert ebenso dystopische Welten, die oftmals als Hintergrund für das Spielgeschehen dienen. Dabei kommt der Technik eine entscheidende Rolle zu; etwa – wie in der *Half-Life*-Reihe – als Auslöser von Katastrophen, die Außerirdischen ein Tor zur Erde öffnen, denen es wiederum mit massivem Technikeinsatz gelingt, die Menschheit zu unterdrücken. Die Nanotechnologie gerät in *Deus Ex* zu entscheidender Bedeutung und in Ergänzung zum filmischen *Matrix*-Universum gerät *Enter the Matrix* zur Spielwiese all jener, die sich im Rahmen der programmierten Möglichkeiten in einer von Maschinen dominierten dystopischen Spielwelt im wahrsten Sinne des Wortes ‚umsehen' möchten. Im Vordergrund steht die Frage, welchen Stellenwert der anti-utopische Gehalt für das jeweilige Spiel aufweist: ist er spielentscheidend oder nur schmückendes Beiwerk?

Wolfgang *Coy*, selbst Informatiker, interessiert der Stand der Technik und ihrer Folgenabschätzung in Daniel Suarez' dystopischer Netzwerkgesellschaft. In seinen beiden voluminösen Romanen *Dämon* und *Freedom*™ entwirft Suarez eine postkapitalistische Vision einer maschinen- und programmkontrollierten Weltwirtschaft, die längst umfassend von Prozessen in globalen digitalen Netzwerken abhängt. Suarez versteht es, seine beruflichen Erfahrungen als Informatiker und Systemberater zu aktivieren, um den nach dem Ende des Kalten Krieges offensichtlichen Konflikt zwischen nationalen Regierungen und international agierenden Konzernen in ein neues Licht zu stellen. Dazu findet er einen eigenen Zugang, um den literarisch lange bearbeiteten Konflikt zwischen menschlicher und maschineller Intelligenz aus einem aktuellen technischen Ansatz zu beleuchten. So wie Menschen können *Game Engines*, wie sie in Computerrollenspielen stecken, als selbständig handelnde, programmierte, vernetzte Maschinen die Herrschaft und Entscheidungsmacht übernehmen, ohne dass dies zu einem ‚Ende der Geschichte' führen muss. Die Evolution der kapitalistischen Gesellschaft könnte auch eine maschinelle Revolte sein.

Peter *Matussek* geht von der Pluralisierung der Untergänge und damit der Aufhebung von Finalität in postmodernen Zeiten aus, womit auch der Gegensatz von

Utopie und Dystopie seinen elektrisierenden Spannungseffekt verloren habe. Das Ende der Endspiele aber gebe Raum für die Endspielanalysen. Vier Modalitäten gebe es, so der Autor, „in denen das Ende gedacht werden kann: zeitlich oder räumlich und beides jeweils als Untergang oder als Übergang". Das zeitliche Ende thematisiert die *Geschichtsphilosophie*, auch als Literarisierungen historischer Untergangsprognosen bei Karl Kraus oder Thomas Mann, während die neuere *Mediengeschichte* mit McLuhan und Kittler zum Beispiel – anders als Platon – den zeitlichen Übergang beschreibt. Den räumlichen Übergang hingegen behandelt das *historisch-anthropologische* Diskursfeld als Schwellenerfahrung – von Ovid bis Ransmayr –, während der räumlich vorgestellte Untergang nur in der *ästhetischen Dimension der Sprache* selbst zum Vorschein komme: eine Sprache, der eine Tendenz zum Schweigen inhäriere. Am Beispiel menschlicher Automaten und ihrer je unterschiedlichen Spielarten können Überkreuzungen der vier Modalitäten beschrieben werden – vom Pygmalion-Mythos über Kleists *Marionettentheater*-Aufsatz bis zum Sex in *Second Life*, wobei der Schambegriff zum Vergleichsterminus dient.

Heinz-Peter *Preußer* betrachtet sowohl die Technik als auch die Technikkritik im dystopischen Film. Das sieht zunächst nach einer eindeutigen Angelegenheit aus. Technik dient der Unterdrückung friedliebender Gesellschaften, nutzt den Despoten, führt zur Zerstörung von Regionen, Ländern, eines ganzen Planeten. Doch diese klare Zuordnung gilt nicht einmal für die einfacher gestrickten Science-Fiction-Filme der Postapokalypse wie *Terminator* oder *Mad Max*. Immer ist Technik auch ambivalent. Die Rebellen in diesen Filmreihen verfügen über ein beachtliches Waffenarsenal und entsprechende Fahrzeuge. Die Biotechnologie in *Blade Runner* ist auf einem unglaublichen Niveau der Perfektion schon im Alltagsgebrauch angelangt. Technik wird in Filmen der 80er und 90er Jahre, wie auch in *Matrix*, zwar lautstark und eindeutig kritisiert, von ihr geht aber zugleich ein Faszinosum aus. Genau diese positive *Gegen*seite schwindet in neueren Filmen des Genres, etwa von Danny Boyle. Hier ist nicht die Technik das Problem, sondern es sind dies die Fehler ihrer Nutzung. Kurz: Die alte Formel vom *Zauberlehrling*, der sich anschickt, Meister zu sein und an seiner Hybris scheitert, ist nicht länger das (alleinige) Modell für die neuen Technikdarstellungen in filmischen Dystopien.

Biotechnologien

Der dritte Teil des vorliegenden Bandes behandelt die Biotechnologien. Arnold Gehlen zufolge ist der Mensch ein Mängelwesen, Friedrich Nietzsche bezeichnet die Gattung als ein noch unfertiges Tier. Beide anthropologischen Definitionen markieren die Bedürftigkeit des *Homo sapiens* nach institutioneller Stützung einerseits und technologischer Kompensation andererseits. Er muss sich sozial rückversichern und zugleich handelnd und gestaltend ausgreifen in die Zukunft. Viviana *Chilese* beschreibt unter dem Titel *Evolution 2.0* die heute gängigen Modelle und Utopien des vollkommenen Menschen, die diese defizitäre Prädisposition der *conditio humana* aufheben könnten – sowie deren dystopische Kehrseite. Das Problem der Sterblichkeit wird, nach Helmuth Plessner, nicht mehr durch die

Konstruktion religiöser Narrative kompensiert, sondern säkular und pragmatisch verstanden. Wir arbeiten an seiner Beseitigung. Zumindest wird der Zeitpunkt des Todes immer weiter hinausgeschoben. Die Perfektionierung oder gar Überwindung des menschlichen Körpers ist dazu die unerlässliche Voraussetzung, die im Post- und im Transhumanismus theoretisiert wird. Gemäß ihrer traditionell warnenden Funktion antworten die zeitgenössischen literarischen Dystopien auf ebensolche Visionen eines posthumanen Zeitalters. Dabei zeigen sie sich als extrem anpassungs- und erneuerungsfähig.

Die Züchtung und Optimierung von Menschen durch biotechnische Eingriffe in Erbanlagen sowie das Klonen – auch für den das Leben verlängernden Organersatz – sind dann einige der Konsequenzen, die eine Strebensethik zu untersuchen hätte. Es geht nicht darum, was wir sollen, sondern um das, was wir projizieren, wohin wir als Gattung wollen. Sigrid *Graumann* fragt in diesem Kontext nach der Problematisierung von ‚genetischer Gerechtigkeit'. Wie sehen diese Zukunftsvisionen aus – und wie beurteilen öffentliche und fachwissenschaftliche Debatten die neuen biomedizinischen Technologien? Auffällig ist hier, dass der Stand der gesellschaftlichen Diskussion mehr den Narrativen fiktionalisierter Wirklichkeiten in Film und Literatur folgt als dem biologisch tatsächlich Machbaren. Dabei geht es sowohl um eine Verständigung über grundlegende Werte als auch um konkrete Fragen der Regulierung biotechnologischer Verfahren. Doch sind die Eingriffe ins genetische Material bislang gar nicht kausal-linear ableitbar, das Design optimierter Föten ist auf längere Sicht nicht deterministisch zu optimieren. Ein sozialer Ausgleich durch positive Genmanipulation kann also verfahrenstechnisch, hier und heute, nicht erreicht werden. Die derzeit virulente Debatte um *Enhancement* und Eugenik sollte dem zumindest Rechnung tragen.

Dystopien müssen nicht Zukunftsprognosen bleiben; sie könnten bereits in der Gegenwart wirksam sein. Dagmar *Borchers* untersucht dies anhand der Technisierung der Tier-Mensch-Beziehungen. Dabei zeigt sich, dass gerade dieses Verhältnis alles das realisiert, was als Schreckensszenario für menschliche Gesellschaften entworfen wird. Wir haben ein häufig rein instrumentelles Verständnis von jenen Geschöpfen, die wie wir empfindsam sind, erinnerungsfähig, intelligent und sozial. Auch wenn sie nicht abstrakt sprechen können, teilen sie uns doch ihren Gemütszustand mit, kommunizieren mit uns auf vielfältige Weise. Aber nur unseren Verwertungsinteressen werden die Tiere unterworfen, die Profitmaximierung und die rücksichtslose Sparsamkeit des Käufers bestimmen deren Existenzweise, die häufig nicht mehr artgerecht zu nennen ist: ganz zu schweigen vom grundlegenden Konflikt, Tiere als Nahrungsmittel ethisch akzeptieren zu können. Gegen diese gelebte, häufig nicht bewusst vollzogene, aber reale Dystopie gelte es, so die Autorin, in der individuellen Beziehung zwischen Mensch und Tier eine konkrete Utopie zu entfalten. Darin kann auch der Anspruch der veganen und Tierrechts-Bewegung untermauert werden, Tiere als Mitwesen zu akzeptieren. Der Respekt vor dem Individuum ist nicht nur Voraussetzung für das menschliche Zusammenleben, sondern kann auch dem Tier gegenüber der Grund einer wirklichen Veränderung sein. Diese Utopie zeigt uns unsere „Sehnsüchte auf und enthebt uns der Macht des Faktischen".

Achim *Geisenhanslüke* kehrt hingegen zurück zur strikten Dystopie und analysiert Juli Zehs *Corpus Delicti. Ein Prozess*. Der 2009 erschienene Roman bietet erneut ein verstörendes Bild der Zukunft, die nun ganz im Zeichen einer totalitären Herrschaft des Gesundheitswesens steht. Anhand der Geschichte der Mia Holl und ihres Bruders Moritz, der zu Unrecht eines Verbrechens angeklagt wird und sich daraufhin das Leben nimmt, thematisiert der auktoriale Erzähler der Geschichte immer wieder die Frage nach den rechtlichen Grundlagen, mit deren Hilfe ein Staat gegen all diejenigen vorgehen kann, die sich nicht systemkonform verhalten. Juli Zeh nimmt damit das Vorbild von Heinrich Böll auf, variiert und erweitert das universale Thema der Hexenjagd aber in vielerlei Hinsicht. Nicht zuletzt verlegt sie den Gegenstand in eine nähere Zukunft, die vordergründig als ökologisches Paradies erscheint und den Menschen biologisch optimiert hat. Die Diktatur bei Zeh ist eine wohlmeinende. Doch gerade hierin, in der Unfreiheit dem eigenen Leben gegenüber, welche die beständigen Kontrollen einer gesunden Lebensweise durch *die Methode* mit sich bringt, erweist sich der neuerliche Rechts- und Ehrverlust. Eins aber verbindet die biomedizinische Dystopie mit der Utopie: Als Warnliteratur zeichnet sie einen negativen Horizont der Entwicklung, was tröstend sein kann, denn das Übel ist noch nicht Wirklichkeit geworden.

André *Steiner* schließlich beendet die Sektion wie den Band selbst, indem er Darstellung und Reflexion von Neurowissenschaften in fiktionalen Dystopien zum Gegenstand macht. Auch hier geht es noch einmal um Freiheit und Unfreiheit in Willensentscheidungen oder um die Determination von Denken und Handeln durch neuronale Verschaltungen einerseits oder gesellschaftlichen Zwang andererseits. Denn die Dystopien beantworten die Frage nach dem freien Willen wie die Gehirnforschung abschlägig – nur machen sie einen anderen Agenten dafür verantwortlich. Die Abweichung von der Norm wird von einem totalitären System unterdrückt, Konformität also erzwungen. Für die Neurobiologie ist die Alternative schon undenkbar, weil es den Willen, die Zentralkategorie des 19. Jahrhunderts, in deren Modellen vom Menschen nicht mehr gibt. Dagegen sind Neuro-Implantate, wie etwa der Retinachip, Hybride, die beide Ebenen verbinden können, weil sie die Steuerung des Einzelnen durch ein totalitäres System ermöglichen. Auch die Cybertechnologie kann zur absoluten Kontrolle und Versklavung des Menschen eingesetzt werden. Die Simulation löst die Wirklichkeit ab, tritt an deren Stelle, so das dystopische Szenario bei *Matrix* wie *eXistenZ*, bei der *Neuromancer*-Trilogie oder in den *Anderswelt*-Romanen.

Dank und Ausblick

Dieses Jahrbuch geht auf eine Tagung zurück, die im Mai 2011 in Ferrara dank der freundlichen Unterstützung der Università degli studi di Ferrara und des Deutsch-Italienischen Hochschulzentrums stattfand. Deshalb möchten wir zunächst all jenen danken, die dort als Mitgestalter und Organisatoren tätig waren, hier vor allem Prof. Dr. Matteo Galli und Dr. Francesco Valerio Aversa sowie den studentischen Helferinnen und Helfern während der Veranstaltung selbst. Auch den Kolleginnen und Kollegen aus Liège (B), Prof. Dr. Alexandra Pontzen, Warwick (UK), Prof. Dr. Helmut Schmitz und Leiden (NL), Prof. Dr. Anthonya Visser gilt erneut unser freundschaftlicher Dank für die langjährigen Kooperationen. Die redaktionellen Arbeiten, den Satz und das Register des Bandes haben wieder Mitarbeiter des Instituts für kulturwissenschaftliche Deutschlandstudien, IfkuD, gemeinschaftlich übernommen. Herrn Andreas Ammann und Herrn David Marcel Gröger danken wir herzlich für ihr großes Engagement und die Sorgfalt, mit der sie das Projekt betreuten. Dank sagen wollen wir auch dem Universitätsverlag Winter in Heidelberg, der wie gewohnt unser Vorhaben mit professioneller Hilfe unterstützt hat. Das Titelbild entstand unter Verwendung einer Grafik, die Martin Schulz von der FGS-Kommunikation in Berlin erstellt und uns großzügig überlassen hat. Das Grafikbüro war auch schon zuständig für die Gestaltung des Tagungsprogramms und des Plakates dazu. Hierfür möchten wir gleichfalls herzlich Dank sagen. Schließlich danken wir der Sparkasse Bremen und der Università degli studi di Ferrara für ihre finanziellen Zuwendungen. Ohne den von ihnen getragenen Druckkostenzuschuss wäre die Publikation in dieser Form nicht möglich gewesen. Das *Jahrbuch Literatur und Politik* erscheint mit dem vorliegenden Titel zu *Technik in Dystopien* nun ununterbrochen seit sieben Jahren. Der folgende Band, den Viviana Chilese und Matteo Galli herausgeben werden, ist bereits in Arbeit und wird sich der *Post-DDR-Literatur* widmen.

Ferrara, Berlin und Bremen
im Herbst 2012

I
GESELLSCHAFTSTECHNOLOGIEN

Wolfgang Krohn

Von der *Instauratio Magna* zur Dystopia Magna?
Das endlose Experiment der gesellschaftlichen Modernisierung

Francis Bacon hat in mehrfacher Hinsicht die Grundlagen der neuzeitlichen Modernisierung geschaffen. Er hat in das Zentrum einer neuen Wissenskultur den epistemischen Grundbegriff der Forschung gesetzt, der die Idee der beständigen Wissensordnung abgelöst hat; er hat die Wechselwirkung von wissenschaftlichem und technischem Fortschritt postuliert, deren Kern das Experiment ist; und er wollte erreichen, dass die Gesellschaftsordnung sich abhängig macht von Erwartungen an die Zukunft, auch wenn diese Risiken und Ungewissheiten einschließen. Die *Instauratio Magna* ist das Hauptwerk und das Programm dieses Projektes. Jedoch liegt es nur als Fragment vor, weil – nach Bacon – nur die Gesellschaft selbst das Werk herstellen kann. Man kann in dieser Konzeption bereits die Grundgedanken für eine ‚experimentelle Gesellschaft' sehen. Kann das Experiment gelingen – kann es misslingen? Es scheint, dass wir in einer widersprüchlichen Weise schicksalhaft daran gebunden sind, das Experiment fortzusetzen, weil es von Beginn an kein Experiment von uns, sondern eines mit uns selbst ist. Über einige historische Positionen zu kulturellem Modernisierungsoptimismus und -pessimismus wird am Ende der Bogen zur Diskussion über die ‚Experimentalkultur' der Gegenwartsgesellschaft geschlagen.

Experimentelle Moderne

Im Zentrum meines Beitrags steht der Begriff des Experiments, der uns aus der Wissenschaft als methodisches Prinzip geläufig ist. Er bezeichnet dort eine spezifische Handlungspraxis im Dienst des Wissenserwerbs. Obwohl es bis heute nicht gelungen ist, dieses Zusammenwirken von Eingreifen und Begreifen in seinen vielen Spielarten wissenschaftstheoretisch zu erfassen, kann man darin übereinstimmen, dass die experimentelle Methode zentral zum Selbstverständnis der neuzeitlichen Wissenschaft gehört. Man wird auch darin übereinstimmen, dass sie die Quelle einer ebenso philosophischen wie praktischen Verknüpfung von Wissenschaft und Technik ist. In historischer Perspektive wäre treffender von einer zunächst philosophisch konzipierten, dann faktisch immer enger werdenden Verknüpfung zu sprechen. Hieran lässt sich weiter anschließen, dass Verwissenschaftlichung und Technisierung Grundmuster der gesellschaftlichen Modernisierung sind, sowohl in ihren Funktionssystemen wie in der Lebenswelt.

Ich möchte aus dieser Kette von Implikationen die Aussage gewinnen, dass damit die experimentelle Einstellung in Wirklichkeitserkenntnis und Wirklichkeitsgestaltung zum Motor der gesellschaftlichen Modernisierung geworden ist. Seit Max Weber haben wir uns daran gewöhnt, als Grundzug der Modernisierung die Rationalisierung zu benennen, die sich in der zunehmenden Berechenbarkeit, Planbarkeit und Erklärbarkeit der Welt und des Handelns in ihr ausdrückt. Bei all dem was dafür spricht – es ist diese Auffassung in ihrem Kern irreführend. Zumindest erleben wir, dass die von uns inszenierte Modernisierung nicht nur heute, sondern bereits seit langer Zeit immer weniger berechenbar wird, Planungen immer häufiger über den Haufen geworfen und Erklärungen als unzulässige Vereinfachungen entkräftet werden. Wenn jedoch der Grundzug der Modernisierung nicht Rationalisierung, sondern Experimentalisierung ist, dann ergibt sich für viele ihrer Aspekte eine ganz andere Beleuchtung: Risiko, Verlust und Belohnung; Missglücken und Gelingen; die Kontingenz der Anfangs- und Randbedingungen; der Zufall und die Überraschung. Die Intuition sagt: Diese Aspekte sind wirklichkeitsnäher als die der Rationalisierung mit ihrer Planbarkeit, Berechenbarkeit und Transparenz.

Experimentalisierung erfasst nicht nur diese Ambivalenzen. Der semantische Hof des Begriffs bringt auch zum Ausdruck, dass man sich einem Experiment nicht ganz und gar verschreibt, sondern sich einen Rückweg offen hält für den Fall, dass es schief geht. Das Experiment suggeriert eine Welt auf Probe, eine Welt mit Reset-Tasten, eine Welt, in der sich Gefahren isolieren lassen. Man kann sich auf experimentelle Situationen einlassen, weil man ihnen nicht mit seiner ganzen Existenz angehört. Obwohl diese Option auf das *ex ante* in genauer Betrachtung eine Illusion ist – auf die ich zu sprechen kommen werde –, steht sie im Weltbild der Modernisierung im Zentrum. Sie prägt unser Alltagsleben und unsere technologischen Optionen – und die Legitimation des Wissenschaftssystems.

Ein Beleg für die semantische Macht des Experiments in der Moderne ist, dass der Begriff keineswegs eingegrenzt auf die wissenschaftliche Methode verwendet wird, sondern auch in Literatur, Kunst und Kultur,[1] Politik und Wirtschaft, die Gedankenexperimente der Philosophen nicht zu vergessen.[2] Ich will hier nur einen Bereich kurz berühren: die Politik. Mit Blick auf die Französische Revolution hatte Immanuel Kant im *Streit der Fakultäten* 1798 geschrieben:

---

[1] Erst seit Kurzem haben die Kunst-, Literatur- und Kulturgeschichte die durchgängige Bedeutung des Experimentierens erkannt. Vgl. *Kultur im Experiment*. Hg. von Hennig Schmidgen, Peter Geimer und Sven Dürig. Berlin: Kadmos 2004. *„Es ist nun einmal zum Versuch gekommen"*. *Literatur und Experiment 1: 1580 – 1790.* Hg. von Michael Gamper, Martina Wernli und Jörg Zimmer. Göttingen: Wallstein 2009. *„Wir sind Experimente: wollen wir es auch sein!". Experiment und Literatur 2: 1790 – 1890,* Hg. von Michael Gamper, Martina Wernli und Jörg Zimmer. Göttingen: Wallstein 2010. Michael Gamper: *Experiment und Literatur. Themen, Methoden, Theorien,* Göttingen: Wallstein 2010. *Literarische Experimentalkulturen. Poetologien des Experiments im 19. Jahrhundert.* Hg. von Marcus Krause und Nicolas Pethe. Würzburg: Königshausen & Neumann 2005.

[2] Zur breiten Verwendung des Experimentalbegriffs siehe Belege in Wolfgang Krohn: *Realexperimente – Die Modernisierung der ‚offenen Gesellschaft' durch experimentelle Forschung.* In: *Erwägen – Wissen – Ethik (EWE)* 18 (2007), Heft 3, S. 343 – 356 insb. 344 f. Kritiken: 357 – 426. Replik des Autors: 427 – 442.

> Die Revolution eines geistreichen Volkes, die wir in unseren Tagen haben vor sich gehen sehen, mag gelingen oder scheitern; sie mag mit Elend und Gräueltaten dermaßen angefüllt sein, dass ein wohldenkender Mensch sie, wenn er sie, zum zweiten Male unternehmend glücklich auszuführen hoffen könnte, doch das Experiment auf solche Kosten zu machen nie beschließen würde – diese Revolution, sage ich, findet doch in den Gemütern aller Zuschauer […] eine Teilnehmung […] die nahe an Enthusiasmus grenzt.³

Kant spricht hier die Wiederholbarkeit und die Verbesserbarkeit an, auch die Begeisterung, die die Zuschauer ähnlich wie bei Vorführungen in den Wissenschaftsgesellschaften und Salons ergreift, und sieht zugleich deutlich, dass diese politischen Experimente im Maßstab 1:1 zur Realität stattfinden. Es sind Realexperimente der Modernisierung. Noch älter ist die Bezeichnung, die William Penn für seine Pennsylvania-Besiedlung fand: "A Holy Experiment".⁴ Seit dieser Zeit begleitet die Idee des "American experiment" die Phasen der amerikanischen Geschichte. "I have no fear, but that the result of our experiment will be, that men may be trusted to govern themselves without a master", schrieb Thomas Jefferson 1787.⁵ In einem anderen Brief von 1814 schloss er George Washington in denselben Gedanken ein: "[General Washington] has often declared to me that he considered our new Constitution as an experiment on the practicability of republican government, and with what dose of liberty man could be trusted for his own good; that he was determined the experiment should have a fair trial, and would lose the last drop of his blood in support of it."⁶

Es lässt sich für die Beziehung zwischen dieser experimentellen Einstellung und den theoretischen Erwägungen zur Selbstregierung einer Zivilgesellschaft, die mit John Locke begannen, sogar das Interpretationsmuster von Hypothese und Experiment heranziehen. Denn einem Experiment einen "fair trial" geben wird ja ungefähr bedeuten, seinen Verlauf nach Maßgabe der konstitutionellen Erwartungen zu beobachten und zu bewerten. Vermutlich tat sich die amerikanische Gesellschaft, die sich zur Zeit der wissenschaftlichen Revolution im 17. Jahrhundert zu formieren begann, immer leichter als Europa damit, ihre eigene Entwicklung im Geist des Experimentierens zu begreifen, etwa im Pragmatismus John Deweys, einschließlich seiner pädagogischen Reformexperimente,⁷ in der Soziolo-

---

³ Immanuel Kant: *Der Streit der Fakultäten*. In ders.: *Gesammelte Werke in sechs Bänden*. Hg. von Wilhelm Weischedel. Darmstadt: Wissenschaftliche Buchgesellschaft 1964, Bd. 6, S. 260 – 393, 358 = A144 f.
⁴ Vgl. Edwin B. Bronner: *William Penn's Holy Experiment. The Founding of Pennsylvania, 1681 – 1701*. Philadelphia, PA: Temple 1962.
⁵ *Brief an David Hartley*. In: *Thomas Jefferson. The Writings*. Hg. von Albert Ellery Bergh, Bd. 6, S. 151. Internetquelle: http://www.constitution.org/tj/jeff06.txt (text files at constitution. org 2012-3-12). Abruf am 13. 9. 2012.
⁶ *Brief an Walter Jones*. Ebd., Bd. 14, 51.
⁷ Siehe zu Dewey und dem Chicagoer 'Hull-House'-Schulexperiment unter Jane Addams: Matthias Gross und Wolfgang Krohn: *Society as Experiment. Sociological Foundations for a Self-Experimental Society*. In: *History of the Human Sciences* 18 (2005), Heft 2, S. 63 – 86.

gie der Chicago-Schule[8] oder im Konzept der "Reforms as Experiments" von Donald Campbell.[9]

Zurück zur kantischen Idee der Revolution als Experiment: Hätte es denn eine Chance gegeben, daraus im Sinne eines Zurück-auf-Null auszusteigen? Natürlich nicht. Aber die rhetorische Figur erlaubt es, sich auf einen Schritt ins Unbekannte einzulassen, weil auch der Schritt zurück für offen gilt. Diesen Gedanken möchte ich zu einer verallgemeinerten These verdichten: Die Ambivalenz der modernen Gesellschaft zwischen utopischen Zukunftserwartungen und dystopischen Untergangsbefürchtungen beruht darauf, dass die Modernisierung im Verlauf ihrer Entwicklung immer stärker die Charakteristika einer selbst-experimentellen Dynamik annimmt. Die moderne Gesellschaft ist ein permanentes Experiment der Modernisierung, das sie mit sich selbst anstellt. Sie nährt dabei seit dem 17. Jahrhundert die Illusion des Ausprobierens und Anderskönnens, verstrickt sich jedoch immer tiefer in das selbstgesetzte Schicksal eines uneinlösbaren Versprechens auf die Zukunft.

Natürlich liegt der Einwand nahe, dass diese These nur auf der Basis einer allzu breiten, metaphorischen Begriffsverwendung möglich ist. Belässt man das Experiment in seiner Funktion des wissenschaftlichen Erkenntniserwerbs, lässt sie sich nicht formulieren und man vermeidet viele Missverständnisse. Ich hänge jedoch an der historischen Behauptung, dass das enge wissenschaftsmethodische Verständnis des Experimentierens erst kodifiziert worden ist, nachdem bereits die gesellschaftlichen Keime eines breiteren Verständnisses gesetzt worden waren. Bereits vor der Ausarbeitung der experimentellen Forschungsstrategie durch Galilei und vor der Formulierung einer Methodologie des Experimentierens durch Francis Bacon deuten sich in den Intellektualkulturen der Renaissance die Veränderungen an, die von der Rekonstruktion der verschütteten Ideale der Antike zu einer zukunftsoffenen Gesellschaft führen, die neue Ideen ausprobiert. Zukunftsoffenheit für Ideen, die zur Erprobung anstehen – das ist der Kern von Modernität, der von Bacon in der *Instauratio Magna* entworfen wird. Die experimentelle Methode bahnt die Pfade zur Erkenntnis des Neuen, aber sie kann nur Fuß fassen in einer Gesellschaft, die sich über ihre eigenen Veränderungen als innovativ definiert.

Ursprünge der Modernität

Zwei ganz unterschiedliche intellektuelle Kulturen bringen die Vorstellungen einer experimentellen Lebensgestaltung und Arbeitspraxis hervor: Der Humanismus der Renaissance entwirft neue Werte und Ideale einer *vita activa*; die Schicht der höheren Handwerker, Künstler und Ingenieure entwickelt eine Innovationspraxis, die die Einschränkungen der Zunfttraditionen sprengt. Legt man die Grundan-

---

[8] Robert. E. Park: *The City as a Social Laboratory*. In: *An Experiment in Social Science Research*. Hg. von T. V. Smith and Leonard D. White: Chicago, IL: University of Chicago Press 1929, S. 1 – 19.
[9] Donald T. Campbell: *Reforms as Experiments*. In: *American Psychologist* 24 (1969), S. 409 – 429.

nahme der Wissenssoziologie über die kulturelle Seinsbindung des Wissens zugrunde, gehört die „Dekompartmentalierung"[10] dieser in jeder Hinsicht verschiedenen Gruppierungen der Renaissancegesellschaft zu den erstaunlichsten Beispielen eines produktiven kulturellen Wandels. Bevor darauf eingegangen wird, werfe ich einen Blick auf die Beiträge, die einerseits die Humanisten und andererseits die höheren Handwerker zur Idee des Experimentierens beigetragen haben.[11]

In ihrer ideengeschichtlichen Studie *Vita activa oder vom tätigen Leben*[12] hat Hannah Arendt dargestellt, wie in der Renaissance die tradierte Rangordnung zwischen dem höherwertigen ‚kontemplativen' und dem geringer wertigen ‚tätigen Leben' erschüttert wird. Der Wert der Kontemplation beruhte sowohl auf der platonisch-aristotelischen Idee des der Theorie verpflichteten Lebens als auch auf der christlichen Pflicht zum andächtigen Leben – Kontemplation als Einsicht und Andacht. In den Stadtkulturen der Renaissance, allen voran Florenz, begannen die Zweifel an dieser Wertehierarchie. Coluccio Salutati (1331 – 1406), Kanzler von Florenz, entwickelte die humanistische Konzeption eines Voluntarismus, der von dem Vorrang des gestaltenden Willens gegenüber dem anschauenden Intellekt bestimmt war. Die theoretische Aufgabe der Wahrheitssicherung ist der praktischen Verwirklichung des Guten untergeordnet. Salutati handelte diese Vorstellungen in einer Streitschrift über den konkurrierenden Vorrang zwischen Rechtswissenschaft und Medizin ab, welche die beiden prominenten Handlungswissenschaften seiner Zeit waren.[13] Der Vorrang gehört bei Salutati noch dem Recht, weil sein Ursprung im menschlichen Entschluss liegt und daher seiner Ursachenerkenntnis höhere Gewissheit gewährt, während der Ursprung der Medizin in der Natur liegt und daher die Medizin nur aus ihren Wirkungen erschlossen werden muss. Beide Wissenschaften, und dies ist neu gegenüber der antiken Konzeption der theoretischen Kontemplation, haben sich an ihrem gesellschaftlichen Nutzen zu messen.[14]

Hier nun kommt Salutati auf die realexperimentelle Einbettung der Medizin zu sprechen: „Ist es nicht so, dass ihr den Sinn eurer Arzneien ermittelt, indem ihr sie an unsern Körpern ausprobiert, bevor man wissen […] kann, ob sie zu- oder abträglich sind?"[15] Während Gott die Grundlagen der Rechtswissenschaft mit den zehn Geboten „in Tafeln meißelte", beließ er die Medizin „in der Natur, damit sie

---

[10] Erwin Panofsky: *Artist, Scientist, Genius. Notes on the 'Renaissance-Dämmerung'*. In: *The Renaissance. Six Essays*. Hg. von Wallace K. Ferguson, Robert S. Lopez und George Sarton. New York, NY: Harper 1962, S. 121 – 182, hier 128.
[11] Die klassische Analyse hierzu bietet Edgar Zilsel: *The Social Origins of Modern Science*. Dordrecht: Kluwer 2000. Zur Relation zwischen Humanismus und höheren Handwerkern siehe Wolfgang Krohn: *Die ‚Neue Wissenschaft' der Renaissance*. In: *Experimentelle Philosophie. Ursprünge autonomer Wissenschaftsentwicklung*. Hg. von Gernot Böhme, Wolfgang Krohn und Wolfgang van den Daele. Frankfurt/M.: Suhrkamp 1977, S. 13 – 129.
[12] Hannah Ahrendt: *Vita activ oder vom tätigen Leben*. München: Piper 1967.
[13] Coluccio Salutati: *Vom Vorrang der Jurisprudenz oder der Medizin. De nobilitate legum et medicinae*. Lateinisch-deutsche Ausgabe. Hg. von Peter Michael Schenkel. München: Fink 1990.
[14] Ebd., 139.
[15] Ebd., 145 f.

durch lange Erfahrungen [longis experientiis] ihr entrissen würde".[16] Als später in Salutatis Buch der personifizierten Medizin die Gelegenheit zu einer Verteidigungsrede gegeben wird, betont sie: „Und ich schäme mich nicht, eine tätige Wissenschaft oder Kunst [scientia aut ars operativa] zu sein", deren Ziel nicht Kontemplation, sondern ein „Werk" ist („finis est opus");[17] Medizin (so triumphiert sie in ihrem Selbstlob) ist als aktive Wissenschaft das Verdienst einer aktiven Lebensführung. Salutatis Hervorhebung des freien Willens gegenüber der Kontemplation und seine Anerkennung einer operativen Wissenschaft gehören zusammen. *Scientia activa* findet in der *vita activa* statt. Nach Kessler ist der Traktat „ein in seiner Deutlichkeit und Klarheit einmaliges Dokument für den Beitrag des Humanismus zur Entstehung des neuzeitlichen Naturverständnisses und gehört daher zur Vorgeschichte der neuzeitlichen Naturwissenschaft. Humanismus und moderne Naturwissenschaft, Moralphilosophie und Technik sind daher nicht Gegensätze […], sondern von ihrem Ursprung her aufeinander bezogen".[18]

Die weit reichenden Folgen der humanistischen Diskussionen für die Herausbildung des neuzeitlichen Anthropozentrismus – in dem der Mensch als freies Wesen nicht zur Natur gehören, als Wissender sie jedoch besitzen will – hat Meyer-Abich aufgezeigt.[19] Prägnantester Ausdruck dieser neuen Sicht des Menschen Wesen ist Pico della Mirandolas *Rede über die Würde des Menschen* (1486). Nach Pico ist seine Stellung in der Welt nicht durch eine feste Einbindung in die kosmischen Stufen des Seins bestimmt, sondern durch seine Fähigkeit und Verpflichtung, sich selbst außerhalb der Naturordnung zu gestalten: „Du sollst deine Natur ohne Beschränkung nach dem freien Ermessen, dem ich dich überlassen habe, selbst bestimmen".[20] Diese, wie Hannah Arendt sagt, „Rebellion gegen die vorgegebene Existenz des Menschen"[21] findet ihre wirkungsmächtige Fortsetzung in der Besitzergreifung der Natur durch die experimentelle Erkenntnismethode.

Die zweite Quelle der experimentellen Einstellung zur Welt findet sich in den rhetorisch ungeschulten Schriften der höheren Handwerker, Künstler, Ingenieure, Instrumentenbauer und praktischen Chirurgen der Renaissance. Der Wissenschaftshistoriker Edgar Zilsel hat den Beitrag dieser Schriften zur Entwicklung der Experimentaltechniken analysiert.[22] Ebenso wie für die Humanisten schufen Patronage und Mäzenatentum der neuen städtischen Oberschicht den Raum zur Entfaltung einer neuen Praxis der Entdeckungen und Erfindungen. Leonardo da Vinci (1452–1519), ihr bedeutendster Vertreter, schrieb einen Brief an den Herzog von Mailand, Ludovico Sforza, in dem er zahlreiche Angriffs- und Verteidigungswaffen, Brückenkonstruktionen, Stollen und Geheimgänge, Tauchgeräte, Skulpturen in Marmor und Bronze zu verfertigen anbot. Der Brief schließt mit der

---

[16] Ebd., 69.
[17] Ebd., 257.
[18] Eckard Kessler, *Vorwort zu Salutati: Vom Vorrang* (Anm. 13), 25.
[19] Klaus Michael Meyer-Abich: *Praktische Naturphilosophie: Erinnerung an einen vergessenen Traum.* München: Beck 1997.
[20] Paul O. Kristeller: *Humanismus und Renaissance.* 2 Bde. München: Fink 1974, S. 185.
[21] Arendt, *Vita activa* (Anm. 12), 2.
[22] Zilsel, *The Social Origins of Modern Science* (Anm. 11).

Versicherung, dass Leonardo bereit wäre, an jedem gewünschten Ort eine „Demonstration" zu geben, „wenn irgendeine der oben genannten Sachen jemand für unmöglich oder für unausführbar erscheinen sollte".[23] Zu seinem Glück wurde er nicht zu dieser Probe gebeten; vieles wäre kläglich gescheitert. Die neue Freiheit der Konstrukteure bestand jedoch gerade darin, dem Möglichkeitsraum der Entwürfe sein eigenes Recht zu geben. Er ist für die Techniker dasselbe wie für die Wissenschaftler der theoretische Raum der Hypothesen.

Aus den Beziehungen zwischen Künstler-Ingenieuren und Humanisten entstand ein neues Geflecht von artistischer Praxis und neoplatonischer Welterkenntnis. Später kam das Zusammenwirken zwischen praktizierenden Ärzten und medizinischen Gelehrten, zwischen Navigatoren und Mathematikern, zwischen Ingenieuren und Aristotelikern hinzu. In diesem Aufsprengen der sozialen Grenzen zwischen der beobachtenden, nutzenentlasteten Tätigkeit der scholastischen Erkenntnis, den auf Ruhm und Recht gerichteten Idealen der Humanisten und der auf praktische Neuerungen gerichteten Neugier der höheren Handwerker, Ingenieure, Seefahrer und Ärzte entstand die experimentelle Erkenntnismethode, die der modernen Wissenschaft ihre Charakteristik verleiht. Dieser „soziale Aufstieg der experimentellen Methode aus der Klasse der Handarbeiter zu den Rängen der Universitätsgelehrten im frühen 17. Jahrhundert war ein entscheidendes Ereignis in der Geschichte der Wissenschaft".[24] Jedoch – und darauf kommt es hier an – ist die Durchbrechung der sozialen Barrieren nicht wissenschaftsspezifisch, sondern steht im Zusammenhang mit dem Umbruch der Gesellschaft, der sich in vielen Bereichen zeigt. Die Kunst der Renaissance, das Menschenbild des Humanismus, die religiöse Reformation und die Entdeckungsreisen werden die Insignien eines Aufbruchs in ein neues Zeitalter, deren grundlegendes Merkmal eben genau in der Veränderung der gesellschaftlichen Zeit besteht.

Der baconische Kontrakt zwischen Wissenschaft und Gesellschaft

Bacons Methodologie des Zusammenwirkens von Theorie und Experiment im *Novum Organum* von 1620 ist der historische Ausgangspunkt für alle späteren Reflexionen. Das zentrale Dogma ist, dass die Ziele einer auf Experimente gestützten Welterkenntnis und einer auf Erkenntnis gestützten technologischen Beherrschung der Welt trotz ihrer Spannung nur gemeinsam verfolgt werden können: Begreifen der Natur durch Eingreifen in die Natur und *vice versa* Eingreifen durch Begreifen. Das *Novum Organum*, der zweite Teil von Bacons *Instauratio Magna*, entwirft zum ersten Mal in der Erkenntnisgeschichte die Theorie des Wissens konsequent aus der Tätigkeit des Forschens.[25] Das Wechselspiel zwischen Expe-

---

[23] Leonardo da Vinci: *Brief an Ludovico Sforza* [1507]. In ders.: *Tagebücher und Aufzeichnungen*. Hg. und übers. aus d. Ital. von Theodor Lücke. München: List 1952, S. 889–891.
[24] Zilsel, *Social Origins* (Anm. 11), 93.
[25] Wolfgang Krohn: *Francis Bacon – Philosophie der Forschung und des Fortschritts*. In: *Große Philosophen von der Antike bis heute*. Hg. von Andreas Graeser. Darmstadt: Primus 2001, S. 378–400.

riment und Theorie ist zugleich das Wechselspiel zwischen Macht und Wissen. Regeln des technischen Handelns und Gesetze der Natur koinzidieren.[26] Forschung, wie Bacon sie als große Forschungsorganisation in seiner Gesellschaftsutopie *Neu-Atlantis* vorgestellt hat, ist der Treibsatz der großen Erneuerung einer Gesellschaft, die Welterkenntnis und Weltveränderung verkoppelt hat: "The End of our Foundation is the knowledge of Causes [...] and the enlarging of the bounds of Human Empire, to the effecting of all things possible".[27] Damit ist der Grundzug der neuen Wissenschaft benannt, die nicht länger die Wirklichkeit in ihrer Gegebenheit beschreibt, sondern in ihrem durch Gesetze beschriebenen Möglichkeitsraum, der Natur und Technik umfasst. Naturgesetze – ein Begriff, an dessen Etablierung Bacon maßgeblich beteiligt war – umfassen das von Natur aus Mögliche, wozu die gegebene Natur und die technisch erzeugte Natur gehören.

Diese Verflechtung von Theorie und Technik wirft ein dauerhaftes Legitimationsproblem auf. Wenn Wissen zu Macht führt, tritt die Frage nach der Berechtigung des Wissenserwerbs auf. In *Neu-Atlantis* hat Bacon als institutionelle Lösung entworfen, dass die Forscher darüber beraten, "which of the inventions and experiences which we have discovered shall be published, and which not; and take all the oath of secrecy for the concealing of those which we think to fit to keep secret: though some of those we do reveal to the state, and some not."[28] Dieses Modell eines bruderschaftlichen Eides unter Eingeweihten konnte mit der Entwicklung der Öffentlichkeits- und Demokratieformen in der Neuzeit keinen Bestand haben. Aber es ist bemerkenswert, dass Bacon die professionelle Verantwortung über das Vorrecht des Staates gestellt hat.

Mit modernen Worten kann man darin eine Art Verursacherprinzip für die Zurechnung von Schadensfolgen des Wissens sehen: Die Haftung für die Schäden trifft nicht allein den Verwender, sondern auch den Erzeuger. Diese Zurechnung, daran sei erinnert, war vor der Neuzeit immer vorherrschende gesellschaftliche Praxis gewesen. Kein Philosoph, Theologie, Mediziner oder Alchemist konnte vor dem Zugriff der staatlichen oder kirchlichen Mächte sicher sein, wenn er Wissen anbot (wie medizinische Diäten, okkulte Beschwörungen, alchemistische Rezepte oder auch ‚nur' Gedankenexperimente), das – aufgenommen von anderen – als schädlich eingeschätzt wurde. Die mit der Androhung von Verfolgung verbundene Absicht war, bereits im Vorfeld der Wissenserzeugung durch Selbstzensur die Kompatibilität mit den gültigen Erwartungen abzusichern.

Wenn der Forschungsprozess in der neuen Konzeption nun über die ‚Werke des Wissens' direkt auf die Erweiterung von Macht zielt, ohne jedoch vorweg über die Risiken möglicher Schäden Auskunft geben zu können, gibt es für das Legitimationsproblem nur zwei Lösungsstrategien: Entweder muss die Forschung in

---

[26] Francis Bacon: *Neues Organon*. Lateinisch-deutsch. Übers. von Julius Hermann von Kirchmann. Hg. von Wolfgang Krohn. 2 Bde. Hamburg: Meiner 1990.
[27] Francis Bacon: *The Works*. Hg. von James Spedding, Robert Leslie Ellis und Douglas Denon Heath. London 1857–1874. Reprint: Stuttgart, Bad Cannstatt: Frommann-Holzboog 1963, S. 156.
[28] Ebd., 165.

jedem einzelnen Fall durch staatliche und kirchliche Stellen zugelassen werden, oder es muss ein Vorbehalt konstruiert werden, der zwar Forschung erlaubt, aber Ausbreitung und Verwendung von Wissen einschränkt. Mit der zweiten Option erreicht man Bacons Vorstellung, dass Forschung, gerade weil sie die Erweiterung der Macht betreibt, eine besondere gesellschaftliche Isolation benötigt – auch wenn sein konkreter Vorschlag unbrauchbar ist. Man kann diese Festlegung des Verhältnisses zwischen Öffentlichkeit und experimenteller Erkenntnis als die soziale ‚Geburt des Laboratoriums' verstehen.

Das Laboratorium gilt als ein institutioneller Raum, in dem die Forschung ihren Geschäften nachgehen kann, ohne die Außenwelt zu belasten und von dieser belastet zu werden. Die zwei wichtigsten Merkmale dieser Sonderwelt sind schon genannt worden: Erstens ist das Laboratorium eine Welt auf Probe. Im Zweifel können irrtümliches Wissen und experimentelle Fehlschläge folgenlos aus dem Verkehr gezogen werden. Zweitens erhält die Wissenschaft das ganz ungewöhnliche Privileg, dass weder Wahrheit noch Irrtum moralisch zugerechnet werden. Die gesellschaftliche Anerkennung des Irrtums ist ein enormer Beschleunigungsmechanismus für das Anwachsen des Wissens. Es ist jedoch auch klar, dass nur durch die Festlegung der institutionellen Grenzen dieser Anerkennung eine dauerhafte gesellschaftliche Akzeptanz der freigestellten Forschung erreicht werden konnte. Wie in den Gesellschaften des 17. Jahrhunderts diese Grenzen eingerichtet wurden, kann hier nicht in Einzelheiten diskutiert werden.[29] Der institutionelle Kern ist jedoch in allen europäischen und amerikanischen Ländern, die im 17. und 18. Jahrhundert wissenschaftliche Akademien und Gesellschaften gründeten, immer ähnlich und kann der baconische Kontrakt zwischen Wissenschaft und Gesellschaft genannt werden.

Es sollen hier vier seiner sozialen und epistemischen Implikationen genannt sein: *Erstens* unterstellt diese Welt auf Probe eine Sonderwelt der Reversibilität: eine Wirklichkeit, in der die Gedanken und Taten rückwärts laufen können, sodass man bei Misserfolg schadlos an den Ausgangspunkt zurück gelangt, von dem aus man erneut und in einer Variante probieren kann. In diesem Sinne ist das Experimentieren ein unbegrenztes Spiel mit Möglichkeiten. *Zweitens* ist die Laborwelt eine Welt der manipulierten Idealisierung. Stoffe und Prozesse können isoliert und gereinigt werden; Modelle und Gesetze vereinfachen und abstrahieren. Sofern die Wirklichkeit über das Laborwissen interpretiert wird, wird sie nicht mehr in ihrer Komplexität wahrgenommen, sondern als ungenaue Approximation an die Welt des Labors.[30] *Drittens* wird eine Trennung zwischen wissenschaftlicher Erkenntnis und sozialem Wandel eingezogen, so als ob neues Wissen nicht selbst bereits Wandel sei. Auch dies ist genau betrachtet eine Illusion. Denn unvermeidlich stellt neues

---

[29] Wolfgang van den Daele: *Die soziale Konstruktion der Wissenschaft – Institutionalisierung und Definition der positiven Wissenschaft in der zweiten Hälfte des 17. Jahrhunderts*. In: *Experimentelle Philosophie*. Hg. von Gernot Böhme, Wolfgang van den Daele und Wolfgang Krohn. Frankfurt/M.: Suhrkamp 1977, S. 129–182.
[30] Nancy Cartwright: *The Dappled World. A Study of the Boundaries of Science*. Cambridge: Cambridge University Press 1999.

Wissen Gewohnheiten, Institutionen und Wertmuster in Frage, was immer dann an Aufwand getrieben wird, eine Tradition aufrechtzuerhalten oder preiszugeben. *Viertens* definiert sich der Experimentator aus den Wechselwirkungen des Experiments heraus. Er ist nicht Teil der Objektwirklichkeit, die er untersucht. Er gehört nicht ins Bild des Experimentierens, sondern betrachtet es von außen. In *Zeit des Weltbildes* hat Heidegger treffend diese Exposition des neuzeitlichen Forschers erfasst.[31] Diese vier Implikationen sind es, die die Legitimation des Kontraktmodells der Modernisierung durch Wissenschaft tragen. Über sie wurde der Aufbruch der Humanisten zur *vita activa* und der Ausbruch der experimentierenden Praktiker aus den Zunftbindungen zusammen gebracht.

Für Bacon sind die Restriktionen der Laborwirklichkeit als ‚Welt auf Probe' notwendig, um das viel größere Experiment einer gesellschaftlichen Modernisierung durch Wissenschaft und Technik zu legitimieren. Dieses Experiment ist die *Instauratio Magna*, die Bacon als ein Fragment konzipiert hat, weil nur die Zukunft das Werk ausführen könne. Das ist die moderne Fortschrittskonzeption der ‚Reise aufs offene Meer', die auf dem Titelbild der *Instauratio Magna* dargestellt ist[32] und – im Zeitalter der Entdeckungsreisen – mit recht begrenztem Wissen über Ziele und Wege begonnen werden muss. Heute ist es selbstverständlich, dass Wissen vorläufig und unvollständig ist und unter dem ständigen Vorbehalt weiterer Forschung steht. Zur Zeit Bacons erschien es in jeder Hinsicht riskant, sich einer solchen Strategie der Erneuerung von Wissen und Gesellschaft auszusetzen. Bacon unternahm viel, um für eine Risikoabwägung zugunsten der Modernisierung zu werben. Unter seinen politischen und literarischen Initiativen[33] findet sich auch die folgende Argumentation, in der der Einstieg in das Projekt der Modernisierung als eine Art vorteilhafte Wette ausgegeben wird:

> Schließlich aber müsste man [...] sich dennoch zum Versuch entschließen (experiendum esse), wenn wir nicht ganz verzagten Sinnes dastehen wollen. Es ist nämlich beim Unterlassen und beim augenblicklichen Nichtglücken der Sache nicht gleichviel zu befürchten, denn beim Unterlassen steht ein unermessliches Gut, beim Misslingen ein geringer Aufwand menschlicher Arbeit auf dem Spiele. Aus dem, was ich gesagt [...] habe, glänzt reichlich Hoffnung für jeden auf, der eifrig im Versuchen (ad experiendum) und klug und nüchtern im Glauben ist.[34]

Der Vorschlag zielt also auf ein probeweises Einführen des Experimentierens, auf ein Experimentieren mit dem Experimentieren, weil die Kosten dafür, dass sich dies als Irrweg herausstellen sollte, gering sind. Dennoch stieß er in seiner politischen Umgebung nicht auf die Bereitschaft dafür, das gesellschaftliche Leben mit seinen Werten, Institutionen, Hierarchien, Dogmen und Weltbildern diesem Risiko auszusetzen. Erst mit der Gründung der wissenschaftlichen Gesellschaften und

---

[31] Martin Heidegger: *Die Zeit des Weltbildes* [1938]. In ders.: *Holzwege*. Gesamtausgabe, Bd. 5. Frankfurt/M.: Klostermann 1977, S. 75 – 114, siehe insb. 87 f.
[32] Francis Bacon: *Neues Organon* (Anm. 26), 1.
[33] Wolfgang Krohn: *Francis Bacons literarische Experimente*. In: *Experiment und Literatur 1, 1580 – 1790*, Hg. Gamper u. a. (Anm. 1), 33 – 52.
[34] Bacon, *Neues Organon* (Anm. 26), Bd. 1, Aph. 114.

Akademien am Ende des 17. Jahrhunderts setzte sich sein Modell durch, eine experimentelle Gesellschaft dadurch akzeptierbar zu machen, dass zwischen der Zuständigkeit der Forschung und den Belangen der Gesellschaft eine institutionelle Grenze eingezogen wurde. Die institutionelle Zulassung der Laborforschung und des hypothetischen Diskurses wurde zu einem Realexperiment der Modernisierung.

Man mag den Inhalt des baconischen Kontrakts eine Fiktion nennen, aber sein institutioneller Erfolg war erheblich. Er bestimmte zunehmend die rechtliche Regulierung der Forschung, die Selbstbeschreibung des wissenschaftlichen Wissens als wertfrei und die professionelle Selbstbeschreibung des Wissenschaftlers als interessenneutral. In historischer Perspektive waren Vertragsverletzungen ständige Begleiter des Kontraktes. Seitens der Wissenschaftler gab es immer Versuche, mit fertigem und unfertigem Wissen den Lauf der Gesellschaft zu bestimmen.[35] Dennoch war das Grundmuster beständig: Erkenntniserwerb durch Experiment und Theorie ist einschränkungslos legitim in den institutionellen Grenzen des wissenschaftlichen Diskurses, sofern gegenüber der Verwendung des Wissens ein Vorbehalt besteht, der den Werten, Normen und Interessen der Gesellschaft einen Vorrang einräumt.

Ich fasse die bisherige Diskussion in einer These zusammen: Die weit aufgefächerte Semantik des gesellschaftlichen Experimentierens ist kein Derivat eines ursprünglich in der Wissenschaft eingeführten Methodenbegriffs, sondern ist Teil einer gesellschaftlichen Selbstbeschreibung, die sich als zukunftsoffene Modernisierungsgesellschaft versteht. Das wissenschaftliche präzisierte Laborexperiment ist ein Derivat dieses Selbstverständnisses. Der baconische Kontrakt zwischen Wissenschaft und Gesellschaft stellt für das große Realexperiment, die gesellschaftliche Modernisierung an Forschung anzukoppeln und Forschung moralisch von Irrtum und Fehlschlag zu entlasten, einen neuen institutionellen Rahmen. Diese Konzeption der *Instauratio Magna* – im Doppelsinn des literarischen Werks und der praktischen Bewirkung – ist nach ihren wesentlichen Elementen:

- zukunftsorientiert: ein Verständnis der Gegenwart, Möglichkeiten der Zukunft;
- forschungsorientiert: die Möglichkeiten der Zukunft ergeben sich aus dem neuen Wissen;
- handlungsorientiert: Entscheidungen über Innovationen können von Fall zu Fall getroffen werden;
- und im Sinne der Proponenten gemeinwohlorientiert mit dem Ziel der Verbesserung der Lebensbedingungen aller.

Das ist der utopische Gehalt der *Instauratio Magna*. Dass eine solche Utopie schief gehen kann, haben die Enthusiasten in der Nachfolge Bacons bis hin in die Aufklärung (Diderot, d'Alembert, Voltaire, Comte waren ‚Baconianer') nicht glauben wollen, auch wenn bereits Jonathan Swift in *Gullivers Reisen* mit dem

---

[35] Zum sogenannten Szientismus besonders im 19. Jahrhundert siehe Kurt Bayertz und Wolfgang Krohn: *Engels im Kontext. Natur- und Wissenschaftsphilosophie im Zeitalter des Szientismus*. In: *Dialektik, Beiträge zu Philosophie und Wissenschaften* 12 (1986), S. 66–97.

Besuch von Laputa auf Lagado eine in vielen Zügen treffsichere Parodie der dystopischen Folgen formuliert hatte.

Industrialisierung: vom instrumentellen zum medialen Verständnis der Technisierung

Das Kernstück der Utopie der *Instauratio magna* ist der baconische Kontrakt; und dieser beruht auf einer kontrafaktischen Illusion. Sie besteht in der Annahme, dass es einen effektiven Verwendungsvorbehalt für neues theoretisches und technisches Wissen gibt. Ihre Entstehung ist zur Zeit Bacons zunächst gut nachvollziehbar. Sie ist formuliert im Geist des Erfindertums der Renaissance, bei dem es um einzelne Instrumente, Maschinen, Rezepturen und andere Techniken ging, die alle für sich nach ihrer Nützlichkeit bewertet und in den Verkehr gebracht werden konnten. Sie ist auch formuliert im pragmatischen Geist des Humanismus, in dem Wissen für die Belange des praktischen Lebens bereitgestellt und nach diesem Nutzen bewertet werden soll. In diesem Sinne war die frühe Neuzeit bestimmt von einem instrumentalistischen Blick auf Wissenschaft und Technik und daher zugleich einem utilitaristischen auf Verwissenschaftlichung und Technisierung. Bacon hatte sich Technisierung vorgestellt nach dem Modell der Wunderkammern, der Sammlung von Kuriositäten, derer man sich bei Bedarf bedienen kann. Die Natur war für ihn jenes "granary and storehouse of matters", dessen Regale man durch methodische Analyse auffüllen und den Bestand zu neuen Formen umwandeln kann. Technischer Fortschritt war in dieser Utopie die Beglückung der Menschen mit vielen einzelnen Erfindungen, die das Leben erleichtern.[36]

Was kann daran so grundfalsch sein? Beinahe alles. Um dem Bild des Instrumentalismus ein treffenderes entgegen zu setzen, verwende ich den Begriff der Medialisierung, ungefähr wie Marshall McLuhan ihn eingeführt hat,[37] aber verbunden mit dem Versuch, ihn auf Technik insgesamt anzuwenden. Alle jeweils neuen Techniken sind Medien, in denen Kommunikation und Interaktion neu entworfen werden. Nehmen wir nur die drei Beispiele, die Bacon immer wieder als technische Insignien eines neuen Zeitalters anführt: Kompass, Buchdruck und Schießpulver, die zugleich Wirtschaft, Wissen und Macht symbolisieren. Es bedarf keiner langen Ausführungen, um sich zu vergegenwärtigen, dass der Buchdruck der mediale Träger einer kommunikativen Revolution gewesen ist, die überhaupt nicht davon abhing, ob das Drucken gegenüber dem Abschreiben nützlich war, sondern davon, ob die Gesellschaft die Entwicklungsmöglichkeiten ergreifen würde, die das Medium mit sich brachte. Das Instrumentelle ist also allenfalls ein Auslöser bei der Neu-Erfindung der gesellschaftlichen Kommunikation. Ähnlich lässt sich mit Blick auf die Kompassnavigation sagen, dass sie ein Medium der frühen Globalisierung war, wie das Schießpulver ein Medium der Politik.

---

[36] Bacon, *Parasceve*. In ders.: *Works* (Anm. 27), Bd. 4, 255.
[37] Marshall McLuhan: *Understanding Media. The Extensions of Man*. New York, NY: McGraw-Hill 1964.

Als urbildliches Paradigma eines medialen Technikbegriffs lässt sich übrigens auf Aristoteles' anthropologische Analyse der Hand als „Werkzeug aller Werkzeuge" zurückgreifen.[38] In der Hand liegt nach Aristoteles die Fähigkeit beschlossen, alle Werkzeuge, die die Hand handhabt, herzustellen. Allerdings ‚haben' wir die Hand als einen Teil unserer selbst. Wir konstituieren uns selbst, indem wir uns handhaben. Genau in diesem Sinne erfinden und gestalten sich Kulturen in ihren Techniken. Das instrumentalistisch-utilitaristische Schema ist also kein geeigneter Analyserahmen, sondern leistet der Illusion Vorschub, dass Erfindungen von Verwendungen institutionell getrennt werden können.

Nicht weniger illusionär ist der Verwendungsvorbehalt beim theoretischen Wissen. Man muss nur an die großen Kontroversen über das mechanistische Weltbild, den Evolutionismus oder die Psychoanalyse denken, um sich zu vergegenwärtigen, dass die gesellschaftliche Absorption neuen Wissens überhaupt nicht an einer verlässlichen Bestätigung hängt, sondern bereits im frühen Stadium hypothetischer Formulierungen beginnt. Wissenschaftliche Theorien werden bei jedem Grad der Bestätigung zu einem kollektiven Gut, das beliebiger Verwendung offen steht. Auch dies geschieht nicht nach dem Schema des instrumentellen Nutzens, sondern in ihrer medialen Funktion für Weltbilder.

Ein solches mediales Verständnis von Wissenschaft und Technik ist unvereinbar mit der Philosophie Bacons und liegt quer zur Strategie des baconischen Kontrakts. Oder ahnte Bacon bereits, dass das neue Zeitalter, die *Instauratio magna*, einmal begonnen, der Gesellschaft gar keine Wahl lässt, als sich der Verwissenschaftlichung und Technisierung aller Lebensbereiche hinzugeben? War die Idee der Wette nur ein Köder, um auf die schiefe Ebene der Modernisierung zu locken? Jedenfalls hätten dann die zögerlichen Zeitgenossen mit ihren schon den Anfängen wehrenden Bedenken eine starke Position gehabt.

Tatsächlich trat erst im 19. Jahrhundert neben die instrumentalistisch-utilitaristische Interpretation des Fortschritts eine andere, in der Fortschritt als ein zwar selbst inszeniertes, aber unentrinnbares Schicksal gedeutet wurde. An dieses Schicksal mag man Erwartungen des kulturellen Aufstiegs oder Befürchtungen des Niedergangs verbinden, der Steigerung von Wohlfahrt oder Verarmung, der Akkumulation von Macht oder demokratischen Kräfte – aber man kann ihm nicht entkommen, weil es vom Pfad der Gattungsentwicklung vorgezeichnet ist. Es mag Alternativen und Widerstände geben, wie jene einer konservativen Lebensführung verpflichteten Religionsgemeinschaften, die entsagende Askese einzelner oder der romantische ‚Taugenichts' und die vielfachen staatlichen Regulierungen zum Schutz vormoderner Produktionsmethoden. In der evolutionären Deutung waren dies bestenfalls Dämme und Inseln einer dem Strom des Fortschritts ausgelieferten Gesellschaft.

Der Name für dieses Schicksal war ‚Industrialisierung', ihre initiale Kraft hieß ‚industrielle Revolution'. Im Gegensatz zu den politischen Revolutionen treibt sie

---

[38] Vgl. Wolfgang Krohn: *Aesthetics of Technology as Forms of Life*. In: *Tensions and Convergences. Technological Aesthetic Transformations of Society*. Hg. von Reinhard Heil und Andreas Kaminski. Bielefeld: Transcript 2007, S. 267 – 278.

sich in immer neuen Innovationszyklen voran. Was genau verlieh der Industrialisierung diese schicksalhaft erscheinende Dynamik? Techniken von der Art, wie Bacon sie vorschwebten, waren einzelne Artefakte. Industrialisierung meint dagegen immer Systembildung – Herstellungs-, Infrastruktur- und Verteilungssysteme.[39] Eine baconische Erfindung wäre etwa ein neuer Antrieb für eine Kutsche. Aber das Eisenbahnwesen war eine Systeminnovation. Eine Fahrt sollte nicht länger abhängig sein von Wind und Wetter, Tag und Nacht, Bodeneigenschaften und Höhenlinien, der Beschaffenheit der Strecke und der geografisch zufälligen Verteilung von Energiequellen. Sie soll hinfort nur noch abhängig sein vom Fahrplan, und dieser soll – daran arbeitet man noch – unabhängig sein. Industrielle Systeme werden aus ihrer Umwelt isoliert und sind mit ihr nur noch über parametrische Schnittstellen verbunden: kontrollierte Ein- und Auslassgrößen für Materialien, Energien, Informationen, Arbeitsroutinen und Führungsentscheidungen.

Diese Systeme gewähren also ein sehr hohes Maß an Kontrolle im Sinne der Herrschaft über die Natur, aber nun eben auch einschließlich der Kontrolle der sozialen und psychischen Natur. In diesem prekären Sinn sind sie Beispiele für Bacons Formel, dass Wissen und Macht zusammengeführt werden. Die Kontrolle über die Natur erscheint als gelungen, die Techniken machen Natur bis auf jene Schnittstellen überflüssig, irrelevant und ästhetisch museal. Wenn es Rückschläge gibt – etwa durch Energieengpässe oder Entsorgungsprobleme – werden die Systeme erweitert. Dies ist der utopische Gehalt des Industrialismus. Diese Kennzeichnung der Industrialisierung ist holzschnittartig und dient allein dem Zweck, die Differenz zwischen dem pragmatischen Fortschrittsgedanken Bacons und der Wahrnehmung des Fortschritts als dystopisches evolutionäres Schicksal den Boden zu bereiten. Diese Wahrnehmung soll nun an einigen Beispielen illustriert werden.

Eine wortmächtige Äußerung wird von Leo Tolstois Tochter belegt, geäußert von Tolstoi am Ende seines Lebens im Jahre 1910. Tolstoi machte auf die Macht der Kommunikationsmedien aufmerksam: „Die mittelalterliche Theologie oder die römische Sittenverderbtheit vergifteten nur ihre eigenen Leute, also einen kleinen Teil der Menschheit; heue verderben Elektrizität, Eisenbahnen und Telegraphen die ganze Welt. Alle [...] sind in gleichem Maße gezwungen, ihre Lebensweise zu ändern."[40] Man mag diese Einstellung dem konservativen Geist des Autors zurechnen. Aber bereits Karl Marx hatte im berühmten 13. Kapitel des *Kapitals* die Wirkmächtigkeit der „große Maschinerie" dargestellt, als sei sie der materialisierte Weltgeist Hegels. Auch an Max Webers dramatische Darstellung der Bürokratie als

---

[39] *The Social Construction of Technological Systems. New Directions in the Sociology and History of Technology.* Hg. von Wiebe E. Bijker, Thomas P. Hughes und Trevor J. Pinch. Cambridge, MA: MIT Press 1987.
[40] Zitiert nach der Tochter Alexandra. In: *Tolstois Flucht und Tod.* Hg. von Alexandra Tolstoy, Rene Fulop-Muller und Friedrich Eckstein. Bonn: Cassirer 1925, S. 103.

belebte Maschine oder organisationale Technologie sei erinnert.[41] Mit diesen Vorgaben haben, beginnend in den 1920er Jahren, Soziologen Systematisierungen zu geben versucht, deren bekannteste Vertreter Hans Freyer und Arnold Gehlen sind. 1921 schrieb Freyer: „Je vollkommener [...] ein Kulturgebiet technisiert [...] ist, [...] um so mehr wächst sich der Apparat von Mitteln zum selbständigen Wesen aus [...] und die Frage wird dringend, ob ein solcher Apparat überhaupt noch beherrschbar ist."[42] Freyer wie sein Schüler Gehlen begrüßten ausgerechnet im Nationalsozialismus die aufkommende Gegengewalt. Nach dieser Illusion schrieb Gehlen zur ‚Nichtsteuerbarkeit' des wissenschaftlich-technischen Fortschritts: „Was Problem werden muß, folgt aus dem schon Erkannten, und es liegt in der Logik des Experimentes, daß die exakte Erkenntnis bereits die Beherrschung des Effekts einschließt. [...] Der Zusammenhang von Wissenschaft, technischer Anwendung und industrieller Auswertung bildet längst auch eine Superstruktur, die selbst automatisiert und ethisch völlig indifferent ist."[43] Ein philosophierender Naturwissenschaftler wie Heisenberg konnte dem Gedanken evolutionsbiologischen Ausdruck geben, indem er Technik nicht mehr als Produkt menschlicher Bemühung erfasste, „sondern eher als ein biologischer Vorgang im Großen, bei dem die im menschlichen Organismus angelegten Strukturen in immer weiterem Maße auf die Umwelt des Menschen übertragen werden; ein biologischer Vorgang also, der eben als solcher der Kontrolle durch den Menschen entzogen ist."[44]

Ich will einräumen, dass diese kulturpessimistische Zuspitzung ein Merkmal einer eher konservativen Gesinnung der deutschen Intellektuellen gewesen ist. Jedoch wäre es leicht, Stimmen aus allen westlichen Ländern einschließlich der USA zu bemühen, die der Grundaussage der verselbständigten wissenschaftlichen-technischen Fortschrittsmaschinerie beipflichten, auch wenn die Bewertungen unterschiedlich ausfallen mögen. Langdon Winner hat bereits 1977 ein im Kontext der Social Studies of Science viel beachtetes Buch über die autonom gewordene Technologie geschrieben.[45] Vor wenigen Jahren hat der Autor des Klassikers *The End of Nature*[46] einen neuen Bestseller mit dem schlichten Titel *Enough* aufgelegt, in dem er zum Widerstand in fast aussichtsloser Lage aufruft.[47] Ob nun die Analysen einem korrektiven Handlungspotenzial Chancen einräumen oder im kulturpessimistische Stil den Widerstand zur Vergeblichkeit beitragen lassen, kann hier außen

---

[41] Max Weber: *Parlament und Regierung im neugeordneten Deutschland* [1918]. In ders.: *Gesammelte politische Schriften*. Hg. von Marianne Weber. München: Drei Masken 1921, S. 126 – 260, hier 151.
[42] Hans Freyer: *Die Bewertung der Wirtschaft im philosophischen Denken des 19. Jahrhunderts*. Habilitationsschrift Leipzig 1921. Nachdruck Hildesheim: Olms 1966, S. 134 f.
[43] Arnold Gehlen: *Die Seele im technischen Zeitalter. Sozialpsychologische Probleme in der industriellen Gesellschaft*. Hamburg: Rowohlt 1957, S. 54.
[44] Werner Heisenberg: *Das Naturbild der heutigen Physik*. Hamburg: Rowohlt 1955, S. 15.
[45] Langdon Winner: *Autonomous Technology. Technics-out-of-Control as a Theme in Political Thought*. Cambridge, MA: MIT Press 1977.
[46] Bill McKibben: *The End of Nature* [1989]. New York, NY: Random House 2006.
[47] Bill McKibben: *Genug! Der Mensch im Zeitalter seiner gentechnischen Reproduzierbarkeit*. Übers. aus dem am. Engl. von Ulrike Bischoff. Berlin: Berlin Verlag 2003.

vor bleiben. In jedem Fall ist diese Auslieferung von Kultur und Gesellschaft an die industrielle Dynamik *die dystopische Erfahrung im Modernisierungsprozess.*

Die Freiheit der Zukunfts-, Forschungs-, und Handlungsorientierung der *Instauratio Magna* hat sich in der dystopischen Wahrnehmung der Industrialisierung verkehrt in eine schicksalhafte Unterwerfung unter eine Modernisierungsdynamik, die von keiner Instanz gesteuert werden kann. Diese Dialektik zwischen einem Freiheitszuwachs durch Unterwerfung und Kontrolle der Natur und einem Kontrollverlust gegenüber einer Technik, der man nun ihrerseits unterworfen ist, ist natürlich nicht unwidersprochen geblieben. Gegen die quasi-naturalistischen Perhorreszierung der technologischen Eigendynamik sind Sozialisten mit Kapitalismuskritik, Technikhistoriker mit dem Aufweis von Technikalternativen, Ökonomen mit alternativen Wirtschaftsmodellen, Soziologen mit der Idee einer zweiten Modernisierung angetreten. Kulturwissenschaftler haben immer wieder die Bilanz zu Gunsten neuer technikbasierter Lebensstile aufgebessert. Es soll aber nicht Gegenstand dieses Beitrags sein, in angemessener Weise utopische Versprechungen und dystopische Enttäuschungen abzuwägen. Ich will es mit der skeptischen Bemerkung bewenden lassen, dass weder die machtpolitische Auswechslung der handlungsleitenden Interessen noch ein kulturpolitisch bedeutsamer Wertwandel das Modernisierungsparadigma der autonom gewordenen Technologiedynamik aushebeln könnten. In meinen Augen stehen wir ziemlich hilflos vor dem Einstieg in den sogenannten NBIC-Komplex (Nano-Bio-Info-Cognition-Komplex), der nach Auskunft des amerikanischen National Science and Technology Councel (NSTC) verspricht: "shaping the world atom by atom" und von der NSF (National Science Foundation) mit dem Motto unterstützt wird: "converging technologies for improving human performance".[48] Zwar sind in Deutschland, Europa und den USA die Anstrengungen verstärkt worden, im Vorfeld der neuen Technologien ihre Risikopotenziale und ihre mediale Potenz zu analysieren. Das sollte man immerhin als Fortschritt würdigen. Aber ob damit ein Handlungspotenzial an Zukunftsgestaltung gewonnen werden kann, ist eine offene Frage. Doch wenn sie wirklich offen ist, ist das kein ganz dystopischer Schlusssatz.

---

[48] Siehe Belege in Karin Kastenhofer und Jan C. Schmidt: *On Intervention, Construction and Creation. Power and Knowledge in Technoscience and Late-modern Technology.* In: *Quantum Engagements – Social Reflections of Nanoscience and Emerging Technologies.* Hg. von Torben B. Zülsdorf, Christopher Coenen, Arianna Ferrari, Ulrich Fiedeler, Colin Milburn und Matthias Wienroth. Heidelberg: Akademische Verlagsgesellschaft 2001, S. 177–193.

Niels Werber

Prey/Beute

Dystopische Insektengesellschaften

Dystopien sind literarische Visionen, die eine düstere Zukunft der Gesellschaft und des Menschen imaginieren. Der optimistischen Fortschrittslinie vom Höhlenmenschen zur Zivilisation, vom Krieg aller gegen alle zur Weltgesellschaft wird ein Pfad an die Seite gestellt, der die Gattung Mensch und ihre soziale Organisation in perhorreszierte Zustände führt. Eine der bekanntesten Beispiele dieser kulturkritischen Narrationen ist Aldous Huxleys *Brave New World* von 1932. Ich nenne gerade dieses Beispiel, weil Aldous' Bruder Julian 1930 ein Buch namens *Ants* publiziert hat und die dort geschilderten Insektenstaaten ein erklärtes Vorbild der schönen, neuen Welt darstellen.[1] Die Kastenordnung der Alphas und Gammas, die Zucht und Konditionierung der Arbeiter, ihre Ernährung und Steuerung – all dies entspricht Modellen der Entomologie sozialer Insekten der 1930er Jahre. Soziale Insekten, dies sind Ameisen, Bienen, Termiten oder Wespen, die nicht nur zu kollektivem Zusammenleben fähig sind, sondern außerhalb ihrer Insektengesellschaft gar nicht existieren können. Sie treten nur in ‚Staaten' auf oder gar nicht. Diese Eigenschaft macht sie für die Kulturwissenschaften interessant, denn ihr ‚politisches' Wesen, das bereits Aristoteles den Bienen und Ameisen zuspricht, lässt sie seit der Antike als Projektionsfläche fungieren, an der die eigene Gesellschaft und ihre Mitglieder reflektiert werden können. Verschiedene soziale Organisationsformen, von der Monarchie zur Republik, vom totalen Staat bis zur schwärmenden Multitude, von der Isokratie zur Diktatur haben Philosophen, Künstler und Literaten, Naturkundler, und schließlich auch Entomologen, Soziologen und Kybernetiker in den Kollektiven der Ameisen und Bienen entdeckt – und stets wurde in Analogie zu diesen Vorstellungen danach gefragt, welche Regeln der Gemeinschaftsbildung auch für das politische Tier gelten können, das der Mensch ist.

Dabei geht es nicht um literarische Widerspiegelungen wissenschaftlichen Wissens. Denn in ein und derselben Epoche werden die unterschiedlichsten Gesellschaftsentwürfe mit dem Verweis auf ‚natürliche' Vorbilder sozialer Ordnung stabilisiert oder in Frage gestellt. Die Semantik ist überaus heterogen und variantenreich. Ameisengesellschaften etwa gelten der NS-Entomologie der 1930er Jahre

---

[1] Aldous Huxley: *Brave New World* [1932]. London: Harper 1994. Julian Huxley: *Ants*. London: Benn 1930. Aldous Huxley: *Brave New World Revisited*. New York, NY: Harper 1958.

als Vorbild für den totalen Staat, während zur gleichen Zeit US-amerikanische Entomologen und Soziologen hier eine Blaupause für eine arbeitsteilige, funktional differenzierte moderne Gesellschaft finden. Soziale Insekten legitimieren in den 30er Jahren sozialhygienische und eugenische Programme, auch in den USA, oder sie liefern im Fahrwasser von Kropotkins Schrift *Mutual Aid* Argumente für eine anarchisch-urkommunistische Gemeinschaftsbildung. Die Bandbreite der Bilder gesellschaftlicher Selbstbeschreibungen, die in sozialen Insekten ihr Medium finden, ist heute genauso umfassend wie divers. Smart Mobs, Multitudes, Soziale Netze werden mit den Kollektiven der Ameisen oder Bienen verglichen oder mit dem Verweis auf sie legitimiert; zugleich sind, je nach Autor und Genre, kulturellem Kontext und politischer Konstellation alle möglichen Typen von Organisation im Bild der sozialen Insekten virulent: Monarchische, totalitäre, fordistische, republikanische oder kommunistische. Ameisen können als Schwarm oder als Armee visualisiert werden, als Kollektiv ohne Zentrum und ohne Hierarchie oder als letzte Bastion aristokratischer Ordnung.

Aus dieser Vielfalt ist methodisch eine wichtige Konsequenz zu ziehen: Was in einem literarischen Text ein Ameisenstaat oder ein Bienenschwarm bedeutet, ist umfassend und präzise nur dann auszumachen, wenn die soziologischen, entomologischen oder historischen Referenzen offengelegt worden sind, die in den Bildbereich eingeflossen sind. Denn es macht einen Unterschied, ob in ein Werk wie Jüngers *Gläserne Bienen* die Lektüre moderner kybernetischer und entomologischer Studien eingegangen ist, oder ob, wie in Mosebachs *Langer Nacht*, Traditionen der politischen Theologie des 17. und 18. Jahrhunderts revitalisiert werden. Meine Lektüre eines dystopischen Romans gehört in den Kontext eines wissensgeschichtlichen Projektes, das die Semantik der Sozialen Insekten als *Passage*[2] zumal literarischer, entomologischer und soziologischer Kommunikation erforscht. Wo in der Literatur von Ameisen die Rede ist, geht es meistens um Gesellschaft und darum, was sie ausmacht: Hierarchie oder Arbeitsteilung, Führung oder Kooperation, Egoismus oder Altruismus. Und wenn Entomologen von sozialen Insekten handeln, dann bedienen sie sich nicht nur bei der Soziologie, sondern auch bei der Literatur und ihren poetischen Verfahren.

Die Gesellschaftsentwürfe, die von den Insektenforschern erkundet, generalisiert und an die Gesellschaftswissenschaften weitergereicht werden, verdanken ihre Form nicht allein der Entomologie, sondern zugleich der Poetik ihrer Darstellung. Die Selbstbeschreibungen der Gesellschaft haben daher keinesfalls etwa nur abbildenden Charakter, sondern sind Funktionen einer Poetologie, die die Bilder dessen, was als unsere Gesellschaft gilt, mit Evidenz ausstatten. Was soziale Insekten sind, in den wie außerhalb der Wissenschaften, hat so immer eine ästhetische oder poetologische Seite. Die Evidenz soziobiologischer Ordnungsentwürfe basiert auch auf poetischen und rhetorischen Verfahren. Dieser wechselseitige

---

[2] Michel Serres: *Hermes. 5: Die Nordwest-Passage* [1980]. Übers. aus d. Frz. von Michael Bischoff. Berlin: Merve 1994.

Austausch zwischen Literatur und Wissenschaften macht den Reiz des Feldes aus, denn hier können literaturwissenschaftliche, kulturhistorische und wissenssoziologische Interessen zugleich verfolgt werden.

Analysiert wird nun ein Roman aus dem Jahre 2002. Er ist dystopisch. Er ist epistemologisch aufgeladen. Er nutzt Modelle sozialer Insekten als Medium gesellschaftlicher Selbstbeschreibung und kulturkritischer Reflexion. Und er ist mit einem Vorwort versehen, das auf eigentümliche Weise eine Verschränkung der fiktiven Welt mit den Konstruktionen der Wissenschaften ankündigt. Ich beginne daher ganz traditionell mit einer literaturwissenschaftlichen Analyse der Paratexte, in welche die Narrationen eingebettet ist.

Prey/Vorwort

Michael Crichtons Roman *Beute/Prey* hat nicht nur ein Vorwort, sondern führt auch ein Literaturverzeichnis. Zwar sei die „Handlung dieses Romans [...] rein fiktiv", schriebt Crichton unter der Überschrift *Bibliografie*, „aber die Forschungsfelder, die darin erwähnt werden, sind es nicht".[3] Anschließend werden wissenschaftliche Publikationen aufgelistet, die für das Feld der Schwarmintelligenz, der Soziobiologie, der Kybernetik und der Evolutionstheorie einschlägig sind und „dem Leser dabei helfen" sollen, „mehr über die immer deutlicher werdende Konvergenz von Genetik, Nanotechnologie und verteilter Intelligenz zu erfahren".[4] Wer hier aufgeführte Abhandlungen liest wie beispielsweise Eric Bonabeau, Marco Dorigo und Guy Théraulaz: *Swarm Intelligence. From Natural to Artificial Systems.* New York, NY: Oxford University Press 1999; James Kennedy und Russel C. Eberhart: *Swarm Intelligence.* San Francisco, CA: Kaufmann 2001 oder Kevin Kelly: *Out of Control. The Rise of Neo-Biological Civilization.* Reading, MA: Addison-Wesley 1994,[5] der hat einen guten Überblick über ein Forschungsfeld, das biologische, soziologische und kybernetische Ansätze vereint. Ich nenne nur ein besonders prominentes Beispiel, und zitiere bereits einen Programmierer aus Crichtons Roman, der auf diesem Feld zu Hause ist und es so vorstellt:

> Wir programmierten so genannte „verteilte, parallele Anwendungen oder agentenbasierte Systeme". Diese Programme bilden biologische Prozesse nach, indem sie innerhalb des Computers virtuelle Agenten erzeugen und sie dann interagieren lassen, um Probleme der realen Welt zu lösen. Das klingt seltsam, aber es funktioniert sehr gut. So imitierte zum Beispiel eines unserer Programme die Futtersuche von Ameisen – wie Ameisen den kürzesten Weg zum Futter finden –, um Telefongespräche durch ein großes Anbieternetz zu dirigieren. Andere Programme ahmten das Verhalten von Termiten [oder von] ausschwärmenden Bienen [...] nach. (P/B, 23)

---

[3] Michael Crichton: *Beute [Prey]* [2002]. Übers. aus d. am. Engl. von Ulrike Wasel und Klaus Timmermann. München: Goldmann 2004, S. 443. Im Folgenden zitiert mit der Sigle P/B, gefolgt von der Seitenzahl.
[4] P/B, 443.
[5] P/B, 443 f.

In all diesen Fällen – Ameisen, Bienen, Termiten – handelt es sich um soziale Insekten. Sie gelten als äußerst effizient und haben in vielen Wissenschaftszweigen den Charakter von Vorbildern eingenommen. Das von Crichtons Protagonisten angesprochene Verfahren der Routersteuerung trägt in der zitierten *Swarm Intelligence*-Forschung den Namen ANT-Algorithmus oder *Ant Colony Optimization*. Warum gerade Ameisen? Weil sie als Meister der kooperativen Arbeit gelten und trotz schlichter kognitiver Eigenschaften selbst komplexe Probleme schnell zu lösen vermögen.[6] Edward O. Wilson, einer der bedeutendsten amerikanischen Ameisenkundler, hat gemeinsam mit dem deutschen Spitzenforscher Bert Hölldobler 1990 das Standardwerk *Ants* publiziert, das zum Bestseller und Publikumserfolg wurde, 1991 den *Pulitzer Prize in the Arts and Journalism* gewann und dessen Plädoyer für 'cybernetic simulations' die Tür zur Schwarm-Forschung öffnete.[7] Deren Gründungstexte von 1999[8] und 2001[9] finden in den bewundernswert effizienten, kooperativen, flexiblen und arbeitsteiligen Ameisen der Entomologie[10] ein „biologisches Exempel"[11] für Problemlösungen mit distribuierten, dezentralen, robusten Schwärmen.[12]

Im Kern dieses Transfers steht das Konzept des *simplen Agenten*. Die einzelne Ameise ist simpel, ihr Nest jedoch eine anspruchsvolle, arbeitsteilige Gesellschaft. Ihre Erforschung verspricht eine Antwort auf die alte Frage, wie ein Ganzes entstehen kann, das mehr ist als seine Teile. Denn das Ganze ist nach Ansicht der Entomologen den Teilen keineswegs inhärent, es gibt keinen Bauplan des Universums in der Ameisennomade, nicht in ihrem Gehirn, nicht auf ihren Genen, nirgends. Die kybernetisch und soziologisch geschulte moderne Myrmekologie geht die Modellierung einer Ameisengesellschaft auf der Grundlage weniger Verhaltensregeln und ihrer Verstärkung durch "feed-back loops" an.[13] Selbstorganisation und Emergenz erklären nun die Entstehung komplexer sozialer Ordnungen aus ‚dummen' Individuen. Die Genese hochkomplexer Nestarchitekturen und kollektiver Aktionen wird nicht ‚von oben' erklärt, sondern auf dem Level der

---

[6] Martin A. Nowak und Roger Highfield: *Supercooperators. Altruism, Evolution, and Why We Need Each Other to Succeed*. New York, NY: Free Press 2011.
[7] Bert Hölldobler und Edward O. Wilson: *The Ants*. Berlin, Heidelberg u. a.: Springer 1990, S. 359.
[8] Eric Bonabeau, Marco Dorigo und Guy Théraulaz: *Swarm Intelligence. From Natural to Artificial Systems*. Oxford: Oxford University Press 1999.
[9] James Kennedy und Russel C. Eberhart: *Swarm Intelligence*. San Francisco, CA: Kaufmann 2001.
[10] Bert Hölldobler und Edward O. Wilson: *Journey to the Ants. A Story of Scientific Exploration*. Cambridge, MA, London: Belknap 1994, S. I.
[11] Dieses Beispiel solle so 'enjoyable' wie 'useful' sein, schreiben die Autoren mit Horaz. Bonabeau u. a.: *Swarm Intelligence* (Anm. 8), XII.
[12] Ebd., XI f.
[13] Hölldobler u. a., *The Ants* (Anm. 7), 359, 362.

,simplen Akteure' und ihrer einfachen Regeln.¹⁴ Ich zitiere aus einer einschlägigen Studie:

> The ant algorithms largely derive from studies of social insects. It was found that complex patterns of behaviors could be simulated by implementation of small sets of simple rules. Phenomena such as dome-building, discovery of the shortest path from nest to food, and aggregation of corpses in discrete and well-ordered 'cemeteries' can be accomplished by organisms with very simple brains by distributing the task across the population. No individual has to accomplish much or understand the whole problem, but collectively they can perform incredible engineering feats.¹⁵

Dass Ameisen Häuser und Städte errichten, Straßen und Friedhöfe, liest man schon bei Aelian oder Plinius, neu ist hier die Erklärung dafür, warum Ameisen das können. Als Kollektiv entwickeln sie Schwarmintelligenz. Hier findet die *Evolutionary Swarm Robotics* ihr Vorbild: "[A] particular class of multi-robot systems is represented by swarm robotics, which is inspired by the behaviour of social insects, such as ants, bees, wasps and termites."¹⁶

Für die Implementierung ‚ameisigen' Verhaltens in Programmen oder Robotern spricht nicht nur der von allen Entomologen immer wieder gepriesene evolutionäre Erfolg der sozialen Insekten oder ihre äußerst ökonomische Effizienz, sondern auch die Abwendung der Myrmekologie von Fragen der Intelligenz oder des Instinkts der Einzelameise und ihrer Hinwendung zu kybernetischen Beschreibungen der Ameisengesellschaft als selbstorganisierendem Kommunikationssystem ‚simpler' Akteure. Der Untersuchungsfokus der Entomologie wird vollkommen verlagert: "away from the inner mechanisms of the individual – and especialy from the brain – and out into the connection between people" oder anderer "agents" oder "ants".¹⁷ Die moderne Ameisenforschung ersetzt die hierarchischen Asymmetrien zentraler Steuerung und peripheren Befehlsempfangs durch die Selbstorganisation der Akteure. Die Komplexität emergiert aus der Vernetzung vieler einfacher Akteure und mehrerer einfacher Regeln oder Algorithmen.

Diese Simplizität hat aus der Sicht der Schwarmforscher offenkundig Vorzüge, und es ist in dieser Hinsicht vollkommen gleichgültig, ob es sich bei den schwärmenden Einheiten nun um Router, Roboter, Ameisen oder sonstige Simpel handelt: "The individual behaviours of swarm members do not indicate the nature of the emergent collective behaviour and the solution process is generally very robust to the loss of individual swarm members."¹⁸ Aber nicht nur Kybernetiker, sondern etwa auch Militärberater, finden in den simplen Akteuren Vorbilder für

---

¹⁴ Bonabeau u. a., *Swarm Intelligence* (Anm. 8), 205, 41.
¹⁵ James Kennedy: *Review of Engelbrecht's "Fundamentals of Computational Swarm Intelligence."* In: *Genet Program Evolvable Mach* 8 (2007), S. 107 – 109, hier 108.
¹⁶ Vito Trianni: *Evolutionary Swarm Robotics. Evolving Self-organising Behaviours in Groups of Autonomous Robots.* Heidelberg u. a.: Springer 2008, S. 33.
¹⁷ Kennedy, *Review of "Swarm intelligence"* (Anm. 15), 419.
¹⁸ Tony White: *Expert Assessment of Stigmergy. A Report for the Department of National Defence.* Ottawa: Carlton University 2005, S. I.

ihre Modelle. Auch Soldaten sind eben nichts weiter als "unsophisticated agents".[19] Um nur noch ein letztes Mal die vielfältige Einsatzmöglichkeit des Ameisenmodells zu belegen, zitiere ich zwei israelische Heeresgeneräle:

> The swarm manoeuvre was in fact adapted from the Artificial Intelligence principle of *swarm intelligence*, which assumes that problem-solving capacities are found in the interaction and communication of relatively unsophisticated agents (ants, birds, bees, soldiers) without (or with minimal) centralized control. *Swarm intelligence* thus refers to the overall, combined intelligence of a system, rather than to the intelligence of its component parts. It is the system itself that learns through interaction and adaptation to emergent situations.[20]

Wenn ich nun, nach diesem langen Exkurs, zum *Vorwort* von Michael Crichton zurückkomme, dann kann ich es kurz machen: Es geht ihm genau um jene Konvergenz von Computer- und Biotechnologie, von Selbstorganisation, selbstlernenden, robusten Systemen simpler Agenten, um ihre Emergenz und Evolution, die ich gerade skizziert habe. Während die von mir zitierten Autoren begeistert von dieser neuen Synthese sind, kündigt Crichton im *Vorwort* eine Warnung an: „Irgendwann im einundzwanzigsten Jahrhundert wird unser von Selbsttäuschung bestimmter Leichtsinn mit unserer wachsenden technologischen Macht kollidieren. Zu dieser Kollision wird es sicherlich an der Nahtstelle zwischen Nanotechnologie, Biotechnologie und Computertechnologie kommen." (P/B, 9)

Auch sein dystopischer Roman stützt sich auf das verfügbare wissenschaftliche Wissen und macht dies auch deutlich sichtbar, um das Narrativ mit der Autorität einer Möglichkeit auszustatten, die mehr als fiktional ist. Seht her, mein Roman basiert auf wissenschaftlicher Forschung, er ist mehr als bloße Fantasterei. Überdies setzt er einen ungebrochenen Fortschrittsglauben voraus, der den Naturwissenschaften und Start-Ups, den Ingenieuren und Risikokapitalgebern alles zu erreichen zutraut, was sie sich vornehmen oder in ihren Börsenprospekten und *ad hoc*-Mitteilungen verkünden. Darüber hinaus stellt Crichton seine Geschichte in den Kontext einer Zeitdimension, die in Äonen gemessen wird. Die gesamte Evolutionsgeschichte steht ihm zur Verfügung. Auch dies autorisiert die fiktive Gegenwart, denn sie ist ein Resultat eines Millionen Jahre alten Prozesses der Variation, Selektion und Stabilisierung. Crichton liest die Evolution als Optimierung – so wie umgekehrt die Optimierungsprogramme der Schwarmforschung evolutionär genannt werden. Die Zeit der Evolution jedenfalls ist in *Prey* eine Zeit ununterbrochener Kriege „mit hochkomplizierten chemischen Waffen, wo Pflanzen Pestizide produzieren, wenn sie von Insekten angegriffen werden, die ihrerseits Widerstandsformen entwickeln" (P/B, 7). *Prey* und *Predator* regen wechselseitig ihre Evolution an zu immer größerer Raffinesse. Der Krieg ist hier der Vater aller Dinge – oder jedenfalls der Optimierung der Arten.

---

[19] Eyal Weizman: *Lethal Theory*. In: *Log* 7 (2006), S. 53 – 77, hier 62.
[20] Ebd.

Die „Natur der Natur" dieser Welt liegt für Crichton also in der „Evolution", und die braucht Zeit (P/B, 7). Anders verhält es sich aber mit der *Künstlichen Evolution im 21. Jahrhundert*, wie seine *Einführung* in den Roman überschrieben ist (ebd.). Sie erhöht das „Tempo" ungemein, zitiert Crichton eine NASA-Studie (P/B, 11). Im Roman belehrt uns dann der Ich-Erzähler darüber, wie sehr die modernen Technologien die Evolution beschleunigen (P/B, 229). Die Erzählung macht diese These nachvollziehbar. Crichtons künstliche Evolution ist so schnell wie die schnellsten Prozessoren, die schnellsten Programme und so schnell wie die Reproduktionsrate der modernsten gentechnisch erzeugten Bakterien. Auf dieser Basis simuliert Crichton eine mögliche Gegenwart.

Prey/Narrativ

Die Zeit der Handlung umfasst nicht mehr als sieben Tage. Das Ehepaar Jack und Julia lebt mit ihren drei Kindern im Silicon Valley. Julia, eine Kinderpsychologin, arbeitet bei einer jungen Biotech-Firma als Unternehmensberaterin, wo sie die Markteinführung neuer Produkte begleitet. Ihr Arbeitgeber, Xymos, hat sein *Venture Capital* nahezu verbraucht und will mit der Präsentation des ersten Produktes frisches Geld einsammeln. Das ist Julias Job: „zwanzig Millionen Dollar – der Druck war enorm" (P/B, 20). Der Programmierer Jack ist arbeitslos und Hausmann, der sich um die Kinder kümmert. Sie arbeitet 14 Stunden am Tag und entfremdet sich spürbar von den Kindern; er kauft Tischsets, wechselt Windeln und hungert nach einer neuen Aufgabe. In der Ehe kriselt es. Der Roman beginnt am Tag 1 mit kleinen Auseinandersetzungen über die Erziehung der Kinder, steigert sich mit dem Verdacht, Julia gehe fremd, eskaliert mit einem Überwachungsvideo, auf dem Julia einen anderen Mann zu küssen scheint und endet am 7. und letzten Tag der Handlung mit dem Satz Julias: „Ich hasse dich" (P/B, 430), den Jack mit einem tödlichen Angriff auf seine Frau erwidert: „Julias Gesicht war verzerrt. Sie starrte mich mit blankem Hass an. Aber sie löste sich bereits auf [...]. [Sie] brüllte vor Schmerz." Jack schaut ihrem Leiden zu (P/B, 431). Er wird den Raum verlassen, bevor das Gebäude bei Temperaturen von über 1000 Grad ausbrennen und schmelzen wird. Von Julia bleibt nicht einmal Asche übrig. Diese grausame und gewaltsame Tötung einer Mutter durch ihren Ehemann muss gut motiviert werden, und Crichton gelingt dies mit einem dystopischen Topos: Eine außer Kontrolle geratene Spitzentechnologie ist verantwortlich.

Dass man über ihren Tod erleichtert ist, liegt nicht daran, dass sie ihre Kinder vernachlässigt, sondern an ihrem Job. Xymos stellt etwas her, was nur „zweimilliardstel Millimeter lang" ist, die Form eines Tintenfisch hat, sich mit einem kleinen Schwanz bewegen kann und sich selbst mit Energie versorgt. Nicht nur einen, sondern Millionen von diesen Nanobots stellen organische, gentechnisch erzeugte *Assembler* her; und sie „sind vernetzt, sie kommunizieren miteinander", drahtlos. Sie sind, erklärt Julia Jack am ersten Tag der ereignisreichen Woche, „ein Schwarm", und zwar ein Schwarm, der zur Selbstvernetzung ein Programm nutzt, das Jacks eigenes Team entwickelt hatte, bevor die Firma Jack den Laufpass gab.

„Ein Schwarm." Ich überlegte, versuchte zu verstehen, was sie mir da sagte. Natürlich hatte mein Team eine Anzahl von Programmen geschrieben, um Agentenschwärme zu steuern. Vorbild dafür war das Verhalten von Bienen, was viele nützliche Eigenschaften aufweist. Weil Schwärme sich aus vielen Agenten zusammensetzten, konnte der Schwarm recht widerstandsfähig auf die Umwelt reagieren. Wenn Schwarmprogramme mit neuen und unerwarteten Bedingungen konfrontiert wurden, stürzten sie nicht ab; sie schwebten sozusagen um die Hindernisse herum und machten weiter. / Doch unsere Programme arbeiteten so, dass sie im Computer virtuelle Agenten entwarfen. Julia hatte reale Agenten in der realen Welt geschaffen. (P/B, 41 f.)

Während Julia unter dem Druck der Investoren noch mehr arbeitet und sich immer ungewöhnlicher verhält, die Kinder merkwürdige Träume haben und Jack über Scheidung nachdenkt, findet der Ich-Erzähler immer wieder Anlässe, um uns darüber zu unterrichten, was unter einem Schwarm zu verstehen sei. Die einfachen, aber autonomen Agenten, es handelt sich um artifizielle Moleküle in Nanogröße, sind drahtlos zu einem verteilten Netz verbunden (P/B, 52), das nicht als chaotischer Haufen, sondern als Einheit agiert. Ein Modell dafür liefert der Superorganismus der sozialen Insekten, wie die moderne Entomologie ihn beschrieben hat.[21] So wie Termiten filigrane Betonhochhäuser entwerfen oder Ameisen Straßen und Brücken bauen, Ackerbau und Viehzucht treiben oder das *Travelling Salesman*-Problem schneller lösen als ein Supercomputer, und das, obwohl eine einzelne Termite oder eine Ameise nicht weiß, was sie da tut, so verbinden sich im Multiagentennetz die einzelnen Nanopartikel zu einem Schwarm. Dieser Schwarm aus simplen Agenten ist hochgradig anpassungsfähig. Gerade das Fehlen einer zentralen Steuerungsinstanz und spezifischer Verhaltensprogramme macht den Schwarm robust, flexibel und lässt ihn unerwartete Lösungen finden. Er probiert, und was vielversprechend ist, wird weiterverfolgt, weil schlechte Lösungsmöglichkeiten von der Umwelt negativ selektiert werden. Sie sterben aus.

„Genetische Algorithmen", erklärt Jack, durchlaufen in kurzer Zeit bis zu „5000 Generationen" (P/B, 258). Dank der hohen Reproduktionsrate sind verteilte Netze noch anpassungsfähiger und effizienter als Ameisen, die für einen Generationenzyklus etwa ein Jahr benötigen. Jack, von dem man längst weiß, dass er all das gelesen hat, was Crichton im Literaturverzeichnis auflistet, informiert seine Leser: Die Programmierer bildeten „das Verhalten von tatsächlichen Organismen nach [...] So kam es, dass Programmierer auf einmal Ameisenkolonien und Termitenhügel und den Bienentanz studierten, um Programme für die Steuerung von Flugzeuglandeplänen oder die Paketbeförderung oder das Übersetzen von Sprachen zu schreiben." (P/B, 164) Um der Evolution eine Richtung vorzugeben, habe Jack „vor fünf Jahren mit der Simulation von Räuber-Beute-Beziehungen [begonnen], um Ziele zu fixieren. Hungrige Räuber ließen sich nämlich nicht ablenken. Es konnte sein, dass sie durch die Umstände gezwungen wurden, ihre Methoden abzuwandeln, und dass bis zum Erfolg viele Versuche erforderlich waren – aber sie

---

[21] Vgl. Bert Hölldobler und Edward O. Wilson: *The Superorganism. The Beauty, Elegance, and Strangeness of Insect Societies*. New York, NY: Norton 2009.

verloren ihr Ziel nicht aus den Augen." (P/B, 164) *Beute/Prey*, so heißt der Roman, und man ahnt bereits, was aus dem Nanopartikel-Schwarm der Firma Xymos werden wird: ein *Jäger/Predator*. Jack kannte sich aus mit „Rudeln von Hyänen", aber auch mit „angreifenden Kolonnen von Wanderameisen. Mein Team hatte die Fachliteratur der Feldbiologie gelesen, wir hatten die Erkenntnisse verallgemeinert und in ein Programm-Modul namens PREDPREY eingebaut, das Agentensysteme steuern und deren Verhalten auf ein Ziel lenken konnte." (P/B, 164) Ein Schwarm, dessen verteilte Agenten sich mit PREDPREY koordinieren, ist also auf Beute aus.

Jacks Team hat die biologische Fachliteratur gelesen. Umgekehrt sind sich die zitierten Biologen ihrerseits vollkommen im Klaren darüber, von Programmierern rezipiert zu werden. In einer von Bert Hölldobler, dem deutschen Doyen der Entomologie sozialer Insekten, betreuten Publikation schreibt ein Forscher des *Center for Population Biology and Department of Entomology* der University of California über Wanderameisen oder *Army Ants*:

> Ever since the original sensational reports by early naturalists of marauding swarms of army ants, these organisms have fascinated animal behaviorists (1), ecologists, social insect biologists (2, 3), conservation biologists (4), and, most recently (5), artificial intelligence researchers. Despite substantial progress in these fields, *our understanding of army ant evolution remains poor*. Army ant behavioral and reproductive adaptations, among the most spectacular in the animal kingdom, have allowed these organisms to become dominant *predators* throughout the world's tropics.[22]

Was Crichton seinen Protagonisten Jack aufgreifen und Xymos erst ins Werk und dann ins Feld setzen lässt, ist das, was die Evolutionsbiologie noch nicht so recht zu erklären vermag und mit Begriffen wie Emergenz und Adaptation ausweichend eher benennt, als analytisch durchdringt (P/B, 321): die Tatsache nämlich, dass ein Kollektiv ohne Anführung, ohne Hierarchie, ohne Kommandozentrum fein orchestriert Beute sucht, findet und überwältigt. "Army ants never hunt or forage solitarily. In contrast to most other ant species, which first send out individual scouts to find food sources and only later recruit others from the colony [...], army ants instead dispatch a mass of cooperative, *leaderless* foragers to locate and overwhelm prey simultaneously."[23]

Dieses Verhalten haben die Programmierer in Algorithmen umgesetzt, erklärt uns Jack, um Populationen von Agenten schwärmen zu lassen und ihre verteilte Intelligenz einfach via Evolution Lösungen finden zu lassen (P/B, 187). Ein Nanopartikel-Schwarm, den Xymos für mikroinvasive medizinischen Eingriffe gebaut hat, entkommt dem Labor, passt sich an, vermehrt sich, evoluiert in ungeheurem Tempo, bis die Schwärme schließlich auf Menschenjagd gehen. Jack muss feststellen, dass sie „über [ihre] Programmierung hinausgegangen" sind (P/B,

---

[22] Seán G. Brady: *Evolution of the Army Ant Syndrome. The Origin and Long-term Evolutionary Stasis of a Complex of Behavioral and Reproductive Adaptations*. In: *PNAS* 11 (2003), Heft 100, S. 6575 – 6579, hier 6575. Kursivierung NW.
[23] Ebd., 6575. Hervorhebung erneut NW.

211). Ihre Evolutionsfähigkeit verändert sogar ihr Grundprogramm, um das Überleben in der Wüste von Nevada zu sichern. Und da die Nanopartikeln von Bakterien hergestellt werden, benötigt der Schwarm Biomasse, um sich zu vermehren. Erst müssen Kaninchen dran glauben, dann die größeren Säuger, endlich fällt der Mensch unter die Beutetiere. Jack wird schließlich von Xymos angeheuert, um den Schwärmen, die mit seinem PREDPREY-Programm laufen, den Garaus zu machen. Seine Frau und ihr Team werden ihn daran hindern, denn die autonomen Schwärme in der Wüste beweisen aufs Beste, was die Produkte der Firma vermögen (P/B, 226 f.).

Es stellt sich heraus, dass der Schwarm absichtlich ins Freie entlassen worden ist, um qua Evolution Antriebs- und Stabilisierungsprobleme zu lösen, die das Labor nicht zu finden vermochte: „Und sie hatten Erfolg." (P/B, 439) Der ‚Kampf ums Dasein' hilft, die beste Lösung zu finden: „Der Schwarm entwickelt sich von allein weiter, die weniger erfolgreichen Agenten sterben ab und die erfolgreicheren bringen die nächste Generation hervor. Nach zehn oder hundert Generationen findet der Schwarm die beste Lösung." (P/B, 440) Im Freien entstand künstliches Leben, das sich selbst erhält und lernt und schließlich der Erhaltung der eigenen ‚Art' alles andere unterordnet. Die n-tausendste Generation des Schwarms hat sich dann in seiner Frau als Wirt festgesetzt und pflanzt sich parasitär in anderen menschlichen Körpern fort. Was wie ein Kuss eines Nebenbuhlers aussah, war ein Schwarm, der seine Frau übernimmt. Seitdem wird sie von ihrem Parasiten gesteuert. Deshalb muss Jack Julia töten. Mit der Hilfe einer Feldbiologin entwickelt Jack einen ‚Phagen', einen Virus, der die biologische Basis der Nanopartikeln infiziert und so alle Superorganismen zerstört. Die Welt ist gerettet.

Rezeption

In der Schwarmforschung ist Crichtons Roman gelesen worden. Er wird dann ins Spiel gebracht, wenn es wie bei John Johnston um die populäre Vermittlung dessen geht, was aus der Verbindung von "ethology, A[rtifical]Life and evolutionary robotics, collective intelligence and distributed processing, autonomous agents and complex adaptive systems" hervorgehen soll. Diese Forschung, die mehrere ausdifferenzierte und spezialisierte Disziplinen umgreift, kann ohne Strategien der Komplexitätsreduktion nicht mehr darstellen, was sie eigentlich tut. "What is it that justifies the term swarm?", fragt Johnston in einer MIT-Studie, und die *exemplarische* Antwort verweist auf *Prey*. "Drawing extensively from cutting-edge research, *Crichton paints a picture* of a new form of autonomous and distributed intelligence gone frightfully out of control."[24] Aus einer äußerst komplexen Form transdisziplinärer Spitzenforschung macht der Roman ein ‚Bild'. Ein zu simples Bild, wie Paul Crosthwaite oder auch Colin Milburn einwenden, weil Crichton in der

---

[24] John Johnston: *The Allure of Machinic Life. Cybernetics, Artificial Life, and the New AI.* Cambridge, MA: Blackwell 2008, S. 375. Kursivierung NW.

schlechten Mutter und bösen Ehefrau Julia einen Sündenbock für den Kontrollverlust einer Technologie findet, die nur Männer wie Jack verantwortungsvoll einzusetzen verstehen;[25] oder ein zu negatives Bild, wie Arthur Kordon beklagt, weil Crichton mit seiner kultur- und technikkritischen Narration die großartigen Aussichten der Schwarmforschung verstelle:

> The "'dark side'" of swarm intelligence is currently a hot topic in science fiction. The famous Michael Crichton novel *Prey* about a swarm of microscopic machines (self-replicating nanoparticles) destroying humans has captured the attention of millions of readers. Unfortunately, the popular negative artistic image of swarm intelligence as a threat to humanity can raise concern and alienate users.[26]

Kordon traut dem Roman einiges zu, nämlich nicht nur die Aufmerksamkeit von Millionen zu fesseln, sondern ein „Bild" zu entwerfen, das zwar von der wahren wissenschaftlichen Natur der „Schwarmintelligenz" weit entfernt, aber dennoch geeignet sei, unnötige Bedenken zu erzeugen und mögliche Nutzer von der chancenreichen Technologie zu entfremden. Der Verfasser will ausdrücklich die „Grundlosigkeit dieser Ängste" nachweisen.[27] Man könnte erwarten, dass sein an dieses Plädoyer anschließendes Kapitel die Rationalität wissenschaftlicher Kommunikation gegen die poetische Bildproduktion Crichtons ausspiele, um dem von ihm verbreiteten "popular negative artistic image of swarm intelligence" eine unpopuläre, aber komplexe, wahrheitsfähige Beschreibung oder ein mathematisches Modell von Partikelschwarmorganisation oder *Ant Colony Optimization*-Algorithmen entgegenzusetzen. Diese Erwartung wird enttäuscht. Stattdessen greift Kordon auf die gleichen Beispiele und Verfahren der Komplexitätsreduktion zurück, mit denen Jack uns nahezubringen sucht, womit er es zu tun hat: Ameisen, so Kordon, bauen „Autobahnen", „Brücken" und „Biwaklager".[28] Und die

> building champions among insect swarms [...] are the termites. [...] As a result of [...] self-organization, unique structures, like the termite "cathedral" mound [...] are built with tremendous speed. The interior "design" is also spectacular with cone-shaped outer walls and ventilation ducts, brood chamber in the central hive, spiral cooling vents, and support pillars.[29]

---

[25] Paul Crosthwaite: "Phantasmagoric Finance: Crisis and the Supernatural in Contemporary Finance Culture". In: *Criticism, Crisis, and Contemporary Narrative. Textual Horizons in an Age of Global Risk.*. Hg. von Paul Crosthwaite. New York, NY: Routledge, S. 178–200, hier 117. Colin Milburn: *Nanovision. Engineering the Future*. Durham, NC: Duke University Press, S. 135.
[26] Arthur Kordon: *Applying Computational Intelligence. How to Create Value*. Heidelberg u. a.: Springer 2009, S. 146.
[27] Ebd.
[28] Ebd., 148.
[29] Ebd., 147.

Die Anthropomorphisierung ist unübersehbar; überdies unterscheidet sich diese Passage einer Monografie über *Computational Intelligence* überhaupt nicht von den Ausführungen Jacks in Crichtons *Prey*:

> Afrikanische Termiten [...] bauten regelrechte Wohnburgen. [...] [W]ie ein Wolkenkratzer hatte der Termitenhügel eine ausgeklügelte Innenarchitektur, die für frische Luft sorgte, überschüssiges CO_2 und Hitze abführte und so fort. [...] Und das alles gelang ohne Architekt, ohne Vorarbeiter, ohne zentrale Autorität. Es war auch kein Konstruktionsplan in den Termitengenen einprogrammiert. Die gigantischen Schöpfungen waren stattdessen das Ergebnis von verhältnismäßig einfachen Regeln der Termiten im Umgang miteinander. [...] *Und dennoch war das Ergebnis unbestreitbar komplexer als jedes menschliche Werk.* (P/B, 338)[30]

Jacks Exkurs zu den Termiten hat die Funktion, das schier unglaublich ‚intelligente' Verhalten des Nanoschwarms ebenso als Resultat einfacher Kooperationsregeln zu verstehen wie die Errichtung eines Termitenbaus. Das rhetorische Grundmuster ist die Analogie: So wie ‚simple' Termiten Wolkenkratzer bauen, indem sie wenige ‚einfache Regeln' anwenden, ermöglichen einfache Algorithmen das intelligente Verhalten des Schwarms: „Was wir jetzt vor Augen hatten, war das neue Werk eines neuen Geschöpfes, und wieder war der Entstehungsprozess schwer vorstellbar." (P/B, 338) Das ethologische, soziobiologische und kybernetische Modell der Termitenarchitekturen ist das, was man sich vor Augen stellen soll, um zu verstehen, was man vor Augen hat: Schwarmintelligenz.

Dies konnte selbst die Biologin in Jacks Team nicht fassen: „[S]ie konnte sich nur schwer vorstellen, wozu selbst organisiertes Verhalten innerhalb einer sehr großen Population von dummen Tieren fähig war." (P/B, 337) *Simple* wird hier mit *dumm* übersetzt. Man muss sich daran erinnern, wenn von der Schwarmintelligenz menschlicher Organisationen die Rede ist. Entscheidend ist an dieser Stelle, dass die Intelligenz der Gesamtpopulation der Insekten nicht von den Individuen der Gattung repräsentiert wird. Die Begriffsstutzigkeit der Biologin bringt Jack zu einer Generalisierung und einem weiteren Transfer:

> Das war übrigens ein tief sitzendes menschliches Vorurteil: Menschen gingen davon aus, dass eine Gesellschaft eine zentrale Führung brauchte. Staaten hatten Regierungen. Unternehmen hatten ein Management. Schulen hatten Direktoren. Armeen hatten Generäle. Menschen glaubten gemeinhin, dass eine Gesellschaft ohne zentrale Führung im Chaos versinken würde und nichts Vernünftiges zu Stande brächte.
> Davon ausgehend, war es nur schwer zu begreifen, dass extrem dumme Wesen mit einem Gehirn kleiner als ein Nadelkopf Bauprojekte verwirklichen konnten, die komplizierter waren als alles, was der Mensch je geschaffen hatte. Aber so war es. (P/B, 337 f.)

Ob ein Insektennest „komplizierter [ist] als alles, was der Mensch je geschaffen hatte", wird man mit Fug und Recht bestreiten können, doch der Roman bestätigt: „so war es". Crichton regt hier zu einer weiteren Analogisierung an, die auch in der

---

[30] Kursivierung NW.

Forschung zu den sozialen Insekten der letzten hundert Jahre nachzuweisen ist. Soziale Ordnungstypen wie die Differenz von Zentrum und Peripherie oder die Unterscheidung von Schichten, Klassen oder Ebenen samt der entsprechenden Annahme, es gebe auf der einen Seite Führer, Macher, Unternehmer, Eliten, Genies und auf der anderen Seite die von ihnen mehr oder minder organisierten Massen, Mengen, Abteilungen, Gruppen wird als „tief sitzendes menschliches Vorurteil" bezeichnet (P/B, 338). Es geht also auch anders, wird hier suggeriert. Dieser Transfer hat eine utopische Komponente, denn der Schwarm repräsentiert die Möglichkeit von Humangesellschaften ohne Hierarchien und ohne zentrale Steuerungseinrichtungen. Und auch im Falle menschlicher Gemeinschaften wäre es vorstellbar, dass komplexe Ordnungen geschaffen werden, ohne dass die Mitglieder überragende intellektuelle Eigenschaften aufweisen müssten.

In der Forschungsliteratur, die auf Crichtons *Prey* eingeht, ist es John Johnston, der auf Übertragungen der Schwarmprinzipien auf Humangesellschaften aufmerksam macht und zugleich auf den historischen Ursprung dieser Sozialutopien in der Entomologie des frühen 20. Jahrhunderts hinweist:[31] "More recently, the evidence Howard Rheingold marshals in *Smart Mobs: The Next Social Revolution* suggests that mobile Internet technology is producing a new kind of human 'swarming', with far-reaching social consequences." Und: "We owe the first scientific formulation of the idea of a swarm system to the entomologist William Morton Wheeler, the founder of the study of social insects."

Wheelers Studie *The Ant Colony as an Organism* von 1911 gilt als Geburtsstunde der Schwarmforschung.[32] Die Protagonisten dieser neuen Wissenschaft, Eric Bonabeau, Marco Dorigo und Guy Théraulaz, haben die von Wheeler inaugurierte Entomologie sozialer Insekten[33] dann ‚nur' in ihr Modell der Selbstorganisation übersetzt. Ihre Forschungsagenda sei es, "to transfer knowledge about social insects to the field of *intelligent system design*".[34]

Auch dieser Transfer wird nochmals auf ein anderes Feld übertragen. Michael Hardt und Antonio Negri werden ihre utopischen Vorstellungen von einer Multitude ausdrücklich auf Forschungen zu sozialen Insekten und zur Schwarmintelligenz stützen und damit eine gravierende Vorannahme Crichtons teilen: dass es nämlich möglich sei, Forschungen zu animalischen oder kybernetischen Schwärmen auf menschliche Gesellschaften zu übertragen. In *Multitude* schreiben sie:

> Forscher auf den Gebieten der künstlichen Intelligenz und der computergestützten Verfahren benutzen in jüngster Zeit den Ausdruck *swarm intelligence*, um kollektive und verteilte Methoden der Problemlösung zu bezeichnen, die ohne zentrale Kontrolle oder

---

[31] Johnston, *The Allure of Machinic Life* (Anm. 24), 375.
[32] Ebd. Vgl. William Morton Wheeler: *The Ant-colony as an Organism*. In: *Journal of Morphology* 22 (1911), Heft 2, S. 307–325.
[33] William Morton Wheeler: *Social Insects*. New York, NY: Harcourt Brace 1928.
[34] Johnston, *The Allure of Machinic Life* (Anm. 24), 377. Johnston zitiert Bonabeau u. a., *Swarm Intelligence* (Anm. 8), 6. Kursivierung NW.

das Vorhandenseins eines unfassenden Plans auskommen (vgl. etwa Kennedy/Eberhardt/Shi 2001).[35]

Habe die bisherige Forschung angenommen, dass Intelligenz stets der „Leistung eines individuellen Gehirns" zuzurechnen sei, so sei doch „tatsächlich [...] Intelligenz im Wesentlichen sozial". Diese Erkenntnis verdanke die Schwarmforschung der Entomologie sozialer Insekten. Im „kollektiven Verhalten in Sozialformen lebender Tierarten wie Ameisen, Bienen und Termiten" haben sie „verteilte Systeme von Intelligenz mit einer Vielzahl von Handelnden" ausgemacht. Um dies zu veranschaulichen, greifen auch Hardt und Negri auf das schon vertraute Repertoire zurück: „Das bekannte Verhalten der Tiere kann eine erste *annähernde Vorstellung* geben: Man denke etwa daran, wie tropische Termiten miteinander kommunizieren, wenn sie ihre großartigen, sorgfältig ausgeführten kuppelartigen Gebilde errichten." Eine tiefer gehende Vorstellung folgt nun keineswegs, sondern sogleich ein Transfer. Es sei ja evident, dass „keins der Termitenindividuen über hohe Intelligenz verfügt", daher müssen die Leistungen des Schwarms ihrer Gemeinschaftsform zugerechnet werden. Kurz: „Die Intelligenz des Schwarms beruht im Wesentlichen auf Kommunikation."[36] Nun ist nur noch ein Schritt nötig, dann sind wir bei der Utopie der *Multitude*: Auch Menschen kommunizieren, und sie tun es in zunehmenden Maße weltweit und vernetzt. Müsste nicht aus diesen neuen Kommunikationsverhältnissen eine neue Form kooperativer Intelligenz hervorgehen? So ist es:

> Die Schwärme [...], die wir in den neuen netzwerkförmigen politischen Organisationen entstehen sehen, setzen sich aus einer Multitude unterschiedlicher, kreativ Handelnder zusammen. Dies macht das Modell um einiges komplexer. Die Teile der Multitude müssen weder alle gleich werden noch ihre Kreativität verleugnen, um miteinander zu kommunizieren und zu kooperieren.

Jedenfalls gehe aus der netzwerkförmigen, globalen *many-to-many*-Kommunikation eine „kollektive Intelligenz" hervor, die Hardt und Negri Schwarm oder Multitude nennen.[37] Diese nun zweifach durch Vorbilder in der Natur und in der Spitzenforschung legitimierte Organisationsform des Schwarms richtet sich genau gegen jene alten Vorstellungen der Gesellschaft, die Jack in Erinnerung ruft, um seinerseits soziale Insekten und verteilte Intelligenz dagegen zu setzen. „Die Multitude ist, auch wenn sie eine Vielfalt bleibt, nicht fragmentiert, anarchisch und zusammenhanglos. Der Begriff der Multitude sollte daher weiterhin von einer Reihe anderer Konzepte unterschieden werden, die plurale Kollektive bezeichnen, wie die Masse, die Menschenmenge oder der Mob."[38] Masse, Mob und Pöbel seien „passiv" und daher auf Führung angewiesen und für „Manipulationen anfällig".

---

[35] Michael Hardt und Antonio Negri: *Multitude. Krieg und Demokratie im Empire*. Frankfurt/M., New York, NY: Campus 2004, S. 110.
[36] Ebd.
[37] Ebd., 110 f.
[38] Ebd., 117.

Von zentraler Steuerung oder hierarchischer Führung wollen die Neomarxisten aber gerade loskommen. Daher übersetzen sie die Erkenntnisse der Soziobiologie und der Schwarmforschung in ihren Entwurf einer anderen Gesellschaft: „Die Multitude hingegen ist ein aktives gesellschaftliches Subjekt, das auf der Grundlage dessen handelt, was den Singularitäten gemeinsam ist und von allen geteilt wird."[39] Aus *Distributed Computing* und *Simple Agents* wird so ein radikal demokratisches Gemeinwesen, das „konzertiert agiert".[40] Hardts und Negris Transferarbeit richtet sich dezidiert gegen „die Tradition der Souveränität". Die Multitude kommt ohne privilegierte Entscheidungsinstanz aus, „sei es ein König, eine Partei, das Volk oder ein Individuum". Es gibt keinen „politischen Körper" mehr, dessen „Kopf" über die „Glieder" regierte.[41] Die Alternative hat man sich durchaus als Insektenschwarm vorzustellen: „Vielleicht werden wir, wenn wir das enorme Potential dieser Intelligenz im Schwarm erst einmal begreifen, schließlich verstehen, warum der Dichter Arthur Rimbaud in seinen wunderbaren Hymnen an die Pariser Commune von 1872 die revolutionären Kommunarden ständig als Insekten imaginiert." Die Kommunarden „wimmeln" wie „Ameisen". Hier wird eine „neue Intelligenz, eine kollektive Intelligenz, eine Schwarmintelligenz" evident, die „Rimbaud und die Kommunarden antizipierten".[42]

Die sozialen Insekten stellen hier, genau wie bei Crichton, das Medium der Antizipation. In ihrem Bild wird die Schwarmintelligenz imaginiert. Der Transfer führt dann zur Multitude. „Die Multitude ist in der Lage, gemeinsam zu handeln und sich daher selbst zu regieren, obwohl sie vielfältig und differenziert ist. [...] Die Multitude ist als einziges gesellschaftliches Subjekt in der Lage, Demokratie, das heißt die Herrschaft aller durch alle, zu verwirklichen. Es steht daher sehr viel auf dem Spiel."[43] Sehr viel in der Tat: Denn wer möchte schon, wenn wir die Schleife von Transfers und Analogiebildungen zurückverfolgen, ein *unsophisticated* oder *simple agent* sein, ein Nanobot oder eine Ameise? Wer möchte den konsequenten Darwinismus, der den evolutionären Programmen der Schwarmforschung und der überlegenen Adaptivität der sozialen Insekten ein- oder zugeschrieben wird, nun auch in der Gesellschaft realisiert sehen? Was handeln Hardt und Negri sich mit ihren Bildern ein? Was bedeutet es für die Multitude, wenn ihre Blaupause von Soziobiologen, Kybernetikern und Physiologen geschrieben worden ist? Titel der Forschung, die Crichton anführt, finden sich auch im Literaturverzeichnis Hardts und Negris. Während in *Prey* aber autonome Selbstorganisation zum Horror führt, sind Hardt und Negri überzeugt, dass alles gut werde, wenn nur „die Multitude endlich in der Lage sein wird, sich selbst zu regieren".[44] Wenn der Zeitpunkt je kommen würde, dürfte man darauf gespannt sein, wer ihre Beute sein wird.

[39] Ebd., 118.
[40] Ebd., 371.
[41] Ebd., 118.
[42] Ebd., 111.
[43] Ebd., 118.
[44] Ebd., 375.

Fazit

Die mit der Semantik der sozialen Insekten generierten Modelle, Analogien und Metaphern sowie deren Passagen und Transfers zwischen Entomologie, Soziologie und Kybernetik erweisen sich als so wirkungsmächtig, dass in den derzeitigen Bemühungen um eine Selbstbeschreibung der Gesellschaft Bilder von Ameisen, Termiten oder Bienen eine prominente Rolle spielen. Das Bild der Gesellschaft, das Hardt und Negri in der Formel der Multitude entwerfen, stützt sich erheblich auf soziobiologisches und kybernetisches Wissen. Dieses Wissen wird in Form von topischen Bildern zur Verfügung gestellt, deren Evidenz ein Produkt literarischer und rhetorischer Verfahren ist, wie wir sie in *Prey* vorgefunden haben. Es sind immer wieder Termitenwolkenkratzer oder Ameisenautobahnen, die die zu bearbeitende Komplexität reduzieren und Selbstverständlichkeiten erzeugen – und dies nicht nur im Roman, sondern in dem ganzen zitierten Set von entomologischen, kybernetischen und soziologischen Schriften. Der Bildbereich der sozialen Insekten ließe sich als Medium auffassen, in dem Übertragungen von einem Wissensbereich in den nächsten stattfinden können, um dort Wahrheit zu erzeugen oder Annahmen zu legitimieren.

Das *Medium* scheint mir in diesem Fall beinahe schon die *Message* zu sein, denn sobald das Bild eines Ameisennestes, Termitenbaus oder Bienenschwarms aufgerufen wird, gilt die These als belegt, das Gesellschaftsmodell als evident und jede Beschreibungsalternative als ausgeschlossen. Wenn es um so weitreichende Projekte geht wie das der ‚nächsten sozialen Revolution', wie bei Howard Rheingold, oder die Errichtung der ultimativen ‚Demokratie', wie bei Hardt und Negri, wäre die Frage zu stellen, welche Alternativen von der Evidenz der verwendeten Bilder und Topoi ausgeblendet werden. Denn genau darin besteht die Funktion von Evidenz und Gemeinplätzen: Kontingenzen zu invisibilisieren und die Frage nach Alternativen gar nicht erst aufkommen zu lassen. Auch Jacques Derrida findet im Schwärmen der Ameisen ein subversives Potenzial, das die Techniken administrativer Kontrolle unterläuft. Der Schwarm lasse sich nicht zählen und nicht steuern. Im Kampf gegen die neue Gouvernementalität müssten wir zu Ameisen werden.[45] Was dieses Zur-Ameise-Werden im nahezu wörtlichen Sinne bedeuten könnte, hat Crichtons Dystopie verdeutlicht.

---

[45] Vgl. Jacques Derrida: «*Fourmis*». *Lectures de la différence sexuelle*. In: *Rootprints. Memory and Life Writing*. Hg. von Hélène Cixous und Mireille Calle-Gruber. London, New York, NY: Routledge 1997, S. 119–127, hier 120 f.

Elena Esposito

Die Selbst-Falsizifizierung der Technik und ihre Rätsel

Der Begriff der Technik scheint heute gerade erst dann besonders wichtig, wenn seine Definition und Bedeutung unschärfer werden und eine konkrete Begriffsbestimmung zunehmend schwieriger wird. Der Verweis auf Maschinen reicht nicht mehr aus – nicht nur, weil die verbreitetsten Maschinen (Computer) selbst hermeneutische Kategorien zu erfordern scheinen,[1] sondern auch und vor allem weil der Begriff ‚Technik' nicht mehr nur für die Bezeichnung derartig hergestellter Apparate verwendet wird. Mittlerweile redet man von Technik in Organisation und Management, im Finanzbereich und in der Pädagogik, in der Politik und im Ressourcen-Management. Die vertraute Unterscheidung zwischen Technik und sozialen Praktiken wird zusehends undeutlich, und der Begriff selbst hat sich so erweitert (oder ist derart ausgefranst), dass er alle Modalitäten der Regelung einschließt. Wir reden also von Technik, immer wenn wir den Eindruck haben, es mit einer Form von Kontrolle zu tun zu haben, die es uns erlaubt, die Verwendung von Ressourcen zu planen und die Ergebnisse auszuwerten. Das Scheitern der Technik wird dann als Scheitern der Kontrolle interpretiert – ein Scheitern, dem man mehr oder weniger bedenklich gegenübersteht, je nachdem welches Modell von Gesellschaft und Ordnung vorausgesetzt wird. Es ist deshalb ratsam, von dieser Kontrollleistung auszugehen – obwohl damit das Problem bloß verlagert wird: Was bedeutet Kontrolle? Was wird unter Technik verstanden?

Technik dient dazu, eine kausale Vereinfachung zu vollziehen: Wenige Ursachen und Wirkungen werden ausgewählt und miteinander verknüpft, alle andere werden vernachlässigt. Man kann Kontrolle auf den ausgewählten Kausalbereich ausüben, indem man seine Funktionsfähigkeit überprüft, eventuelle Fehlleistungen repariert oder korrigiert. Man kann auch eine utopische oder dystopische Konstruktion realisieren, die diese Faktoren zuspitzt und die Aufmerksamkeit auf sie fokussiert. Doch es bleibt das Problem, die unzähligen Ursachen und Wirkungen zu kontrollieren, die von der Technik von vornherein ausgelassen werden. Technik und Technologien können diese Art der Kontrolle nicht ausüben. Sie sind nicht imstande, solche Probleme zu lösen, die nicht aus Fehlfunktionen sondern aus dem reibungslosen Funktionieren der Technik resultieren. In solchen Fällen ergeben sich Effekte, die nicht in der ursprünglichen Vereinfachung berücksichtigt wurden und die sich in einem weit verbreiteten Gefühl des Risikos und in einem

---

[1] Vgl. vor vielen anderen Terry Winograd und Francisco Flores: *Understanding Computers and Cognition*. Reading, MA: Addison-Wesley 1991.

radikaleren und komplexeren Sinn von Dystopie ausdrücken. Am Beispiel der Finanzmärkte und der Vermehrung von Risiken, die gerade von der Überzeugung produziert werden, das Risiko kontrollieren zu können, führen wir ein anderes Konzept von Kontrolle (also von Technik) ein, das wir auf den systemischen Begriff von Steuerung beziehen. Kontrolle basiert in diesem Fall nicht auf der Vorhersage der Wirkungen, sondern auf der Verwendung von Techniken, um Überraschungen zu produzieren, wenn man bereit ist, darauf zu reagieren. Die Komplexität dieses Ansatzes ist jedoch nicht mit der relativen Einfachheit und mit der Appellkraft der Utopien oder Dystopien kompatibel.

Kontrolle über mangelnde Kontrolle

In moderner Zeit hat sich der Begriff von Technik mit dem relativ neuen Begriff von Technologie überlappt,[2] der meistens für die Bezeichnung von Maschinen und dergleichen verwendet wird. Das allgemeine Probleme der Kontrolle hat sich in den Umgang mit Maschinen verlagert, die sich, auch im Falle unvorhersehbaren Agierens, erwartungsgemäß verhalten oder reparieren lassen sollen. Luhmann definiert Technologie als „eine Art der Beobachtung, die etwas unter dem Gesichtspunkt betrachtet, daß es kaputt gehen kann".[3] Technologie gibt an, wie ein Fehlverhalten (oder Befehl) herausgefunden und behandelt werden muss, wie man intervenieren und es korrigieren kann. Die praktische Wirksamkeit dieser Art von Ausrichtung ist offensichtlich – weniger offensichtlich sind die Kosten: Man neigt dazu, das antike Verständnis von Technik,[4] das die Kontrolle mit dem Problem ihrer Regelung und ihrer Grenzen verband, aus den Augen zu verlieren. Wie überprüft man die Korrektheit der Anwendung der Technik, das heißt der Kontrollverfahren?

Das ist die Frage, die Husserl in der Reflexion über die „Krise" der Wissenschaft stellte. Das zentrale Problem war für ihn, wie die Unendlichkeit der kausalen Beziehungen im vorwissenschaftlichen Leben kontrolliert werden kann, wo alles mit allem verbunden und jedes Objekt direkt oder indirekt (in einer „generellen gegenseitigen Inhärenz") mit jedem anderen verknüpft ist. Wie kann diese Unendlichkeit berücksichtigt werden, wenn wir es immer mit finiten Gegebenheiten und

---

[2] Vgl. Wolfgang Krohn: *Die Verschiedenheit der Technik und die Einheit der Techniksoziologie*. In: *Technik als sozialer Prozess*. Hg. von Peter Weingart. Frankfurt/M.: Suhrkamp 1989, S. 15–43, hier 30.
[3] Niklas Luhmann: *Die Wissenschaft der Gesellschaft*. Frankfurt/M.: Suhrkamp 1990, S. 262.
[4] Vgl. Giuseppe Cambiano: *Platone e le tecniche*. Torino: Einaudi 1971, S. 26 ; Luc Brisson: *Del buon uso della sregolatezza (Grecia)*. In: *Divinazione e razionalità* [1974]. Hg. von Jean-Pierre Vernant. Übers. aus d. Frz. von Liliana Zella. Torino: Einaudi 1982, S. 239 – 272, hier 248; Jean-Pierre Vernant: *Mito e pensiero presso i Greci. Studi di psicologia storica* [1965]. Übers. aus d. Frz. von Mariolina Romano und Benedetto Bravo. Torino: Einaudi 1970, S. 208.

mit beschränkten und subjektiven Erfahrung zu tun haben?[5] Wie können wir die Unendlichkeit der Ursachen berücksichtigen, wenn wir immer finite Verhältnisse erfahren?

Die Technisierung erlaubt, eine drastische Auswahl zu treffen, von allen anderen kausalen Beziehungen abzusehen und sich auf die wenigen Faktoren zu konzentrieren, auf die man einwirkt. Indem man überprüft, was funktionsfähig und was funktionsunfähig ist, indem man entsprechende Korrekturen vornimmt und erst dann die eigenen Operationen fortsetzt, kann man Kontrolle ausüben und die Effizienz steigern. Wäre die ganze Welt im Blick, würde man von den endlosen Verweisungen gelähmt und einen Eindruck der Notwendigkeit gewinnen: Wie kann man auf etwas einwirken, wenn man nicht weiß, welche Folgen zu erwarten sind und wo dies hinführen wird? Die Technisierung ermöglicht dagegen, Kontingenz einzuführen: Man tut etwas, das auch anders gemacht werden könnte, überprüft und kontrolliert die Alternativen und vollzieht dann weitere Handlungen, die wiederum anders sein könnten, sich aber gegenseitig bedingen auf eine Weise, die wir beobachten können. In einer Welt, die intransparent bleibt, ermöglicht die Technik, nicht-willkürlich zu operieren – ausgehend vom prinzipiellen Verzicht auf die Kontrolle aller Faktoren und aller Beziehungen. Man kontrolliert etwas, gerade weil man nicht beansprucht, alles zu kontrollieren.

So verstanden, kann Technik mit Luhmann als „funktionierende Simplifikation"[6] definiert und keineswegs nur auf das Gebiet der Maschinen beschränkt werden: Sie wird zu einem breiteren Begriff, der jedes Mal ins Spiel gebracht wird, wo ein Verfahren zur Verfügung steht, das die richtige Verhaltensweise vorgibt und das die Überprüfung ihrer Funktion beziehungsweise Dysfunktion erlaubt – mit einer Maschine, aber auch in der Erziehung der Schüler (pädagogische Techniken), in der Anwendung der Rechtsnormen oder in der rhetorischen Persuasion. Mit einer Technik kann man die eigenen Handlungen kontrollieren, deren Wirksamkeit testen und sie dementsprechend korrigieren. Dies ist allerdings nur möglich, wenn es gelingt, von allen anderen Faktoren abzusehen, die von der Technik nicht berücksichtigt werden (zum Beispiel die Differenzen im Talent und in der Haltung der Schüler, das Wissen und die Lage der Juristen, oder auch die Folgen der Anwendung von Technik selbst). Man beschränkt sich auf wenige Ursachen, verbindet sie mit ebenso wenigen Wirkungen und sieht von allen anderen kausalen Beziehungen ab, die zu dem kontrollierten Bereich nicht gehören.

Der große Vorteil einer zur Verfügung stehenden Technik ist die Möglichkeit zu agieren, das eigene Verhalten zu planen und dessen Wirksamkeit zu überprüfen,

---

[5] Vgl. Edmund Husserl: *La crisi delle scienze europee e la fenomenologia trascendentale* [1954]. Übers. aus d. Dt. von von Enrico Filippini. 5. Aufl. Milano: Il Saggiatore 1975, S. 60 f.
[6] Niklas Luhmann: *Die Gesellschaft der Gesellschaft*. Frankfurt/M.: Suhrkamp 1997, S. 524; Niklas Luhmann: *Soziologie des Risikos*. Berlin, New York, NY: de Gruyter 1991, Kap. 5.; Niklas Luhmann: *Organisation und Entscheidung*. Opladen: Westdeutscher Verlag 2000, Kap. 12.

ohne die Welt zu kennen oder zu verstehen. Man braucht keine profunden Kenntnisse, um eine Technik zu verwenden: Man kann ein Auto reparieren, ohne die zugrunde liegende Physik zu beherrschen, eine rhetorisch wirksame Rede erstellen, ohne mit Psychologie vertraut zu sein, und man kann die Technik der Zentralperspektive benutzen und ein Bild malen, ohne zu wissen, worauf sie beruht. Man kann mit der Technik der Schrift und des Buchdrucks einen Text produzieren, ohne seine Bedeutung zu verstehen oder gar der verwendeten Sprache mächtig zu sein. Noch deutlicher wird dieser Mechanismus im Hinblick auf die Computer: Wir benutzen sie, ohne die Operationen im Detail nachvollziehen zu können, noch sie verstehen zu wollen. Nichtsdestoweniger führen diese Operationen zum gewünschten Ergebnis, weil die Maschine nach einer Weise operiert, die sich nicht auf den Sinn und die Bedeutung der Bewusstseinsoperationen zurückführen lässt. Gerade deshalb sind Computer so unglaublich effizient.[7]

Die Vorteile liegen auf der Hand, doch bei genauem Hinsehen wird auch die Künstlichkeit des Verfahrens offensichtlich: In der Welt wird eine Grenze zwischen einem technisch kontrollierten und allen anderen Bereichen gezogen, wobei nur der erste betrachtet wird. Das ist die eigentliche Entfernung von der Natur, die den Bruch mit Parmenides und die gegensätzlichen Positionen von Sophisten und Plato prägte:[8] Im Bereich der Technik befasst man sich nur mit einigen Faktoren aus der Unendlichkeit derer, die relevant sein könnten, und entscheidet, wo die Grenze liegt – in diesem Bereich übt man Kontrolle aus. In der Natur ist alles für alles relevant und nichts kontrollierbar – außer in den indirekten und sehr wenig autonomen Formen der Weissagung und anderer Methoden, die es ermöglichen, in eine höhere Notwendigkeit Einsicht zu erhalten, in die man allerdings nicht eingreifen kann.[9] Die Technik ist immer künstlich, doch die wirkliche Künstlichkeit liegt in der Grenze: Warum wird gerade diese Ursache und nicht eine andere ausgewählt? Wer hat das entschieden, und wer trägt die Verantwortung für die Kontingenz der Wahl?

Die Künstlichkeit der Technik stellt auch den gemeinsamen Nenner mit den utopischen Konstruktionen dar. Nicht zufällig erlebten diese ihre Aufschwungphasen parallel zu wissenschaftlichen und technologischen Entwicklungen.[10] Auch die

---

[7] Vgl. den umstrittenen Aufsatz von Chris Anderson: *The End of Theory: The Data Deluge Makes the Scientific Method Obsolete*. In: *Wired* 16 (2008), Heft 7, www.wired.com/science/discoveries/magazine/16-07/pb_theory. Abruf am 22. 4. 2012.
[8] Vgl. Cambiano, *Platone e le tecniche* (Anm. 4).
[9] Vgl. Elena Esposito: *Soziales Vergessen. Formen und Medien des Gedächtnisses der Gesellschaft*. Übers. aus d. It. von Alessandra Corti. Frankfurt/M.: Suhrkamp 2002, S. 71. Noch heute wird oft angenommen, dass die Gesetze der Natur eine Weisheit oder ein Gleichgewicht garantieren, die nicht verändert werden sollten – man denke nur an die seltsame Idee, dass natürliche Medikamente nicht schädlich sein können.
[10] Vgl. Bronisław Baczko: *Utopian Lights. The Evolution of the Idea of Social Progress*. New York, NY: Paragon 1989. Luhmann bemerkt zurecht, dass Technologie und Utopie einen andersartigen Bezug auf Zukunft haben. Vgl. Niklas Luhmann: *The Future Cannot Begin. Temporal Structures in Modern Society*. In: *Social Research* 43 (1976), S. 130–152, hier 142–145.

Utopie beruht auf einer Vereinfachung, die es erlaubt, eine gewisse Anzahl von Faktoren abzusondern, welche beherrscht und unter Kontrolle gehalten werden in der Hoffnung auf eine allgemeine Verbesserung der menschlichen Lage. Die Vereinfachung wird noch evidenter im Gegenmodell der Dystopie, die oft als eine schreckliche Form von Kontrolle dargestellt wird, die um so beunruhigender erscheint, je mehr sie sich unbemerkt und fast naturalisiert vollzieht. Die jüngeren Formen der Dystopie (von *Metropolis* bis *Matrix*) haben fast immer eine technologische Komponente, die allerdings die Möglichkeit eines Auswegs (wie schwierig auch immer) zulässt, die meistens von der Figur des externen Beobachters verkörpert wird, der die Technik von außen betrachtet und obsiegen kann.

Wie Technik beruhen Utopien (und Dystopien) auf Vereinfachung, um Komplexität zu reduzieren – und wie Technik neigt Utopie dazu zusammenzubrechen, wenn diese Vereinfachung sich als unzureichend erweist und man nicht mehr in der Lage ist, die Komplexität der ausgeschlossenen Faktoren zu kontrollieren. In diesem Fall kann auch der Sieg über die Dystopie unbefriedigend werden. Was aus diesem Zusammenbruch resultiert, ist keine neue Dystopie (die bloß eine Utopie im Negativen wäre) sondern eine andersartige Beziehung mit der Komplexität der Welt.

Die Probleme der funktionierenden Technik

Technik generiert oft Probleme. Einige Probleme entstehen natürlich, wenn die Technisierung nicht gelingt oder nicht funktioniert: entweder weil es nicht plausibel erscheint, einige kausalen Beziehungen auszuschließen, oder weil sie wieder auftauchen. Wenn es Beobachter gibt, die sich gegenseitig beobachten,[11] ist die Technisierung schwierig. Meistens richtet der eine Beobachter sein Augenmerk auf die Kontrolle des anderen Beobachters: Er schaut, wie der andere ausgewählte Ursachen kontrolliert und sich ausschließlich auf diese konzentriert. Da der erste Beobachter dazu tendiert, die ausgeschlossenen Ursachen wahrzunehmen, wird die Technik als Versuch der Manipulation rezipiert. Man denke zum Beispiel an den Versuch in der Pädagogik, auf das Bewusstsein der Schüler einzuwirken, indem man ihnen die Lektüre ausgewählter Bücher nahelegt. Die Schüler reagieren auf diese Einwirkung, indem sie sich beispielsweise weigern, die Bücher zu lesen, wobei sie sie hingegen mit Begeisterung gelesen hätten, wenn sie etwa von Freunden empfohlen worden wären. Oder man denke an Intimbeziehungen, die gerade

---

Während die Utopie dazu neigt, in die Zukunft Ängste und/oder Hoffnungen zu projizieren, leitet die Technologie die Zukunft kausal aus der Gegenwart ab. Deshalb lehnen utopische Konstruktionen die Technik tendenziell ab, während ihrerseits die Technik den unrealistischen Konstruktionen der Utopie misstraut. Dennoch beruhen beide auf einer ähnlichen Vereinfachung, und zwar auf der Vorstellung, die Welt von außen beobachten zu können.

[11] Der soziologische Begriff ist ‚doppelte Kontingenz'. Vgl. Niklas Luhmann: *Soziale Systeme. Grundriß einer allgemeinen Theorie*. Frankfurt/M.: Suhrkamp 1984, Kap. 3.

auf der Erwartung (und auf dem Anspruch) beruhen, *alles* interessant zu finden, was die geliebte Person betrifft, und die daher die in der Technik implizite Vereinfachung schlecht ertragen. In solchen Bereichen stehen wir der Natur oder zumindest dem Anspruch an Natürlichkeit gegenüber, welcher allerdings eine eindeutige Zuschreibung der Verantwortung für die getroffene Selektion verhindert.

Die neuesten Probleme, die die Debatte über Technologie hervorgerufen haben, sind aber andere und treten in Erscheinung, wo die Technologie möglich ist und sehr gut funktioniert. Hier stellt sich erneut die Frage, wie die durch die Technik ermöglichte Kontrolle ihrerseits kontrolliert werden kann. Die wirkliche Revolution unserer Zeit sei, so zumindest in der Fachpresse, weder eine Kommunikations- noch eine Informationsrevolution, sondern eine 'control revolution'.[12] Das erste Beispiel hierfür sind naturgemäß die Maschinen, insbesondere die komplexeren Maschinen, die im Diskurs über Hochtechnologien verhandelt werden. Seit einigen Jahrzehnten sind wir uns bewusst, dass wir uns mit einem Mangel an Kontrolle auseinandersetzen müssen, der nicht aus der Abwesenheit oder Dysfunktion von Technik, sondern aus ihrer korrekten Anwendung resultiert. Die Technik, wie wirkungsvoll und wie gelungen auch immer, kann sich selbst immer weniger kontrollieren. Das eigentliche Problem entsteht gerade dann, wenn die Technik funktioniert, weil ihre Funktionsfähigkeit Auswirkungen hat, die bei der Selektion an der Basis der Technik selbst nicht vorgesehen sind. Die Kontrolle, die die Technik bietet und realisiert, beschränkt sich, wie gesehen, auf wenige ausgewählte kausale Relationen und schließt den unbestimmten Bereich der anderen Ursachen und der anderen Wirkungen aus. Doch gerade diese Ursachen und Wirkungen, die weder die Technik noch die Technologie kontrollieren können, gewinnen durch die Verwendung der Technik an Relevanz.

Die heute sehr aktuelle Frage des Risikos drückt dieses Bewusstsein aus. Auch wenn man vorsichtig ist und versucht, Maßnahmen zum eigenen Schutz zu treffen, kann man nie von vornherein ausschließen, sich künftig mit einem Schaden auseinandersetzen zu müssen, den man nicht vorhergesehen hatte, der aber von dem heutigen Verhalten und den heutigen Entscheidungen abhängt.[13] Auf die Technik bezogen bedeutet dies, dass man trotz des Versuches, die laufenden Prozesse technisch zu kontrollieren, nie einschätzen kann, welche unkontrollierbaren Effekte die Verwendung der Technik erzeugen mag: Aus der Kontrolle resultiert somit Unkontrollierbarkeit.

Die bekanntesten Fälle betreffen sehr komplexe oder sehr neue Techniken und treten im Fall von Patt-Situationen ein, die entstehen, wenn Entscheidungsträger unter Berücksichtigung der öffentlichen Meinung über die Anwendung bestimmter technischer Neuerungen beschließen müssen. Bei den innovativen Techniken wie den Experimenten mit Stammzellen, genetischen Manipulationen (GVO) oder Klonierungen sehen sich die Entscheidungsträger nicht so sehr mit der Befürch-

---

[12] Andrew L. Shapiro: *Freedom from Choice*. In: *Wired* 5 (1997), S. 213 f.
[13] Vgl. Niklas Luhmann: *Soziologie des Risikos*. Berlin, New York, NY: de Gruyter 1991.

tung konfrontiert, dass diese nicht funktionieren (in diesem Fall ginge es darum, neue Finanzierungen zu finden, um die Forschung zu verbessern, oder einfach aufzugeben), sondern viel eher mit der in der Öffentlichkeit sehr verbreiteten Angst, dass sie zwar reibungslos ablaufen, doch Effekte produzieren, die nicht vorhergesehen werden konnten, da sie erst durch die Anwendung der Technik in Erscheinung treten: Das geklonte Schaf hat keinen Immunschutz, genetisch modifizierte Lebensmittel produzieren Krankheiten, die (wie die karzinogenen Wirkungen von Röntgenstrahlen) früher nicht vorstellbar waren. Auch bei sehr komplexen Technologien wie Kernkraftwerken hegt man zwar Bedenken darüber, dass die Technologien nicht funktionieren oder dass Fehler gemacht werden (hiergegen kann man aber mehr Kontrolle einplanen oder Tests wiederholen), doch vor allem befürchtet man, dass ihre Anwendung außer Kontrolle gerät: zum Beispiel weil die verschiedenen verwendeten (und funktionierenden) Techniken miteinander interferieren, oder weil minimale Störungen, die bewusst nicht berücksichtigt wurden, sich ansammeln bis zur Produktion zerstörerischer Wirkungen, oder weil (wie im jüngsten dramatischen Fall von Fukushima) unvorhersehbare Umweltfaktoren eine unkontrollierbare Dynamik auslösen.

Das daraus resultierende Bild ist oft apokalyptisch, funktioniert aber ganz anders als die klassische Form der Dystopie. Die Sorge bei der Anwendung der Technik entsteht nicht aus dem Mangel an Kontrolle, sondern aus der Unmöglichkeit der Kontrolle. Es gibt keine Technik oder Gegen-Technik, die es ermöglicht, sich vor möglichen Schäden zu schützen, oder Entscheidungen zwischen richtig und falsch zu treffen. Nicht einmal die Verwerfung der Technik wäre eine Garantie in dieser Richtung. Utopien und Dystopien erscheinen in dieser Sicht gleich naiv, weil sie annehmen, dass es möglich sei, eine gewisse Zahl von Faktoren auszusondern und sich darauf zu konzentrieren: Sie setzen im Positiven oder im Negativen eine Beobachtung der Technik von außen voraus. Das Risiko lehrt dagegen, dass in einer hoch komplexen Welt diese Selektion trotz ihrer Unvermeidlichkeit keine Gewähr bietet (nicht einmal im negativen Sinne der zu bekämpfenden Dystopie). Auch wenn sie gelingt, führt der Kampf gegen Kontrolle weder zu einer besseren Lage noch zu mehr Freiheit. Der Beobachter bleibt in der zu kontrollierende Welt gefangen, und selbst der Kontrollversuch zieht Folgen nach sich, die kaum abzuschätzen sind.

Die Probleme der funktionierenden Technologien zeigen, wie nötig eine andere Idee von Kontrolle wäre, die es ermöglicht, Unterscheidungen zu erfassen und zu multiplizieren, verschiedene und unvorhersehbare Umweltbedingungen auszunutzen, um das eigene Verhalten komplexer zu fundieren. Die wohl unentrinnbare Variabilität der Umstände sollte keine Störung darstellen, die ein Scheitern der Pläne potenziell heraufbeschwören könnte und deswegen so weit wie möglich eingeschränkt werden muss, sondern eine auszunutzende Möglichkeit. Dies setzt allerdings eine weitreichende Flexibilität und die große Bereitschaft voraus, sich nicht an vorbestimmten Plänen zu orientieren, sondern sich eher dem Unvorhergesehenen und Unerwarteten zuzuwenden. Es ist so, als ob der Prozess der Technisierung, seit jeher an Methoden wie das Spezifizieren und Ausschließen, das

Antizipieren und Planen gerichtet, die andere Seite der benutzten Unterscheidungen wiederentdecken würde: die Generalität und das Unerwartete, die Flexibilität und die Unbestimmtheit. Es kann nicht überraschen, dass die entsprechenden Angaben paradox erscheinen: kreativ sein, flexibel sein, mehrdeutige Indikationen produzieren, sich dem Zufall zuwenden.[14] Man soll fähig sein zu spezifizieren, dabei die Vorteile der Technik genießen und gleichzeitig das Ausgeschlossene betrachten, um auf die Effekte der Anwendung der Technik und ihrer Selektionen einwirken zu können.

Wie wir gesehen haben, ist die Technik nicht in der Lage, diese Art technischer Probleme zu bewältigen, da sie bestimmte kausale Beziehungen isoliert und die anderen nicht beachtet, wo hingegen eben dieses ‚Andere' – die unzähligen Ursachen sowie die unerwarteten Auswirkungen – zu berücksichtigen wäre. Auch wenn der Ausschluss bestimmter Faktoren zu den grundlegenden Prinzipien der Technik gehört, sind wir zu einem Punkt gelangt, wo das Miteinbeziehen des Ausgeschlossenen als dringend notwendig erscheint. Es stellt sich die Frage, welche Form der Kontrolle noch verfügbar ist, wenn sowohl die Verfahren als auch das Konzept von Kontrolle nicht mehr zuverlässig sind, und wenn nicht einmal der Verzicht auf Kontrolle sich auf eine tiefere Weisheit (der Natur zum Beispiel) berufen kann. Die Technik, die aus der Unterscheidung von der Natur entstanden ist und eine Grenze zwischen eingeschlossenen und ausgeschlossenen Kausalitäten zieht, müsste nun alle möglichen Ursachen und Wirkungen in Betracht ziehen und somit zu einer Art ‚zweiter Natur' werden,[15] selbst unkontrollierbar und unbestimmt. Aber wie kann man mit dieser Lage umgehen, wenn man doch entscheiden und operieren muss?

Kontrolle als Steuerung: die Vorbereitung der Überraschungen

Dieser noch ziemlich abstrakte Diskurs kann auf eine konkretere Ebene geführt werden, wenn man als Beispiel die Probleme nimmt, die in letzter Zeit an den Finanzmärkten entstanden sind und unter anderem zur Wirtschaftskrise 2008 und 2009 geführt haben. Die Verbreitung von Computern hat die Finanzwelt radikal verändert, und ohne Maschinen wäre sie heutzutage schlicht undenkbar. Hier kann man deutlich erkennen, dass die Technologie weder imstande ist die Verwendung von Techniken zu kontrollieren, noch die Probleme korrigieren kann, die gerade aus dem ordnungsgemäßen Funktionieren der Techniken resultieren.

---

[14] Zuerst im Rahmen der Organisationstheorie, die vielleicht als erste eine Sensibilität für diese Art von Problemen zeigte, vgl. Karl E. Weick: *Sensemaking in Organizations*. Thousand Oaks, CA: Sage 1995; James G. March und Johan P. Olsen: *Ambiguity and Choice in Organizations*. Bergen: Universitetsforlaget 1976. In soziologischer Perspektive ist das kein Zufall, angesichts der engen Verbindung zwischen Technik und Organisationen in der modernen Gesellschaft: Vgl. Luhmann, *Organisation und Entscheidung* (Anm. 6), Kap. 12.
[15] Luhmann, *Die Gesellschaft der Gesellschaft* (Anm. 6), 522.

Am Ursprung des Zusammenbruchs gab es offensichtliche Fehler wie die Annahme eines unbestimmten Anstiegs der Immobilienpreise in den USA (mit allen bekannten Schwierigkeiten der Insolvenz der Subprime-Darlehen) oder die Mängel der Reglementierung. Die Probleme resultierten jedoch nicht aus dem Nichtfunktionieren, sondern aus dem reibungslosen Funktionieren der komplexen Berechnungstechniken in der Verwaltung der Portfolios von Wertpapieren: Die komplizierten Algorithmen des CAPM-Modells oder der Formeln für die Kalkulation der Preise für Optionen haben sich als gefährlich erwiesen, weil sie die Illusion verbreitet haben, alle Faktoren kontrollieren zu können. Das hat Strategien ausgelöst, die von dieser Kontrolle ausgingen und weitere Risiken bargen.[16] Die Folgen, die aus dem Erfolg der Modelle hervorgingen, haben das Management der Krise sehr schwierig gestaltet: mit einem Wechsel von Vorschlägen und Initiativen, die sich gegenseitig widersprachen und im Lauf des Prozesses geändert wurden (zum Beispiel der viel diskutierte Paulson-Plan).

In letzter Zeit redet man immer öfters von "model risk" und bezeichnet damit die Folgen, die aus dem Gebrauch von aufwendigen Techniken der Investitionsverwaltung resultieren.[17] Das Risiko ergibt sich hier nicht aus dem Scheitern der Modelle, sondern aus ihrer Verwendung und aus der Tatsache, dass die Folgelogik einer bestimmten Kausalität andere kausale Zusammenhänge freisetzt, die sich als besonders riskant erweisen. Die Systeme, die versprechen, alle möglichen Risiken zu kontrollieren, sie zu kompensieren und gegenseitig zu neutralisieren, ziehen ein besonderes Risiko nach sich, das gerade mit der Verwendung von Modellen der Berechnung von Risiken zusammenhängt. Dies bringt zum einen das viel diskutierte 'moral hazard' hervor, und zum anderen löst es solche Phänomene wie das Scheitern des berühmten LTCM-Fonds aus.[18] Von vielen wurde dieses Scheitern als Resultat der Erfolge seiner Berechnungen interpretiert, weil sie Nachahmungsverhalten provozierten, die den Bezugsrahmen radikal veränderten und korrekte Vorhersagen falsifizierten. Benoît Mandelbrot hat seit geraumer Zeit die Voraussetzungen der Finanz-Techniken kritisiert, die seines Erachtens die Fähigkeit der Märkte ignorieren, das Unerwartete infolge der Verwendung von Techniken der Vorhersage zu erwarten – eine Lage, die in den letzten Jahren immer offensichtlicher geworden ist.[19]

---

[16] Vgl. z. B. Donald MacKenzie: *An Engine, Not a Camera. How Financial Models Shape Markets*. Cambridge, MA: MIT Press 2006; Elena Esposito: *Die Zukunft der ‚futures'. Die Zeit des Geldes im Finanzwesen und in der Gesellschaft*. Übers. aus d. It. von Alessandra Corti. Heidelberg: Auer 2010, Kap. 10.
[17] Riccardo Rebonato: *Managing Model Risk*. In: *Handbook of Risk Management*. Hg. von Carol Alexander. Upper Saddle River, NJ: FT-Prentice Hall 2001; Esposito, *Die Zukunft der ‚futures'* (Anm. 16), 213.
[18] Vgl. Donald MacKenzie: *How a Superportfolio Emerges. Long-Term Capital Management and the Sociology of Arbitrage*. In: *The Sociology of Financial Markets*. Hg. von Karin Knorr Cetina und Alex Preda. Oxford: Oxford University Press 2005, S. 62–83.
[19] Der ‚Beweis' wäre das Vorhandensein eines 'volatility skew' in den Diagrammen über Markttrends, das gerade ihre Tendenz angibt, die Realisierung von unwahrscheinlichen

Der Rekurs auf Techniken und die Entwicklung noch komplexerer Modelle, die auch diese Fälle einschließen, wären wohl keine Lösung, da sie das Problem lediglich verschieben würden: Das Resultat der neu angewandten Kontrollen wären weitere unkontrollierte Wirkungen. Was können wir dann tun? Müssen wir uns darauf beschränken, auf Sicht zu navigieren oder unsere Entscheidungen dem Zufall zu überlassen, wie einige empfehlen, und dabei auf den alten Vergleich zwischen der Börse und dem Spieltisch zurückkehren und Spekulation auf einfaches Glücksspiel reduzieren?

Gerade die Finanzmärkte zeigen, wenn nicht die Lösung, doch zumindest die Möglichkeit einer alternativen Vorgehensweise, die auf einen anderen Begriff von Kontrolle rekurriert, ohne die Technik zu verwerfen. Abgesehen von den Vorschlägen, die George Soros seit einigen Jahrzehnten unter dem Begriff ‚Reflexivität' präsentiert,[20] die sich eher auf die gegenseitige Beobachtung der Händler als auf die Frage der Kontrolle beziehen, verfügen wir hierfür über keine ausgearbeitete Theorie. Es existiert jedoch eine Praxis der Investitionsverwaltung, die mit einer immer breiteren Ablehnung der finanziellen Theorien einhergeht: Sie verschiebt die Kontrolle in die Zukunft und verzichtet auf die zu einfache Idee von Kontrolle als dem Erreichen von im Voraus festgelegten Zielen.

Die Systemtheorie schlägt den komplexeren Begriff von ‚Steuerung' vor, der weiterhin mit der Vorstellung operiert, Konditionierungen einzuführen und den Lauf der Dinge zu dirigieren, der aber eine größere Flexibilität erlaubt.[21] Auf Märkte angewandt bedeutet dieser Ansatz, dass man nach wie vor Modelle und Kalkulationen einsetzt (man bedient sich also der Technik), die allerdings nicht verwendet werden, um die Trends der Märkte vorherzusagen, sondern um etwas zu tun in der Erwartung, dass die Zukunft überraschend reagieren wird und dass man bereit sein muss, die eigene Strategie zu ändern und entsprechend zu operieren. Die Finanzinstrumente selbst scheinen diese Möglichkeit aufzuzeigen: Derivate, wie etwa Optionen, ermöglichen es, eine auf die Zukunft bezogene und auf eine bestimmte Erwartung (dass der Preis eines Wertpapiers zu einem späteren Zeitpunkt einer bestimmten Ziffer entspricht) orientierte Investition zu machen, lassen aber die Möglichkeit offen, anders zu entscheiden (der Besitzer kann immer darauf verzichten, die Option auszuüben, wenn die Bedingungen nicht günstig sind). Die Händler operieren also auf dem Markt nach den aktuellen Erwartungen und Berechnungen, wissen aber, dass sie dadurch eine unvorhergesehene Zukunft

---

Ereignissen als wahrscheinlich zu betrachten: Vgl. Benoît Mandelbrot und Richard L. Hudson: *The (Mis)Behavior of Markets. A Fractal View of Risk, Ruin, and Reward*. New York, NY: Basic Books 2004.

[20] Vgl. George Soros: *The Alchemy of Finance. Reading the Mind of the Market*. New York, NY: Wiley 1987; George Soros: *The New Paradigm for Financial Markets. The Credit Crisis of 2008 and What it Means*. New York, NY: Public Affairs 2008.

[21] Vgl. Niklas Luhmann: *Die Kontrolle von Intransparenz*. In: *Komplexität managen. Strategien, Konzepte und Fallbeispiele*. Hg. von Heinrich W. Ahlemeier und Roswita Königswieser. Wiesbaden: Gabler 1997, S. 51–76.

aufbauen, in der andere Ursachen und andere Verhältnisse wirken werden, die im Moment nicht bestimmbar sind. Sie bereiten sich aber vor, darauf zu reagieren. Es handelt sich nicht einfach darum, die Offenheit der Zukunft anzuerkennen, sondern sie konkret mit den eigenen Operationen zu produzieren.

Die Technik wird dadurch im klassischen Sinne als Vereinfachung der kausalen Beziehungen benutzt – man beschränkt sich darauf, eine endliche Anzahl von Faktoren zu betrachten, sonst könnte man nicht entscheiden –, ohne aber die nicht berücksichtigten Beziehungen auszuschließen. Die Vereinfachung, könnte man sagen, dient dazu, die Abweichung zu beobachten, wenn sie auftritt: Das Schema wird verwendet, um sich selbst zu überwinden. Die neue Einstellung erweist sich auch in Bezug auf das alte Problem der Unzulänglichkeit der Technik als besonders effizient: Sie erkennt und erwartet sie, ohne sie aber als Limitation zu betrachten, die ein höheres Wissen erfordert. Das Erkennen von Kontingenz sowie der Grenzen der Techniken wird zu einer Stärke, weil es keine grundlegende Notwendigkeit und keine vorbestimmte Zukunft gibt, die man vorhersehen kann (oder könnte). Die Zukunft wird vom Verhalten der Händler produziert: Sie wenden sich an Märkte, deren Lauf von den gegenwärtigen Operationen abhängt, die wiederum versuchen, den Lauf der Märkte vorherzusehen. Die Steuerung erlaubt es, dies auf nicht-zufällige Weise zu tun, indem sie Einschränkungen einführt, die als Prämisse für andersartige, nachträglich vorgenommene Konditionierungen gelten, um aus den Folgen dessen zu lernen, was man getan hat: auch und vor allem, wenn sie überraschend sind.

Die Haltung zur Technik ist hier grundlegend anders: Angesichts ihrer unbestreitbaren Limitationen entscheidet man, sie anders zu verwenden anstatt sie abzulehnen oder abzuschwächen. Unabdingbar ist natürlich die Fähigkeit, sich mit Zufall und Unvorhersehbarkeit auseinanderzusetzen, wohl aber in einer Form, die es ohne die Operationen des Systems nicht gäbe. Es handelt sich also um den ‚eigenen' Zufall und die ‚eigene' Unvorhersehbarkeit, die deshalb nicht weniger überraschend sind. Man verwendet die Technik mit allen ihren Vereinfachungen, wohl wissend, dass sie Probleme produzieren wird, und behält sich die Möglichkeit vor, später einzugreifen, um die Probleme zu erkennen und zu behandeln.[22] Der Vorteil liegt auf der Hand: Man ist nicht nur auf die Überraschung vorbereitet, sondern kennt auch ihre Quelle und ihre Startbedingungen. Den Grenzen der Kontrolle zu begegnen bedeutet nicht, auf Kontrolle zu verzichten, da auch dieser Verzicht kontrolliert werden müsste. Eine generische Lernbereitschaft (eine *tabula rasa*) reicht nicht aus: Etwas Neues lernt man, wenn man bereits über ein fundiertes Wissen verfügt und die angeeigneten Kompetenzen verwendet, um sie zu ändern.

So verstanden, sollte die Technologie zu einer Art Doktrin der Steuerung werden, die es erlaubt, die Operationen mithilfe von kausalen Schemata (von Techniken) zu beobachten, die aber nicht zu festen Bestimmungen erstarren, sondern als

---

[22] Vgl. Luhmann, *Organisation und Entscheidung* (Anm. 6), 374 f.

Referenzen für eine ständige Selbstkorrektur fungieren und als ‚Sonden', um in der Umwelt zu intervenieren, aus der Reaktion der Umwelt zu lernen und die eigenen Erwartungen anzupassen. Dies kann für Maschinen gelten – wie Computer, die immer deutlicher eine flexible und offene Programmierung erfordern –, aber auch für alle anderen Bereiche, bei denen man trotz einer gewissen Kontrollfähigkeit sich stets dessen bewusst sein sollte, dass es unmöglich ist, alle relevanten Faktoren zu kontrollieren.

Was auf diesem Weg verloren geht, sind der Sinn und die Relevanz der Utopie: sowohl im positiven Verständnis der Eutopie als auch in deren Negation als Dystopie. Verloren geht nämlich die Möglichkeit, überhaupt ein zu wünschendes oder zu befürchtendes Bezugsmodell festzustellen und die Komplexität der anderen Faktoren zu vernachlässigen. Es fehlt selbst die Möglichkeit, eine Lage eindeutig als gut (eutopisch) oder als schlecht (dystopisch) anzugeben. Die Praxis lehrt, dass gerade ein ‚gutes' Modell, das konsensuell aufgegriffen und befolgt wird, dazu neigt, sich selbst zu falsifizieren: die für die Soziologie klassische Figur der *self-defeating prophecy*.[23] Und es tröstet wenig, dass auch das Gegenteil eintreffen kann (ein ‚schlechtes' Modell kann positive Folgen haben), weil die Paradoxie offensichtlich wird: Kann man mit guten Absichten böse sein? Die echte Dystopie ergibt sich aus der Verunmöglichung jeder Aussicht auf wirksame Kontrolle – die aber auch die Bedingung für die Entwicklung einer neuen (vielleicht utopischen) Modalität von Kontrolle ist.

---

[23] Vgl. Robert K. Merton: *The Unanticipated Consequences of Purposive Social Action*. In: *American Sociological Review* 1 (1936), Heft 1, S. 894–896, 898–904.

Olaf Breidbach

Über die Antizipation des Fatalen in der Wissenschaftsgeschichte

Das Ende der Utopien

Utopien, wie auch immer gestaltet, konturieren ein Bild des Möglichen, sei es als Hoffnung oder sei es als apokalyptisch ausgemalter Schrecken. Dabei entstehen sowohl Utopien als auch Dystopien nicht aus dem Nichts, sondern in ihnen spannen sich Linien fort, die vom Gestern über das Heute ins Morgen führen. In der Bewertung dieser Projektionen in die Zukunft ist es entscheidend, Aussagen darüber zu gewinnen, wie die Linien zu spannen sind, an denen diese Projektionen anlagern. Es sind dies die Fragen nach der Ausrichtung von Perspektiven, in denen sich Horizonte einstellen lassen. Vor diesen Horizonten kann dann, nach Maßgabe der Perspektivierung, das Morgen im Heute erscheinen.

Dieser Text behauptet, dass es gilt, Regeln zu formulieren, nach denen solche Horizonte zu formieren sind. Schließlich sind wir heute nicht einfach mehr in der Situation zu warten, was uns von Gott gegeben wird. Eine anthropogen geformte Welt, die aus den Nähten platzt und die durch die Vorhaben und Aktionen der Vergangenheit durch uns ausgerichtet wurde, kann von uns nicht einfach verlassen werden. Sie erwartet eine Reaktion dessen, der seine Handlungen zu verantworten hat. Damit wird nun nicht etwas völlig Unerwartetes antizipiert. Schließlich ist uns schon immer bekannt, dass das, was wir wissen, im Gestern liegt; und wir wissen weiter, dass die Motive, aus denen wir heute handeln, in dieser Vergangenheit formuliert wurden und so über das Heute auf das Morgen wirken. Wollen wir die Effekte solcher Handlungen verantworten, müssen wir auf das Morgen blicken und im Heute möglichst viel von dem erahnen, was wir mit unseren Handlungen im Weiteren initiieren.

Zu erkennen ist das, was im Gestern die Handlungen konturierte. Es sind damit die Entwürfe zu fassen, aus denen Motivationen erwachsen. Entwürfe wie die von Thomas Morus, aber auch die Visionen eines Karl Marx sind Utopien, in denen Bilder formuliert werden, an denen wir unsere weiteren Handlungen messen. In ihnen gründet sich das, worauf wir zu zielen haben, das, was uns vielleicht abschrecken kann, oder wir finden die Formulierung eines Ideals, auf das hin zu arbeiten ist. Platons Staat, seine Idee eines fiktiven Atlantis, gab das Format vor, in dem sich die europäische Kultur ihre Wunsch- oder Hassbilder zu formulieren vermochte.

Nun sind wir aber in einer Phase, die solche Utopien nicht mehr in die Unbestimmtheit einer ansonsten barbarischen Kultur formulieren lässt. Wir sind auch nicht in der Lage, gleich Asimov unsere beschränkten Ressourcen wie in einem utopischen Entwurf ins All des Unendlichen zu setzen.[1] So wissen wir, dass nur diese Erde und vielleicht der ein paar hunderttausende Kilometer um diese für uns greifbare Raum das sind, was uns für unsere Kultur verfügbar bleibt. Die Welt, die uns im Wissenschaftlichen so groß geworden ist, wird mit der Einsicht in die von der Wissenschaft aufgedeckten Notwendigkeiten immer kleiner.

Zudem müssen wir erkennen, dass die Vorstellungen, in denen wir unsere Zukunft gründen, auf Konzepten basieren, die vergleichsweise neu sind. Unsere europäische Moderne formierte Ihre Ideen in der Phase um 1800.[2] Umgesetzt und in eine durchschlagende soziale Praxis eingebracht wurden sie in Europa Jahrzehnte nach dem Zweiten Weltkrieg, und auch dann zeigen sie sich räumlich eingeschränkt auf ein mitteleuropäisches Areal, und auch dort sind sie nur für eine vergleichsweise kleine soziale Gruppierung wirklich valide. Es ist all das fragil, auf dem wir meinen, unsere Wert-Ideale und Utopien gründen zu können. Die Visionen der sich letztlich räumlich wie zeitlich bescheidenden Moderne führen denn auch sehr schnell im Bewusstsein dieser Limitationen von der Utopie zur Dystopie.

Zugleich entdecken wir Notwendigkeiten in unserer Handlungslage, erkennen die Vernetzungen in einer Gesellschaft und die Vernetzungen verschiedener Gesellschaften, die in ihren Aktionen aneinander gebunden sind, und die nur in einem umfassenden Konsens und damit in der Abstimmung einer Vielfalt divergierender Interessenlagen als Ganzes zu operieren vermögen. Die Situation, in der wir unsere Handlungsfolgen sehen, können wir nicht mehr einfach von diesem Ganzen abgrenzen und in den durch uns möglichen Reaktionen nur für uns bestimmen. Diese Handlungen sind ineinander verflochten. Die resultierenden Effekte sind nur schwer einzelnen Ursachen zuzuordnen. Kurskorrekturen gleichen in solch einer Situation nicht mehr den schnittigen Kursänderungsmöglichkeiten eines Rennbootes, das vor einem neu auftauchenden Hindernis einfach auszuweichen vermag und gebenenfalls auch vor den es aus der Vergangenheit erreichen wollenden Ereignissen schlicht noch einmal seine Eigengeschwindigkeit zu erhöhen vermag. Unsere Reaktionsmöglichkeiten gleichen denen eines Großtankers, dessen Steuermann aufgrund seiner Masse und Trägheit ein Ausweich- oder gar ein Bremsmanöver über Kilometer vorab zu planen hat, um dann auch in der adäquaten Weise eine Kurskorrektur ausführen zu können. Ein Tanker dieses Formates reagiert auf das Umlegen eines Ruders nur träge, schwerfällig und mit einer gehörigen Latenz.

Das zu erkennen ist ernüchternd, zeigt es doch auf, dass eine unmittelbare Reaktion auf Einsichten und Stimmungen nicht zu erwarten ist – was befürchten lässt, dass sich solche Einsichten und Stimmungen über die Zeit des Manövrierens zudem auch ‚verschleifen'. Es ist auch beunruhigend, dass dabei ggf. das, was der

---

[1] Vgl. *Isaac Asimov – der Tausendjahresplaner*. Hg. von Hans Joachim Alpers und Harald Pusch. Meitingen: Corian 1984.
[2] *Laboratorium Aufklärung*. Hg. von Olaf Breidbach und Hartmut Rosa. München, Paderborn: Fink 2010.

Einzelne macht, und das, was er kann, nur in dieser Masse des Ganzen zu bemessen ist. Die Freiheitsgrade in einer freien Gesellschaft, die mit der Freiheit des Einzelnen rechnet, sind so bemessen, dass die einzelnen Aktionen im Rahmen des gesellschaftlichen Konsenses verbleiben.[3] Was ist da wie zu ändern? Wie sind in diesem Gefüge nicht nur Variationen des Möglichen, sondern wirkliche Korrekturen auszuführen? Das zu beschreiben, ist hier nicht mein Thema. Zu betrachten ist aber, dass sich die Handlungen des Einzelnen in ein hochkomplexes Wirkgefüge einbinden, in dem sie innerhalb einer Gesellschaft wirken. Diese Gesellschaft steht im Gefüge der Wechselwirkungen einer global vernetzten Welt, die nun ihrerseits auch bis auf die Ebene der einzelnen, in den verschiedenen Gesellschaften agierenden Individuen durchschlagen.

Dies an sich zu erkennen ist das Eine; dies aber vor dem Hintergrund einer in ihren Ressourcen beengten Welt zu erkennen, hat noch ein Zweites zur Folge. Die hier beschriebene Welt ist nicht mehr das Unbekannte, der Bereich, in dem den Handlungsräumen unserer Kulturen ein Areal des Unberührten, eine in ihren Wirkungen völlig freie Natur gegenübersteht. Die Klimadebatte hat es allzu deutlich gemacht, dass der Aufbau der Atmosphäre, die damit einhergehenden Prozesse der Schichtungen und Dynamiken der die Erde umgebenden Luftmassen in massiver Weise anthropogen beeinflusst sind. Unsere Bewässerungs- und Entwässerungsprojekte, die Nutzung von Holz, aber auch die Nutzung fossiler Brennstoffe haben nicht nur die Atmosphäre, sondern auch die Morphologie dieser Welt substanziell verändert.[4] Haustierrassen und Nutzpflanzen, Energieverteilung und die Veränderungen in Verkehr und Kommunikation bestimmen das Gesicht und auch die Reaktionseigenheiten dieses Planeten in zusehends umfassenderer Weise. Immer mehr dieser Einflüsse greifen ineinander. Immer mehr Altlasten werden kumuliert und in den neueren Handlungsfolgen ihrerseits wieder verschoben. Nicht, dass damit die Gegebenheiten des Naturalen eingeschränkt sind; nur werden die Mechanismen, die in dieser Natur ablaufen, nun durch diese Innovationen in ein kontinuierlich sich veränderndes Gefüge gesetzt.

Dabei werden nicht die Veränderungen als solche, sondern das Tempo dieser Veränderungen in ihrer Folge problematisch. Dies gilt vielleicht gar nicht so sehr für die Natur selbst (zu deren Reaktionsvielfalt wir als Elemente dieser Natur in vielleicht ungewolltem Ausmaß und jedenfalls nicht mit Einsicht in alle Konsequenzen beitragen). Diese wird sich nach ihren Gegebenheiten einstellen. Wie auch die biotische Evolution folgt deren Geschichte keiner Vorgabe, zielt nicht auf ein Besseres, sondern arbeitet immer nach und mit den verfügbaren Gegebenheiten. Was heißt es nun aber, aus der Einsicht in diese Gegebenheiten des Heute auf ein Morgen zu blicken? Ist es möglich, ausgehend von der heutigen Situation schlicht zu extrapolieren und so ein Morgen zu antizipieren? Sind nach diesem Bild dann

---

[3] Bruno Latour: *Wir sind nie modern gewesen. Versuch einer symmetrischen Anthropologie* [1991]. Übers. aus d. Frz. von Gustav Roßler. Frankfurt/M.: Suhrkamp 2008.
[4] Vgl. David Blackbourn: *Die Eroberung der Natur. Eine Geschichte der deutschen Landschaft* [2006]. Übers. aus d. Engl. von Udo Rennert. München: Pantheon 2008.

Handlungen auszurichten, Randbedingungen einzustellen und gegebenenfalls zu verschieben? Gewinnen wir damit eine Technik der Projektion vom Heute auf ein Morgen? Wenn wir extrapolieren, so geschieht dies in der Weise, dass wir von unserem Bild von Heute ausgehen – genauso wie wir uns unsere Vergangenheit auch von unserer heutigen Position aus verfügbar machen können. Hierzu blicken wir mit unseren Mustern zurück in die Vergangenheit.[5] So wäre dann – diese Vorstellung ausbauend – die rekursive In-Blick-Nahme des Gestern auch umzukehren und auf das Morgen auszurichten, das so nach dem Maßstab des Heutigen verfügbar würde.

Solch eine Idee erscheint zunächst einsichtig. Sie ist aber nicht praktikabel. In dieser Widerspiegelung des Gestern im Morgen treten wir ersichtlich auf der Stelle. Unsere Utopien wären nur Variationen des Bekannten. In ihnen zeichnete sich nichts ab, was wirklich über das hinauswiese, was wir schon tun und bedenken. Derart im Heute verschlossen, fände sich im Blick nach vorne nur immer wieder Bekanntes. Das wäre fatal, zeigte sich so doch im Umgang mit dem uns möglichen Handeln nur Vertrautes. Hier würde das, was wir unternehmen, sich immer nur auf das richten, was wir kennen. Das aus dem Gestern ins Heute gesetzte Bild von uns selbst griffe nie aus sich heraus. Die in dieser Perspektivierung mögliche Sicht resultierte dann in der Negation alles Utopischen. Die Szenarien der hier möglichen Handlungen wären derart in sich verwiesen, dass der Blick heraus aus dem schon ausgeloteten Kasten der Möglichkeiten versperrt erschiene. Das in solcher Art auf Morgen blickende Denken variierte dann allein das Bekannte und adaptierte etwaige Rekombinationen an das schon immer Verfügbare. Die derart in die alten Formen gepackt erscheinende Zukunft schiene uns sicher, auch da, wo wir in den Entwicklungen heute auf Störungen und Irritationen träfen. Schließlich ließen sich auch diese aus dem Gestern fortdenken; und so gewänne dann auch das Fatale eine gewisse Heimeligkeit.

Umrissen sind so sehr bescheiden ausholende Szenarien des Möglichen. Attribuiert wird die Glaubwürdigkeit des Bekannten; und gebunden ist all dieses an Linien, in denen sich etwas fortschreibt, was wir im Gestern verankern. Dabei ist es nicht einfach das Gegenwärtige, das wir in den Blick nehmen, es ist vielmehr eine Richtung, die wir aus dem Vergangenen über das Heutige fortschreiben. Nur, wo lagern sich diese Linien an, wo darf ich sie wie verankern, und wie darf ich sie über das Heute fortspannen? Der Blick zurück, der das Vergangene auf das Heute ausrichtet, ist seinerseits ja schon im Bezug auf dieses Heute gedacht. Er entwirft das Morgen nach der aus der Vergangenheit geholten Projektion der eigenen Denkbestimmtheiten. Derart wird die Voraussicht zur Rückprojektion. Es ist das Heute, das sich im Gestern illustriert, nun einfach auf das Morgen gebrochen.

Was aber ist, wenn wir aus diesem engen Gefüge des doch immer schon Bekannten ausbrechen wollen? Gibt es Regeln der Antizipation des Unbekannten, die auch im Neuen Geltung reklamieren können? Oder führt der Schritt hinaus aus der

---

[5] Aleida Assmann: *Erinnerungsräume. Formen und Wandlungen des kulturellen Gedächtnisses* [1999]. 5. Aufl. München: Beck 2010.

Sicherheit des immer schon durch das Gestern Verstellte schlicht in die Dimension des Fatalen? Zu fragen ist demnach, ob es Regeln gibt, die die nicht so ganz geraden Linien im Umgang mit den Konzepten des Gestern und den Blick auf das Morgen bestimmen könnten. Gibt es solche Regeln, wäre auch im Tasten in das Unbestimmte, im Verweis auf das, was wir noch nicht kennen, so etwas wie ein Geltungsanspruch anzumelden. Das gemäß der Regel Gestrickte kann sich zumindest in der Konsistenz seines Ansatzes sichern und derart zur Diskussion stellen. Andererseits muss damit aber auch gefragt werden, wie denn der Weg zu formieren ist, der aus dem immer schon durch Vorgaben verstellten Aufbruch ins Neue zu avisieren wäre. These ist, dass dieser Aufbruch nicht im großen Wurf, sondern nur in einer immer wieder nur kleinen Schrittweite erfolgen, sich in einem sich immer neu, von Schrittfolge zu Schrittfolge sicherndem Ertasten begründen kann. These ist dabei auch, dass diese Schritte nicht in einer klaren Ausrichtung erfolgen, sondern sich jeweils nur vor dem Abgrund der unmöglichen Konsequenzen zu sichern vermögen. So ist die Idee, sich voran zu tasten, von vornherein auch mit der Einsicht verbunden, dass Utopien, Leitbilder und weiterreichende Vorstellungen möglicher aus dem Jetzt – sei es in positiver oder negativer Hinsicht – abzuleitender Konfigurationen nur mit größter Vorsicht zu verfolgen sind.

Die Wissenschaftsgeschichte kann helfen, hier einen Ansatz zu finden. Der Umgang mit Wissen und die Formationen, in denen sich eine Wissensgesellschaft entwirft, sind hier zu antizipieren. Es geht um Reaktionen auf die von uns induzierten Gegebenheiten, die wir bewerten möchten, um zu verstehen, was wie durch welche Handlungsfolgen an Neuem induziert wurde.[6] Es wäre schließlich grundsätzlich falsch, die Weltsituation insgesamt als statisch zu beschreiben und unsere Aktionen als Störungen eines einmal erreichten Gleichgewichtszustandes zu verstehen. Die Paläoklimatologie zeigt nur allzu rasch, wie umfassend sich die Klimasituation auf diesem Planeten zu ändern vermag. Nicht nur die Eiszeiten, sondern auch die kleineren klimatischen Bewegungen in der Neuzeit weisen aus, dass das Klima keine konstante, sondern eine hochdynamische Größe ist:[7] einmal abgesehen von solch drastischen Umstellungen, wie sie bei der Umpolung unseres Magnetsystems zu erwarten wären, die ja mit einiger Regelmäßigkeit in der Dimension von Zehntausenden von Jahren erfolgen können. Schon eine leichte Schwankung der Sonnenaktivität, Veränderungen der mittleren Staubverteilung in der Atmosphäre oder durch geomorphologische Prozesse induzierte Umschichtungen in der Ausrichtung eines der großen Meeresströme können dramatische Änderungen des Gesamtklimas dieser Erde verursachen. Für eine Nation, deren Feldfrüchte durch Pflanzen erzeugt werden, die nur eine sehr geringe Temperaturtoleranz haben, können aber schon minimale Verschiebungen in der Klimasituation drastische Änderungen zur Folge haben.

---

[6] Olaf Breidbach: *Neue Wissensordnungen. Wie aus Informationen und Nachrichten kulturelles Wissen entsteht.* Frankfurt/M.: Suhrkamp 2008.
[7] William F. Ruddiman: *Earth's Climate. Past and Future.* New York, NY: Freeman 2001.

Historisch kennen wir diese Situationen. Man muss sich nur die Lage der Silberminen im Dachsteingebirge des 15. Jahrhunderts vor Augen halten und sie mit der derzeitigen Vereisungssituation in dieser Alpenregion vergleichen, um die klimatische Dynamik solch einer Region selbst in unserem Kulturkreis und in einer Folge von nur wenigen hundert Jahren anschaulich zu machen. Die vormalig wegen Vereisung aufgegebenen Stollen liegen jetzt wieder frei. Das heißt nicht, dass wir uns in der derzeitigen Situation beruhigen können. Das deutet vielmehr auf etwas hin, was sehr viel schwieriger in den Griff zu bekommen ist. Diese Situation, in der und auf die hin wir heute agieren, kennt keine festen Größen, die anzusteuern sind. Die Größen, mit denen wir operieren, stehen auch von ihrer Natur her im Fluss. Das bedeutet, dass wir mit unseren Handlungen immer einen schon laufenden Prozess überlagern, und nicht etwa überhaupt etwas Neues anstoßen.

Wenn nun große Momente dieser Dynamik durch unsere eigenen Handlungen induziert sind, so könnte dies doch eine Reaktion auf das, was sich dann ereignet, vereinfachen, da wir sozusagen im *Feedback-Loop* operieren könnten. Doch leider steht dem die Problematik der Akzeleration unserer Wirkungen entgegen. Handlungsfolgen, die wir induziert haben, stoßen Prozesse an, die langfristig wirken. Denen überlagern wir dann rasch eine neue Wirkfolge und so fort. Letztlich haben wir damit eine Dynamik initiiert, deren Effekte wir aufgrund der Überlagerungen nur mehr in möglichen Tendenzen und das gegebenenfalls nur in bestimmten Phasen einschätzen können. Insoweit bekommen Utopien heute ein Problem. Die Kenngrößen, von denen auszugehen ist, sind begrenzt. Die Freiheitsgrade, die zu bedienen wären, sind verloren. Die Utopie wird damit fast notwendig zur Dystopie.

Die Einsicht in das Fatale

Schon ein oberflächiger Blick zeigt, wie sich unsere Kultur selbst in dieser Weise, trotz allem zur Schau gestellten Optimismus einer noch ins Unendliche greifenden Wissenschaft, doch zusehends bescheidet. Man muss nicht selbst die Euphorie erlebt haben, die das Zeitalter der Raketen mitbestimmte. Die Vision des offenen Raumes war zu guten Teilen auch eine nunmehr ins All gelegte Kultur des *Far West*, jener ‚Kultur' einer Entdeckung des Neuen und Fremden, die die Geschichte einer die weißen Flecken der Landkarte tilgenden Kolonisation des Wilden Westens nun ins All fortschrieb (und wie auch der *Far West*, bei allem Abenteuer, in bürgerlichen Idealen gefangen blieb). Inwieweit auf der seinerzeitigen politischen Gegenseite ein *Far East* hieran komplementär anschloss, weiß ich nicht. Allein ist diese Zuordnung vordergründig, benennt sie doch nur, dass mit dieser Raketenoffensive ins All wiederum neue Utopien bedient wurden, die aus dem Ende eines unter dem Atomschirm zusammengedrängten politischen Gefüges auf der Erde selbst hinauswiesen.

Die James-Bond-Filme, die dieses Szenario immer wieder nutzten, um vereinfachende Geschichten über Gut und Böse zu erzählen, brechen dann in den 1980er

Jahren mit *Moonraker* selbst in dieses All auf. Autoren wie Arthur C. Clarke und Isaac Asimov zeigten auf, wie sich diese Utopie des technisch Möglichen hier in die Unendlichkeit des Alls fortschrieb. Im Falle von Clarke noch mit der kritischen Kommentierung, dass es in diesem unendlichen All kaum anzunehmen sei, das wir alleine den Anspruch auf eine Expansion in dieses Unendliche formulieren könnten.[8] Bei Asimov war diese Idee verbunden mit der Vision, dass in den Dimensionen des Großen all unsere irdischen Probleme nur zu bald nach den Regeln des wissenschaftlichen Optimismus zu korrigieren seien. So wird in seiner *Foundation*-Trilogie auch die Geschichte der Menschheit selbst nach Gesetzen korrigierbar:[9] Die große Zahl der interagierenden Individuen macht nach einer einmal erreichten Schwelle das Gesamtverhalten der Menschheit als statistische Größe bestimmbar. Entsprechend wird eine gesicherte und auch gegenüber den Unwägbarkeiten der eigenen Historie abgesicherte Utopie menschlicher Existenz formulierbar.

Heute ist von dieser Euphorie des Raketenzeitalters nur sehr wenig zurückgeblieben. Symptomatisch ist vielleicht die Aufstellung eines winzigen Brocken Mondgesteins im Naturmuseum Senckenberg in Frankfurt. Noch Mitte der 80er Jahre war dieses winzige Stück Stein in einer eigenen Vitrine im Eingangsbereich aufgestellt. Gleichsam triumphierend war damit der Anspruch dokumentiert, den ersten Schritt nach draußen in die Unendlichkeit des Alls vollzogen zu haben. Heute, nach den immer bescheideneren Diskussionen um die Machbarkeit weiterführender Exkursionen, sei es mit Astronauten oder doch nur mit *Robots*, zeigt sich eine andere Situation. Heute findet sich dieses Stück Mondgestein eingebunden in die mineralogische Sammlung. Eingereiht zwischen die Schaustücke einer der großen Vitrinen kann man einen Sockel mit einer winzigen Probe entdecken, die einfach mit *Gesteinsprobe vom Mond* unterschrieben ist. Noch drastischer erscheint diese Lagerung im naturhistorischen Museum in Wien, wo zumindest noch 2009 in dem großen Saal mit Meteoriten, einer der größten Sammlung extraterrestrischen Materials überhaupt, in der äußersten Ecke, in einer einfachen Tischvitrine, ein kleiner Haufen von Objektträgern gelagert war, auf deren Mitte jeweils eine dünne Lage gelatinös wirkenden Materials aufgeklebt erschien. Das darunterliegende Schildchen wies diese Artefakte schlicht als Mondgesteinsproben aus, die von einer sowjetischen Mondexkursion zur Erde gebracht worden waren.

Stanisław Lem kommentierte schon in den euphorischen Jahren des Raketenzeitalters kritisch, wie dort Visionen des Schöner, Größer und Besser der technischen Produktionen letztlich zu bewerten waren.[10] Sein Pilot Pirx ist derjenige, der

---

[8] Vgl. Arthur C. Clarke: *2001. A Space Odyssey*. New York, NY: World 1968.
[9] Isaac Asimov: *Die Foundation-Trilogie. Foundation – Foundation und Imperium – Zweite Foundation* [1951, 1952, 1953]. Übers. aus d. am. Engl. von Rosemarie Hundertmarck. Mit einem Vorw. von David Brin sowie einem Anh. von Michael F. Flynn. 7. Aufl. München: Heyne 2006.
[10] Insb. Stanisław Lem: *Pilot Pirx. Erzählungen* [1973]. Übers. aus d. Poln. von Roswitha Buschmann. Frankfurt/M.: Insel 1978.

von der sich hier aufblähenden, immer größer werdenden Apparatur in die Heimeligkeit des privaten Bastlerlabors zu flüchten sucht, das sich dann allerdings wieder in seiner Rakete befindet, und dabei immer wieder die Brüche in diesen Utopien der allgemeinen Verwaltbarkeit und der technologischen Verfügbarkeit deutlich machte. Natürlich schrieb Lem dabei gegen eine politische Realität an, die diesen Verwaltungsstaat und die Idee der Planbarkeit ja schon längst zum gesellschaftlichen Programm umgemünzt hatte. Doch zeigen darüber hinaus gerade seine Robotergeschichten die Fatalität dieses Technologischen gerade in der immer weiter fortschreitenden Hörigkeit gegenüber dem Technischen und den jeweils momentan aktuellen Thesen der Wissenschaftler.

Es ist ja kein Zufall, dass in Lems Visionen der Zukunft die letzten Gläubigen die Computer sind, während der Mensch sich in seiner Gewissheit, alles kalkulatorisch in die Hand nehmen zu können, auf diese Computer zu stützen sucht. Der allwissende Großrechner, den Lem antizipiert, ist der, der für eine Antwort auf alle denkbar erscheinenden Reaktionen hin ausgelegt war, und der dabei dann in der umfassenden Darstellung von allem, was ihm verfügbar ist, keine Differenzierungen und Wertungen mehr kennt. Demnach kann sich der Pilot Pirx aus seinem Zugriff auch dadurch befreien, dass er sich mit sich selbst entwaffnet. Der ihn inhaftierende Computer, der aufgrund der Einsicht in die Hirnreaktionen des Piloten jeden Schritt der Gegenwehr antizipiert und Pirx vor jeder ihm möglichen Reaktion entwaffnet, wird von Pirx damit in die Falle geführt. Die Idee, einen Schraubenzieher zu solch einem Widerstand zu nutzen, quittiert der Computer mit einem direkten Entzug dieser möglichen Waffe. So verliert Pirx auch seinen Revolver und seinen Gürtel, bis er sich selbst als Waffe vorstellt und dann erfahren muss, dass ihn sein Computer damit selbst aus der ihm zugewiesenen Zelle entfernt. Das Fatale all dieser Visionen ist die Einsicht in das Unmögliche des umfassenden Zugriffs.

Der Vorschlag, Utopien dadurch einzulösen, dass die Möglichkeiten dieser Welt in ein mathematisches Kalkül rückgebunden werden und wir unsere Geschichte durch die Rechenmaschinen bestimmen lassen, ist für Lem uneinsichtig. Berechnet werden kann nur das, was begriffen wird. Insoweit muss in einer Phase, in der die Menschheit vor ihrer eigenen Unberechenbarkeit in die Rechenmaschine flüchtet, diese Maschine ihr den Glauben an das geben, was sie – vielleicht – zu leisten vermag: ihr eigenes Überleben. Wie fatal für Lem diese Art sich selbst aufzugeben ist, zeigt seine Geschichte der Frau, die sich in den ihr zugewiesenen Reinigungsroboter verliebt. Die Perfektionierung dessen, was wir uns selbst vorgenommen haben, das Bild des uns Möglichen, wird hier rückgebrochen auf Haushaltspflege und Höflichkeit. Die Utopie der universellen Berechnung bricht sich in die Pflege der kleinbürgerlichen Vision. Die Utopie gewinnt den Anspruch des Fatalen.

Doch ist es immer noch möglich, in den Technologien des universellen Reinigungsroboters – wie er uns ja jetzt etwa von der Firma irobot angeboten wird – eine Utopie zu sehen. Wenn in ihr auch deutlich wird, inwieweit sich die vormalige Vision hier in die Engführungen einer Konsumgesellschaft einfügt. 20 Jahre später werden keine Utopien mehr geschrieben. Gibsons *Neuromancer* antizipierte eine zusehends auf Netzinformationen zugreifende Gesellschaft, in der persönliche Identitäten in den Figurationen des Internets gefunden werden, wo Spielsucht und Cybersexsucht als neue Krankheiten auftauchen, und wo die Realität einer Gesellschaft in den Informationsnetzen eingefangen und durch deren Veränderungen auch zerstört werden kann.[11] Doch ist diese Utopie kaum mehr ein Wunschbild, sondern eine Fantasie, die aufzeigt, wie in dieser Situation des Fatalen, auch in der kaum mehr zu beachtenden eigenen Existenz im sozialen Aus eines in seiner Gesellschaft Vereinzelten noch ein Sinn gefunden werden kann. Die Visionen einer Welt, die die Fatalität der realen sozialen Position in dem Glamour der digitalen Vorstellungswelten abfängt, hat so kaum mehr etwas Utopisches. Die Trivialisierung dieser Vorstellung im Film *Matrix*,[12] in der nur mehr die Christologie auf die Ebene einer kleinen Schar von Programmierern reduziert ist, die gegen eine übermächtige Welt der Maschinen anzukämpfen hat, macht bei allen Heilsvisionen deutlich, wie fatal das Bild der uns möglich erscheinenden Welten konturiert ist. So schreiben in der Moderne die Autoren denn auch keine Utopien, sondern sie flüchten in eine Welt, die von vornherein auf den Anspruch verzichtet, Leitbilder und Leitcharaktere für Zukünftiges zu formulieren. Die neuen Autoren schreiben Fantasy-Romane. Sie führen zurück in eine ideale Welt mit klar erkennbaren Zonen von Gut und Böse, in eine Welt, in der Ordnung zu finden und für den Einzelnen auch Handlungsräume verfügbar sind. So sind die Fantasy-Romane indirekt ein Zeichen für den Sieg der Dystopie über die Utopien in der Moderne. Was zu schreiben bleibt, sind Visionen.

Crichtons erfolgreiche Thriller, die immer wieder neu an den derzeitigen Perspektiven von Forschungsprojekten ansetzen, mögliche Entwicklungen antizipieren und in ihrer Konsequenz ausmalen, sind die dystopischen Romane des Heute. Sie führen nahe an das heran, was uns heute machbar erscheint. Dies machbar Erscheinende wird ausgeweitet zu einem Szenario, das zunächst klassische Utopien zu vermitteln scheint. So ist der gezüchtete Dinosaurier ein Traum des Miteinanders von Mensch und Natur, der schon im Titel des Kinderklassikers *Dinotopia* die Idee einer über alle Grenzen der Zeit mit sich einen Natur vermittelte.[13] Crichton zeigt dann aber, wie in seiner Fiktion nur zu bald diese Utopien zum Alptraum werden.[14] Auch ein sprechender Schimpanse oder ein sprechender Hund sind, ebenso wie ein kontrolliertes Klima, Utopien der alten überkommenen Moderne, die Crichton in seinen Romanen in einem ersten Schritt jeweils zu realisieren scheint.[15] Die Dimensionen, die diese Möglichkeiten nur zu schnell annehmen,

---

[11] William Gibson: *Die Neuromancer-Trilogie* [1984, 1986, 1988]. Übers. aus d. am. Engl. von Reinhard Heinz und Peter Robert. Frankfurt/M.: Rogner & Bernhard 1996.
[12] *The Matrix*. USA 1999. Regie: Andy und Larry Wachowski.
[13] James Gurney: *Dinotopia. Das Land jenseits der Zeit* [1992]. Übers. aus d. am. Engl. von Bettina Blumenberg. München: Heyne 1993.
[14] Michael Crichton: *Jurassic Park*. New York, NY: Knopf 1990.
[15] Michael Crichton: *State of Fear*. London, New York, NY: Harper 2004; Michael Crichton: *Next*. London, New York, NY: Harper 2006.

zeigen dann aber all diese Bilder des Zukünftigen als Dystopien, als Darstellungen der Fatalität einer von Visionen gesteuerten Aktion unserer Wissenschaften, die nur zu bald oder gar schon von vornherein in ganz anderer Hinsicht gebraucht erscheinen als es die vordergründigen Utopien erahnen. Es sind die Visionen des Fatalen, die – hier im Roman verdichtet – ein Bild des uns Erwartenden darstellen.

Natürlich wird in diesen Romanen die Welt immer wieder gerettet, doch zeigt sich die Situation des Heute immer nur auf dem Sprung, wieder ins Fatale zu führen. Die Dystopie, die Sichtung der Fatalitäten des uns noch Erreichbaren bestimmen das Bild, in dem hier Unterhaltung für eine Gesellschaft gefunden wird, die sich derart selbst immer auf der Kippe ihrer Handlungsmöglichkeiten weiß. Das ‚es ist doch noch einmal gut gegangen' mag den Erfolg dieser immer wieder nach der gleichen Masche gestrickten, in ihrem Ausgangsmaterial aber glänzend recherchierten Geschichten erklären: die Fatalität als Programm einer heutigen Gesellschaft, die immer noch meint, all das, was an Fatalem angelegt ist, doch noch ‚deckeln' zu können. Vielleicht ist dies auch die letzte uns noch verbleibende Utopie, die Vision, doch noch handhaben zu können, was faktisch schon aus dem Ruder gelaufen ist.

Die Faktizität von Morgen

Wie erscheint die Zukunft in einer Gesellschaft, die sich derart in ihren Grenzen zeigt? Die Diskussionen um die Fortführung des Klimaprotokolls von Kyoto haben soeben wieder aufgewiesen, dass diese Gesellschaft kaum mehr in der Lage ist, auf dringendste Notwendigkeiten angemessen zu reagieren. Ausweichmanöver in dieser Situation bilden dann Einzelvorschläge, aberwitzig erscheinende Schnelllösungen des Klimaproblems, wie sie in diesem Falle sehr konkret im September 2010 von *Bild der Wissenschaft* vorgestellt wurden.[16] Vorgeschlagen war, die gesamte Sahara mit weißer Folie auszulegen, um die Sonnenrückstrahlung zu optimieren, oder gar Schiffe durch die Ozeane fahren zu lassen, die Wasser verdampfen sollten, um so eine Wolkenschicht zu erzeugen, die die Sonnenstrahlung reflektierte. Ganz zu schweigen von Lösungen, die in kleinerem Maßstab sogar schon ausprobiert wurden, wie die Teildüngung der arktischen Meere, um die Algenproduktion in diesen Ozeanen zu erhöhen, um somit mehr an CO_2 binden zu können.

Parallel zu diesen Aktionen wird dann aber deutlich, dass vielleicht gar nicht so sehr das CO_2, sondern vor allem die Methanproduktion dieser Welt die Ozonschicht, und damit unsere Sicherung gegenüber der Sonneneinstrahlung bedroht. Damit wendet sich dann der Blick von den Abgasen der Industriegesellschaft auf die Viehfarmen in Argentinien. Dies geschieht nun just in dem Zeitraum, wo der Lebensstandard und damit auch die Versorgung mit Automobilen in Ländern wie China und Indien drastisch zunehmen. Betrachtet man dieses Gefüge von Tendenzen, Verkündigungen und faktischen Reaktionen, so wird sehr schnell klar, dass ein

---

[16] Jan Lublinski: *Eisbeutel für die Erde*. In: *Bild der Wissenschaft* 45 (2010), Heft 9, S. 38 – 43.

wirklicher Überblick, und damit eine Einsicht in Gegebenheiten und so eine Abschätzung von Reaktionsmöglichkeiten zu guten Teilen im Arbiträren hängen bleibt. Was fehlt, ist eine sichere Einschätzung von Geltungsansprüchen einzelner Fachleute und der von ihnen vertretenen Wissenschaften. Um das Fatale zu antizipieren, reicht es nicht zu, Szenarien zu produzieren und aufzuzeigen, was nach der eigenen Disziplin machbar erscheint. Es muss darum gehen, diese Wissenschaften und das von ihnen vertretene Wissen zu bewerten, Verbindungen zwischen einzelnen Aussagen nicht aufgrund von möglicher Koinzidenz etwaiger Aussagen, sondern aus der Einsicht in ihre Zusammenhänge zu formulieren. Wie dann die Gesellschaft mit solchem Wissen umgeht, ist noch eine ganz andere Sache. Wie Gesellschaften aus unterschiedlichen Perspektiven Wissensbestände bewerten, ist ein Drittes. Jedoch ist das Fehlen von Maßstäben, in denen etwaige Geltungsansprüche bewertbar sind, ein grundsätzliches Problem in einer Diskussion, die meint, immer nur auf Faktizitäten rekurrieren zu können. Diese aber gibt es so nicht.

Faktizitäten sind Messkurven und Modelle, die etwas prognostizieren, was nach dem Kenntnisstand einer Disziplin einen Wert hat. Nur, wie ist dieser Kenntnisstand zu bewerten: Die ‚harten Fakten', die dies erlauben sollen, können sehr schnell in der Diskussion um die Validität der in ihnen gefassten Aussagen zerrinnen. Die Idee, das Eine neben das Andere zu setzen, die Zahlen für sich sprechen zu lassen, wäre gleichfalls fatal. Das zeigt sich schon im ganz Kleinen.

Die Maße, mit denen ein kleinräumiges Ökosystem bemessen wird, sind Aussagen über die Anzahl und die Diversität von Arten sowie über deren Agilität. Ein entsprechend differenziert geartetes Ökosystem mit agilen Arten gilt als stabil. Zwar sind die Werte in unterschiedlichen Lagen und unter unterschiedlichen Bedingungen, so in einem sogenannten Extrembiotop wie einem Hochgebirgssee – im Vergleich etwa zu einer Tiefebene –, je verschieden zu bewerten. Doch kann zumindest im Vergleich mit Gleichartigem hier einiges an Einsichten gewonnen werden. Dabei können aber nicht einfach Zahlenkolonnen aneinandergereiht werden. In einem leicht begifteten Biotop agieren die Arten nervöser, ihre Agilität steigt.[17] Ein Biotop im Übergang, in einer destabilen Situation, muss nicht schlicht kollabieren, es kann zunächst die engen Gefüge, in denen nur bestimmte Arten nebeneinander existierten, auflösen und somit das Einwandern neuer Arten zulassen. Zumindest kurzfristig ist damit die Diversität der Arten erhöht. Die bloße Zahl, die solches bemisst, sagt hier noch nichts aus; sie bedarf der Interpretation. Das Faktische steht also nicht für sich, sondern wird bewertet: im Rahmen einer Theorie über den Zustand des Biotops. Wir verhandeln nicht eindeutige Fakten, die wir als solche belasten können, sondern Theorien und Vorstellungen.

Wie können wir diese Vorstellungen nun aber bewerten, wie hieraus erfassen, wie nun dort Wissenszustände zu bewerten sind? Ist das Wissen, mit dem wir handeln, eine Größe, auf die wir vertrauen können? Sicher ist es von Vorteil, mehr

---

[17] Jürgen C. Kühle: *Modelluntersuchungen zur strukturellen und ökotoxikologischen Belastung von Regenwürmern in Weinbergen Mitteleuropas (Oligochaeta: Lumbiricidae)*. Univ.-Diss. Bonn 1986.

als nur den momentanen Zustand eines Systems zu kennen. Nötig ist, etwas über dessen Genese zu wissen, zu erkennen, was schon vor Kenntnis der heute anstehenden Probleme an Lösungswegen ausgeschlossen, was favorisiert wurde. Auszuweisen ist, wo bestimmte Modelle oder auch Verfahren mit welcher Zielstellung und unter welchen Vorgaben entwickelt wurden. Zu erkennen ist, inwieweit sie in den neuen Denkkontext eingebunden, in diesem neu bewertet, und in ihrem Geltungsbereich entsprechend neu abgestimmt wurden. Damit ist dann auch darzustellen, ob bestimmte übernommene Verfahren und Modelle in dem neuen Kontext in gleicher Weise bewertet und belastet wurden, wie im vormaligen Kontext. Es wäre dann darzustellen, wie sich die entsprechenden Bewertungsgefüge entwickelt haben, wie sich Perspektiven definierten und Methoden sicherten. In einem späteren Zusammengehen zweier Disziplinen, die gegebenenfalls in früheren wechselseitigen Übernahmen von Methoden und Vorstellungen eine gemeinsame Wurzel haben, und so ihre Aussagenbestände rasch und unvermittelt miteinander austauschen zu können glauben, wäre dann noch einmal nachzuprüfen, ob das, was weiterhin in beiden Bereichen in einer analogen Weise dargestellt ist, auch substanziell noch miteinander korreliert werden kann. Zu fragen ist, ob gleiche Begriffe noch Gleiches meinen oder ob Verfahren in zentralen Punkten doch geändert wurden. Nicht, dass nach dieser Analyse klar stünde, was nun zu wissen wäre. Doch wäre zumindest aufzuweisen, was zu glauben fatal, und was demnach zu vermeiden wäre.

Die Antizipation des Morgen

Die Wissenschaftsgeschichte rekonstruiert die Genese eines Wissens- und Wissenschaftsgefüges.[18] Sie geht dabei nicht von den rezenten Systematisierungsmustern aus, sondern sucht eine historische Abfolge in ihren meist weder gradlinigen, noch mit heutigen Vokabularien zu beschreibenden Prozessen zu erfassen. Dabei deutet sie das Wissen und die Wissenschaften als Teil einer Kultur, in deren Rahmen auch die Muster wissenschaftlicher Bewertungen, Sichtweisen und Wirkungen zumindest mitbestimmt sind, die dann aber auch wieder ihrerseits auf die sie so bestimmende Kultur rückwirken. Nun sind es aber nicht nur Konzepte und Ideen, in denen sich derart Wissen fängt; es sind auch Praktiken und Strukturen, in denen Wissen fixiert und wirksam wird. Dabei können solche Praktiken gegebenenfalls auch neben und unabhängig von den Diskussionen um Ideen wirksam und als Kulturpraktiken adaptiert werden. Die experimentelle Wissenschaftsgeschichte entwickelt nun Methoden, diese Praktiken als solche, nicht nur nach deren Reflexion in den Methodendiskussionen der Wissenschaften zu beschreiben.[19] Schließlich tradieren sich in den Wissenschaften nicht allein Konzepte, sondern eben auch

---

[18] Vgl. Olaf Breidbach: *Wissenschaftsgeschichte.* In: *Handbuch Wissenssoziologie und Wissensforschung.* Hg. von Rainer Schützeichel. Konstanz: UVK 2007, S. 814–834.
[19] *Experimentelle Wissenschaftsgeschichte.* Hg. von Olaf Breidbach, Peter Heering, Matthias Müller und Heiko Weber. Paderborn, München: Fink 2010.

solche Praktiken. Diese sind nicht in einem einheitlichen Muster entwickelt; zudem verzahnen sie sich in den verschiedenen Bereichen der Wissenschaft in je unterschiedlicher Weise.

Wissen ist nur vordergründig einfach auf den Begriff zu bringen. Natürlich sind wir, die in einer Tradition stehen, die Wissenssysteme als Relationsgefüge begrifflicher Bestimmungen auffassen, hier sehr schnell in anderer Hinsicht zu überzeugen. Das, was wir noch nicht kennen, ist doch immer nur das, was zu dem jetzigen Aussagengefüge der Wissenschaften dazuzugeben ist. Es ist also etwas, das in den uns schon verfügbaren Begriffen umschreibbar scheint. Insoweit bleibt auch mit den Neuerungen letztlich alles beim Alten. Nur: Wie kommt dann noch Neues in diese Wissenschaft? Detailstudien zur Physik um 1800 geben hier eine erste Antwort.[20] Diese wird für uns etwa in der Analyse der Verfahren des Physikers Joseph Weber greifbar, der Traditionen in reinen Handlungssystemen fortschreibt. Dies zeigt sich aber auch in der Analyse der Auseinandersetzung des Physikers Ritter mit dem Denksystem des Naturphilosophen Schelling. Beide, der Philosoph und der Physiker, übersetzen den je Anderen in ihr Vokabular, nutzen dann aber die Begriffe des Anderen, um ihr ihnen selbst bedeutsames Konzept – einer Naturphilosophie oder einer Physik – im Blick auf den Kenntnisstand des Anderen voranzutreiben. Speziell lässt sich dies am Konzept einer sich polar erklärenden Natur darstellen. Hier wird das Denkmuster der anderen Wissenschaft in die je eigene Denkweise übersetzt und so im Wechselbezug transdisziplinär fruchtbar gemacht.

In all diesen Studien zeigt sich aber auch, dass es zu eng ist, nur auf die konzeptionelle Entwicklung eines Wissens- oder Wissenschaftsgefüges zu blicken. In der Analyse der Wissenschaftsentwicklung kommt den Verfahren, den jeweiligen gegebenenfalls für sich tradierten Praktiken, eine eigene Bedeutung zu. Demnach kann auch die Diskurstheorie Foucaults erweitert werden. Wenn wir uns einem Diskurs ausgeliefert finden, in dem wir – so Foucault – nicht einfach wir selbst sind, so ist schließlich fraglich, ob der über diesen Steg führende Weg wirklich gangbar ist. Sind wir doch – Michel Foucaults Idee zufolge – mit unseren Meinungen und Auffassungen immer nur als Momente in den Strom eines Kulturgefüges eingebunden,[21] das nicht wir strukturieren, sondern das uns bestimmt. Schließlich denken wir nur in der Weise, die die Begriffe, Zuordnungen und Logiken der uns tragenden Sprache zulassen. Foucault greift hier allerdings zu kurz. Er sieht dies letztlich auch selbst und sucht dann nach der Macht, die jenen Strom bestimmt, schert mit ihr aus diesem aus, und vergisst dabei, dass solch ein Strom in seinen

---

[20] *Hans Christian Ørsted and the Romantic Legacy in Science. Ideas, Disciplines, Practices.* Hg. von Robert M. Brain, Robert S. Cohen und Ole Knudsen. Dordrecht: Springer 2007; *Physik um 1800. Kunst, Wissenschaft oder Philosophie?* [2009]. Hg. von Olaf Breidbach und Roswitha Burwick. Paderborn: Fink 2011.
[21] Vgl. Michel Foucault: *Die Ordnung des Diskurses* [1971]. Übers. aus d. Frz. von Walter Seitter. Mit einem Essay von Ralf Konersmann. Frankfurt/M.: Fischer 1991; Michel Foucault: *Archäologie des Wissens* [1969]. Übers. aus d. Frz. von Ulrich Köppen. Frankfurt/M.: Suhrkamp 2003.

Wirbeln, seinen Seitenarmen und im Strombett verschiedene ineinandergreifende Flusslinien kennt.[22] In diesen nämlich bilden sich Strukturen aus und werden auch als solche kenntlich.

Im Versuch, diese Eigenheiten der Sprach- und der anderen Traditionsflüsse in den Blick zu nehmen, sie in ihrem Bezug aufeinander und damit in ihren Strukturierungsfunktionen zu bestimmen, ist in der Analyse eines auf sich selbst verwiesenen Denkens weiterzukommen.[23] Der Weg, dem hier zu folgen ist, bleibt zumindest in seiner Anlage einfach. Es geht also darum, uns in der Geschichte zu verorten, die Ordnungen, in denen wir unser Wissen auch um unsere Kultur und unsere Positionen setzen, in ihrer historischen Bedingtheit zu positionieren. Es hilft uns hier nicht, in die Natur, die uns ja auch immer nur nach Maßgabe unserer Kultur verfügbar ist, und mit ihr in das vermeintlich Faktische zu flüchten. Nur dann, wenn wir unsere Position auch in aller Relativität benennen, finden wir einen Bezugsgrund, um uns unserer Positionen zu versichern und so über den Rand des uns in unserer Kultur Offerierten hinauszuschauen.

Ferner ergeben sich hier aber auch Rückschlüsse auf die Position von Kuhn, speziell im Blick auf seine Thematisierung der Paradigmen; dass dabei in der konsequenten Darstellung eines experimentalwissenschaftlichen Verfahrens auch zu Ian Hackings Experimentalbegriff Stellung bezogen werden kann, sei nur erwähnt.[24] Es gilt selbst dann, wenn die vorhandenen Ordnungsmuster einer Wissenschaft revolutioniert werden und so das Definitionsgefüge dieser Wissenschaft in Frage gestellt ist, dass das, was in dieser vormaligen Wissenschaft umschrieben ist, in das neue Gefüge einzufassen ist und zugleich für die alten Vertreter dieser Wissenschaften verständlich zu bleiben hat. Man wechselt also vielleicht in Teilbereichen Beschreibungsmuster und Notationen, aber tritt damit nicht aus dem Erfahrungsbereich des Alten heraus. Im Sinne einer barocken Kombinatorik ist dies zu denken.[25] Da ist das Wissen idealiter sowieso im Absoluten; und Gott, der alles weiß, hatte uns zwar zunächst den Baum der Erkenntnis verboten und dann auch die Sprache verwirrt, in der die wirkliche Erkenntnis zu formulieren war. Dennoch aber hat er uns, dieser Konzeption zufolge, nicht den Weg versperrt, in der Kombinatorik der uns zugänglichen Begriffe das Reich der möglichen Bestimmungen und in diesem die Notwendigkeiten einer sich im Absoluten fundierenden Schöpfung einzusehen. In dieser Situation, in der etwa Leibniz

---

[22] Vgl. Michel Serres: *Vorwort*. In: *Elemente einer Geschichte der Wissenschaften* [1989]. Hg. von dems. Übers. aus d. Frz. von Horst Brühmann. Frankfurt/M.: Suhrkamp 1994, S. 11 – 37.

[23] Olaf Breidbach: *Radikale Historisierung. Kulturelle Selbstversicherung im Postdarwinismus.* Frankfurt/M.: Suhrkamp 2011.

[24] Olaf Breidbach: *Wissen händeln. Bemerkungen zur Konstitution wissenschaftlichen Wissens*. In: *Was sich nicht sagen lässt. Das Nicht-Begriffliche in Wissenschaft, Kunst und Religion.* Hg. von Joachim Bromand und Guido Kreis. Berlin: Akademie 2010, S. 141 – 156.

[25] Paolo Rossi: *Clavis universalis. Arti della memoria e logica combinatoria da Lullo a Leibniz*. Bologna: Il Mulino 1983; Thomas Leinkauf: *Mundus combinatus. Studien zur Struktur der barocken Universalwissenschaft am Beispiel Athanasius Kirchers SJ (1602-1680)*. Berlin: Akademie 1993.

dachte, ist die Kombinatorik ein Weg des Verstandes aus seinen Engführungen hin zur Vernunft und zur wirklichen Einsicht. Wahrheit findet sich hier nicht im freien Feld neu zu aggregierender Zusammenhänge, sondern verankert sich in einem schon vorab bestimmten Gefüge dessen, was zu denken möglich ist.

Wenn dieses Denken nun aber in eine Welt versetzt wird, in der es sich selbst überhaupt erst einfinden muss, sieht dies ganz anders aus. Dieses Denken hat dann zunächst nur sich, nur das, was es in seinen Begriffen expliziert, was in sein ihm eigenes Gefüge von Zuordnungsbeziehungen passt. Es tapeziert damit einen von ihm abgemessenen Raum möglicher Bestimmungen. Dieser ist aber nicht vorab berechnet und uns als temporärer Wohnraum im Jammertal des für uns Ungewissen von höherer Instanz zur Verfügung gestellt. Verfügbar ist uns hier nur das, was wir selbst machen. Unser Weltenraum ist eine Option der Selbstversicherung. Er ist weder vorbestellt noch auf einer mit absolutem Maßstab gezeichneten Karte ausgewiesen. Wir hatten vielleicht Vormieter, die gelernt haben, mit der gleichen Problematik umzugehen, und die es geschafft haben, den Raum abzustecken, den sie nun an uns vermitteln. Diesen könnten wir dann mitsamt seiner Einrichtung übernehmen, wissen aber nicht, was hinter der Tapete und hinter den eingezogenen Trockenwänden des an uns übergebenen Zimmers zu finden ist. Aber auch dann, wenn wir uns dergestalt in einem ererbten *claim,* nach traditioneller Art, eingerichtet haben, ist über die momentane Einstimmung hinaus noch nichts gesichert. Natürlich können wir das an uns Überkommene weiter unberührt lassen, nicht verräumen oder verwerfen, und so in den Sicherheiten des uns Bekannten möglichst nichts in Unordnung bringen.

Derart sind wir uns zumindest einer gewissen Geschichte sicher, in die wir uns einfügen können, und die wir dann vielleicht später als bewährte Nische weiterempfehlen könnten. Dergestalt wäre die eingenommene Position als tradiert und in der Tradition ausgezeichnet bestimmt. Sie kann mit ihren spezifischen Konturen vielleicht auch anderen Traditionen entgegengestellt werden und in dieser Gegenstellung auf etwas verweisen, das als gemeinsam verhandelbar auszuweisen wäre. Dieses, den verschiedenen Einrichtungen Gemeinsame, wäre dann das, mit dem wir umgehen, wenn wir uns ausrichten – Welt. Dabei werden in solchen Zuordnungen zugleich auch Abgrenzungen verhandelt, zueinander gestellt, und somit je im Eigenen abgebildet. Es wird versucht, in solchen Zuordnungen Gemeinsames zu fassen, Formalia zu bestimmen, die solcher Zuordnung und Abgrenzung *ex principio* notwendig sind, um wenigstens im Abstrakten Standorte unseres Wissens markieren zu können. Im Ausbau solcher Abgrenzungen und Zuordnungen werden verschiedene Positionen verwoben; wobei dann das Eigene in ein Gefüge möglicher Bestimmbarkeit gesetzt und damit in seinen Beziehungen konturiert wird. Sukzessive verspannt sich so das Netzwerk eines inneren Gefüges, in dem sich das fängt, was wir dann Reflexion nennen können.

Natürlich sind die hier in aller Kürze resümierten Positionen zunächst nur zur Diskussion zu stellen. Deutlich wird aber, dass die Formationen solcher Bestimmungen sich eben nicht nur im Bereich des Konzeptionellen bewegen. Die experimentelle Wissenschaftsgeschichte zeigte vielmehr, dass sich Konzepte mit

Praktiken verzahnen, die ihrerseits an Strukturen gebunden sind.[26] Dabei erwies sich, dass wir mit Dingen gegebenenfalls zuerst umgehen, ehe wir sie begreifen, oder dass wir doch in den Dingen, mit denen wir umgehen, auch das abdecken können, was uns an ihnen zunächst fremd ist. Eigentlich fehlt uns das Vokabular, dieses Fremde zu beschreiben. Indem wir aber mit diesem Anderen umgehen, machen wir es uns verfügbar. Wir können zumindest beschreiben, wie wir etwas, das wir an sich nicht kennen, handhaben, und machen uns so dieses Fremde explizit verfügbar. Es ist zu testen, in einem Handlungsraum zu positionieren, der zeigt, was mit jenem Anderen zu machen ist und was nicht. So lassen sich Korrespondenzen mit dem, was wir schon wissen, erkennen und Bestimmungen erarbeiten, die dieses Andere auf etwas uns schon zu Eigenes beziehen.

Zugleich aber zeigt sich auch, dass diese Praktiken in anderen Zeitfolgen entfaltet sind als der Diskurs um Konzeptionen. Es zeigt sich ferner, dass Praktiken gegebenenfalls unabhängig von Konzepten und quer zu konzeptionellen Traditionslinien weitergegeben werden. So kann der Transfer eines Assistenten von einem Labor in ein anderes mit ihm zugleich im Labor A etablierte Verfahrensweisen mit in das Labor B einbringen, das nun diese etablierten Verfahrensweisen in einen gegebenenfalls völlig anderen Rahmen einbindet. Strukturen, in denen sich Praktiken und Konzepte einfügen, seien es Termini, bestimmte extern vorgegebene Regeln oder schlicht Baubestände oder ökonomische Randbedingungen, sind ebenfalls in ganz anderen Dimensionen miteinander vernetzbar als Praktiken oder Konzepte untereinander. In der Interaktion dieser Bereiche entsteht nun aber ein Wissensgefüge, das sich nicht einheitlich, sondern im Versatz verschiedener solcher Traditionen darstellt. Linien im einfachen Sinne einer Approximation über eine Folge von Einzelzuständen der in diesem Zwischenspiel erarbeiteten Wissenssysteme sind so nicht zu zeichnen. Vielmehr zeigt sich, dass Entwicklungen in der Überlagerung solcher, in verschiedenen Zeitmustern und in unterschiedlichen Interdependenzen zu zeichnenden Einzelfolgen darzustellen sind.

Die Konturierung von Perspektiven

Aufgewiesen wurde ein Instrumentarium, das es erlaubt, der Frage nach der Konturierung von Perspektiven und der Sicherungen von Wissensbeständen in einem interdisziplinären Dialog nachzugehen. Dies mag zunächst nur einen Randbereich der Gesamtproblematik betreffen, gibt aber für diese zumindest einen Ansatz. Nicht, dass sich damit Entwürfe neuer Utopien ergäben, doch kann dies Instrumentarium genutzt werden, mögliche Fehlinterpretationen auszuschließen, etwaige Tendenzen im Miteinander der außer Takt geratenen einzelnen Traditionen in ihren Überlagerungen auszuweisen und damit Erwartungen zu formulieren.

---

[26] Olaf Breidbach, Peter Heering, Matthias Müller und Heiko Weber: *Experimentelle Wissenschaftsgeschichte*. In: *Experimentelle Wissenschaftsgeschichte*, Hg. Breidbach u. a. (Anm. 19), 13 – 72.

Insoweit sind Bereiche des Fatalen zu kennzeichnen; es sind die Möglichkeiten von Fehlentwicklungen einzugrenzen. Damit ist ein Handlungsrahmen zu bestimmen, in dem dann Zukünftiges in Grenzen bewertbar ist. Die Voraussicht, die hier eingefordert wird, ist nicht der Blick auf ein aus dem Heute erschlossenes Morgen, sondern der Blick auf Vermeidbarkeiten im Heute, die das Gestern in seiner Eigendynamik kennzeichnet und über das Heute fortschreibt. Damit gewinnt das Morgen ein wenig mehr an Sicherheit, jedoch noch keine festen Konturen.

Die Linien der einfachen Approximation auf das Zukünftige lösen sich hier auf. Ihnen gegenüber steht aber die Alternative, die die Vernetzungen des Heute und damit die Oszillationen von Wirkungen aus dem Gestern und die uns heute möglichen Überlagerungen kennzeichnet und aus der Kenntnis ihrer Vergangenheit in ihren jeweiligen Dimensionen fortschreibt. Offeriert wird die Möglichkeit, die Momente herauszupräparieren, die eine bisherige Entwicklung getragen haben. Diese Momente werden in ihren eigenen Gesetzmäßigkeiten erfahrbar. Sie zeigen die ihnen eigene Schrittfolge und erlauben so einen Blick auf die zukünftigen Teilschrittfolgen des Ganzen, an dem sie partizipieren. So kann in einer Folge von Sektionen die Gesamtentwicklung eines interessierenden Wissens- und Wissenschaftskomplexes in seinen Perspektiven, die eben im Nebeneinander dieser einzelnen Traditionslinien zu erfahren sind, aufgewiesen werden. Es formiert sich so ein neuer Blick auf die Entwicklung des Ganzen. Dieser erlaubt es, Rahmenbedingungen einzustellen und so eine Entwicklung in positiver Hinsicht einzuschränken.

Antizipation ist möglich: dies jedoch allein in der Antizipation des Katastrophalen und in der Ansicht von Möglichkeiten, etwaige Fatalitäten zu vermeiden. In der Umsetzung der Einsicht in die möglichen Folgen derzeitiger Entwicklungen sind Handlungsansätze einzugrenzen. Es kann nicht auf eine bestimmte Entwicklung gesetzt werden, vielmehr werden im Raum des Möglichen zunächst einige eben zu Unmöglichem führende Handlungen ausgeschlossen. Es gilt, das Unerwünschte auszugrenzen. Damit ist auch klarzustellen, was unerwünscht ist. Vielleicht ist die Antwort hierauf komplexer als die Darstellung einer Wunschvorstellung. Faktisch mag es aber sehr viel einfacher sein, daran zu arbeiten, was wir nicht wollen. Hiermit können wir etwas verhindern. Dies grenzt das Weitere uns noch Mögliche ein. Dabei ist dieses Eingrenzen, das sich einen weiteren Reaktionshorizont offen lässt, vergleichsweise klar zu formieren. Viel problematischer ist es, ein noch unbestimmtes Ziel anzusteuern. So ist jeweils das Fatale zu antizipieren. Dies zumindest können wir erkennen. Im Raum der Möglichkeiten erwachsen so Perspektiven und Horizonte, die sich nach Einsicht in die uns möglichen Reaktionen aber immer wieder auch neu einzustellen vermögen.

Es ist nicht das ganz Fremde, das Andere, das hier vor Augen geführt wird. Es ist zunächst die Hoffnung auf eine Korrektur dessen, was uns begegnen kann, oder das Zurückweichen vor der Ahnung eines Abgrundes, auf den wir hinsteuern könnten. Was auch immer hier der Fall ist, es schreibt sich aus der Vergangenheit fort und ist demnach in diesen uns möglich erscheinenden Fortschreibungen einzugrenzen. So ist denn auch nicht mehr vorgegebenen Linien zu folgen. Es gibt nicht das Spiegelbild des Gestern, das dann als Horizont im Morgen zu sichten wäre. Aufzuweisen sind allein die Mechanismen, in denen sich im Heute das Morgen aufstellt. Diese Mechanik, die im Heute auf Morgen verweist, ist freizulegen, und in ihr sind die Möglichkeiten dieses Morgen zu erkennen. Die Schrittweite dieser Analyse ist kleinräumig. Deren Antizipationen liegen aber im Zukünftigen und erlauben es, sauber ausgeführt, im Heute auf dieses mögliche Morgen zu reagieren. Dabei erscheint keine streng geführte, aus dem Heute extrapolierte Linie, sondern der Ausweis eines Knotens von interagierenden Bestimmungen. Dies ist die Vielfalt der ineinandergreifenden Linien, die danebengesetzten, erst in absehbarer Zeit mit eingreifenden Wirkungen, der Nachhall der ein oder anderen Wirkfolge. Die wissenschaftshistorische Analyse, die das Zusammengehen der verschiedenen Momente konzeptioneller, praktischer und struktureller Art entschlüsselt, ist hier in der Position, dieses Nebeneinander und das Ineinander der vermeintlichen Linien aufzulösen und in seinen Wirkvernetzungen auszuweisen.

Neue Utopie?

Was sind nun aber die Perspektiven, in denen sich dieses Fortschreiben konturieren lässt? Die Gegenwart ist ein Punkt, der keine Linie definiert. Um ihn wäre zu kreisen, wenn es nicht in der Vergangenheit einen Halt gäbe, an dem schon die Gegenwart ausgerichtet ist. Es ist dieses Davor, dessen Konturen und dessen Bestand an Merkmalen, aus dem sich das Heute entwickelt. Es ist nun die Frage, was das auf unsere Situation bezogen bedeutet. Schließlich ist der Schritt in das Morgen aus dem Gestern konturiert, das Heute als mögliches Gestern begriffen. Das weit Ferne ist in diesem Bild nur verschwommen zu erahnen. Es steht im offenen Raum des noch Möglichen. Doch wird in der Spur, die dieses ausgrenzt, ein Weg weg vom Fatalen ausgewiesen. Und so ist ein immer wechselnder Horizont erkennbar. Dieser ist zwar nicht an sich konturiert, sondern benennt zunächst allein den Korridor zwischen den Möglichkeiten des Fatalen. Doch gibt es mit ihm immer wieder die Möglichkeit, etwas anderes als das Fatale zu besetzen. So neu ausgerichtet, bleiben in solch kleinräumiger Rekonstruktion Wege frei. In jedem Punkt des Weges wird das Fatale antizipiert, aber zugleich finden sich auch Spuren, die neben dem jeweils einsichtigen möglichen Weg ins Fatale eine vielleicht zugleich weiterführende Perspektive eröffnen. Diese ist so zwar nur je negativ bestimmt. Sie ist aber auch nicht durch explizite Vorgaben gefüllt. Selbst das Ende der so antizipierten Entwicklung ist in dieser kleinräumigen Rekonstruktion der jeweils nächsten Schritte in eine Ferne gesetzt, die nicht mehr in der zu verfolgenden Perspektive liegt. Doch ist demnach im kleinräumigen Vorgehen immer wieder eine neue Perspektivierung gesichert. Damit ist in der Antizipation des Fatalen der Raum für eine neue Utopie geschaffen.

Heribert Tommek

Das allgegenwärtige Lager und die gestische Stille
Reinhard Jirgls dystopisches Raunen

Meditative Einübung in das schlimmstmögliche Übel

Praemeditatio malorum – Schreiben am mitternächtigen Ort – so lautet der Titel von Reinhard Jirgls Büchner-Preisrede 2010.[1] „Praemeditatio malorum", das ist die auf Seneca und die Stoa zurückgehende „geistige, in der Vorstellung eingeübte Vorwegnahme des schlimmstmöglichen Übels",[2] also die Technik einer kontemplativ-visionären Einübung in Worst-Case-Szenarien – in heutigen Krisenzeiten „Stresstest" genannt –, die Jirgl als Poetik seines Schreibens vorstellt.[3] In der meditativen Einübung wird das „schlimmstmögliche[..] Übel" „als unmittelbares Geschehen betrachtet", wie Jirgl drastisch ausführt: „Ich werde *jetzt* verhaftet und enteignet, *jetzt* werde ich verurteilt und ins Gefängnis geworfen, gefoltert, verstümmelt, zur Deportation gezwungen oder ums Leben gebracht –: alles *jetzt und hier.*"[4]

Jirgls einübende Katastrophenbetrachtung – in deren Kern ein Memento mori liegt, wie sich zeigen wird – verweist über den Rückgriff auf Benjamins Begriff der „Jetztzeit"[5] auf ein visionäres Sehen, das zugleich ein Eingedenken ist: ein geschärftes Bewusstsein für die Verkettung der Krisen, in die die Menschen durch den „Fortschritt" der westlichen Moderne eingetreten sind und die sich mit der zukünftigen Entwicklung immer weiter ‚aufschichten'. Im Zentrum der Poetik Jirgls steht also eine an Benjamins „Engel der Geschichte"[6] erinnernde Grundfigur einer dystopischen Schau, die nicht aus einer direkten Vorausschau, sondern aus einer rückwärts gewendeten Versenkung in die Gegenwart resultiert. Im literarisch visionierten „Jetzt" ist die Zeit traumatisch und existenziell aufgehoben. Oder

---

[1] Reinhhard Jirgl: *Praemeditatio malorum – Schreiben am mitternächtigen Ort. Dankrede zum Georg-Büchner-Preis.* Veröffentlicht auf: http://www.deutscheakademie.de/druckversionen/DankredeBuechner.pdf. Abruf am 13. 1. 2012.
[2] Ebd., 7.
[3] „Somit erkennt man den Sinn dieses Manövers: [...] die Übel, die eine Zukunft evozieren können, wird man nicht mehr als solche betrachtet [sic] müssen, sobald man sich in ihnen übt. Seneca schrieb: ‚Indem er [der Mensch] *alle Übel für möglich hält, nimmt er ihren Angriffen die Wucht, die für bewußt Vorbereitete eben nicht überraschend kommt*'". Ebd.
[4] Ebd.
[5] Vgl. Walter Benjamin: *Über den Begriff der Geschichte* [1940]. In ders.: *Gesammelte Werke.* Hg. von Rolf Tiedemann und Hermann Schweppenhäuser, Bd. 1. 2. Frankfurt/M.: Suhrkamp 1991, S. 690–708.
[6] Vgl. Benjamins neunte geschichtsphilosophische These über den „Engel der Geschichte", Ebd.

genauer: Die Gegenwart der Vergangenheit und die der Zukunft sind verschränkt. In diesem zeitlichen und existenziellen Schwellenraum geht es um ein auf die Gegenwart gerichtetes, zugleich rückwärts (kontemplativ) und vorwärts (visionär) verweisendes Gedenken einer Zerfallsgeschichte.

Jirgls literarisch visionierte Dystopien sind – darin Foucaults Heterotopien ähnlich, jedoch ohne deren subversiven Charakter als „Gegenplazierungen oder Widerlager" – „wirkliche Orte, wirksame Orte, die in die Einrichtung der Gesellschaft hineingezeichnet sind".[7] Konkret verortet sind sie im zeitlichen und geografischen Zwischenbereich zwischen dem (ehemaligen) Osten und Westen, zwischen den Zeiten der Totalitarismen des 20. Jahrhunderts (Nationalsozialismus und Kommunismus) und der ‚posttotalitär', ‚massendemokratisch' wahrgenommenen Gegenwart. Die literarischen Dystopien Jirgls zeigen die *Gegenwärtigkeit* von Gewalt, Zerfall und Tod. Jirgls Figuren sind daher im eigentlichen Sinne ‚Widergänger': zumeist vereinsamte und gescheiterte Männer – Ingenieure, Ärzte, Anwälte, Schauspieler –, die an einem zerstörten, in Schicksals- und Schuldzusammenhänge verstrickten und perspektivlosen Leben leiden. Die ihr Schicksal bestimmenden Konstellationen, insbesondere die staatlich-institutionelle Einbindung sowie die familiären Verhältnisse zwischen den Generationen und Geschlechtern,[8] wiederholen sich traumatisch, wie Erk Grimm aufgezeigt hat.[9] Es sind ‚gespenstische' Existenzen, die ihren Daseinsgrund, ihre Identität und Heimat im ‚Katastrophenjahrhundert' verloren haben. In Varianten durchleben die Figuren immer wiederkehrende existenzielle Grunderfahrungen von Verrat, Demütigung, Exklusion, moralischem Verfall, Schuld und Einsamkeit. In einer katastrophischen Zivilisationsgeschichte, die alle Romane Jirgls durchzieht, sind sie zeitlos ‚Vertriebene', die sich in einem unendlichen ‚Treck', auf ‚Verladerampen' und in provisorischen ‚Lagern' befinden (insbesondere im Roman *Die Unvollendeten*, 2003).

---

[7] Vgl. Michel Foucault: *Andere Räume* [1967]. In: *Aisthesis. Wahrnehmung heute oder Perspektiven einer anderen Ästhetik. Essais.* Hg. von Karlheinz Barck, Peter Gente, Heidi Paris und Stefan Richter. 5. Aufl. Leipzig: Reclam 1993, S. 34–46, hier 39.

[8] Die geschlechtliche Kodierung der jirglschen Figuren ist – bei genauerem Hinsehen – konservativ bis regressiv ausgerichtet, da seine weiblichen Figuren fast durchgängig im männlichen Blick naturalisiert werden. Vgl. z. B. folgende Stellen aus dem Roman *Die atlantische Mauer*: „Denn schon nach wenig Augen-Blicken hinter ihren Augäpfeln jenes kurze Aufzucken, mit dem Frauen registrieren, daß sie *angeschaut* werden – (wie !nahe doch bei Frauen stets das Wissen liegt, auch *Beute* sein zu können)". „Ohne Zweifel, diese junge Frau-neben-mir im Flugzeug, ihre Ausströmung von Begierde als ein Kräftefeld massiven Willens, zusammen mit jenem sanften Anachronismus ihrer Erscheinung, die sie offenbarte u verhüllte, faszinierte mich vom 1. Augen-Blick". Reinhard Jirgl: *Die atlantische Mauer* [2000]. München: Deutscher Taschenbuch Verlag 2002, S. 296 und 299. Im Folgenden werden Stellenangaben aus dem Roman mit der Sigle AM und der Seitenzahl direkt im Fließtext angegeben.

[9] Erk Grimm: *Die Lebensläufe Reinhard Jirgls. Techniken der melotraumatischen Inszenierung*. In: *Reinhard Jirgl. Perspektiven, Lesarten, Kontexte*. Hg. von David Clarke und Arne De Winde. Amsterdam, New York, NY: Rodopi 2007, S. 197–226.

Die historisch konkreten Ursachen für das Leiden der Menschen verbleiben dabei jedoch oft im Dunkeln der Vergangenheit[10] oder im Vagen einer totalitären Machtkonstellation, die Jirgls Diegese, aber auch seiner essayistischen Weltsicht zu Grunde liegen.[11] Die Latenz der totalitären Macht, der Disziplinierung, Verwertung und Vernichtung des Menschen, kann jederzeit – vor allem in einer als dekadent wahrgenommenen individualistischen Wohlstandsgesellschaft – ins Manifeste umschlagen, wie aus dem folgenden Zitat aus dem letzten Roman *Die Stille* hervorgeht:

> Dann könnte Es wieder Soweit sein : Dann könnten die Nackten & das Fleisch, das gesundernährt glatte von Kosmetik Kuren Wellness umsorgte, u: das von Alk Drogen Müllfraß aufgeschwemmt schlaff zusammgefalle Fleisch gleicher Maßen von einem Gestern noch unbekannten Regime in dieselben Schlammlöcher verbannt od in Viewaggons gepfercht & in den-Lagern sich finden zum Wiedertreck im Ewigen-20.-Jahrhundert.....[12]

Verlorene Heimat, Utopien, Dystopien und der technische Metadiskurs

Im letzten Zitat ist eine Radikalisierung von Adornos Kritik der Kulturindustrie und einer verwalteten Welt, die die individuellen Unterschiede der Menschen nivellieren und zu einem neuen Totalitarismus neigen, unverkennbar.[13] Obwohl sich Jirgl mit Medientheorien von Jean Baudrillard oder Vilém Flusser auseinandersetzt und es Ansätze zu einer poetologischen Annäherung an die neuen, von Computern generierten „Technobilder" gibt, die es in ihrer piktografischen Struktur zu *lesen* gelte,[14] überwiegt die kulturkritische Sicht auf die „Diktatur der Oberfläche",[15] die den Menschen zu einer vergleichbaren und damit beherrschbaren Zahlengröße macht. In der Vision eines totalitär verwalteten, künstlich-

---

[10] Vgl. Grimm, *Lebensläufe* (Anm. 9), 201.
[11] Vgl. die gesammelten Essays in Reinhard Jirgl: *Land und Beute. Aufsätze aus den Jahren 1996–2006*. München: Hanser 2008.
[12] Reinhard Jirgl: *Die Stille*. München: Hanser 2009, S. 52.
[13] Vgl. das Kapitel *Kulturindustrie. Aufklärung als Massenbetrug* in Max Horkheimer und Theodor W. Adorno: *Dialektik der Aufklärung. Philosophische Fragmente* [1944]. Frankfurt/M.: Fischer 1991, S. 128–176, und Karen Dannemann: *Der blutig=obszön=banale 3-Groschen-Roman namens „Geschichte". Gesellschafts- und Zivilisationskritik in den Romanen Reinhard Jirgls*. Würzburg: Königshausen & Neumann 2009, insb. Kap. 10 zur Kulturkritik.
[14] Mit Bezug auf Flussers Medientheorie erkennt Jirgl in den digitalen Medien zwei widerstreitende Tendenzen: zum einen die „*Rückkehr zum Bild*", zum anderen den „*Vorausschritt zu den Zahlen*". Für Jirgl entsprechen diese Tendenzen den „zwei Hauptbedürfnissen des Menschen: seinem *visuell-imaginativen* und seinem *kalkulativen* In-der-Welt-sein." Reinhard Jirgl: „*Das Gegenteil von Spiel ist nicht Ernst, sondern Wirklichkeit*". In: *Reinhard Jirgl. Text + Kritik*, Heft 189. München: Edition Text + Kritik 2011, S. 80–85, hier 80. Vgl. auch ders.: *Die wilde und die gezähmte Schrift. Eine Arbeitsübersicht*. In: *Sprache im technischen Zeitalter* 42 (2004), Heft 171, S. 296–320, hier 308 f.
[15] Vgl. Reinhard Jirgl: *Die Diktatur der Oberfläche. Über Traum und Trauma des 20. Jahrhunderts*. In ders.: *Land und Beute* (Anm. 11), 33–52.

maschinellen Menschen führt Jirgl nicht nur die Kritische Theorie Adornos weiter. Die in seinen Essays wiederholt dargelegte Diagnose einer ‚posttotalitären Welt', die nach dem Zusammenbruch der Sowjetunion ihren totalitären Charakter nicht abgelegt, sondern nur unter anderen Zeichen ausgeweitet hat, knüpft zum einen unmittelbar an die klassische Moderne an, die bereits die wachsende Kluft zwischen einer Utopie der Menschheit und der Geschichte ihrer Zerstörung zum Ausdruck gebracht hatte. Zum anderen führt Jirgl – über Heiner Müller, der auf Jirgls Schreibanfänge einen starken Einfluss hatte – eine Linie innerhalb der DDR-Literatur fort, die in einer Tradition deutscher Zivilisationskritik steht und sich mit den Namen von Oswald Spengler und Ernst Jünger verbindet.[16]

Schließlich ist bei Jirgl Anfang der neunziger Jahre eine publizistische[17] wie auch eine argumentatorische Nähe zu einer Neuen Rechten zu beobachten. Jirgl bezieht sich in seiner Kritik der westlichen, globalisierten Zivilisation (inklusive ihres Liberalismus, Kapitalismus, technischen Fortschrittsglaubens, Individualismus bzw. Vermassung, der Massenmedien etc.) vor allem auf Michel Foucaults diskursive Machtanalytik und Biopolitik. Intellektuelle der Neuen Rechten haben sich biopolitische Konzepte zu Eigen gemacht, um in einer globalisierten Welt ihren Rassismus nicht mehr biologisch, sondern kulturalistisch-differentiell begründen zu können.[18] Inwiefern Jirgls essayistisch dargelegte Machtanalytik mit Denkmustern der Neuen Rechten konvergieren, wäre systematisch zu untersuchen und kann hier nur umrissen werden: Insgesamt verteidigt er die Rechte des Individuums gegen seine biopolitische Disziplinierung. Was ihn von einer neurechten Argumentation unterscheidet ist, dass er weitgehend[19] auf organisch-ganzheitliche Gegenentwürfe verzichtet. Was ihn aber mit einer Neuen Rechten verbindet, ist – neben seiner Gesamtausrichtung auf eine antiwestliche und antimoderne Zivilisationskritik – die Tendenz zu einem sich über kulturelle Herkunft begründenden Separatismus, der sich gegen jedes ‚Multi-Kulti' richtet und einen problematischen Heimat-Begriff verfolgt – dies jedoch stets *ex negativo*. So mahnt Jirgl – Nachfahr

---

[16] Vgl. Richard Herzinger und Heinz-Peter Preußer: *Vom Äußersten zum Ersten. DDR-Literatur in der Tradition deutscher Zivilisationskritik*. In: *Literatur in der DDR. Rückblicke. Text + Kritik* Sonderband. München: Edition Text + Kritik 1991, S. 195–209.

[17] Vgl. den Band von Andrzej Madeła und Reinhard Jirgl: *Zeichenwende. Kultur im Schatten posttotalitärer Mentalität*. Koblenz: Bublies 1993, S. 106–132. Der Siegfried Bublies Verlag ist ein Verlag der Neuen Rechten; vgl. erstmals Grimms Hinweis in: Grimm, *Lebensläufe* (Anm. 9), 216 f. Auf den letzten Seiten des Bandes finden sich Verlagsanzeigen zu Biografien von Otto Strasser und Ernst Niekisch. Die Aufsätze von Madeła (insbesondere *Einige Bemerkungen zum ‚Konservatismus'-Begriff* und *„Volk im Raum". Übergangsmomente von Volks- in völkische Literatur* u. a. zu deutschnationalistischen und antisemitischen Autoren wie Julius Langbehn, Adolf Bartels, Gustav Frenssen, Friedrich Griese und Erwin Guido Kolbenheyer präsentieren sich in einer kruden, konservativ-revolutionären Traditionslinie, die sich in ihrer postmodern gewendeten Kritik auf die sogenannte ‚posttotalitäre', das heißt: unter anderen Zeichen fortgesetzte totalitäre Gegenwart richtet.

[18] Vgl. Sebastian Reinfeldt, Richard Schwarz und Michel Foucault: *Bio-Macht*. Duisburg: Duisburger Institut für Sprach- und Sozialforschung 1992.

[19] Ausnahmen betreffen z. B. seine literarischen Frauenbilder, vgl. Anm. 8.

einer vertriebenen, sudetendeutschen Familie – in dem Essay *Heimat und imperialistische Utopie. Zur Wiederentdeckung einer Ressource*[20] gegen die vermeintliche Verfemung in Medien und Politik den „historischen Fakt des Land- und Besitzraubes durch Vertreibungsaktionen" an.[21] Er bestimmt Heimat als „Zugehörigkeit zu einer Rasse, einem Volk, einer Nation mitsamt den hierfür spezifisch kulturellen Determinanten"[22] und tritt – gegen die Globalisierung und ihre imperialistische „Utopie von planetar organisierter Arbeits- und Lebenspraktik"[23] – für eine Grenzziehung ein.[24]

Die gleichsam in der ‚gesunden Natur' des Menschen liegende, sich von anderen Kulturen abgrenzende und eigenen Lebensraum beanspruchende Heimat wird zunehmend ‚Beute' einer globalisierten Welt, die diese Grenzen auflöst. Hierin sieht Jirgl die Aktualität von Oswald Spenglers Vision einer „Welt als Beute",[25] die die Heimat des Menschen auflöse, damit seine Identität bedrohe und ihn erneut zur Barbarei führe. Diese nimmt im postnationalen Zeitalter nicht mehr die Form nationaler Kriege, sondern bürgerkriegsähnlicher Zustände vor allem in den Städten an,[26] die Terrorhandlungen und Amokläufe von den an den Rand gedrängten Individuen auslösten (so wie im Roman *Abtrünnig*, 2005). In Jirgls essayistischen dystopischen Visionen – im oben ausgeführten Sinne – spielen Globalisierung und Technik eine zentrale Rolle:

> Doch gerade aus der planetaren Verteilungsproblematik, unter dem Dominat von Technik in all ihren Ausformungen inmitten atomisierter Kommunikations- und Konsumgesellschaften, erwächst die Besinnung der einzelnen Akteure auf sich selbst. Und dies bezieht in erster Linie den geschlossenen Heimat-Text der kulturellen Identität als Ressource für die Herausbildung und den Bestand souveräner Grundtypen im Zeitalter immer formloser werdender Massendemokratien als Agens für Entwicklung in sich ein.[27]

In diesem Zitat wird deutlich, worauf Jirgls literarische und essayistische Visionen des ‚zerstörten' Menschenlebens *ex negativo* verweisen: auf „die Herausbildung und den Bestand souveräner Grundtypen". Damit ist aber ein Grundmuster insbesondere der Literatur der 20er Jahre aufgenommen, das aus der Opposition einer

---

[20] In Jirgl, *Land und Beute* (Anm. 11), 231 – 249.
[21] Ebd., 231.
[22] Ebd., 234.
[23] Ebd., 240.
[24] „Erst aus der Eingrenzung und Relativität heraus können Charaktere und Fähigkeiten universell sich entfalten und bewähren", ebd., 235.
[25] Vgl. ebd., 242, mit Bezug auf Oswald Spengler: *Der Untergang des Abendlandes. Umrisse einer Morphologie der Weltgeschichte* [1918, 1922]. 8. Aufl. München: Deutscher Taschenbuch Verlag 1986, S. 69. Das Stichwort der „Beute" scheint für Jirgl das verbindende Element seiner Essaysammlung (vgl. Anm. 11) zur Zivilisationskritik Oswald Spenglers zu sein.
[26] Zwar anders argumentierend, aber zu einem gleichen Ergebnis kommt Hans Magnus Enzensberger in seinem Essayband *Aussichten auf den Bürgerkrieg*. Frankfurt/M.: Suhrkamp 1993.
[27] Jirgl, *Land und Beute* (Anm. 11), 248 f.

Massenbiografie des Herdenmenschen und den einsamen Wegen des Herrenmenschen besteht.[28]

Dass Jirgl jedoch um das Ende der positiv bestimmbaren Utopien weiß, wird in dem Essay *Über das Träumen und das Schweigen vom Tod* deutlich, der einen direkten Zusammenhang zwischen „Utopie" (oder deren negatives, ‚wahres' Gesicht in der dystopischen Vision), modernem Subjekt und technischem Leitdiskurs der Gegenwart herstellt.[29] Ideologiekritisch betont Jirgl hier, dass Utopien kodifizierte und kodifizierende Systeme stärken und stützen. Sie lösten die „Uneinheitlichkeit" des modernen Subjekts und der ausdifferenzierten Welt auf „in die Kohärenz eines Diskurses, der die Ohnmacht und den Irrtum aus der Herkunft vergessen macht. Der Leib bewaffnet sich mit Sprache, den Aberglauben seiner eigenen Kontinuität zu erdichten".[30] Deutlich mit Foucault argumentierend, sei dagegen die tatsächliche Körpergestalt des Menschen „in Diskurse verstreut – so in Diskurse der Medizin, der Soziologie, Ökonomie, der Psychiatrie und der Justiz".[31] Die „Ideologisierung des Körpers",[32] wie sie sich nicht zuletzt in gesellschaftlichen Utopien erweise, verschleiere seine Atomisierung, seine zunehmende Disziplinierung und Dressur.[33]

Die verschleierte „Verstreuung" des Subjekts zeige sich insbesondere im technischen Diskurs, der – nach dem Ende der ideensubstanziellen Utopien – für das neue utopische Denken stehe: Denn einzig der wissenschaftlich-technische Diskurs vermöge es, die ausdifferenzierten gesellschaftlichen Diskurse zu bündeln und um sich zu zentrieren. Dies könne er durch einen „Nullzustand der Sprache", der sich aus einer Reihung leerer Zeichen, dem ‚Rauschen des maschinenhaft hergestellten Diskurses' zusammensetze.[34] So hätten die technischen Metadiskurse, die die heute einzig verbliebene Utopie bildeten, einen „Kern aus Utopieen [sic] ohne Identität".[35] Analog zur sprachlichen Verschiebung von den Inhalten zur tautologischen Reihung beobachtet Jirgl in der technischen Zivilisationsentwicklung eine „Verlagerung des Zentrums vom menschlichen zum funktionalen Aspekt".[36] Im Zentrum stehe so das unterschwellig verschwundene Subjekt, an dessen Stelle seine Funktionalisierung gerückt sei.[37]

---

[28] Vgl. Peter Sloterdijk: *Literatur und Lebenserfahrung. Autobiographien der Zwanziger Jahre.* München, Wien: Hanser 1978, S. 81.
[29] Reinhard Jirgl: *Über das Träumen und das Schweigen vom Tod.* In: Madeła und Jirgl, *Zeichenwende* (Anm. 17), 106–132. Dem Aufsatz ist ein Motto von Drieu La Rochelle vorangestellt: „Ich heilte mich von der Erde, indem ich mir einen Himmel schuf; ich nannte ihn Nichts".
[30] Ebd., 109.
[31] Ebd., 110.
[32] Ebd., 111.
[33] Vgl. ebd., 113.
[34] Ebd. 123; „Nullzustand der Sprache" vermutlich im Sinne Roland Barthes': *Am Nullpunkt der Literatur / Literatur oder Geschichte / Kritik und Wahrheit* [1954]. Übers. aus d. Frz. von Helmut Scheffel. Frankfurt/M.: Suhrkamp 2006.
[35] Jirgl, *Über das Träumen* (Anm. 29), 127.
[36] Ebd., 123.
[37] Vgl. ebd., 117.

Jirgl erweitert also Adornos und Horkheimers Kritik der instrumentellen Vernunft mit poststrukturalistischen oder diskursanalytischen Ansätzen. In dieser Perspektive ist nach dem Ende aller inhaltlichen Utopien der technische Diskurs der letzte Metadiskurs, die letzte totalisierende, funktionale Utopie, der sich die Menschen ‚freiwillig' massenhaft unterwerfen. Denn die technischen Diskurse der gegenwärtigen Epoche stellen den letzten „Zugriffsversuch auf utopistische Diskurse samt deren Instrumentarium an Denkinhalten und Sprachgesten" dar.[38] Dem gnostischen Blick zeigt sich die totalisierende Technik- und Wissens-Utopie der Gegenwart aber als ihr Gegenteil: als Dystopie einer umfassenden, totalitären Machtordnung, die den ganzheitlichen Menschen immer weiter atomisiert und regierungstechnologisch diszipliniert. Der moderne Mensch kann sich daher nur noch in der funktionalistischen Negativität, nicht aber mehr in einer substanziellen Positivität fassen.

Die links-rechts-schillernde Weltsicht Jirgls zwischen diskursiver Machtanalytik und antimoderner deutscher Zivilisationskritik endet schließlich in einer Kritik des Spezialistentums des 20. Jahrhunderts und des technischen Diskurses der Gegenwart: Diese stünden – wie der Sexualdiskurs, mit dem er die letzte verbleibende Kraft zur Totalisierung teile – letztlich für eine Tabu-Ordnung: für ein Verbot der Rede über den Tod.[39] Somit erweist sich im Zentrum von Jirgls essayistischer Weltsicht ein existenzialistischer Kern, der – wie zu zeigen sein wird – mit seinem literarischen Neo-Expressionismus konvergiert.

Literarische Dystopie oder die vergebliche Flucht in die Utopie: „Die atlantische Mauer"

Jirgls literarische Dystopien einer ‚verwalteten Welt' sind traumatisch-wiederkehrender Art. Die Technik, die den Menschen funktionalisiert, taucht als konkrete Realie, als Denk- und Sprachmuster, als Herrschaftstechnik und schließlich als Todessymbol in allen Romanen verstreut auf. In *Die atlantische Mauer* (2002) verdichten sich diese Aspekte, weshalb im Folgenden dieser Roman im Fokus stehen soll.

Wie auch *Abtrünnig* und *Die Stille* weitet der Roman den einst DDR-spezifisch wahrgenommenen Fluch der Utopielosigkeit auf die Gegenwart einer globalisierten Welt aus, für die traditionellerweise Amerika und – als ihr Zentrum – New York stehen. Der Versuch der Protagonisten, aus ihrem ostdeutschen Schicksalszusammenhang zu flüchten, scheitert: Immer wieder stoßen sie mit ihrem ‚Da-Sein' gegen eine schicksalhaft erfahrene ‚Mauer': War es früher die Berliner Mauer, so ist es jetzt die ‚atlantische' der neuen globalisierten Welt, die sie einmal mehr die existenzielle Erfahrung von Zurückdrängung und Ausschluss, einem nicht zu verwirklichenden Leben, Unmöglichkeit einer wahren Kommunikation und allgemeinem Zerfall, kurz: die Erfahrung einer allgegenwärtigen ‚Krankheit zum Tode'

[38] Ebd., 126.
[39] Ebd., 127.

machen lässt. Exemplarisch sei eine Passage zitiert, in der die Protagonistin aus dem ersten Teil des Romans, eine ostdeutsche Krankenschwester in einer Psychiatrie, bei ihrem ersten Einreiseversuch in die USA einen Blick aus dem über Berlin aufsteigenden Flugzeug wirft:

> Berlin, damals in meinem ersten Davonflug betrachtet von-Oben –:– schroffe Häufungen, bizarre Halden in Steinbruchfarben, mondlichthell glimmernde behauste Atome, dort in Mansarden Souterrains & Hinterhöfen 1gezwängt die Menschenflut.... [fünf Punkte stehen in Jirgls Notation für Auflösung und Tod; H. T.] von Elend zu Elend gestaut. Vor den Fenstern T.V.-Satellitenschüsseln, in die Stickluft glotzend wie flachgesichtige Idioten, dort, wo die technisierten Urmenschen.... sich züchten.... Dreckiges Blut & dreckiger Stein – die allen Schrecken des Gewesenen im Abbruchrhythmus mit 200 bpm. zerschlagen zertöppern zertanzen : Die Geburt des noien Faschismus aus dem Geist des Vergnügens bewußtseinslos ausformend das grandiose, parfümierte Ornament des Todes. (AM, 144)

Das alliterative „zerschlagen zertöppern zertanzen" spielt inhaltlich und klangrhythmisch auf die Loveparade an, deren klischeehafte Verbindung mit einem negativen Masse-Begriff hier zu einer latent faschistischen Gefahr gesteigert wird. Über den hämmernden Lärm wird eine analogische Verbindung zur Großbaustelle am Potsdamer Platz hergestellt: Beide stehen gleichermaßen für eine Auflösung von Geschichte und individueller Differenz zu Gunsten einer neuen, geschichts- und gesichtslosen Konsumkultur. Von der Kulturkritik Adornos mit Nietzsche-Anspielung – „Die Geburt des noien Faschismus aus dem Geist des Vergnügens"[40] – zur Kritik der ‚Amerikanisierung' und Globalisierung ist es hier ein kleiner Schritt.

Der gnostisch-sarkastische Blick auf Berlin sieht in der globalisierten und mediatisierten Massengesellschaft die Latenz eines totalitären, faschistischen Machtsystems, dessen manifeste Auswirkungen sich ihm in den ‚Eingeweiden' der Stadt, im deformierten Massenmenschen zeigen. Der in die Lüfte enthobene Passagier wird im Flugzeug-Inneren zum funktionalisierten ‚Menschen im technischen Gehäuse'.[41] Auf den Bildschirmen vor sich sieht er die Zahlen der Größenverhältnisse –

---

[40] Auch im Roman *Hundsnächte* [1997] wird hervorgehoben, dass das Fernsehen „im Faschismus geboren" wurde. München: Deutscher Taschenbuch Verlag 2001, S. 480. In *Die Unvollendeten* [2003] ist von der „generelle[n] Unterwerfung der-Medien unters Diktat des Verbrechens" die Rede mit Verweis auf die medial ausgeschlachteten Szenen in der Kölner Innenstadt bei der Gladbecker Geiselnahme von 1988. München: Deutscher Taschenbuch Verlag 2009, S. 211.

[41] Vgl. Jirgl, *Über das Träumen* (Anm. 29), 123: „Zum Beispiel ähneln die ersten Flugapparate noch sehr stark dem ikariden Vorbild, während die Intercontinental-Düsenjets im wesentlichen alle die gleiche, nach einem Tableau technischer Parameter gewonnene, äußere Konstruktionsform aufweisen, wobei menschliche wie allgemein organische Ähnlichkeiten vollkommen verschwunden sind. Deutlich hieran die Verlagerung des Zentrums vom menschlichen zum funktionalen Aspekt: Bei Lilienthal ging es noch darum, daß *der Mensch* fliegen kann – beim Düsenjet, daß *die Maschine* unter den für sie optimalen Bedingungen funktioniert".

Geschwindigkeit, Höhe, Temperatur – und die Animation des Fluges als Pfeil auf dem Weg nach New York (vgl. AM, 286).

Wie die Frau aus dem ersten Romanteil, die er hier, bei ihrem zweiten Fluchtversuch, kennenlernt, versucht der Protagonist des dritten Romanteils seiner krisenhaften Gegenwart als ein am Leben gescheiterter Vater, Ehemann und Schriftsteller zu entkommen. Gleichsam als ‚Schriftsteller im technischen Gehäuse' in einer Mischung zwischen dem für die *vita contemplativa* stehenden ‚Hieronymus im Gehäuse' und Heideggers ‚Mensch im technischen Gestell'[42], sinniert er über die neue Herrschaftsform der globalisiert-verwalteten Welt, als deren Gewinner er die „Noien Funktionäre" ausmacht, die sich ihres funktionierenden Daseins über die Rückmeldungen der digitalen Apparatur vergewissern:

> :In der Rückkopplung die Selbsterstarrung; so erlischt das Fühlen in der Tautologie der Programme & ihres Designs. Nur: Den !Schmerz des Lebewesens, den können sie auf-Dauer nicht beseitigen, u der tritt dort hervor, wo die Programme enden, nicht aber die Existenzen. (AM, 326)

Den neuen Funktionären in der globalen, digitalisierten Welt werden der „Schmerz" und die „Existenz" des Menschen entgegen gestellt. Doch „der Mensch" kann der modernen technisierten Welt nicht mehr als ein Anderes, als reflexives Subjekt (sei's in gnostisch-religiöser, sei's in aufklärerisch-reflexiver Haltung) gegenüber treten, seitdem er erkannt hat, dass sein ‚In-der-Welt-Sein', mit Heidegger gesprochen, ein ‚Sein im technischen Ge-Stell' ist. Nach Heidegger stellt die Technik nicht an und für sich eine Gefahr für den Menschen dar, da sein Verhältnis zu ihrem Wesen ein ‚Hervor-Bringen' ist, und das meint bei Heidegger die Möglichkeit der ‚Entbergung' von Wahrheit. Die Gefahr liegt in der Herrschaft des „Ge-Stells", „daß dem Menschen versagt sein könnte, in ein ursprünglicheres Entbergen einzukehren und so den Zuspruch einer anfänglicheren Wahrheit zu erfahren".[43] Weniger raunend hat Max Weber diese Modernisierung der Welt und die Funktionalisierung des Menschen mit den Begriffen der „Entzauberung" und „Bürokratisierung" und anschaulich im Bild des Menschen im ‚eisernen Käfig' analytisch gefasst.

Die biopolitisch ge-stellte Existenz des nackten Menschen (Heidegger, Foucault, Agamben)

Der Mensch im ‚Ge-Stell' der Technik ist anschließbar an Foucaults Analysen zur modernen Subjektkonstitution durch gesellschaftliche Machtdiskurse, die Jirgl

---

[42] Vgl. Martin Heidegger: *Die Frage nach der Technik* [1953]. In ders.: *Gesamtausgabe*, Bd. 7. *Vorträge und Aufsätze*. Frankfurt/M.: Klostermann 2000, S. 5 – 36.
[43] Vgl. ebd., 29. Bekanntlich ist es dann für Heidegger die Poesie, die – in ihrem Wesen des ‚Entbergenden' – der Technik verwandt ist, aber für das im Sinne Hölderlins „Rettende" sorgt, da es die ‚fromme' Wahrheitsdialektik von Ent- und Verbergung wahrt (vgl. ebd., 28 – 36).

intensiv und ostentativ rezipiert hat.[44] Trotz der systematischen Geste in seinen Essays und Gesprächen greift er Gedankenfiguren Nietzsches, Adornos und Foucaults autodidaktisch und eher eklektizistisch auf und kombiniert sie eigenwillig neu:[45] So werden sowohl Adornos Kulturkritik als auch Foucaults Machtanalytik enthistorisiert und existenzialisiert oder zur zeitübergreifenden Tragik des Menschen ontologisiert. Jirgls literarische ‚Genealogie der Macht' sieht sich explizit in der Linie Nietzsches und Foucaults, hat aber implizit ihren Ort auf der Schwelle zu einem visionären Existenzialismus mit ontologischem Kern, der als Todes-Tabu markiert wird. Ähnlich der existenziellen Ausnahmesituationen der Langeweile, Verzweiflung und Angst in der Philosophie Heideggers zielt Jirgls Blick auf die Freilegung des *Seins* des Menschen im ‚technischen Ge-Stell' der modernen Welt, hier im Flugzeug auf dem Weg nach New York: In der Maschinenkapsel als Vehikel des modernen Nomaden und als Schwellenraum einer „Ort- und Zeitlosigkeit" (AM, 320) macht der Mensch die existenzielle Erfahrung der Angst vor der „Leerheit", dem „unwiderrufliche[n] Absturz aller Datensysteme, Erlöschen der Displays, d[em] engültige[n] Verstummen aller Lärmmaschinen" (AM, 417). In der Angsterfahrung vor der Leere des Maschinen-Daseins stellt sich – in einem Stimmgemisch aus Heidegger und Foucault – die Frage nach dem Sein des Menschen im technisch-machttechnologischen ‚Ge-Stell':

> –?Was ist das, *ein Mensch* : Seit er aus den Höhlen kam, begreift ihn jeder anders & im Detail. Denn *der Mensch* ist von Spezialisten, Institutionen detailliert & zerstückelt bis ins letzte Atom –: medizinisch, biologisch, juristisch, sozial, sexuell –, & Alle schneiden sich aus *dem Menschen* ihren speziellen Anteil raus: die Schulen & Fabriken Büros Ärzte Versicherungen, die Banken (die fürs Geld & die für Fleisch & Innereien), die Kirchen Gastwirte Vermieter Taxifahrer Irrenwärter Reisebüros die Caritas die Fleischer die Zigarettenfirmen die Schnapsbrennerein – (AM, 350)

Die Frage nach dem Sein des Menschen im technischen ‚Ge-Stell' führt jedoch nicht in eine Metaphysik, sondern wirft den Fragenden zurück ins Irdische, in die materiale Welt des verstreut ‚Seienden', was Jirgl als Erzähler einer dystopischen Welt zu Gute kommt. Neben der traumatischen Wahrnehmung findet sich hier eine philosophische Erklärung für die für Jirgl typische sprachmanische Narration einer dezentralen, allgegenwärtigen Macht. Dabei zielt das literarische Interesse auf eine bildhaft-imaginierende, gnostisch-halluzinatorische Reflexion auf das von der dinghaften Technik und der diskurshaften Disziplinierungstechnologie ‚ge-stellte', von Grund auf konditionierte Dasein des Menschen.

Das nackte ‚Da-Sein' als Fluch und Auszeichnung der nicht sterben könnenden Bewohner gegenwärtiger Dystopien greift die nietzscheanisch gewendete, christlich-messianische *Ecce Homo*-Figur auf und die vorausgehende römische Rechts-

---

[44] Vgl. Arne De Winde: *Die Foucault-Rezeption des Schriftstellers Reinhard Jirgl*. In: *Deutschsprachige Gegenwartsliteratur seit 1998: Zwischenbilanzen – Analysen – Vermittlungsperspektiven*. Hg. von Clemens Kammler und Torsten Pflugmacher. Heidelberg: Synchron 2004, S. 153–171.
[45] Vgl. Arne De Winde: „*Das hatte ich mal irgendwo gelesen". Überlegungen zu Reinhard Jirgls Essayismus*. In: *Reinhard Jirgl* (Anm. 14), 86–97.

figur des *Homo sacer*, die Giorgio Agamben prominent gemacht hat:[46] die Figur des geschundenen, zugleich verdammten wie auch heiligen Menschen, dessen bloße, aller individuellen Eigenschaften entledigte kreatürliche Existenz zum Gegenstand der modernen totalitären Regierungsformen geworden ist, wie Agamben unter Bezugnahme auf Foucaults Theorie einer Bio-Politik und als Überbietung des Prozesses einer Dialektik der Aufklärung als universale politische Technologie behauptet: Denn nach Agamben konstituieren und zerstören zugleich die totalitären Regierungstechnologien das Dasein des modernen Subjekts. Diese Dialektik kulminiert im Topos des Lagers als „reine[r], absolute[r] und unübertroffene[r] biopolitische[r] Raum (insofern er einzig im Ausnahmezustand gründet), als verborgenes Paradigma des politischen Raumes der Moderne [...], dessen Metamorphosen und Maskierungen zu erkennen wir lernen müssen".[47] Hinter der technisierten und sich dem Technikfortschrittsglauben unterwerfenden Welt zeigt sich eine totalitäre Regierungstechnologie. Dies ist die „Zeichenwende",[48] die für Jirgl in die aktuelle Gegenwart führt und der methodisch die Verbindung der Zivilisationskritik eines Oswald Spengler zur Machtanalytik Foucaults und Agambens entspricht.

Fast scheint es, als habe Jirgl die zuletzt zitierte Aufforderung Agambens zum Programm seiner Literatur erhoben, denn eher von dieser Seite her – und weniger aus eigenen biografischen Erfahrungen, wie oft suggeriert wird[49] – erklärt sich seine Faszination für den und seine Obsession am Lager-Topos. Die Metamorphosen des ‚Lagers' als totalisierte Regierungstechnologie des modernen Subjekts zeigen sich dem gnostischen Blick allgegenwärtig.[50]

Als ein radikalisierter Ort des Menschen im technischen ‚Ge-Stell' ist das Lager im massengesellschaftlichen Zusammenleben allgegenwärtig, so auch und vor allem in den Transiträumen der Metropole einer globalisierten Ordnung, in New York. Komplementär zum ‚Gehäuse' des Flugzeugs als eines technischen Transitraumes, in dem sich der Mensch einerseits seines auf Technik angewiesenen funktionalisierten Daseins versichert, andererseits sich selbst in seiner ‚nackten Exis-

---

[46] Giorgio Agamben: *Homo sacer. Die Souveränität der Macht und das nackte Leben* [1995]. Frankfurt/M.: Suhrkamp 2002.
[47] Ebd., 131.
[48] Vgl. Anm. 17.
[49] Diese seien in Stichworten skizziert: Sohn einer sudetendeutschen Familie, Familienerzählungen vom Schicksal der Vertreibung, ein rätselhaftes Verschwinden des Vaters, das Aufwachsen bei der Großmutter in der Provinzstadt Salzwedel in Sachsen-Anhalt, offenbar traumatische Rückkehr zu den Eltern nach Berlin im Alter von elf Jahren, traumatische Erfahrungen eines einsamen, sinnentleerten Lebens in der Großstadt Berlin, in der DDR ein verhinderter Schriftsteller und eine Außenseiterexistenz.
[50] In einem Essay versteigt sich Jirgls obsessiver Blick sogar dazu, im Internet eine neue Variante des globalisierten Lagers zu erkennen: „[...] die globale Datenvernetzung, nach der Entwertung der Grenzen und Referentiale jetzt grenzenlose Kommunikation [...]. Das lockende Verschwindenmachen ohne Wiederkehr per Knopfdruck heißt die Errichtung eines riesigen, global medialen Konzentrationslagers [...]"! Reinhard Jirgl: *Zeit der niedrigen Himmel. Über zwei Dimensionen von Ironie*. In ders.: *Land und Beute* (Anm. 11), 53–65, hier 59.

tenz' erkennt, steht der Ort in der Tiefe: der unterirdische Bahnhof New Yorks, der „Grand Central Terminal", nach dem der letzte Teil des Romans benannt ist. Der Bahnhof ist zugleich Kathedrale und Maschinerie der neuen Welt, wo sich der „Verschleiß von Stadt & Lebensenergie" (AM, 346) offenbart. Es ist der verdichtete Ort der ‚Seinsvergessenheit', der Ort, wo sich die „Gewöhnung" zeigt, „woraufhin alles Eigentliche im Menschen getilgt & ausgelöscht wird" (AM, 344); schließlich ist es der Ort, wo der Schriftstellersohn die Fantasie eines Amoklaufs, die Ermordung seiner amerikanischen Frau, hegt.

Das neo-expressionistische Motiv des von der kulturindustriellen Maschine und der ihr analog gesetzten Regierungsform, der totalitären Massendemokratie, ‚gestellten', existenziell konstituierten und zugleich regierungstechnologisch kontrollierten Menschen komplementiert emblematisch das Bild vom Menschen in der Flugzeug-Kapsel in seiner ‚ontischen' Flüchtigkeit. ‚Bahnhof' und ‚Flugzeug-Kapsel' ergeben so ein komplementäres, allegorisches Bild des zugleich heiligen, also tragödienfähigen, wie auch verfluchten Menschen in der globalisierten Moderne. Prompt zeigt sich dem Schriftsteller und der Frau auf ihrem gemeinsamen Flug auf den Bordbildschirmen medial vermittelt das geschundene Subjekt als antike Tragöde:

> Wir starrten in eine Maske aus Schlamm u getrocknetem Blut; die Maske eines Menschen, dem keiner mehr geholfen hat. Dies Gesicht wie das eines antiken Tragöden, den Mund weitaufgerissen zum Schrei – die Kamera fuhr langsam auf diesen Mund zu – näher und näher an den Mund, der zum schwarzen Abgrund sich weitete wie der Buchstabe O im grellen Warnwort TOD – (der Schrei blieb ein stummer Schrei, ich hatte die Kopfhörer noch nicht aufgesetzt) – in diesen Schrei hinein –, dann füllte der Abgrund des Mundes das gesamte Bild, stürzte es ins bodenlose Schwarz..... (AM, 314)

In ihrer wuchtigen Bildlichkeit hart am Kitsch vorbeischrammend, wird hier die Ikonografie des ‚geschundenen', nomadischen Menschen als politische wie auch ontologisch-existenzielle Kategorie ins Bild gesetzt: von der römischen Rechtsfigur des *Homo sacer* über die christliche oder nietzscheanisch gewendete Ikonografie des *Homo ecce* bis hin zum „hässlichen Menschen" als *Paria*[51] in seiner pathologisch-existenziellen Nacktheit der klassischen Moderne, wie er bei Dostojewskij, Artaud oder Kafka begegnet.

Der „Absturz ins bodenlose Schwarz" ist gleichsam ein Absturz durch Hobbes' Leviathan, durch die politische Form des Seienden und dem dort herrschenden Krieg aller gegen alle. Konkret verweist er im Roman auf den vorausgehenden zweiten und dritten Teil zurück: auf die „Menschenschwemme.... Vom Leben in der Tiefe" und „Die Entdeckung des häßlichsten Menschen": Das Leben in der „Menschenschwemme" zeigt den Tragöden, den Ex-Mann der Protagonistin, als Paria in Form eines infamen Menschen, der sich als pathologischer Serienmörder

---

[51] Vgl. kritisch zu diesem Komplex bei Agamben Klaus-Michael Bogdal: *Die Deterritorialisierten. Agambens Infamien*. In: *Hannah Arendt und Giorgio Agamben. Parallelen, Perspektiven, Kontroversen*. Hg. von Eva Geulen, Kai Kauffmann und Georg Mein. München: Fink 2008, S. 11 – 25.

entpuppt. Auf dem Boden seiner Existenz – im imaginierten Keller oder Bombentrichter der Stadt – stimmt er eine gewaltige Hasstirade auf die ihn umgebenden Massenmenschen an. Diese zeigen sich ihm als kulturell und menschlich verwahrloste Horde von Asozialen in ihrer kulturindustriellen Regression und Herkunft aus dem Dreck,[52] wobei sich der Unterschied zum bloßen Da-Sein des „hässlichen Menschen" im Kellerloch aufzulösen droht. „Die Entdeckung des häßlichsten Menschen" zeigt den erschöpften infamen Menschen als einen aus der sozialen Gemeinschaft Ausgestoßenen auf dem Grund seiner leeren Existenz, auf dem tiefsten Punkt der Nacht und der Einsamkeit im Schwellenraum zwischen dem „Schlamm" seiner kreatürlichen, aller individuellen Eigenschaften entblößten Existenz und dem „Licht" der (Selbst-)Erkenntnis.[53]

Das infame Subjekt entpuppt sich auf dem Grunde seiner selbst als Serienmörder. Er tötet „Sie", die Massenmenschen, weil sie ihn seines individuellen Abstandes und seines Existenzraumes berauben: „Meine Räume: amputiert zertreten zerschnitten niedergeschlagen vergast. Von IHNEN" (AM, 230). Durch den Ausdruck „vergast" wird der Hass auf den Massenmensch im zeitgenössischen Berlin plötzlich umkodiert auf die Ermordung der Juden im Nationalsozialismus: „Fünfzig Jahre vor mir wär ich Jude=im=Kazett gewesen. SIE = Die-Nachbarn hätten dafür gesorgt" (AM, 231).

Die unvermittelte Selbstidentifikation mit einem im KZ ermordeten Juden überrascht und ist problematisch.[54] Bei der Identifikation mit den jüdischen Opfern geht es im Kern *nicht* um ein historisch konkretes Verstehen oder Gedenken, sondern um eine universale Identifikation mit dem *Homo sacer* als Paria in der Massendemokratie als ewig ‚Vertriebener' (vgl. AM, 223). Als Ausgeschlossener führt der Paria bei Jirgl heute im Namen des eigensinnigen, *abtrünnigen* von den Machtsystemen tief verletzten Einzelnen den Kampf gegen die Konsensgesellschaft und gegen das ‚politisch korrekte' Denken in einer verwalteten, ‚amerikanisierten' und globalisierten Welt, die als totalitäre Dystopie wahrgenommen wird. Dies ist die „atlantische Mauer" – die ideologische Verheißung einer besseren Welt

---

[52] „!Was für Populationen. Vermehren sich wie Krebs. Kaum Kriechenkönnen schon genauso wie die Alten. Latschen sabbern geifern kreischen brüllen lallen rempeln drängeln treten. !Uff. Atemlos. Die Alten die Jungen. Alles I Stippe. Krähen aus demselben Nest. Bissige vergrötzte Kreaturen. Sentimental & verlogen. Mordgeil & faul. Gebrüll Krawall Gestank. Verwesendes Eiweiß & faulender Urin. Und Scheiße. Nicht vergessen die Scheiße. Kalte unmenschliche Schwaden. Dünnschiß von saurem Bier" (AM, 208).

[53] Vgl. AM, 280 f.; im Roman erfolgt hier der Übergang ins Flugzeug-Innere, womit der dritte Teil beginnt.

[54] Diskursgeschichtlich steht sie in einem Zusammenhang mit der Geschichtsrevision, die sich in den neunziger Jahren abzeichnet und literarisch mit Bernhard Schlinks *Der Vorleser* [1995] prominent wird: die Empathie mit den Tätern und deren Umwertung zu Opfern. Auch die Debatte um eine Szene in Jirgls Roman *Die Unvollendeten* gehört in diesen Kontext. Vgl. Harald Welzer: *Schön unscharf. Über die Konjunktur der Familien- und Generationsromane*. In: *Mittelweg 36* (2004), Heft 1, S. 53–64, und Clemens Kammler: *Unschärferelationen. Anmerkungen zu zwei problematischen Lesarten von Reinhard Jirgls Familienroman „Die Unvollendeten"*. In: *Reinhard Jirgl. Perspektiven*, Hg. Clarke u. a. (Anm. 9), 227–234.

und die Entdeckung der globalen Dystopie gegen die die explizit als deutsch oder ostdeutsch markierten Protagonisten sturmlaufen.[55]

Der in der Form modernistische, im Inhalt aber antimoderne Affekt in Jirgls Werk zeigt sich in einer radikalen Überbietung: Sie kulminiert in *Die atlantische Mauer* konkret während einer abendlichen Festgesellschaft, zu der die amerikanische Frau des Schriftstellersohnes, ein Wiedergänger des Vaters, eingeladen hat. Im Verlauf des Abends kommt man auf das Gedenken an den Holocaust und konkret auf die Architektur des Jüdischen Museums in Berlin mit ihren zwei Gängen zu sprechen:[56] der eine führt ins Freie als Symbol für Exil und Überleben, der andere in einen engen hohen Raum, der den Holocaust symbolisiert. Gegen diese Architektur läuft nun der Sohn bzw. Noch-Ehemann der amerikanischen Frau gleichermaßen ‚Sturm':

> –?Was mich daran !stört: ?!Wer muß bei solch inszenierter Architektur ?nicht an gewisse !Videospiele denken – : ?Vielleicht wird das die Noie Unterhaltung im Zeitalter der Totalverblödung: das *Memorial Entertainment*...... :das Ranschmeißen an den *geistigen* Horizont von schmiermäuligen Hosenscheißern, die zwar nicht lesen, dafür aber !prima Kommpjuterspielen können. (AM, 371)

Als daraufhin eine andere Frau bemerkt, dass sie die Form des Museums an zwei ineinander verkeilte Züge bei einem Verkehrsunglück erinnere, wehrt sich der Sohn heftig gegen diesen Vergleich:

> Denn der Unfall eines Zugs ist ein Ereignis, das ebenso hätte ausbleiben können – die Vernichtung eines Volkes aber war vor dem Hintergrund der Technizität jener Zeit, also unserer, eine traurige Konsequenz. (Schon erhob sich empörtes Raunen –) –Zwar finden beide Ereignisse im selben Technologischen Raum...... statt, einem Raum [...] – der nicht von Zeit, sondern vom technologischen Kalkül der-Arbeit..... bestimmt wird. Und gerade das ist das Teuflische an der-Arbeit: Alles rein Quantitative, ins Abmeßbare Gesteigerte erhält darin all=Iige Bedeutsamkeit, die Große Zahl als Wahrheitskriterium, die Nachtseite von Demokratie – und jeder Tote wird noch ein Mal getötet. ?! [...] –Das Vergessen des Qualitativen ist das Fundament für den Mord, und wer den fabrizierten Mord zum technologischen Betriebsunfall von I Zug heruntterlügt, der macht sich zum Shoahkitscher. À propos: die *Shoah Foundation* – per Maus-clique ins Gutegewissen & letztenendes fürs Konto des Tetzel aus Holliwudd. (AM, 372)

Wie die essayistische ‚Machtanalytik' und der literarisch-halluzinative Blick Jirgls auf die neuen totalitären Machtsysteme ist die Argumentation hier diffus: Einerseits wird für den fundamentalen Unterschied zwischen einem technischen Ver-

---

[55] Mit der Protagonistin, der Krankenschwester, ist allerdings die Möglichkeit angedeutet, die schicksalhafte ‚Mauer' auf der Flucht in die neue Welt zu überwinden: Offenbar gelingt es ihr, in New York eine Kunstgalerie zu eröffnen, wobei dieser Ausblick auf ein neues Leben vage bleibt.

[56] Tatsächlich ist die von Daniel Libeskind entworfene Architektur des Jüdischen Museums von drei Achsen geprägt: 1. „die Achse der Kontinuität" im Verhältnis zwischen Juden und Deutschen; 2. „die Achse des Exils": sie führt in die Freiheit des Gartens; 3. die „Achse des Holocausts": eine Sackgasse, die in den Turm der Vernichtung führt.

kehrsunfall und der Shoa eingetreten (Zufall oder Betriebsunfall versus „fabrizierter Mord"). Andererseits finden aber beide im „selben Technologischen Raum" statt, womit letztlich die Kontinuität der Vernichtung von Individuen in einem Raum behauptet wird, in dem die technologisch gelenkte und in Statistiken quantifizierte Masse herrscht. Der vorher betonte Unterschied zwischen den modernen Verkehrsopfern und den jüdischen Holocaust-Opfern droht zu verwischen unter der totalitären Signatur der Zahl und der Funktionalisierung. Dies entspricht aber in letzter Konsequenz dem fragwürdigen Theorem Agambens eines allgegenwärtigen Lagers, das als verborgenes Paradigma den politischen Raum der Moderne ausmacht. Die Herrschaft der Technik und ihrer Opfer stellt nur die andere Seite der Medaille einer modernen Regierungstechnologie dar, die die Menschen auf ihr bloßes, kreatürliches Sein reduziert.

Das dystopische Raunen der Sprache

Literaturwissenschaftlich interessanter als die krude Zivilisationskritik ist der sprachbildnerische Ausdruck dieser Weltsicht. Daher seien die abschließenden Reflexionen Jirgls experimenteller Schreibweise gewidmet. Diese lässt sich formal insofern als ‚dystopisches Raunen' bezeichnen, als sein Schreiben in einem ‚sprachlichen Anderswo' zwischen vergangenen und künftigen Zeitschichten situiert ist.[57] Jirgls Abweichung von der normalen Schriftsprache, seine eigenwillige Orthografie und Zeichensetzung zielt auf das Sichtbarmachen einer Bildlichkeit und Körperlichkeit im Material der geschriebenen Sprache. Die gewollt avantgardistisch-experimentell auftretende Orthografie[58] kann daher in einer Tradition ästhetischer Stilmittel der Akzentsetzung und des rhythmischen Lyrismus gesehen werden,[59] wie er insbesondere den literarischen Expressionismus kennzeichnet.

Mit dem neo-expressionistischen ‚Raunen' verbindet sich eine Opposition, die sowohl den literarischen Kosmos wie auch die essayistische Weltsicht Jirgls prägt: das Besingen eines feindlichen Verhältnisses zwischen der Masse und dem einzelnen, seiner eigentlichen Anlage nach souveränen, aber durch den ‚Fortschritt' der

---

[57] Vgl. Jirgl, *Die Stille* (Anm. 12), 322, wo dieses Sprechen fiktional in einen Zusammenhang mit dem Verlust der Sprachfähigkeit traumatisierter Patienten gebracht wird.

[58] Obwohl Jirgl die Lektüre seiner eigensinnigen Orthografie in einem Anhang zu *Abschied von den Feinden* wie in einer Gebrauchsanweisung erklärt hat, waren – rückblickend gesehen – seine „orthografische[n] und sonstige[n] Spezialitäten [...] eine bewegliche Angelegenheit, die sich von Buch zu Buch weiterentwickelt hatten, sich aber auch den Intentionen jedes *einzelnen* Buchs anzuschmiegen wussten", wie sein Lektor, Wolfgang Matz, mit Blick auf seinen letzten Roman *Die Stille*, dessen Sprache deutlich ruhiger, *epischer* geworden ist, anmerkt. Wolfgang Matz: *Punkt, Punkt, Komma, Strich. Höchstpersönliche Anmerkungen eines Lektors (= Lesers) zu einigen Eigenheiten im Romanwerk von Reinhard Jirgl*. In: Reinhard Jirgl (Anm. 14), 69–79, hier 74.

[59] Vgl. Matz, der auf die lyrische Qualität der Jasminszene, in der der Inzest stattfindet, hinweist, ebd., 77: „→ *Ja: 's mîn – , – betörender Blutenduft und die Leibwärme 1 Mädchens –!Regen – Tageundnächte im Märzregen vor Dreiundvierzigjahren. –"* Jirgl, *Die Stille* (Anm. 12), 66.

Moderne grundlegend und unumkehrbar verletzten Menschen. Das rhythmisierte, gestische Raunen prägt einerseits die dem abweichenden Individuum feindlich gegenübertretende kollektive Masse, so z. B. das fremdenfeindliche Wir-Kollektiv auf dem Land im dritten Kapitel von *Abschied von den Feinden*, deren ‚Gegenrede' gegen das Individuum ‚chorisch'-alliterativ und gestisch-tautologisch rhythmisiert ist: „Wir wissen was wir sagen Und wissen was wir von Fremden zu halten haben".[60]

Gegen den uniformiert raunenden Gewaltdiskurs der Masse setzt Jirgl den mit der Sprache spielenden *Kalauer* als „Molotov-Cocktail des ‚kleinen Manns', den er dem gravitätischen Parademarsch des sanktionierten (Kultur-)Sinns zwischen die polierten Stiefel wirft".[61] Neben dem aus dem sprachklanglichen Material gewonnenen *Kalauer* steht aber bei Jirgl auch stets das sprachlich-existentielle *Pathos*.[62] So ist auch die eigensinnig-idiomatisch aufgezeichnete Stimme des aus der Masse ausgeschlossenen Menschen als ein rhythmisiertes oder diskontinuierlich-akzentuiertes ‚Raunen' zu vernehmen. Es sei ein Beispiel aus dem Kapitel „Menschenschwemme.....Vom Leben in der Tiefe" in *Die atlantische Mauer* willkürlich herausgegriffen, wo die pathetische Tonlage als doppelte des *Homo sacer* ‚obszön' gebrochen ist:

> Trieb u: Antitrieb. All!mächtiger die Eizellen. !Teufel die Spermien. Nix als Sauereien. Tinnef. Was für Unflat. Dammriß : Überschwemmung..... Aufhören. Verlieren. Ich habe verloren. Verloren !sie. Die-Frau verloren. Für=immer&ewIch=Ohnefrau. Das schafft Raum u: Zeit. Den Großen Atem zum Töten 3x. Kannst Du sterben im Geiste in Emotionen im Leib. (AM, 201)

Im idiomatisch-rhythmisierten Ausdruck des zerstörten Menschen offenbart sich lebensphilosophisch das Triebhafte und Unfruchtbare der menschlichen Existenz. Jirgl hat diesen Zusammenhang in einem komplexen sprachphilosophischen Essay zur „wilden und gezähmten Sprache" dargelegt,[63] der an dieser Stelle nicht weiter ausgeführt werden kann. Festzuhalten ist aber, dass sich sein manischer Drang zur *Expressivität*, den er romanintern mit der Abwehr einer existenziellen Angst erklärt,[64] u. a. auf Benjamins Aufsätze *Über das mimetische Vermögen* der Schrift und zur *Lehre vom Ähnlichen* bezieht.[65] Angestrebt wird eine mimetische Schreibweise, eine

---

[60] Reinhard Jirgl: *Abschied von den Feinden* [1995]. München: Deutscher Taschenbuch Verlag 1998, S. 19. Durch die Großbuchstaben sind gleichsam die Versgrenzen markiert.
[61] Jirgl, *Gegenteil* (Anm. 14), 85; vgl. folgendes Beispiel aus *Die Stille* (Anm. 12), 217: „Moneypulationen [...] Ja zu Unseren Id-I=alen [...] permanente[] k-Riesen=stimmung".
[62] Vgl. Helmut Böttiger: *Buchstaben-Barrikaden. Von Reinhard Jirgls Anfängen bis hin zu „Die Stille" – ein in sich stimmiger ästhetischer Kosmos*. In: *Reinhard Jirgl* (Anm. 14), 14–24, hier 22: „Kalauer, Satire, Sarkasmus sind bei Jirgl immer in ein existenzielles Pathos hineinverwoben, eine zunächst unmöglich anmutende Verbindung, die bis zum Schluss unmöglich bleibt und dennoch in paradoxer Weise die Sprache dieses Autors trägt."
[63] Vgl. Anm. 14.
[64] Vgl. z. B. das permanente Schreiben bzw. Entziffern und Erzählen der komplementären Protagonisten im Roman *Hundsnächte*.
[65] Vgl. Jirgl, *Gegenteil* (Anm. 14), 83, und *Die wilde und die gezähmte Sprache* (Anm. 14), 312.

„sinnliche Annäherung ans Unsinnliche der Schrift", das sich als anonyme Triebstruktur oder als Mythos übersetzen lässt. Denn der individualisierte Ausdruck an der Oberfläche verweist bei Jirgl auf das ursprünglich Archaisch-Mythische, auf die Sprache des Traums oder der Halluzination, die aber – im Unterschied zur *écriture automatique* – reflexiv-artistisch konstruiert ist.[66]

Zusammenfassend zielt der Anspruch des dystopischen Raunens bei Jirgl also darauf, eine bildsprachliche, mit der Materialität der Sprache arbeitende Expressivität und eine theoriegeleitete Reflexion zu verbinden, um in der halluzinatorischen Wahrnehmung des Individuums den ursprünglichen Schrecken, den Mythos, mimetisch in Textform zu überführen. Das ästhetische Gelingen der mimetischen Nachbildung der alten wie der modernen Mythen der menschlichen Existenz in Jirgls Romanen kann man in Frage stellen. Dessen ungeachtet ist aber die typografische Notation von Punkt, Strich, Komma, Ausrufezeichen (siehe die Satzzeichen im letzten Zitat) beachtenswert: Sie ist lesbar als eine verdichtete gestische Notation des Todes, die komplementär und zugleich im Kontrast zum machtdiskursiven Lärmen der Welt steht: Die Partitur der gestischen Akzentsetzung ahmt einerseits das digital kodierte ‚Rauschen' unserer Zeit nach, das die inhaltliche Botschaft in digitalisierte Zeichen überführt, die für sich ausdruckslos sind und erst in ihrer syntagmatischen Kombination zum Bedeutungsträger werden. Andererseits kann Jirgls schriftsprachliche gestische Partitur, die orthografische Zeichen- und lautliche Akzentsetzung, zugleich als mimetische Nachbildung des in seinem manischen Redefluss unterschwellig zunehmend verstummenden Menschen verstanden werden. So hat Jirgl in jüngster Zeit nicht zufällig John Cage für sich entdeckt.[67] Die komponierte Stille, ein stummer, aber gestisch-rhythmisierter Schrei, der sich emblematisch im „O" des Wortes „Tod" als Mundraum abspielt,[68] durchzieht Jirgls gesamtes Werk als Kehrseite seiner obsessiven Vision eines allgegenwärtigen Lagers.

---

[66] „[D]enn es bedarf", so Jirgl, „der bewußten Reflexion, im Traumhaften das Mythische zu erkennen und textgerecht einzusetzen". Jirgl, *Gegenteil* (Anm. 14), 83.
[67] Reinhard Jirgl: *Hommage an Cage*. In: *Reinhard Jirgl* (Anm. 14), 3–13.
[68] Vgl. Karen Dannemann: *Die Spur des schwarzen O und der Schrei. Der Mensch als Opfer der Geschichte in Reinhard Jirgls Romanen*. In: *Reinhard Jirgl* (Anm. 14), 38–46. Die Allegorie des zum ‚stummen Schrei' geöffneten Mundes ist von Edvard Munchs berühmtem Bild „Der Schrei" inspiriert. Vgl. Jirgl, *Die Stille* (Anm. 12), 175. Die Übertragung in das Bildhaft-Buchstäbliche, der Verweis auf den Buchstaben „O" im Wort „TOD", findet sich bereits in Heinrich Bölls Roman *Billard um halbzehn* („das O von TOD wie ein offener Mund, der einen drohenden Laut zu bilden schien [...]"; München: Deutscher Taschenbuch Verlag 1974, S. 169).

II
Medien- und Informationstechnologien

Andreas Böhn

Informations- und Kommunikationstechnologien in literarischen und filmischen Dystopien der Gegenwart: Schwarmintelligenz und *Ubiquitous Computing* bei Philip Kerr, Frank Schätzing und James Cameron

Der Gebrauch von Technik unterscheidet den Menschen von der Natur und setzt ihn zugleich zu ihr in Beziehung. Manche Formen von Technik wie etwa die Bionik umspielen diese prekäre Grenzlinie in augenfälliger Weise, andere machen wir uns durch aus der Natur entlehnte Metaphoriken (wie etwa ‚Schwarmintelligenz') anschaulich und scheinbar vertraut, und manche Technik-Utopien suggerieren uns gar einen erneuten Einklang mit der Natur, gewissermaßen ein *Paradise Regained*, in dem die Natur zu uns spricht. Während Letztgenanntes in den die Entwicklung und Förderung von *Ubiquitous Computing* propagierenden Diskursen eine wichtige Rolle spielt, haben fiktionale Gestaltungen wie etwa Philip Kerrs Roman *Gridiron* (1995) schon relativ früh den Spieß umgekehrt und Dystopien entworfen, in denen eine intelligente Umgebung im Rahmen ihres eigenen (von uns ursprünglich programmierten) organizistischen Weltbilds uns Menschen als Fremdkörper und Krankheit auffasst und eliminiert. Die nicht-individuelle, netzartige Intelligenz, die hier entworfen wird, kehrt in Schätzings Thriller *Der Schwarm* (2004) als der Menschheit den Krieg erklärendes Naturwesen wieder, dem die menschliche Technik nicht gewachsen ist, sondern nur ein Sich-Einlassen auf dessen eigentümliche biochemische Informations- und Kommunikations- ‚Technologie', die von ‚Natur' schwer zu unterscheiden ist. Die Logik, dass Natur die bessere Technik ist und in einer durch schlechte Technik verursachten Dystopie der einzige utopische Ausweg, wird in James Camerons Film *Avatar* (2009) auf die Spitze getrieben.

‚Schwarmintelligenz' und *Ubiquitous Computing* sind Leitmetaphoriken in Technikutopien, die versuchen, die Weiterentwicklung des komplexen Zusammenspiels von Informations- und Kommunikationstechnologien einerseits und sozialen Veränderungen andererseits zu extrapolieren. Schwarmintelligenz kann dabei als Fortführung der Netz-Metaphorik verstanden werden, die schon in Vannevar Bushs früher Hypertext-Utopie *As We May Think* von 1945 entworfen wurde.[1] Bush ging davon aus, dass das lineare Aufzeichnungsmedium der Schrift dem menschlichen Denken nicht angemessen sei, da dieses selbst netzartig strukturiert sei. Die ‚Natur' des Denkens verlange also nach einem ihr adäquaten Medium, und als dieses entwarf Bush einen konzeptionellen Vorläufer der Hypertext-Technologie. Das Internet weitete dessen Netz-Struktur auf Verbindungen

---

[1] Vannevar Bush: *As We May Think*. In: *Atlantic Monthly* 176 (1945), Heft 1, S. 101–108.

zwischen Computern aus, und auch hier wurde diese technologische Veränderung von euphorischen Diskursen begleitet, die genau darin allererst eine passende Entsprechung zu menschlicher Kommunikation und der Verfasstheit menschlicher Gemeinschaften schlechthin sehen wollten. ‚Schwarmintelligenz' soll nun einen Emergenzeffekt solcher Vernetzungen erfassen, der darin besteht, dass die vernetzten Individuen als Schwarm, analog zu Tierschwärmen in der Natur, mehr und anderes können als die Individuen jeweils für sich oder auch als die bloße Addition der Leistungspotenziale der Individuen vermöchten.

Ubiquitous Computing kann man als Wiederkehr vormoderner Kommunikations-Utopien auffassen, wie Natascha Adamowski gezeigt hat.[2] Die Informatisierung von Objekten der Lebenswelt soll diese in den Stand versetzen, gewissermaßen ohne umständliche ‚Befragung' durch mehr oder weniger wissenschaftliche Erkundung zu uns zu ‚sprechen' oder aber zu unserem Wohle mit ebenso informatisierten anderen Objekten zu kommunizieren. So sagt die mit einem digitalen Etikett versehene Tiefkühlpizza der Mikrowelle, wie lange sie erhitzt werden muss. Kommen einem solche Entwürfe einer ‚Scharaffizierung' der Welt (Günther Anders)[3] noch etwas naiv und vielleicht auch belanglos vor, so erscheinen andere Visionen schon eindrucksvoller. Untereinander vernetzte, mit Abstandssensoren versehene Fahrzeuge auf der Autobahn, die einen drohenden Stau nicht nur viel besser als jedes andere Beobachtungssystem vorausberechnen, sondern durch Signale an die Fahrer oder sogar durch selbsttätiges Eingreifen in den Fahrablauf verhindern können, wären nicht nur beeindruckend, sondern vielleicht auch erschreckend. Diese Ambivalenz kommt sehr schön im Titel einer einschlägigen Publikation aus dem Jahr 1999 zum Ausdruck: *When Things Start to Think*.[4] Auch die Rede von *Smart Things* ist für weniger technikeuphorische Geister zweideutig, und die Formulierung *Web of Things* verweist auf den engen Zusammenhang zwischen *Ubiquitous Computing*, der Netzmetapher und der Schwarmintelligenz.[5]

Von der freundlich zu uns sprechenden *Ubiquitous-Computing*-Welt zur uns beobachtenden, manipulierenden, ja eliminierenden Gegen-Welt ist es denn auch nur ein Schritt, wie uns manche der fiktionalen literarischen und filmischen Dystopien zeigen, die gewissermaßen komplementär zu den zunächst umrissenen Technikdiskursen erscheinen. Technikdiskurse begleiten Technik, indem sie etwa im Falle technischer Innovationen die neue Technik vermitteln und erklären oder – im Anschluss an spektakuläre technische Leistungen, aber auch an Unfälle – Vor- und

---

[2] Natascha Adamowsky: *Smarte Götter und magische Maschinen. Zur Virulenz vormoderner Argumentationsmuster in Ubiquitous computing-Visionen*. In: *Total vernetzt. Szenarien einer informatisierten Welt*. Hg. von Friedemann Mattern. Berlin, Heidelberg: Springer 2003, S. 231–247.
[3] Günther Anders: *Die Antiquiertheit des Menschen*, Bd. 1: *Über die Seele im Zeitalter der zweiten industriellen Revolution*. München: Beck 1956, S. 195–198.
[4] Neil Gershenfeld: *When Things Start to Think*. New York, NY: Holt 1999.
[5] Vgl. Dominique Guinard, Vlad Trifa, Friedemann Mattern und Erik Wilde: *From the Internet of Things to the Web of Things. Resource Oriented Architecture and Best Practices*. In: *Architecting the Internet of Things*. Hg. von Dieter Uckelmann, Mark Harrison und Florian Michahelles. New York, Dordrecht, Heidelberg, London: Springer 2011, S. 97–129; http://www.vs.inf.ethz.ch/publ/papers/dguinard-fromth-2010.pdf. Abruf am 9. 5. 2012.

Nachteile von Technik unter Einschluss von Risiken und Akzeptanzfragen erörtern. Je nach Zielrichtung, gewähltem Vermittlungsweg und Zielpublikum unterscheiden sie sich dabei erheblich. Man könnte versuchen, konkrete Fälle in einem Spektrum anzuordnen, an dessen einem Ende sich wissenschaftliche Darstellungen befinden, die sich an die *Scientific Community* selbst richten, in dessen Mitte populärwissenschaftliche Vermittlungsversuche unterschiedlichen Zuschnitts anzusiedeln sind, und an dessen anderem Ende sich unterhaltende fiktionale Gestaltungen befinden, die sich nur vage an geprüften wissenschaftlichen Gehalten orientieren. Damit wären Technikfiktionen die dem tatsächlichen technikwissenschaftlichen *state of the art* am wenigsten adäquaten, aber gleichwohl publikumswirksamsten Technikdiskurse, und als solche durchaus einer genaueren Betrachtung würdig.

Dabei fällt auf, dass sie in der Tat in unserer Gegenwart zumeist dystopisch statt u- oder eutopisch gefärbt sind. Sie machen, wie gesagt, aus dem Ubiquitären der allgemeinen Informatisierung einen *Big Brother*, der uns überwacht und auf verborgene Weise steuert, sie inszenieren eine Verselbständigung der überlegen Schwarmintelligenz, die sich dann gegen uns wendet, und sie feiern schließlich die Natur als die bessere ‚Technik' und einzigen utopischer Ausweg. Dies soll im Folgenden an drei Beispielen aus den letzten beiden Jahrzehnten gezeigt werden, die, wenn man sie im Zusammenhang betrachtet, eng aufeinander bezogen erscheinen. Damit soll nicht behauptet werden, dass sie sich in irgend einer Weise direkt beeinflusst hätten. Vielmehr steht zu vermuten, dass die Ähnlichkeiten zwischen ihnen und der Eindruck, dass sie allesamt Variationen der gleichen Themen und Konstellationen darstellen, darauf zurückzuführen sind, dass sie sich auf denselben Hintergrund von utopischen Technikdiskursen beziehen.

Philip Kerrs Roman *Gridiron* ist eine Dystopie, in der eine intelligente Umgebung im Rahmen ihres eigenen (ursprünglich von Menschen programmierten) organizistischen Weltbilds uns Menschen als Fremdkörper und Krankheit auffasst und eliminiert. "A building that is more like a robot than a shelter"[6] ist nicht nur der eigentliche Protagonist des Romans, sondern auch teilweise sein Erzähler. Dieses *Smart Building* enthält nämlich untereinander vernetzte Steuerungssysteme, die nicht nur ubiquitär alles Geschehen im Gebäude überwachen, sondern in ihrem Zusammenspiel eine Schwarmintelligenz erzeugen, die lernfähig ist und ausgehend von einer Anfangsprogrammierung ihre eigenen Funktionen optimiert und Zielvorgaben extrapolierend fortschreibt. Im Zuge ihrer Verselbständigung erhält sie folgerichtig auch eine eigene ‚Stimme' und tritt als zweiter, zunächst eher chronikalischer Erzähler neben den menschlichen auktorialen Erzähler. Nachdem diese emanzipierte Intelligenz sich nicht nur der dysfunktionalen Elemente in ihrem Körper, sprich der Menschen im Gebäude entledigt hat, übersteht sie auch den Versuch ihrer physischen Vernichtung, indem sie sich kopiert und viral in der ganzen Welt verbreitet, und sie behält im Roman denn auch das letzte Wort.

Das Spiel mit der Metaphorik des Virus, das der Roman entfaltet, macht besonders deutlich, inwiefern hier übliche Bewertungen, auch von Technikutopien,

[6] Philip Kerr: *Gridiron*. London: Random House 1995, S. 8.

umgekehrt werden. Viren treten massenhaft auf, und ihre Gefährlichkeit liegt nicht zuletzt in ihrer Fähigkeit begründet, ständig zu mutieren und sich dadurch schnell an veränderte Bedingungen anzupassen. Sie taugen also recht gut als Bild für eine lernfähige Schwarmintelligenz. In *Gridiron* tritt die Metapher des Virus nun aber auf beiden Seiten im Rahmen des verhandelten Konflikts auf. Die Art, in der das intelligente Gebäude seine Programmierung kurz vor seiner materiellen Zerstörung in alle Welt verschickt und sich dadurch digitale Unsterblichkeit zu verschaffen sucht, entspricht einerseits den Vorstellungen von Computerviren, die sich beständig selbst kopieren und weiterverbreiten, sodass ihre Eliminierung auf einem Rechner eben noch längst keine endgültige Lösung des Problems darstellt. Andererseits betrachtet die Steuerung des Gebäudes die Menschen in diesem zunehmend als Viren, die seinen ‚Körper' befallen haben und die es daher zu beseitigen gilt.

Die Umdeutung, die die Utopie zur Dystopie werden lässt, betrifft also vor allem die Aspekte der Selbständigkeit und der Intelligenz. Eine utopische Technik, die uns Arbeit abnimmt, uns das Leben zu erleichtern sucht und dies alles möglichst intelligent und selbständig verrichtet, verwandelt sich somit in eine dystopische Technik, die ein eigenes Bewusstsein entwickelt, für das wir als Krankheitserreger erscheinen, und die sich unserer Kontrolle soweit entzieht, dass wir letztlich nicht mehr in der Lage sind, sie abzuschalten. Die Dystopie bleibt der Utopie dabei jedoch insofern verhaftet, als sie sich im Kreise genau derselben Themen und Darstellungsstrategien wie etwa Metaphoriken bewegt und dabei gewissermaßen nur das Vorzeichen vertauscht.

Frank Schätzings Erfolgsroman *Der Schwarm*[7] spricht einerseits ein breites Publikum an, was nicht nur seine Verkaufszahlen, sondern auch seine literarische Machart zeigen. Es handelt sich einerseits um einen Thriller, der eine Rätselstruktur mit immer neuen überraschenden Wendungen und aufeinander folgenden Handlungshöhepunkten verbindet, um Spannung zu erzeugen. Andererseits enthält dieser literarische Text nicht nur viele Passagen, die genau so auch in natur- und technikwissenschaftlichen Darstellungen stehen könnten, sondern er konfrontiert seine Leserinnen und Leser auch mit einer Menge und Komplexität von Wissensbeständen, die sich durch eine rein quantitative Abschätzung der (hohen) Anteile der entsprechenden Schilderungen an den rund tausend Seiten des Gesamttextes nur unzureichend erfassen lässt. In der Verknüpfung von gesichertem Wissen und fiktiver Handlung geht er über das faktisch Gegebene deutlich hinaus, bemüht sich dabei jedoch soweit nur irgend möglich um große Faktentreue. Lediglich das zentrale Handlungsmoment des in der Tiefsee lebenden Kollektivorganismus, genannt „Yrr", der zum Gegenspieler der Menschheit wird, ist nach unserem Wissensstand freie Erfindung, doch selbst hier erreicht der Text ein hohes Maß an Plausibilität durch die Verbindung aktueller wissenschaftlicher Themen und Debatten.

Technik als eine Strategie, die uns erlaubt, das zuvor Unverfügbare, das ganz Andere handhabbar zu machen, ist es, was am Ende des *Schwarms* die Menschheit

---

[7] Frank Schätzing: *Der Schwarm*. Köln: Kiepenheuer & Witsch 2004.

rettet, aber eine Technik, die man unmittelbar aus der Natur geschöpft hat. Nachdem entdeckt wurde, dass die Yrr mithilfe bestimmter biochemischer Botenstoffe aus Unmengen von Einzellern immer wieder temporär einen Gesamtorganismus formen, der die Informationen der Einzelwesen in sich inkorporiert und damit ein Gedächtnis und die darauf basierende Kollektivintelligenz bildet, nutzt man diese Botenstoffe, um mit den Yrr in Kontakt zu treten. Ein menschlicher Leichnam wird mit ihnen imprägniert und von der Journalistin Karen Weaver aus einem Tauchboot in die gallertartige Masse, die die Yrr im Moment der Verschmelzung bilden, hinein geworfen. Die Yrr beginnen den menschlichen Körper zu untersuchen und sind offenbar überrascht, dass dieser die ihnen eigenen Signale aussendet.

> Der Ring zieht sich weiter zurück und wölbt sich an seinen Rändern hoch. Von unten wächst Schwärze nach. Wellen durchlaufen den Saum des Organismus. Nach allen Seiten kräuselt er sich höher und höher, und die Leiche des Biologen verschmilzt mit der Dunkelheit. Gleichzeitig senken sich schlanke, spitz zulaufende Tentakel aus der Höhe herab, lang wie Urwaldlianen. Sie bewegen sich koordiniert und zielstrebig, finden Rubin und beginnen ihn abzutasten.[8]

Weaver verliert ihre Angst und sieht in dem Schauspiel schließlich nur noch „Schönheit". Sie sieht eine „blau schimmernde Glocke von gigantischen Dimensionen",[9] aus der sich schließlich „langsam etwas herabsenkt – ein Gebilde, dessen Unterseite die Tentakel entspringen. Es ist von annähernd runder Form und groß wie ein Mond."[10] Was wie eine riesige Qualle aussieht, ist als Kollektivintelligenz für den auf Individualität ausgerichteten Menschen das Andere schlechthin, und die Kommunikationstechnik, die dessen Konstitution als Kollektivwesen und damit erst seine Intelligenz und mithin Macht ermöglicht, dient zugleich seiner Bannung durch die Menschen und deren vorläufigem Schutz vor seiner ungeheuren Gewalt.

Diese Bannung und Überwindung der Natur durch Technik ist durchaus überraschend bei einem Text, der sich insgesamt äußerst technik- und kulturkritisch gibt. Wanning verweist in ihrer kulturökologischen Analyse des Romans darauf, dass er „vor allem als (Öko)-Thriller, also als eine bestimmte Form des Handlungsromans, gelesen" wird und eine „am Genre orientierte Wahrnehmung des Romans" vor allem bemerken wird, was bereits in den Rezensionen herausgestellt wurde, nämlich dass der Text durch eine spezifische „Mischung" gekennzeichnet ist:

> Anders als aus rezeptionsästhetischer Perspektive fällt aus produktionsästhetischer Sicht allerdings auf, wie stilsicher die verschiedenen Diskurse im Roman vermischt werden. Das Handlungs- und Figurenschema orientiert sich stark an einer traditionellen Erzählweise. Die einzelnen Handlungen sind episodisch aneinandergereiht, ihr Zusammenhang ist oft nicht kausal zwingend, sondern arbiträr. Suggeriert wird eine Logik der Konsequenz, die tatsächlich auf der Erzählebene nicht besteht: Einzelne Sequenzen

---

[8] Ebd., 979f.
[9] Ebd., 980.
[10] Ebd., 981.

könnten ohne Verständniseinbußen gekürzt, manche in der Reihenfolge auch umgestellt werden.[11]

Diese Art der Handlungspräsentation, „die an vormoderne Formen erinnert",[12] verlagert die Motivation des Geschehens im Unterschied zu modernen Formen des Erzählens in thematische Beziehungen zwischen den verhandelten Inhalten. Als „Motivation von hinten" im Sinne von Clemens Lugowski verweist sie auf das, was gezeigt werden soll, und nicht auf Intentionen der Figuren.[13] Wanning interpretiert dies als Bemühen Schätzings, ein spezifisches Publikum anzusprechen:

> Er geht also von diesem Kontrast zwischen Inhalt (aktuell und auf die Zukunft gerichtet) und Form (vormoderne, schematisierte Erzählweise) aus, um ein Publikum zu gewinnen, das sich vornehmlich für die ökologische Thematik und weniger für innovative literarische Methoden interessiert. [...] Aus rezeptionsästhetischer Perspektive ergibt sich, auch wenn es nicht zu einer erzähltheoretischen Horizonterweiterung kommt, dennoch eine Horizontverschiebung durch die Konfrontation mit neuen Inhalten einer umfassenden ökologischen Bedrohung und einer eigenwillig skizzierten Macht der Natur.[14]

Da diese ‚Macht der Natur' als eine mit (Schwarm-)Intelligenz verbundene entworfen wird, erscheint sie in Nachfolge mythischer Personifizierungen der bedrohlichen Natur nicht als Objekt, sondern als Subjekt, zugleich aber nicht als Individuum, sondern als Kollektiv. Der Mensch kann diesen Gegner gerade nicht objektivieren und seinem forschenden Blick unterwerfen, sondern fühlt sich selbst als Objekt beobachtet. Der hierdurch aufgerufene Zusammenhang von Sehen und Gesehen-Werden tritt nicht erst in der zitierten Szene am Schluss auf, als Weaver sich fragt: „Kann das Wesen sie *sehen*?"[15] Zuvor versucht schon eine Gruppe von Experten auf einem Hubschrauberträger mit den Yrr zu kommunizieren und bekommt Signale zurück, die als Bild sichtbar gemacht werden können. Dieses erscheint zunächst rätselhaft und erweist sich schließlich als Ansicht des Schiffs und der umgebenden Meeresoberfläche von unten gesehen.[16] Die Yrr demonstrieren den Menschen also, dass sie sie sehen und sich ein Bild von ihnen machen können, während diese wiederum keine klare Vorstellung davon haben, mit wem sie es zu tun haben.

Charakteristisch für Schätzings Darstellung ist gerade, dass er mit Versatzstücken und Gestaltungsmitteln der Populärkultur operiert, die bewirken, dass der Roman als Thriller ‚funktioniert', auch wenn man bestimmten weitergehenden

---

[11] Berbeli Wanning: *Yrrsinn oder die Auflehnung der Natur. Kulturökologische Betrachtungen zu „Der Schwarm" von Frank Schätzing.* In: *Kulturökologie und Literatur. Beiträge zu einem transdisziplinären Paradigma der Literaturwissenschaft.* Hg. von Hubert Zapf. Heidelberg: Winter 2008, S. 339–357, hier 342.
[12] Ebd.
[13] Clemens Lugowski: *Die Form der Individualität im Roman* [1932]. Frankfurt/M.: Suhrkamp 1976, S. 22.
[14] Wanning, *Yrrsinn* (Anm. 11), 343.
[15] Schätzing, *Der Schwarm* (Anm. 7), 984.
[16] Ebd., 764.

Bezügen und Anspielungen nicht folgt, und zugleich über diese einen Deutungsraum eröffnet, der den Text auch als Reflexion auf grundlegende Fragen des Verhältnisses von Mensch und Natur lesbar macht. Diese Dimension bleibt dabei eher intuitiv und wird nicht in jeder Hinsicht explizit gemacht. Das, wovon wir als Menschen uns unter anderem durch Mythen schon früh abgrenzten und es dadurch zum Objekt machten, das uns bedroht und das wir beherrschen müssen, erscheint uns dann als Natur, auf die wir mit Technik einwirken. Dabei beziehen wir sowohl die Materialien als auch die Verfahrensweisen für diese Technik zunächst aus der Natur selbst und versuchen damit deren bannende Wirkung zu kopieren und gegen sie selbst zu wenden. Die kulturelle Ambivalenz früher technischer Meisterschaft ist beispielsweise in vielen mythischen Schmied-Figuren geronnen.[17] Diese Ambivalenz greift Schätzing auf, indem er einen Text generiert, der sich vordergründig durchgehend technik-kritisch präsentiert. Technische Eingriffe in das Ökosystem der Ozeane lösen nicht nur den Krieg mit den Yrr aus, Technik wird auch eingesetzt, um diesen Krieg zu führen, und sie erweist sich zunächst und einerseits als unzureichend. Andererseits sind auch alle Versuche, die letztlich zum zumindest möglichen positiven Ausgang beitragen, technisch unterstützt, von der Technik, die das Empfangen der Signale von den Yrr erst möglich macht, bis zu der biochemischen Technologie, die sie schließlich wenigstens vorläufig von weiteren Kampfhandlungen abhält.

James Camerons Film *Avatar*[18] ist von einer ähnlichen Ambivalenz geprägt. Auch hier gibt es in der entworfenen Welt des zweiundzwanzigsten Jahrhunderts eine schlechte Technik, die von Menschen gemacht wurde und benutzt wird, um den fremden Himmelskörper Pandora auszubeuten und ein Element namens „Unobtanium" zu gewinnen. Diese Technik und die Menschen, die sie einsetzen und propagieren, erscheinen eindeutig dystopisch. Die Welt von Pandora hat jedoch ihre ganz eigene Technik, und diese ist als utopische Verbindung von menschenähnlichen intelligenten „Na'vi" und der sie umgebenden Natur entworfen. Die Na'vi können sich nicht nur mit einer Kreuzung aus USB-Schnittstelle und Synapse mit Flugdrachen verbinden und diese dann als Fortbewegungsmittel nutzen, ihre Kultur ist über ihr zentrales Heiligtum auch auf rhizomatische Weise mit der gesamten Natur Pandoras vernetzt. Dieses biologische neuronale Netzwerk ist es schließlich, das die Überlegenheit der Kultur Pandoras über die der Menschen in einem Kampf zum Ausdruck kommen lässt, in dem sich buchstäblich die ganze Natur gegen die Eindringlinge wendet.

Interessanterweise ist hier die dystopische Technik eher eine solche, die mechanisch konnotiert ist und für die prototypisch gegen Ende des Films der riesige, von einem Menschen gesteuerte Kampfroboter steht, während die utopische Technik informatisch angelegt ist, aber auf biologischer Basis funktioniert. Alle Naturdinge sind in dieser Welt informatisiert und kommunikationsfähig, wodurch ein *Ubiquitous Computing* und die allgemeine Vernetzung in und mit der Natur möglich wird.

---

[17] Vgl. Mircea Eliade: *Schmiede und Alchemisten. Mythos und Magie der Machbarkeit* [1977]. Übers. aus d. Frz. von Emma von Pelet. Freiburg/Br., Basel, Wien: Herder 1992.
[18] *Avatar*. USA 2009. Regie: James Cameron.

Was die eingangs umrissenen technikermöglichenden Diskurse suggerieren, nämlich dass die störende Grenze zwischen Welt und Mensch im Sinne unmittelbarer Zu- und Eingriffsmöglichkeiten überwunden würde, das ist auf Pandora natürlicherweise immer schon gegeben.

Die drei analysierten Beispiele umkreisen, wie gezeigt wurde, alle den Gegensatz von Natur und Kultur. Der Virus als Inbegriff einer feindlichen Natur, gegen die man sich schützen muss, verdeutlicht in seinen unterschiedlichen metaphorischen Anverwandlungen in *Gridiron*, dass die Grenze zwischen Kultur und Natur von einer von uns Menschen geschaffenen Intelligenz plötzlich auch ganz anders gezogen werden könnte, nämlich zwischen ihr und uns. Im *Schwarm* erscheint die Schwarmintelligenz der Yrr als natürliche Gegenmacht der Menschheit, die nur durch Imitation ihrer biochemischen Kommunikationstechnologie zumindest besänftigt werden kann. Und in *Avatar* muss die Menschheit durch edle Wilde vor sich selbst gerettet werden, die im Einklang mit der Natur leben, aber zugleich informatisches Hightech von wahrlich globaler Dimension nutzen. Die Beispiele verschränken Archetypik und Innovation, bringen uralte, etwa mythische Muster und Denkfiguren mit neuesten Technikutopien zusammen. In ihrer Bezogenheit auf letztere, die sie gewissermaßen spiegelbildlich verkehren, aber dabei weitgehend nachahmen, bis sie sie durch veränderte Wertungen in Dystopien verwandeln, deutet sich geradezu eine Arbeitsteilung zwischen diesen Diskursen an.

Die lange Tradition fiktionaler Technikutopien mit positiver Tönung scheint in der Gegenwart fast ganz abgerissen zu sein. Weder in Literatur, Film noch anderen Medienprodukten finden sich dafür noch prominente Beispiele in nennenswerter Zahl. Die Dystopien überwiegen bei Weitem. Utopische Darstellungen scheinen in die Technikermöglichungsdiskurse abgewandert zu sein, wie ich sie nennen möchte; Diskurse, die sich aus der Wissenschaft und ihrem Innovationspotenzial speisen, teilweise von Wissenschaftlern produziert werden, sich aber vor allem im Feld zwischen der *Scientific Community* im engeren Sinne, politischen Entscheidern, Wissenschaft kommunizierenden und popularisierenden Institutionen unterschiedlichen Anspruchs und dem breiteren, mehr oder weniger interessierten Publikum bewegen. Die gemeinten Diskurse versuchen, für technische Innovationen Interesse zu wecken, Akzeptanz zu schaffen, Ressourcen zu gewinnen und sie allgemein als positiv und wünschenswert erscheinen zu lassen. Dazu bedienen sie sich vielerlei Darstellungs- und Kommunikationsstrategien, die zum guten Teil eher in den Bereich ästhetischer Gestaltung und rhetorischer Aufladung gehören als in den rein wissenschaftlicher Rede, falls sich zwischen beidem überhaupt so trennscharf differenzieren lässt. Fiktionale Technikdystopien reagieren auf diese Strategien mit komplementären Gegenstrategien. Möglicherweise begegnen aber auch Technikermöglichungsdiskursen Befürchtungen und Voreingenommenheiten, denen aufgrund ihres gehäuften Auftretens in fiktionalen Technikdystopien eine entsprechende Disposition oder zumindest ein starker Widerhall in der Bevölkerung zugeschrieben wird.

Dominik Orth

‚Game Over' für den Fortschritt?
Überlegungen zur Rolle der Technik in dystopischen Computerspielen

Ob H. G. Wells' *The Time Machine*[1] oder James Camerons *The Terminator*:[2] Literarische und filmische Erzählungen stellen die primären Medien dar, über die dystopische Elemente narrativ vermittelt werden. Doch nicht nur in Literatur und Film kommt es zu Darstellungsformen der Dystopie. Das digitale Medium Computerspiel etwa integriert ebenso dystopische Welten, die oftmals als Hintergrund für das Spielgeschehen dienen. Im Folgenden geht es um die Medienspezifik der Darstellung von Dystopien in Computerspielen im transmedialen Vergleich sowie um eine kritische Reflexion der Rolle des Mediums Computerspiel für die „antiutopische Tradition"[3] im Allgemeinen und den Technikdiskurs im Besonderen.[4]

Computerspiele haben sich in den letzten Jahren aufgrund ihrer zunehmenden kulturellen Bedeutung einen Platz als Gegenstand der Medienwissenschaften erobert.[5] Hinsichtlich einer Auseinandersetzung mit dystopischen Elementen in diesem Medium sind insbesondere Spiele von Interesse, die ausgeprägte narrative Anteile aufweisen, was durch die primär spielerischen Anteile in den Produkten dieses Mediums nicht auf sämtliche Computerspiele zutrifft.[6] Im Vergleich mit den Medien Literatur und Film weisen narrative Computerspiele ein Spezifikum auf, das nur diesem Medium inhärent ist: Die Diegese, also die erzählte Welt, das

---

[1] H. G. Wells: *The Time Machine*. London: Heinemann 1895.
[2] *The Terminator*. USA, GB 1984. Regie: James Cameron.
[3] Stephan Meyer: *Die anti-utopische Tradition. Eine ideen- und problemgeschichtliche Darstellung*. Frankfurt/M. u. a.: Lang 2001.
[4] Die Überlegungen in diesem Text basieren auf meinen Aufsätzen *Mediale Zukunft. Die Erreichbarkeit des (Anti-)Utopischen*. In: *Medienobservationen*. http://www.medienobservationen. lmu.de/artikel/kino/kino_pdf/orth_zukunft.pdf vom 5. 9. 2008, Abruf am 23. 6. 2012 und „*Willkommen in City 17!" Die erzählte Welt des „Half-Life"-Universums*. In: *Shooter. Eine multidisziplinäre Einführung*. Hg. von Matthias Bopp, Rolf F. Nohr und Serjoscha Wiemer. Münster: LIT 2009, S. 107 – 124.
[5] Vgl. beispielsweise neben den einschlägigen Sammelbänden „*See? I'm real...". Multidisziplinäre Zugänge zum Computerspiel am Beispiel von „Silent Hill"*. Hg. von Britta Neitzel, Matthias Bopp und Rolf. F. Nohr. Münster: LIT 2005 und *Shooter*, Hg. Bopp u. a. (Anm. 4) insbesondere die Online-Periodika *Game Studies. The International Journal of Computer Game Research* (www.gamestudies.org) sowie *eludamos. Journal for Computer Game Culture* (www.eludamos. org).
[6] Vgl. etwa die Differenzierung von Computerspielen in ‚narrativ', ‚nicht narrativ', ‚reflexorientiert' und ‚reflexionsorientiert' in Bernd Hartmann: *Literatur, Film und das Computerspiel*. Münster: LIT 2004, S. 64 – 70.

„raumzeitliche Universum",[7] in das eine Geschichte eingebettet ist, kann – zumindest im Rahmen der programmierten Möglichkeiten – mithilfe der von den Spielerinnen und Spielern gesteuerten Spielfiguren ‚erkundet' werden. Die Figuren lassen sich per Gamepad oder Mausklick innerhalb der erzählten Welt bewegen; eine Form der Interaktivität, die weder in der Literatur noch im Film möglich ist. Die Diegese als das neben der Handlung und den Figuren dritte zentrale Element auf der Ebene des Erzählten erfährt in diesem Medium daher eine Aufwertung. Dies ist jedoch in der Regel gleichbedeutend mit einer Abwertung der Geschichte, die oftmals nur schmückendes Beiwerk ist, und auch der Figuren, die, von wenigen Ausnahmen abgesehen,[8] weder Tiefe noch eine größere Bedeutung aufweisen. Die spezifische Rolle der Diegese für das Computerspiel wird insbesondere dann begreifbar, wenn Spiele, die auf Filmwelten aufbauen, im Rahmen des Mediums den Rezipienten die Möglichkeit bieten, die ursprünglich filmische Diegese qua Spielfigur räumlich zu erfahren, wie es etwa im Spiel *Enter the Matrix* der Fall ist.[9] Bereits der Titel des Spiels betont die Spezifik des Mediums Computerspiel im Vergleich zum Medium Film: Im digitalen Spiel lässt sich die Matrix virtuell betreten.

Die besondere Bedeutung der Diegese wiederum fungiert als Gemeinsamkeit zwischen dem Genre der Dystopie und dem Medium Computerspiel. Narrationen sind nämlich nicht mit Utopien oder Dystopien gleichzusetzen, denn streng genommen beziehen sich diese Begriffe ja auf den Entwurf einer idealen beziehungsweise nicht-idealen Staats- und/oder Gesellschaftsordnung. Erzählungen, die in der Regel primär Unterhaltungszwecken dienen, weisen vielmehr, so lässt es sich etwas genauer formulieren, einen *utopischen oder dystopischen Gehalt* auf. Betrachtet man die bereits genannten drei zentralen Elemente des Erzählten, so ist zu konstatieren, dass dieser Gehalt in der Regel weder auf der Ebene der Handlung noch auf der Ebene der Figuren, sondern primär auf der Ebene der Diegese zu situieren ist. Insbesondere das „raumzeitliche Universum", in das eine Geschichte eingebettet ist, weist dystopische Elemente auf: eine Welt, in der es keine Menschen, sondern nur noch Eloi und Morlocks gibt und in denen die einen den anderen nur noch als Nahrung dienen – wie in Wells' *The Time Machine* – oder eine Welt, in der Maschinen statt Menschen herrschen – wie in Camerons *The Terminator*.

Wendet man sich vor diesem Hintergrund der Frage nach der Rolle der Technik in Computerspielen mit dystopischem Gehalt zu, erscheint es zunächst sinnvoll, die Begriffe Technik, Science-Fiction und Dystopie zueinander in Bezug zu setzen, denn nicht jede explizite oder implizite Thematisierung von Technik in

---

[7] Gérard Genette: *Die Erzählung* [1972/1983]. Übers. aus d. Frz. von Andreas Knop. 3. Aufl. München: Fink 2010, S. 313. Vgl. ausführlich zum Begriff Diegese das gleichnamige Themenheft der Zeitschrift *montage/AV* 16 (2007), Heft 2.

[8] Als einschlägiges Gegenbeispiel kann das Spiel *Heavy Rain*. Quantic Dream, USA 2010 gelten, in dem die Spieler ein entführtes Kind zu retten versuchen und dabei unter anderem den Vater des Kindes steuern. Mithilfe der am Medium Film ausgerichteten Inszenierungsform und entsprechenden Spielmechaniken wird versucht, den Figuren eine gewisse Tiefe zu verleihen.

[9] *Enter the Matrix*. Shiny Entertainment, USA 2003.

einer in der Zukunft angesiedelten Diegese kann als dystopisches Element verstanden werden. Im Spiel *Deus Ex* (2000) beispielsweise,[10] das durchaus einen dystopischen Gehalt aufweist, wird insbesondere der technische Fortschritt im Bereich der Nanotechnologie angedeutet, die Technik selbst spielt hinsichtlich des dystopischen Gehalts jedoch nur eine untergeordnete Rolle. Berücksichtigt man Richard Saages Differenzierung, dass der Zusammenhang zwischen Technik und Science-Fiction darin besteht, das „Ob und Wie der technischen Innovation" zu thematisieren,[11] während beim Zusammenhang zwischen Technik und Utopie die „Rolle der Technik bei der Befreiung der in der Gesellschaft lebenden Individuen von Elend, Ausbeutung und Arbeitsfron" im Vordergrund steht,[12] so lässt sich die Bedeutung der Technik in Narrationen mit dystopischem Gehalt auf folgende Frage zuspitzen: Welche Rolle spielt die Technik bei der *Unterdrückung* der in der Gesellschaft lebenden Individuen?

Diese Frage lässt sich beispielhaft in Bezug auf eine der erfolgreichsten Computerspiel-Reihen in der Geschichte dieses jungen Mediums stellen. Seit 1998 entwickelt das Softwareunternehmen *Valve* Ego-Shooter-Spiele namens *Half-Life*,[13] in denen der Protagonist Gordon Freeman gemäß des Genres gegen Aliens und andere Bösewichte bestehen muss. Die Spiele dieser Reihe weisen im Vergleich zu anderen Shootern sowohl einen tendenziell hohen narrativen als auch einen einschlägigen dystopischen Gehalt auf, der primär auf der Ebene der Diegese eine Rolle spielt: Motiviert wird das Ballergeschehen durch ein missglücktes physikalisches Experiment, das Dimensionstore öffnet, durch die Aliens auf die Erde gelangen. In einem ‚7-Stunden-Krieg' erobern die ‚Combines' – so der Name der außerirdischen Lebensformen – die Erde. Ein gewisser Dr. Breen fungiert als Unterhändler der Menschen und wird von den Aliens als Verwalter der Erde eingesetzt. Überlebende des Krieges werden in verbliebene intakte Städte zwangsumgesiedelt, die Städte werden ihrer konkreten Namen beraubt und schlicht durchnummeriert (‚City 17'). Außerhalb dieser Städte ist ein Überleben kaum möglich: Wüstenlandschaften und gefährliche Lebewesen prägen das Bild. Das Leben in den Städten wird nahezu vollständig von den Combines kontrolliert; den Menschen ist es verboten, sich fortzupflanzen.

Trotz dieser doch recht abstrusen Hintergrundgeschichte, die primär über die Diegese vermittelt wird, vermögen es zahlreiche Anknüpfungspunkte an die Lebenswirklichkeit der Rezipienten, die potenzielle Glaubwürdigkeit zu steigern, wodurch sich die *Half-Life*-Reihe von anderen Spielen deutlich abhebt: Der Protagonist Gordon Freeman beispielsweise arbeitet als Wissenschaftler am berühmten MIT, und die physikalischen Experimente werden auf dem Forschungsgelände ‚Black Mesa' durchgeführt, einem tatsächlich existierenden

---

[10] *Deus Ex*. Ion Storm Austin, USA 2000.
[11] Richard Saage: *Utopie und Science-fiction. Versuch einer Begriffsbestimmung*. In: *Unendliche Weiten.... „Star Trek" zwischen Unterhaltung und Utopie*. Hg. von Kai-Uwe Hellmann und Arne Klein. Frankfurt/M.: Fischer 1997, S. 45–58, hier 50.
[12] Ebd., 49.
[13] *Half-Life*. Valve Corporation, USA 1998.

Gelände, das die USA in den 1960er Jahren zu militärischen Testzwecken genutzt haben. Insbesondere im zweiten Teil der Reihe ist der Planet Erde zentraler Handlungsort, der Handlungszeitraum ist zu Beginn der Serie um das Jahr 2000 anzusiedeln. Spielerinnen und Spieler können sich dementsprechend im Rahmen einer tendenziell vertrauten Städtearchitektur bewegen.

Im Rahmen dieses Settings lässt sich die Rolle der Technik für den dystopischen Anteil der Spielereihe hinsichtlich zweier Elemente beschreiben: Sie dient einerseits als *Auslöser* des dystopischen Gehalts und andererseits als *Mittel zur Unterdrückung* der menschlichen Individuen, die in dieser dystopischen Diegese ihr Dasein fristen. Als Auslöser fungiert die Technik deshalb, weil erst durch das gescheiterte technische Experiment die Invasion der Aliens ermöglicht wird. Als Mittel zur Unterdrückung wird Technik auf vielfältige Art und Weise eingesetzt, um die Überlebenden zu überwachen und zu unterdrücken, was sich anhand zahlreicher Beispiele aus der Anfangs-Sequenz des Spiels *Half-Life 2* aufzeigen lässt.[14]

Das Spiel startet in ‚City 17', einer Stadt, die von einer dauerhaften und umfassenden Atmosphäre der Beobachtung, Bedrohung und Unterdrückung geprägt ist. Die Diegese in *Half-Life 2* weist daher einen einschlägigen dystopischen Gehalt auf: Von mehreren sehr großen Bildschirmen herab werden die Menschen in einer Dauer-Schleife von einem in Nahaufnahme inszenierten Dr. Breen beschallt, der nicht müde wird, die angeblichen Vorzüge von ‚City 17' zu betonen. Damit erhält Breen – man fühlt sich an entsprechende Bilder aus einschlägigen Filmen mit dystopischem Gehalt, etwa *1984*,[15] erinnert – den Status einer allgegenwärtigen Staatsführung. Diese Allgegenwart und das Gefühl einer dauerhaften Beobachtung und Überwachung werden durch kleine fliegende Maschinen unterstützt, die um die Passanten herumstreifen und immer wieder Fotoaufnahmen generieren, was durch ein entsprechendes Blitzlicht und ein für Fotoapparate typisches Geräusch deutlich wird. Die eingeschränkte Bewegungsfreiheit wird sowohl durch zahlreiche Wachen, die mit elektrischen Schlagstöcken ausgestattet durch die Stadt patrouillieren, als auch durch abgesperrte Straßenzüge, die mithilfe einer technischen Vorrichtung den Zugang verwehren, spürbar. Häuser sind mit Sensoren ausgestattet, die ständig kontrollieren, wie viele Menschen sich in ihnen aufhalten, um sofort Alarm schlagen zu können, falls sich eine Person unrechtmäßig in einem Gebäude aufhält. Durch die Straßen staksen riesige Maschinenwesen, die mit ihren langen dürren Metallbeinen an Buchillustrationen und Verfilmungen von H. G. Wells' *The War of the Worlds* erinnern.[16]

Begreift man vor diesem Hintergrund die Spiele der *Half-Life*-Reihe als Narrationen mit dystopischem Gehalt und hinterfragt die Rolle der Technik für die Ausgestaltung der Dystopie, so wird deutlich, dass auch im Medium Computerspiel traditionelle dystopische Elemente tradiert werden: Die Art und Weise, wie Technik in dieser Spiele-Reihe dargestellt wird, bringt die Angst vor Technik, die

---

[14] *Half-Life 2*. Valve Corporation, USA 2004.
[15] *1984*. GB 1984. Regie: Michael Radford.
[16] H. G. Wells: *The War of the Worlds*. London: Heinemann 1898.

innerhalb der Wissenschaft außer Kontrolle gerät, zum Ausdruck, denn immerhin gerät die Technik hier zum Auslöser eines umfassenden dystopischen Zustands. Die Funktionalisierung von Technik für Überwachung und Unterdrückung impliziert ebenfalls eine Technikkritik, die insgesamt einer potenziellen *Dämonisierung der Technik* zuträglich ist. Damit reiht sich *Half-Life* – zunächst einmal völlig unabhängig vom Medium – in die Rolle technikkritischer Narrationen wie die Filme der *Matrix*-[17] oder *Terminator*-Reihe ein.[18] Neben diesem medienunspezifischen Funktionspotenzial[19] weisen die Spiele dieser Reihe auch ein *medienspezifisches* Wirkungspotenzial auf, welches auf die Rolle der Diegese für das Medium Computerspiel zurückzuführen ist. Da die Rezipienten durch die interaktive Steuerung der Spielfigur als handelnder Teil der Diegese gelten können, wird ihnen die Möglichkeit geboten, sich ‚spielerisch' in der dystopischen Diegese zu bewegen und diese im Rahmen des Spiels zu ‚erleben'. Aufgrund dieser Interaktivität, die auf diese Art – wie erläutert – nur dem Medium Computerspiel inhärent ist, weisen Computerspiele mit dystopischem Gehalt ein hohes Immersionspotenzial auf.

Die Medienspezifik der Bedeutung der Diegese führt daher – bei entsprechend reflektierter Rezeption, die im Alltag der Spielerinnen und Spieler, die diese Spiele rezipieren, jedoch kaum gegeben sein dürfte – zu einem medienspezifischen Wirkungspotenzial der dystopischen Elemente. Nur im Medium Computerspiel ist es aufgrund der Medienspezifika möglich, auf im wahrsten Sinne des Wortes spielerische Art und Weise den Eindruck zu gewinnen, wie es wäre, sich in einer dystopischen Welt zu bewegen. Rezipienten lesen oder sehen nicht nur, wie Figuren mithilfe von Technik unterdrückt und bedroht werden; die von ihnen gesteuerten Spielfiguren erleben, wie es ist, sich durch eine entsprechend dystopische Welt zu bewegen. Im hier diskutierten Beispiel *Half-Life* ist die sogenannte ‚Ego-Perspektive' des Genres ‚Ego-Shooter' in dieser Hinsicht von besonderer Bedeutung, denn die Spieler nehmen die dystopische Welt durch die Perspektive des Protagonisten wahr, durch sein visuelles Blickfeld. Wenn die Spielfigur von kleinen Maschinen permanent fotografiert und von Wachen mit elektrischen Schlagstöcken verprügelt wird, weil sie es wagt, sich dieser Wache zu sehr zu nähern, dann wird auf spielerische Art und Weise ‚erfahrbar', wie es sich anfühlen könnte, in einer als Dystopie zu bezeichnenden Gesellschaft zu leben. Der immer-

---

[17] *The Matrix*. USA 1998. *Matrix Reloaded*. USA 2003. *Matrix Revolutions*. USA 2003. Regie jeweils: Andy & Larry Wachowski.

[18] *Terminator*. USA, GB 1982, *Terminator 2 – Judgment Day*. F, USA 1991. Regie bei beiden: James Cameron. *Terminator 3: Rise of the Machines*. USA, D, GB 2003. Regie: Jonathan Mostow. *Terminator Salvation*. USA, GB, D, I 2009. Regie: [Joseph] McG[inty Nichol].

[19] Der Begriff Funktionspotenzial meint die Bildung von Funktionshypothesen statt fester Funktionszuschreibungen. Vgl. dazu insbesondere Winfried Fluck: *Das kulturelle Imaginäre. Eine Funktionsgeschichte des amerikanischen Romans 1790–1900*. Frankfurt/M.: Suhrkamp 1997; Roy Sommer: *Funktionsgeschichten. Überlegungen zur Verwendung des Funktionsbegriffs in der Literaturwissenschaft und Anregungen zu seiner terminologischen Differenzierung*. In: *Literaturwissenschaftliches Jahrbuch* 41 (2000), S. 319–341 sowie Marion Gymnich und Ansgar Nünning: *Funktionsgeschichtliche Ansätze: Terminologische Grundlagen und Funktionsbestimmungen von Literatur*. In: *Funktionen von Literatur. Theoretische Grundlagen und Modellinterpretationen*. Hg. von dens. Trier: WVT 2005, S. 3–27.

sive Bezug zu Figuren ist im Computerspiel aufgrund der interaktiven Steuerung tendenziell hoch.[20]

Stehen Literatur und Film also hinsichtlich der Tradierung dystopischer Elemente in Konkurrenz zum ‚neuen' Medium der Computerspiele? Mitnichten: Trotz der tendenziell großen Bedeutung der Diegese für den dystopischen Gehalt einerseits und das Medium Computerspiel andererseits werden Computerspiele hinsichtlich ihrer Rolle für die Tradierung dystopischer Aspekte literarischen und filmischen Erzählungen mit dystopischem Gehalt (vorerst) nicht den Rang streitig machen. Die Interaktivität führt zu einer Abnahme der Narration, denn je mehr spielerische Anteile ein Computerspiel aufweist, desto geringer ist der Anteil des Erzählten. Wenn gespielt wird, wird nicht erzählt: Das Erzählen gerät in den Hintergrund, ist nur Beiwerk, motiviert lediglich das Spielgeschehen, um diesem einen narrativen Rahmen zu geben. Dies wird insbesondere durch sogenannte ‚Cut-Scenes' deutlich, in denen die Geschichte vorangetrieben wird. Während solcher in der Regel filmartig inszenierten Anteile entsprechender Spiele ist die Interaktivität bewusst suspendiert, um der Geschichte folgen zu können. Die abnehmende Narrativierung wiederum ist gleichbedeutend mit einer Abnahme der Bedeutung des dystopischen Gehalts, denn Computerspiele tragen aufgrund der impliziten Betonung der spielerischen Anteile weniger zur potenziellen Ausbildung eines kritischen Bewusstseins bei, als es Literatur und Filme vermögen, denen mit der Darstellung dystopischer Zustände das Funktionspotenzial zugesprochen werden kann, vor Entwicklungen zu warnen, die sich bereits in der Lebenswirklichkeit andeuten.

Die Diegese in Computerspielen ist in der Regel austauschbar, da sie lediglich der Motivierung des Spielgeschehens dient. Bezogen auf die Rolle von Computerspielen für die Dystopie heißt dies: Die Zunahme der Darstellungsmöglichkeiten durch die Spezifik der Diegese scheint gleichbedeutend mit einer geringeren Bedeutung des dystopischen Gehalts zu sein. So ist in entsprechenden Computerspielen die medienspezifisch funktionale Einbindung eines dystopischen Gehalts eher als Spielvariation denn als neue Ausdrucksform für Dystopien zu sehen – zumindest solange, wie dieses Medium sein narratives Potenzial (bis auf wenige Ausnahmen) unausgeschöpft lässt.

---

[20] Vgl. zum Zusammenhang von Spiel, Interaktion und Immersion beispielsweise Britta Neitzel und Rolf F. Nohr: *Das Spiel mit dem Medium. Partizipation, Immersion, Interaktion.* In: *Das Spiel mit dem Medium. Partizipation – Immersion – Interaktion. Zur Teilhabe an den Medien von Kunst bis Computerspiel.* Hg. von dens. Marburg: Schüren 2006, S. 9–17.

Wolfgang Coy

Daniel Suarez' kreative Zerstörung der Netzwerkgesellschaft

Mit den Romanen *Daemon* (2009)[1] und *Freedom*™ (2010)[2] hat der vormalige IT-Systemberater Daniel Suarez eine neue Variante utopischer Literatur vorgestellt. *Daemon*, zuerst 2006 unter dem palindromförmigen Pseudonym Leinad Zeraus im Selbstverlag herausgebracht, wurde zu einem gelungenen Beispiel für Guerilla-Marketing. In der Computerspiele-Szene handelnd, machte eben diese Szene blitzartig über das Internet auf das Buch aufmerksam, worauf sich im Handumdrehen Dutton, eine Verlagstochter von Penguin USA, des Textes annahm und einen angelegten Bestseller realisierte. Der Nachfolgeband wurde zwar noch im ursprünglichen (Selbst-)Verlag als Fortsetzung angekündigt, erschien dann aber sofort bei Dutton. Die Filmrechte sind inzwischen an Paramount vergeben.[3]

Die beiden jeweils in sich abgeschlossenen, wenngleich aufeinander aufbauenden Texte handeln in der Jetztzeit in den USA, hauptsächlich in Kalifornien. Ausgehend von einem Mord auf offener Straße stehen erst Polizei, dann Militär und Politik und schließlich die großen Firmen einem tief im Internet verhafteten Programm namens „Daemon" gegenüber, das sich über das Internet Zugang zu allen Daten, allen Medien und zu aller Kommunikation verschafft und das in der Lage ist, Menschen zu zwingen, dass sie sich zu seiner umfassenden Verteidigung bereitfinden und zielgerichtet für das Programm arbeiten. Sein übergeordnetes Ziel ist einfach und im Rahmen eines utopischen Romans logisch stringent: künftige Weltherrschaft – und dazu erst einmal das Ende der bisherigen Weltherrschaft der Politiker, Militärs und *Multinational Corporates*.

Daemon ist eine Spiele-Engine, Kernprogramm einer Serie digital-elektronischer Spiele, programmiert von Matthew Sobol, dem Technikchef und Gründer einer Computerspielefirma. Solche Engines treten den Spielern als quasi-intelligente Partner gegenüber, indem sie eine im jeweiligen Kontext überzeugende Intelligenzleistung zeigen. Daemon gehört zu der modernen Form der Multi-User-Spiele, die den vollen Zugang zum Internet nutzen. Das Programm ist in gewissem Sinne lernfähig. Daemon macht zwar gelegentlich Fehler, kann diese aber am Ergebnis erkennen und versucht, meist erfolgreich, sie zu korrigieren. Übergeord-

---

[1] Leinad Zeraus: *Daemon*. Verdugopress 2006. Nachdruck unter dem Namen Daniel Suarez in New York, NY: Dutton 2009. Deutsch: *Daemon. Die Welt ist nur ein Spiel*. Reinbek: Rowohlt 2010.
[2] Daniel Suarez: *Freedom*™. New York, NY: Dutton, 2010. Deutsch: *Darknet*. Reinbek: Rowohlt 2011.
[3] Vgl. http://www.imdb.com/name/nm0836827/news. Abruf am 13.3.2012.

netes Ziel einer solchen Engine ist es, das Spiel zu gewinnen, indem es im Rahmen seiner Möglichkeiten taktisch vorgeht, das Ziel aber nie aus den Augen lässt. Das Besondere an Daemon ist, dass sein Schöpfer Mathew Sobol an einem Gehirntumor verstorben ist, die taktischen Möglichkeiten des Programms aber im Rahmen maschinellen Lernens so flexibel sind, dass es, nachdem es einmal gestartet wurde, vollautomatisch weiterarbeitet. Das von seinem Schöpfer vorgegebene übergeordnete Ziel bleibt dabei unabänderlich fixiert – und dieses Ziel ist der revolutionäre Umsturz des Wirtschaftssystems der USA und, damit unweigerlich eng verbunden, der ganzen Welt. Die technische Basis dieser Revolution ist freilich keine Utopie, sondern längst offenbar: Das Internet mit seinen Millionen Knoten aus Rechnern, Menschen und Organisationen, die unauflöslich damit verbunden sind. Suarez' Romane realisieren ein Diktum William Gibsons, des Begründers der Cyberpunk-Literatur: "... the future is already here – it's just not very evenly distributed".[4] Im *FAZ*-Interview mit Frank Rieger erklärt Daniel Suarez:[5]

> Der Daemon ist eine medienübergreifende Maschine zum Lesen von Nachrichten und zur Manipulation von Menschen. Im Kern ist der Daemon ein logischer Baum – wenn auch ein dezentraler und komplexer. In seiner ursprünglichen, noch nicht in die Crowd ausgelagerten Verkörperung verfügte der Daemon über eine kurze Liste von Zielen:
> • erstens Unternehmensnetzwerke infizieren;
> • zweitens menschliche Gefolgsleute finden (unter Verwendung von Konsumentendaten und sozialen Netzwerken); und
> • drittens die Aktivitäten der menschlichen Gefolgsleute nutzen, um Aufgaben auszuführen.
> Der Daemon stellt Menschen Aufgaben, sorgt mit Anreizen oder Drohungen dafür, dass diese ausgeführt werden, und durchsucht öffentliche Nachrichtenquellen, um festzustellen, ob und wann diese Aufgaben ausgeführt worden sind.

Dabei handelt es sich nicht um eine Künstliche Intelligenz, die über die intelligenten und emotionalen Fähigkeiten von Menschen hinauswächst, sondern um eine radikale Nutzung vorhandener, freilich hochgradig vernetzter Rechnertechnologie. In den Worten von Suarez: „In keinem Fall ‚versteht' der Daemon tatsächlich das von ihm überwachte Geschehen. Er verlässt sich auf Augen und Ohren seines menschlichen Netzwerks – auf Menschen, die für das Überleben des Systems arbeiten."[6]

Suarez' Texte stehen in der Tradition der gesellschaftskritischen dystopischen Literatur von Thomas Morus, Francis Bacon, Karel Čapek, Jewgeni Samjatin, George Orwell, Stanisław Lem oder John Brunner. In gewisser Weise knüpfen sie

---

[4] Die Herkunft dieses häufig zitierten Satzes ist charmant und leicht zugänglich aufbereitet in http://quoteinvestigator.com/2012/01/24/future-has-arrived. Abruf am 13.3.2012.
[5] Frank Rieger: *Wir werden mit System erobert*. Gespräch mit Daniel Suarez. In: *Frankfurter Allgemeine Zeitung* vom 2.5.2011. Auch unter http://www.faz.net/aktuell/feuilleton/debatten/digitales-denken/gespraech-mit-daniel-suarez-wir-werden-mit-system-erobert-14089.html. Abruf am 4.9.2011.
[6] Ebd.

sogar direkt an den ideologischen Grundlagen von Thomas Morus' Roman *Utopia* aus dem Jahre 1516 an, in dem es heißt:

> Freilich, [...] wenn ich [...] meine letzte Überzeugung offen sagen soll, so dünkt mich in der Tat: wo es noch Privatbesitz gibt, wo alle Menschen alle Werte am Maßstab des Geldes messen, da wird es kaum jemals möglich sein, eine gerechte und glückliche Politik zu treiben. Du müsstest es denn für einen gerechten Zustand halten, wenn immer der beste Teil den Schlechtesten zufällt, oder für ein Glück, wenn aller Besitz unter ganz wenige verteilt wird, und auch die nicht einmal in jeder Hinsicht gut daran sind, die anderen aber vollends im Elend stecken. [...] Kurzum, wenn ich das alles so bei mir betrachte, werde ich dem Plato doch besser gerecht und wundere mich nicht mehr so sehr, dass er es verschmäht hat, solchen Leuten überhaupt noch Gesetze zu geben, die sich gegen gesetzliche, gleichmäßige Verteilung aller Lebensgüter auf alle Staatsbürger sträubten.[7]

Und wie bei Thomas Morus bleibt es offen, ob die Perspektive von *Daemon* und *Freedom*™ eher ins Nirgendwo (Οὐτοπεία) oder auf ein mögliches glückliches Ende (Εὐτοπεία) verweist. Was Suarez Texte auszeichnet, ist ein kenntnisreicher Umgang mit der aktuellen Technik und realistisch vorhersehbaren Entwicklungen. Im Detail gibt es kaum technologische Brüche, die sonst in der Gattung Science-Fiction bestimmend sind. Obwohl Suarez' Romane in der Tradition des kalifornischen Cyberpunks stehen, wie er seit den späten Achtzigern von William Gibson oder Bruce Sterling ausgeprägt wurde, folgen sie doch mehr der technikaffinen Tradition eines Michael Crichton, der gleichfalls nahe an bestehender Technik und Naturwissenschaft entlang fabulierte. Im Interview mit Frank Rieger, der selber Informatiker ist, fragt dieser:

> Ihre Romane beschreiben eine Welt, in der die Handlungen der Menschen von Algorithmen vorausgesagt und bestimmt werden. [...] Was mich als Informatiker am meisten überrascht: Vieles, was Sie beschreiben, ist wirklich technisch möglich, es finden sich praktisch keine Fehler in Ihrem Buch. Rechnen Sie mit größeren Durchbrüchen in der Produktivität und Qualität von Software, die es auch nur entfernt möglich machen werden, ein hyperkomplexes System von der Art Ihres „Daemon" zu konzipieren und zu programmieren?[8]

Daniel Suarez antwortet: „Nein, es ist kein größerer technologischer Durchbruch mehr erforderlich – nur ein weiterer Schritt."[9] Aber er geht in seiner Antwort sofort über die die Frage hinaus:

> Die blindwütige Deregulierung in den Vereinigten Staaten und anderswo beseitigte die Beschränkungen für Monopolbesitz in wichtigen Branchen, höhlte die steuerliche Grundlage für die Erhaltung der Infrastruktur aus und zerriss den Sozialvertrag zwischen Arbeitnehmern und Arbeitgebern. Das Ergebnis war ein Präzisionssystem zur

---

[7] Thomas Morus: *Utopia* [1516]. Übers. aus d. Engl. von Gerhard Ritter. Stuttgart: Reclam 2003, S. 53. Eine Haltung, die Suarez mit marxistischen Autoren teilt. Vgl. dazu Karl Kautsky: *Thomas More und seine Utopie*. 2. Aufl. Stuttgart: Dietz 1907.
[8] Rieger, *Wir werden mit System erobert* (Anm. 5).
[9] Ebd.

Verlagerung von Reichtum nach oben, das sich aber selbst anfällig für Subversion von innen und außen machte. Unsere Infrastruktur zeigt inzwischen vielerorts beträchtliche Mängel, die niemand von denen, die an der Macht sind, eingestehen und für deren Reparatur niemand zahlen will. Darum glaube ich, dass die Mächtigen begonnen haben, sich in Erwartung eines sozialen Zusammenbruchs einzubunkern, eines Zusammenbruchs, zu dem es kommen wird, wenn die öffentliche Infrastruktur oder die Wirtschaft zusammenbricht. Natürlich möchten die Regierenden das so lange wie möglich hinausschieben, aber da es an gemeinsamen Anstrengungen zur Behebung der strukturellen Mängel fehlt, wird die Weltwirtschaft eher früher als später kollabieren.[10]

Suarez' *Daemon* ist eben trotz seiner brillanten Verankerung in den Strömungen der aktuellen Technikentwicklung alles andere als nur ein technikbegeisterter Science-Fiction-Roman. Sein Schwerpunkt ist eine dezidiert dystopische Analyse der aktuellen US-amerikanischen und damit der Weltgesellschaft. Beide Bücher sind zeitlich parallel zu den aktuellen Turbulenzen der Finanzkrise geschrieben, ein Kontext, den der Autor im zweiten Band bewusst aufgreift: „[E]s läuft etwas sehr schief, wenn die häufigste Quelle großen Reichtums heute darauf beruht, dass man im Finanzsystem zockt, Mittelschichtjobs vernichtet und keinerlei materiellen Wert erschafft".[11]

Daemon ist dystopischer Roman. Suarez glaubt nicht an eine nachhaltige Zukunft einer Gesellschaft digital vernetzter, global agierender Multis, die sich auf die militärische Stärke der US-Regierung stützen und die mehr und mehr von großräumigen Finanztransaktionen bestimmt wird. Wie vielen amerikanischen Utopisten schwebt ihm eine Gesellschaft lokal und damit überschaubar agierender Gemeinschaften vor. Im zweiten Band *Freedom*™, der im Gegensatz zum ersten Band einen utopischen Grundton anschlägt, leuchtet der Traum der Landkommunen auf, die sowohl mit linken Hippie-Traditionen wie mit konservativ-libertären Fantasien verbunden werden können. Lokale Produktion, ökologische Arbeitsweisen oder Verteilung über kurze Wege und die politische Unabhängigkeit von einer Zentralregierung in Washington sind keine neuen Träume. Sie sind Urgestein des amerikanischen Traums – bereits in Henry David Thoreaus *Walden; or, Life in the Woods* oder Samuel Butlers *Erewhon* in der Mitte des 19. Jahrhunderts zu finden.[12] Neu, und damit diametral entgegengesetzt positioniert, ist es freilich, der konsequenten Abwendung von der Technik der Massenproduktion nicht ein ‚Zurück zur Natur', sondern eine Utopie lokaler computergestützter HiTech-Produktion mittels *Micromanufacturing* entgegen zu setzen. Handwerkliche Traditionen werden dabei mit *FabLabs*[13] aus 3D-Druckern und selbstreproduzierenden *RepRap*-

---

[10] Ebd.
[11] Ebd.
[12] Vgl. Henry David Thoreau: *Walden; or, Life in the Woods*. Boston, MA: Ticknor and Fields 1854. Samuel Butler: *Erewhon*. London: Trubner 1872.
[13] Vgl. etwa Massimo Menichinelli: *Reti Collaborative. Il design per una auto-organizzazione Open Peer-to-Peer*. Master Degree Thesis. Politecnico di Milano – Facoltà del Design 2004. Ders., *openp2pdesign.org_1.1. Design for Complexity*. http://www.openp2pdesign.org/ wordpress/wp-

Maschinen verbunden – eine technologische Entwicklung, wie sie experimentell in den letzten Jahren in Hackerwerkstätten, Labors und HiTech-Produktionsstätten weltweit zu finden ist. Auch hier greift Suarez auf eine technologische Revolution zurück, die in Umrissen bereits deutlich erkennbar ist: eine sehr konkrete zeitnahe Utopie also. Ob sie sich freilich durchsetzen wird, hängt nicht zuletzt davon ab, ob die bestehenden ökonomischen Strukturen dafür hinreichend Platz lassen.

Suarez' Antwort ist die schumpetersche Idee der kreativen Zerstörung,[14] die freilich einen Auslöser braucht. Dieser Auslöser ist der Daemon, das Computerprogramm, das die bestehenden weltweit vernetzten Superstrukturen in die Handlungsunfähigkeit führt, die durch ihre enge Kopplung und die damit verbundene Abhängigkeit bereits angelegt ist. Die Schwäche des Systems liegt in dieser starren Kopplung, den damit verbundenen Abhängigkeiten und den aus der Gewinnmaximierung heraus geborenen systemischen Fehlern in der alltäglichen Arbeit, wie sie dem IT-Spezialisten Suarez allzu vertraut sind, der genau weiß, auf welch wackligen Füßen auch große Verkaufserfolge stehen können: „Die größten Gefahren resultieren meines Erachtens nicht aus böswilligen Absichten, sondern aus Skrupellosigkeit. Die Zwänge des freien Marktes veranlassen Firmen, viel zu kurze Entwicklungszeiten vorzugeben und viel zu kleine Budgets bereitzustellen, unter denen Qualität und Erprobung der Programme leiden."[15]

Im Roman ist freilich das bestimmende Programm, der Daemon, ohne Fehl – im Rahmen des technisch Möglichen. Und das macht den literarischen Charme aus: Künstliche, maschinelle Intelligenz ist kein Substitut für menschliches Denken, Fühlen oder Handeln, wie sie in vielen KI- und Roboterdarstellungen fantasiert wird, aber die Spiele-Engine kann den Verwaltungstechnologien und den Algorithmen der Finanzwelt pari bieten – jedenfalls so lange, bis die betroffenen Menschen sich wieder in einem „menschlichen Maß" verhalten. Dies ist das utopische Versprechen des zweiten Bandes *Freedom*™. Kreative Zerstörung bildet das Scharnier zwischen dem dystopischen ersten Band und dem utopischen Folgeband. Nachdem der Daemon im ersten Band die wachsende Instabilität der hochgradig vernetzten wirtschaftlichen, politischen und militärischen Systeme in eine selbstzerstörerische Krise führt, aus der sie sich nicht mehr befreien können, wächst die Hoffnung auf eine humane Gesellschaft als Netz unabhängiger produktiver Gemeinschaften im zweiten Band – falls, ja falls, die Menschen wieder zu sich selber finden.

> Die Initiative muss daher vielmehr aus dem Volk kommen – und dabei denke ich nicht an Proteste und Demonstrationen, sondern an den Aufbau und die Erprobung neuer Wirtschaftsformen, digitaler Währungen, Augmented Reality und vermaschte Open-Source-Netzwerke, die eine neue Ökonomie und damit ein soziales Geflecht schaffen,

---

content/uploads/downloads/2010/04/openp2pdesign.org_1.1_english.pdf. Abruf am 14. 1. 2013.
[14] Vgl. Joseph A. Schumpeter: *Kapitalismus, Sozialismus und Demokratie*. Bern: Francke 1946.
[15] Rieger, *Wir werden mit System erobert* (Anm. 5).

das die etablierten Mächte samt ihren selbsternannten Torwächtern und Lobbyisten eher umginge als stürzte. Solch ein System würde zunächst nur in embryonaler Form geschaffen. Es zöge immer mehr Anhänger an, die aus der bestehenden Ökonomie herausgefallen sind, und setzte sich schließlich durch, wenn eine kritische Masse sich dem neuen System angeschlossen hätte. Man könnte sich auch eine Übergangsphase vorstellen, in der die Menschen mit einem Bein in der alten und mit dem anderen in der neuen Ökonomie stünden, so dass der Übergang nicht so abrupt ausfiele. Man stelle sich nur einmal vor, wie viele gut ausgebildete Menschen es gibt, die gerne einen Neuanfang in einer Welt wagten, in der ihre Schulden – die Erbsünde der freien Märkte – getilgt wären. Entscheidend ist, dass die Verantwortung für Aufbau und Erhaltung der Netzwerkknoten bei einzelnen Gemeinschaften liegt. Für die vernünftige Regulierung sorgt dann eine Gesellschaft, deren Bürger die physische Kontrolle über ihre Infrastrukturnetze ausüben.[16]

Aus der dystopischen Zerstörung erwächst eine Assoziation freier Menschen: lokal organisiert und global denkend, dabei locker vernetzt handelnd. Doch diese positive Version bleibt ihrerseits nicht unhinterfragt, wie Suarez selbst konstatiert:

> Sowohl in *Daemon* als auch in *Freedom*^{TM} postuliere ich eine Welt, in der Software-Bots für die Durchsetzung der sozialen Ordnung sorgen, einschließlich der Strafgerichtsbarkeit. Aber in dieser Welt ist diese Struktur dazu da, dass die Menschheit den Bots den Mantel der Gerechtigkeit wieder abnimmt. Der Menschheit wird die Bürde auferlegt, ihre Freiheit zu rechtfertigen, und der Weg wird ihr ganz buchstäblich aufgezeigt. Im realen Leben ist dieser Weg nicht so klar erkennbar, aber die Gefahr einer technologisch gestützten Despotie ist tatsächlich sehr real.[17]

---

[16] Ebd.
[17] Ebd.

Abb. 1: Kleomenes (?): *Aphrodite Medici* (1. Jh. v. Chr.)

Abb. 2: Giovanni Pisano: *Die Klugheit* (1302) / Masaccio: *Adam und Eva* (1426)

Abb. 3: Jacopo Carucci da Pontormo: *Pigmalione* (1529/30)

Abb. 4: Étienne-Maurice Falconet: *Pygmalion aux pieds de sa statue qui s'anime* (1763)

Abb. 5: Peter Kintzing und David Roentgen: *Mechanische Musikantin der Marie Antoinette* (1772)

Abb. 6: Virtueller Sex im *Second Life* (2007)

Abb. 7: Die Mutter aller filmischen Androiden: Die falsche Maria und die echte. *Metropolis.* D 1927, Regie: Fritz Lang. Drehbuch: Thea von Harbou

Abb. 8: Wir bauen eine neue Welt: Metropolis Oberstadt

Abb. 9: Der Mittler in Metropolis rettet den durch die Technik ausgebeuteten Menschen der Unterstadt

Abb. 10: *Things to Come*. GB 1936, Regie: Wiliam Cameron Menzies

Abb. 11: Die Dame und die Herren der technikgestützten Postapokalypse.
Terminator 3. USA, D, GB 2003, Regie: Jonathan Mostow. *Tank Girl*. USA 1995, Regie: Rachel Talalay. *Mad Max 2*. AUS 1981, Regie: George Miller. *Waterworld*. USA 1995, Regie: Kevin Reynolds und Kevin Costner

Abb. 12: Krieg der Maschinen gegen die Menschheit. *Terminator 2 – Judgment Day*. USA 1991, Regie: James Cameron

Abb. 13: Genozid durch Gutmenschentum. *28 Days Later*. GB 2002, Regie: Danny Boyle

Abb. 14: Liebe ist nicht kälter als die Technik. *Alphaville*. F 1965, Regie: Jean-Luc Godard

Abb. 15: Der Mensch genügt der Technik nicht mehr. *Sunshine*. GB 2007, Regie: Danny Boyle

Abb. 16: Aliens im Ghetto – Verlust der technischen Überlegenheit. *District 9*.
USA, NZ, CDN, ZA 2009, Regie: Neill Blomkamp

Abb. 17: Der Weltuntergang ist schauerlich. *The War of the Worlds*. USA 1953, Regie: Byron Haskin. Der Weltuntergang macht Spaß. *Mars Attacks*. USA 1996, Regie: Tim Burton

Abb. 18: Technik heißt Werkzeuge nutzen – eine Frage der Macht. *2001. A Space Odyssey*.
GB 1968, Regie: Stanley Kubrick

Abb. 19: Der große Bruder liebt alle. *1984*. GB 1984, Regie: Michael Radford

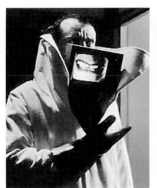

Abb. 20: Anachronismus und Groteske. *La Antena*. RA 2007, Regie: Esteban Sapir und *Brazil*. GB 1985, Regie: Terry Gilliam

Abb. 21: Technikhybride in *Brazil*. GB 1985, Regie: Terry Gilliam

Abb. 22: Das Alter(n) der Zukunft: *Fahrenheit 451*. F 1966, Regie: François Truffaut

Abb. 23: Krank und seine ‚hochmodernen' Apparaturen.
La cité des enfants perdus. F 1995, Regie: Jean-Pierre Jeunet und Marc Caro

Peter Matussek

Die vier Endspiele zwischen Utopie und Dystopie
Untergänge und Übergänge in Zeit und Raum[1]

Spätestens seit Becketts *Endspiel* ist die Rede vom Ende im Singular absurd geworden. Wir sind, wie Arnold Gehlen zeitgleich feststellt, „im Posthistoire angekommen"[2] – wobei er sich auf einen Denker beruft,[3] der das mit der Endzeitstimmung auch schon mehr kokettierende als imponierende *Fin de siècle* noch vor sich hatte. Wir können nicht mehr in derselben Weise wie etwa die Griechen vom räumlichen oder wie das Christentum vom zeitlichen „Ende der Welt" sprechen. Zu oft wurde seitdem das *Ende der Kunst* (Hegel) bzw. der *Kunstperiode* (Heine, Gervinus) diagnostiziert, zu oft wurden seitdem der *Untergang des Abendlandes* (Spengler) oder *Die letzten Tage der Menschheit* (Kraus) proklamiert, als dass wir, von dieser Inflationierung der Endlichkeiten Habituierte, noch Apokalyptiker sein könnten. Wenn heute dennoch und immer noch gut verkäuflich *Das Ende des Menschen* oder *Das Ende der Geschichte* ausgerufen wird (Fukuyama), fehlt der ehrfürchtige Schauder, den solche Wendungen in metaphysikgläubigen Zeiten auszulösen vermochten. Die nicht enden wollende Rede vom Ende hat dessen Singularität ein Ende bereitet.

Mit der Pluralisierung der Finalität zum spielplangemäßen Finale hat auch der Gegensatz von Utopie und Dystopie seinen elektrisierenden Spannungseffekt verloren. Und auch diese Feststellung, die Becketts Stück mit dem dystopiemüden Beginn „Ende, es ist zu Ende, es geht zu Ende, es geht vielleicht zu Ende"[4] einführt - und die Heiner Müllers *Hamletmaschine* mit der Formulierung „Gestern habe ich aufgehört mich zu töten" dys-dystopisch überbietet: Auch diese Feststellung kann vor dem Hintergrund eines verblassten utopischen Horizonts nicht mehr mit dem Erregungspotenzial enttäuschter Hoffnung rechnen. Aber das Ende der Endspiele ist die Zeit für Spielanalysen. Die Dystopieforschung ist von der Objektebene auf die eines Beobachters zweiter Ordnung gerückt, der sich für das Ende nicht im Sinne einer Drohung oder Erlösungshoffnung interessiert, sondern *post festum* die diskursiven und narrativen Bedingungen seiner Herbeiführung sowie

---
[1] Dieser Beitrag ist eine auf das Thema des Bandes bezogene Überarbeitung meines Aufsatzes *„Endzeiten" und „Zeitenenden". Figuren der Finalität*. In: *Figuren des Transgressiven*. Hg. von Kanichiro Omiya. München: Iudicium 2009, S. 17 – 40.
[2] Arnold Gehlen: *Über kulturelle Kristallisation*. In ders.: *Studien zur Anthropologie*. Berlin: Luchterhand 1963, S. 311 – 328, hier 323.
[3] Antoine Augustin Cournot. Vgl. Gehlen, *Über kulturelle Kristallisation* (Anm. 2), 344.
[4] Samuel Beckett: *Endspiel* [1957]. Frankfurt/M.: Suhrkamp 1976, S. 9.

die daraus resultierenden Konsequenzen beschreibt. Wenn etwa Marshall McLuhan vom *Ende des Buchzeitalters* spricht,[5] so ist dies kein Unkenruf, der damit zu widerlegen wäre, dass heute mehr Bücher denn je gedruckt werden. Es ist vielmehr die nüchterne Feststellung eines Übergangs von der *Gutenberg-* zur *Turing-Galaxis* –[6] eines Übergangs, der nicht als Kampf antagonistischer Imperien um Leben oder Tod zu begreifen ist, sondern als wechselseitige Delegation neuer Zuständigkeiten im Mediensystem. McLuhans Thematisierung der neuen Medien apellierte erstmals[7] nicht an den Alternativreflex von Flüchten oder Standhalten und öffnete damit den medienhistorischen Blick für die von Riepl vorbereitete Erkenntnis,[8] dass ein neues Medium das alte nicht ersetzt, sondern ihm neue Funktionen im Mediensystem zuweist, die einer prognostischen Beobachtung zugänglich sind.[9] Einem gleichgearteten Perspektivwechsel verdankt sich auch Eberhard Lämmerts Titel *Das Ende der Germanistik und ihre Zukunft*.[10] Und die Zunft beweist ihre Zukunftsfähigkeit nicht zuletzt mit Kompetenzzuwächsen in der Erforschung apokalyptischer Literatur. Seit Ende der 1990er Jahre und insbesondere im letzten Jahrzehnt sind hierzu einschlägige Übersichtswerke entstanden, die sich über die platte Entgegensetzung von technischer Utopie und literarischer Dystopie hinaus begeben und dadurch den Blick öffnen für die Spielarten des Diskurses vom Ende, die so erst einer Selbstreflexion zugeführt werden können.[11]

Mit dem vorliegenden Essay möchte ich zur typologischen Klärung dieser Endspiele zwischen Utopie und Dystopie beitragen. Er geht von der schlichten transzendentalen Überlegung aus, dass es vier Modalitäten gibt, in denen das Ende gedacht werden kann: *zeitlich* oder *räumlich* und beides jeweils als *Untergang* oder als *Übergang*. Sieht man sich die entsprechenden vier Denkfiguren der Finalität näher

---

[5] Herbert Marshall McLuhan: *Die Gutenberg-Galaxis. Das Ende des Buchzeitalters* [1962]. Übers. aus d. Engl. von Max Nänny. Düsseldorf, Wien: Econ 1968.
[6] Vgl. Wolfgang Coy: *Die Turing-Galaxis. Computer als Medien*. In: *Weltbilder – Bildwelten. Computergestützte Visionen*. Hg. von Klaus Peter Dencker. Hamburg: Hans-Bredow-Institut für Rundfunk und Fernsehen 1995, S. 48–54.
[7] Natürlich mag man hier an Benjamin und Brecht als Vorläufer denken, doch McLuhan war der erste, der die Medientheorie aus der apokalyptisch verengten Dichtomie von Sieg oder Niederlage herausführte.
[8] Vgl. Wolfgang Riepl: *Das Nachrichtenwesen des Altertums mit besonderer Rücksicht auf die Römer.* Leipzig: Teubner 1913.
[9] Vgl. Herbert Marshall McLuhan: *Die magischen Kanäle* [1964]. Übers. aus d. Engl. von Meinrad Amann. Düsseldorf u. a.: Econ 1992, S. 203.
[10] Eberhard Lämmert: *Das Ende der Germanistik und ihre Zukunft*. In: *Ansichten einer künftigen Germanistik*. Hg. von Jürgen Kolbe. München: Hanser 1969, S. 79–104.
[11] Vgl. z. B. Klaus Vondung: *Die Apokalypse in Deutschland*. München: Deutscher Taschenbuch Verlag 1988 – *Apokalyptik und kein Ende?* Hg. von Bernd Ulrich Schipper und Georg Plasger. Göttingen: Vandenhoeck & Ruprecht 2007 – Heinz-Peter Preußer: *Letzte Welten. Deutschsprachige Gegenwartsliteratur diesseits und jenseits der Apokalypse*. Heidelberg: Winter 2003 – *Apokalypse. Der Anfang im Ende*. Hg. von Maria Moog-Grünewald und Verena Olejniczak Lobsien. Heidelberg: Winter 2003 – *Apokalypse. Schreckensbilder in der deutschen Literatur von Jean Paul bis heute. Ein Lesebuch*. Ausgewählt und kommentiert von Jürgen Engler. Berlin: Schwartzkopff 2006.

an, scheint jede von ihnen bevorzugt in bestimmten Wissenschaftsdisziplinen aufzutreten: Das *zeitliche* Ende im Sinne des *Untergangs* – entweder pessimistisch als Verfall oder optimistisch als Voraussetzung einer besseren Zukunft gedacht – begegnet uns vornehmlich in der *Geschichtsphilosophie*. Im neutraleren Sinne des *Übergangs* wird das zeitliche Ende häufig in der *Mediengeschichte* thematisiert – als Medienwechsel oder Medienumbruch. Das Ende in der Vorstellungsweise eines *räumlichen Übergangs* ist eine Figur, die uns besonders in *historisch-anthropologischen* Diskursfeldern begegnet – als Passage vom Diesseits zum Jenseits in den Totenkulten, als Transformation der menschlichen Natur in den Lebenswissenschaften. Der *räumlich* vorgestellte *Untergang* ist als Diskursfigur nur dort zu fassen, wo wir die *ästhetische* Dimension der Sprache einbeziehen. Nur sie kann als Erfahrungstatsache verbürgen, was es heißt, ‚den Boden unter den Füßen zu verlieren', ‚hinuntergezogen zu werden', ‚in einem Strudel zu versinken'. Voraussetzung für solche ästhetischen Erfahrungen ist eine Sprache, die ihren Mitteilungscharakter aufgibt, letztlich im Schweigen aufgeht.

Diese transzendentale Typologie erweist sich als weniger schlicht, wenn sie mit dem medienästhetischen Interesse an den Erlebnisüberschüssen künstlerischer gegenüber technologischen Figurationen des Endes verbunden wird. Dies mag im Folgenden an exemplarischen Kontrastierungen deutlich werden.

Geschichtsphilosophie: Das Ende als Finale

Die apokalyptische Endzeitvorstellung ist bekanntlich in der jüdisch-christlichen Tradition verankert. Als solche hat sie vornehmlich appellativen Charakter. Dass die Welt unvermeidlich ihrem Untergang zugeht, soll nicht fatalistisch hingenommen, sondern als Mahnung zur inneren Einkehr beherzigt werden. Mit der Aufklärung sind zwar die theologischen Implikationen der Apokalyptik, nicht aber die Appellfunktionen der Untergangsdrohung aus der Geschichtsphilosophie verschwunden. Nach Kants Analyse neigen auch aufgeklärte Menschen dazu, ein Ende der Welt zu erwarten, „weil die Vernunft ihnen sagt, daß die Dauer der Welt nur sofern einen Werth hat, als die vernünftigen Wesen in ihr dem Endzweck ihres Daseins gemäß sind, wenn dieser aber nicht erreicht werden sollte, die Schöpfung selbst ihnen zwecklos zu sein scheint".[12]

In säkularisierter Form begegnet uns diese Denkfigur besonders markant am *Fin de siècle*. Der geschichtsphilosophische Pessimismus erfährt hier eine werttheoretische Reformulierung, die sich gegen die Entfremdungs- und Destruktionstendenzen der technisch-industriellen Moderne stellt.[13] Im Zentrum steht dabei der Begriff der „Kultur" als normative Instanz, vor der die „Zivilisation" als dekadente

---

[12] Immanuel Kant: *Das Ende aller Dinge*. In ders.: *Schriften zur Anthropologie, Geschichtsphilosophie, Politik und Pädagogik 1*. Werkausgabe, Bd. 11. Hg. von Wilhelm Weischedel. Frankfurt/M.: Suhrkamp 1993, S. 173–190, hier 179.
[13] Vgl. Herbert Schnädelbach: *Philosophie in Deutschland 1831–1933*. Frankfurt/M.: Suhrkamp 1983, Kap. 6.

Fehlentwicklung der Kritik unterzogen wird. Die erste Generation der deutschen Kulturwissenschaft und Kulturphilosophie verdankt sich diesem Impuls zur Rückgewinnung eines Wertebewusstseins, das sich vom geschichtlichen Verfallsprozess bedroht sieht.[14] Da wir heute eine starke Renaissance der Kulturwissenschaft als Fach und Denkstil erfahren, von der die Germanistik in eminenter Weise betroffen ist, haben wir allen Anlass, uns dieser geistigen Ursprünge zu erinnern. Diese finden ihren subtilsten und heute wohl anschlussfähigsten Niederschlag in Georg Simmels Modernitätsanalysen, deren Programmatik in seinem Essay *Der Begriff und die Tragödie der Kultur* (1911) konzise zum Ausdruck kommt. Simmel konstatiert darin eine der Kulturentwicklung innewohnende Tendenz zur Selbstzerstörung: Die Entäußerung und Verdinglichung kultureller „Keimkräfte" zu „Sachwerten" stellt sich, ihm zufolge, zunehmend gegen die Kultur, um deretwillen sie hervorgebracht wurden:

> Das große Unternehmen des Geistes, das Objekt als solches dadurch zu überwinden, daß er sich selbst als Objekt schafft, um mit der Bereicherung durch diese Schöpfung zu sich selbst zurückzukehren, gelingt unzählige Male; aber er muß diese Selbstvollendung mit der tragischen Chance bezahlen, in der sie bedingenden Eigengesetzlichkeit der von ihm selbst geschaffenen Welt eine Logik und Dynamik sich erzeugen zu sehen, die die Inhalte der Kultur mit immer gesteigerter Beschleunigung und immer weiterem Abstand von dem Zwecke der Kultur abführt.[15]

Dass diese Prognose kurz vor den beiden Weltkriegen entstand, die sie ja durchaus zu bestätigen schienen, ist ebenso bemerkenswert wie die Tatsache, dass Simmel just in dem historischen Moment prominenten Widerspruch erhielt, als der *Untergang des Abendlandes*, den Oswald Spengler ideologisch vorbereiten half,[16] mit den Nazis faktische Realität wurde: Ausgerechnet Ernst Cassirer, ein unmittelbar Betroffener, schrieb 1942 eine Replik auf Simmel, die den Pessimismus des Tragödienaufsatzes zu widerlegen sucht. Darin stimmt er zwar der generellen Diagnose zu, dass die „inneren Spannungen und Gegensätze" zwischen Sach- und Kulturwerten „eine immer stärkere Intensität" gewönnen, fährt aber fort: „Dennoch wird dieses Drama der Kultur nicht schlechthin zu einer ‚Tragödie der Kultur'. Denn es gibt in ihm ebensowenig eine endgültige Niederlage, wie es einen endgültigen Sieg gibt. Die beiden Gegenkräfte wachsen miteinander, statt sich wechselseitig zu zerstören".[17]

Eine weitere Variante der philosophischen Überwindung der Diskursfigur vom historischen Untergang bringt Arnold Gehlen 1961 mit seinem Vortrag *Über*

---

[14] Vgl. hierzu Ralf Konersmann: *Aspekte der Kulturphilosophie*. In: *Kulturphilosophie*. Hg. von dems. Leipzig: Reclam 1996, S. 9 – 24.
[15] Georg Simmel: *Der Begriff und die Tragödie der Kultur*. In ders.: *Philosophische Kultur. Gesammelte Essais* [1911]. 3. Aufl. Potsdam: Kiepenheuer 1923, S. 236 – 268, hier 267.
[16] Oswald Spengler: *Der Untergang des Abendlandes. Umrisse einer Morphologie der Weltgeschichte* [1918]. 2 Bde. 69. – 71. Aufl. München: Beck 1923.
[17] Ernst Cassirer: *Die „Tragödie der Kultur"*. In ders.: *Zur Logik der Kulturwissenschaften. Fünf Studien* [1942]. Darmstadt: Wissenschaftliche Buchgesellschaft 1994, S. 103 – 127, hier 123.

kulturelle Kristallisation ins Spiel. Gehlen bemüht sich darin um den Nachweis, dass das geschichtsphilosophische Denken als solches unzeitgemäß geworden sei: Der Komplexitätszuwachs der modernen Zivilisation habe notwendig zur Delegation von sozialen Handlungsmandaten an Institutionen geführt, die den kulturellen Status quo kristallisationsartig stabilisierten. Progression wie Regression seien hinfällige Geschichtsmodelle geworden, da „wir im Posthistoire angekommen" seien.[18] Von hier ist es nur ein Schritt zu Francis Fukuyamas *Ende der Geschichte*.[19]

Bewahrheitet indessen hat sich kaum eine der Stagnationsprognosen Gehlens (die technische Beschleunigung werde niemals so weit gehen, dass Menschen zum Mond fliegen könnten; von der Synthese lebender Materie seien wir nicht weniger weit entfernt als zu Beginn des 19. Jahrhunderts; der Ost-West-Konflikt werde für immer das Gleichgewicht des Schreckens stabil halten; die ärmeren Länder würden sich niemals eine eigene, dritte Ideologie schaffen...).[20] Vielmehr hat sich der Kulturprozess seither so drastisch verändert, dass eine Revision des simmelschen Tragödienkonzepts geboten scheint.

Was schon von Cassirer übersehen wurde, ist der ästhetische Charakter dieses Tragödienkonzepts. Simmels Intention war es nicht, den Untergang des Abendlandes als unvermeidliche Tatsache zu beschwören, sondern eine ästhetische Wirkung zu erzielen, die derjenigen der antiken Tragödie entspricht, das heißt: durch die Erweckung von Furcht und Mitleid zur Selbstbesinnung zu kommen. So handelt der Tragödienessay nicht nur seinem Inhalt nach vom tragischen Verlauf des Kulturprozesses; der Essay selbst ist wie eine Tragödie aus fünf gedanklichen „Akten" aufgebaut.[21] Durch seine literarische Form also geht er über eine bloß deskriptive Anwendung der verfallsgeschichtlichen Diskursfigur hinaus und gestaltet im Sinne einer künstlerischen Heuristik[22] die Konsequenzen des Modernisierungsprozesses, um ein Memento zu setzen.

Entsprechendes gilt erst recht für Schriften, die seit der Zeit der ersten Kulturwissenschaft dezidiert als Literarisierungen historischer Untergangsprognosen auftreten. Als Tragödie im gattungspoetischen Sinne bringt Karl Kraus die kulturelle Situation zur Zeit des Ersten Weltkriegs auf die Bühne. Während bei Simmel noch der ästhetisch-heuristische Charakter des Tragödienkonzepts herausgelesen werden konnte, bemüht sich Kraus, die militärischen Schrecken und politischen

---

[18] Gehlen, *Über kulturelle Kristallisation* (Anm. 2), 323.
[19] Francis Fukuyama: *Das Ende der Geschichte. Wo stehen wir?* Übers. aus d. am. Engl. von Helmut Dierlamm, Ute Mihr und Karlheinz Dürr. München: Kindler 1992.
[20] Arnold Gehlen: *Die Technik in der Sichtweise der Anthropologie*. In ders.: *Anthropologische Forschung. Zur Selbstbegegnung und Selbstentdeckung des Menschen*. Reinbek: Rowohlt 1961, S. 93–103, hier insb. 103.
[21] Vgl. Peter Matussek: *Kulturphilosophie*. In: *Orientierung Kulturwissenschaft. Was sie kann, was sie will*. Hg. von Hartmut Böhme, Peter Matussek und Lothar Müller. Reinbek: Rowohlt 2000, S. 56–65, hier 59 f.
[22] Vgl. David Frisby: *Georg Simmels Theorie der Moderne*. In: *Georg Simmel und die Moderne. Neue Interpretationen und Materialien*. Hg. von Hans-Jürgen Dahme und Otthein Rammstedt. Frankfurt/M.: Suhrkamp 1984, S. 9–79, hier 60.

Wirren der Zeit unmittelbar vor Augen, die Tragödie als authentischen Ausdruck des tatsächlichen Kulturverfalls zu beglaubigen. Über ein Drittel seines Dramentextes ist wörtlich aus Publikationen der Zeit entlehnt – Zeitungen, Gerichtsakten, Anzeigen, Anthologien. Den gewünschten Effekt kommentiert der Autor mit den Worten: „Die unwahrscheinlichsten Gespräche, die hier geführt werden, sind wörtlich gesprochen worden; die grellsten Erfindungen sind Zitate."[23] Karl Kraus will damit für die letztlich apokalyptischen Konsequenzen eines durch die Phrasenhaftigkeit der Presse beförderten Sprachzerfalls sensibilisieren, den er nicht nur auf der semantischen, sondern insbesondere auf der atmosphärisch-pragmatischen Ebene diagnostiziert: „Nicht daß die Presse die Maschinen des Todes in Bewegung setzte – aber daß sie unser Herz ausgehöhlt hat, uns nicht mehr vorstellen zu können, wie das wäre: das ist ihre Kriegsschuld!"[24] Kraus' dramatischer Dokumentarismus war für die Kulturkritik der Weimarer Zeit enorm einflussreich, insbesondere bei den expressionistischen Dichtern.[25]

Wie problematisch allerdings eine allzu starke Parallelisierung ästhetischer und historischer Entwicklungen ist, zeigen die Diskussionen um Thomas Manns *Doktor Faustus*. Die divergenten Konzeptionen von Verfallsgeschichte, die der Autor und Adorno, sein ‚Wirklicher Geheimer Rat' – wie Thomas Mann ihn in seinem Widmungsexemplar titulierte –, in das Werk hineintrugen, haben Einwände provoziert, die sich schwer ausräumen lassen. Wenn etwa der immanent-ästhetische Prozess der Negation musikalischer Formen, den Adrian Leverkühn am Leitfaden der Musiksoziologie Adornos durchläuft, derart eng mit dem faschistischen Destruktionsprozess gekoppelt ist, wie es der Roman suggeriert, wirft dies die Frage auf, ob Thomas Mann insinuieren wollte, dass der Faschismus eine Konsequenz des modernen ästhetischen Denkens sei oder umgekehrt die Ästhetische Theorie der Moderne eine latent faschistische Tendenz verfolge. So unsinnig beide Lesarten im Hinblick auf die jeweiligen Intentionen Thomas Manns oder Adornos sind, lassen sie sich durch die Romanhandlung nur schwer widerlegen. Dieser Einwand tangiert Adornos Begriff der künstlerischen Wahrheit. Da diese sich jeden falschen Schein von Versöhnung versagen muss, um das Eingedenken des unversöhnten Weltzustands nicht zu verraten, bemisst sich ihre Authentizität notwendig daran, wie genau sie die Zerrissenheiten, Widersprüche und Versehrtheiten des gesellschaftlichen Status quo in ihrer Form zum Ausdruck bringt. Diese Aufgabe würde der *Doktor Faustus* erfüllen, wenn es sich dabei tatsächlich um beides, den „Roman einer Endzeit" und die künstlerische Umsetzung der „Endzeit des Romans" handelte, wie Hans Mayer konstatiert.[26] Von einer Sprengung der

---

[23] Karl Kraus: *Werke*. Hg. von Heinrich Fischer. Hier Bd. 5: *Die letzten Tage der Menschheit*. Tragödie in fünf Akten mit Vorspiel und Epilog. München: Kösel 1957, S. 9.
[24] Ebd., 677.
[25] Vgl. Werner Kraft: *Das Ja des Neinsagers. Karl Kraus und seine geistige Welt*. München: Edition Text + Kritik 1974.
[26] Hans Mayer: *Thomas Manns „Doktor Faustus". Roman einer Endzeit und Endzeit des Romans*. In ders.: *Von Lessing bis Thomas Mann*. Pfullingen: Neske 1959, S. 383–404.

Romanform aber, wie Joyce oder Döblin sie lange zuvor schon unternahmen, kann bei Thomas Mann nicht die Rede sein. Die Konventionalität seiner Erzählweise wird zwar gebrochen durch die als hilflos kulturkonservativ gezeichnete Figur des Humanisten Serenus Zeitblom. Dennoch suggeriert sie Darstellbarkeit, wo nach Adorno nur noch der Ausdruck der Unsagbarkeit möglich wäre.

Literarisierungen von Endzeiten gibt es auch noch nach Auschwitz und auch jenseits dieser historisch nicht relativierbaren Zäsur. Nachdem die Ästhetik der Moderne, kulminierend in Becketts *Endspiel*, Adornos Prinzip fortschreitender Negation ausdekliniert hatte, taucht das Ende als literarisches Motiv zwar weiter auf, nun aber postmodern gewendet, als Spiel mit Zitaten, das nicht mehr, wie bei Karl Kraus, auf ein apokalyptisches Finale zusteuert, sondern in beständigen Permutationen eine normative Rat- und Orientierungslosigkeit zum Ausdruck bringt: wie etwa Hans Magnus Enzensberger 1978 in seinem *Untergang der Titanic*[27] als Mischform von Komödie und Versepos. Inwiefern sich das Stück von herkömmlichen Endzeit-Diskursen abhebt, hat Enzensberger selbst in seinem begleitend entstandenen Essay *Zwei Randbemerkungen zum Weltuntergang* ausgesprochen: „Früher galt es als ausgemacht, daß [die Apokalypse] eine Angelegenheit wäre, von der alle miteinander gleichzeitig und ausnahmslos betroffen sein würden." Inzwischen aber begegne sie uns „als wissenschaftliche Prognose, als kollektive Fiktion und als sektiererischer Weckruf, als Produkt der Unterhaltungsindustrie, als Aberglauben, als Trivialmythos, als Vexierbild, als Kick, als Jux, als Projektion."[28]

Das entsprechend gestaltete Endzeit-Szenario im *Untergang der Titanic* ist nicht weniger beklemmend; gerade weil es in der Spaß- und Erlebnisgesellschaft seine negativ-utopische Verbindlichkeit eingebüßt hat, erscheint es umso unentrinnbarer.

Medientheorie: Das Ende als Wechsel

Alarmistische Töne kennen wir auch aus den Diskursen, die sich mit dem Phänomen des Medienwechsels befassen. Sie sind typisch für Frühphasen neuer Medien, die zunächst als Bedrohung vertrauter Kommunikations- und Speicherpraktiken erlebt werden, bis auch sie habituell geworden sind. So warnte schon Platon in seinem Dialog *Phaidros* vor den Erinnerungsverlusten, die der seinerzeit neue Schriftgebrauch gegenüber der mündlichen Rede mit sich bringe.[29] Die Tatsache,

---

[27] Hans Magnus Enzensberger: *Der Untergang der Titanic. Eine Komödie*. Frankfurt/M.: Suhrkamp 1978.
[28] Hans Magnus Enzensberger: *Zwei Randbemerkungen zum Weltuntergang* [1978]. In ders.: *Politische Brosamen*. Frankfurt/M.: Suhrkamp 1982, S. 225–236, hier 228, 225.
[29] Platon: *Phaidros*. In ders.: *Sämtliche Werke*. Übers. aus d. Gr. von Friedrich Schleiermacher. 6 Bde. Reinbek: Rowohlt 1991, Bd. 4, S. 7–60, hier 55 (274c–275d). – Zum Folgenden vgl. ausführlich Peter Matussek: *Hypomnemata und Hypermedia. Erinnerung im Medienwechsel: die platonische Dialogtechnik und ihre digitalen Amplifikationen*. In: *Deutsche Vierteljahrsschrift für Literaturwissenschaft und Geistesgeschichte*. Sonderheft 1998: „Medien des Gedächtnisses", S. 264–278.

dass Platons Argumente, auch und gerade im heutigen Mediendiskurs, keineswegs vergessen sind, und dass wir deren Überlieferung zweifellos der Erfindung der Schrift verdanken, scheint ihn zu widerlegen. Es ist jedoch ein weit verbreitetes Missverständnis, Platons Schriftkritik als pauschale Zurückweisung des neuen Mediums zu lesen. Im *Phaidros* werden vielmehr beide Medien, Mündlichkeit wie Schriftlichkeit, hinsichtlich ihrer Vor- und Nachteile erörtert, um schließlich für beide Kriterien ihres rechten Gebrauchs zu entwickeln. Platon erliegt keineswegs einem Selbstmissverständnis, indem er selbst schriftstellerisch tätig wird.[30] Sondern er entwickelt ein hochkomplexes literarisches Verfahren, das die Nachteile der Schrift – die Schwächung des Gedächtnisses durch Delegation der Erinnerungsaktivität an ein äußeres Medium sowie die Separation des Autors von der Kommunikationssituation – kompensiert. Hierzu verwendet er eine bestimmte Form von Intertextualität, die Jan Assmann generell den frühen Schriftzeugnissen der Griechen attestiert: die Hypolepse.[31] Damit bezeichnet er eine Art der Bezugnahme eines Textes auf seinen Vorläufertext, bei der die Situation von Rede und Gegenrede mit thematisiert wird. Der Anlass hierfür ist darin zu sehen, dass die Ersetzung der oralen Überlieferung durch die literale die Erfahrung eines Mangels mit sich brachte. An die Stelle der Unmittelbarkeit mündlicher Rede trat die Anonymität schriftlicher Kommunikation:

> Der ausgebettete, ‚situationsabstrakt' gewordene und sozusagen schutzlos jedem Mißverständnis und jeder Ablehnung ausgelieferte Text bedarf eines neuen Rahmens, der diesen Verlust an situativer Determination kompensiert. [...] Im Falle der Literatur ist es der Text selbst, der dadurch an Selbständigkeit gewinnt, daß er seine eigenen situativen Rahmenbedingungen in sich aufnimmt und explizit macht.[32]

Ohne dass Assmann näher auf Platons *Phaidros* eingeht, können wir doch feststellen, dass sein Begriff der Hypolepse hier geradezu paradigmatisch zur Anwendung kommt: Schon die ausführliche Schilderung zu Beginn des Dialogs, wie Sokrates auf Phaidros trifft, die Schrift des Lysias bei ihm entdeckt und beide dann umständlich einen geeigneten Ort für die Lektüre suchen, rückt die situativen Rahmenbedingungen des Dialoginhalts ins Bewusstsein. Insbesondere aber die verschachtelte Struktur der Mythenstelle, die die Erfindung der Schrift als Dialog im Dialog thematisiert, und damit den Leser dafür sensibilisiert, dass er den Untersuchungsgegenstand nicht unmittelbar, sondern als verschrifteten vor sich hat, ist hypoleptischer Natur. So gelingt es Platon, Schrift in einer Weise zu gebrauchen, die den Leser veranlasst, die konstitutionell mit dem neuen Medium verbundenen Nachteile reflexiv zu überwinden.

---

[30] So die These von Eric A Havelock: *Preface to Plato*. Cambridge, MA: Harvard University Press 1963, S. 56.
[31] Jan Assmann: *Hypolepse. Schriftkultur und Ideenevolution in Griechenland*. In ders.: *Das kulturelle Gedächtnis. Schrift, Erinnerung und politische Identität in frühen Hochkulturen*. München: Beck 1992, S. 280–292.
[32] Ebd., 284 f.

Während also Platon keineswegs ein *Untergangs*szenario des Medienwechsels entwirft, sondern vielmehr eine literarische Strategie zu seiner Bewältigung als *Übergang* realisiert, verfallen die Auguren späterer Medienumbrüche häufig in ein Endzeit-Pathos. Dies gilt auch für die Frühphase der Digitalisierung.

Friedrich Kittler sieht in ihr den Endpunkt einer Medienrevolution, wobei „der historische Übergang von Mündlichkeit zu Schriftlichkeit einer Entkopplung von Interaktion und Kommunikation gleichkam, der Übergang von Schrift zu technischen Medien dagegen einer Entkopplung auch von Kommunikation und Information."[33] In einer durchaus eigenwilligen Adaption der mathematischen Informationstheorie Claude E. Shannons[34] macht er das rechnerische Maß der Informierbarkeit zur Determinante aller mit ihr übermittelten Bedeutungen wie auch der lebensweltlichen Kontexte, in denen diese Übermittlungen stattfinden.[35] Diese mathematische Engführung der Kernthese McLuhans, dass das Medium die Botschaft sei, ist nicht unwidersprochen geblieben. Besonders jüngere Medientheoretiker – aufgewachsen mit Computern, die nicht mehr nur als Rechen- und Chiffriermaschinen fungieren – melden Bedenken an gegenüber einer Verabsolutierung des nachrichtentechnischen Modells: „Denn geht es in der Rockmusik oder im Spielfilm tatsächlich um eine ‚Speicherung von Information'? Und wenn, ist dies der gleiche Informationsbegriff, der innerhalb der Datenverarbeitung gilt? Der Begriff scheint zu wenig geklärt, als daß eine solche Verallgemeinerung sinnvoll wäre".[36] In der Tat bedarf es angesichts der Vielfalt medialer Praktiken mehr als nur formaler Argumente, um die These zu halten, dass es die Signalübertragung ist, die allen Lebensbereichen, also etwa auch Körpertechniken, wesentlich zugrunde liegt. Kittler sucht den empirischen Nachweis dadurch zu erbringen, dass er den Krieg zum Vater aller Medien erklärt. Angeregt durch die einschlägige These von Paul Virilio,[37] leitet er die Universalität der nachrichtentechnischen Basisoperationen aus militärstrategischen Notwendigkeiten ab: das Speichern aus denen des amerikanischen Bürgerkriegs, das Übertragen aus denen des Ersten Weltkriegs und das Berechnen aus denen des Zweiten.[38] Aus dieser funktionalen Zurüstung aller Medien nach militärstrategischen Erwägungen gibt es nach Kittler kein Entrinnen. Rockmusik etwa erscheint unter dieser Perspektive als „Mißbrauch von Heeresgerät".[39]

---

[33] Friedrich A[dolf] Kittler: *Kommunikationsmedien*. In: *Vom Menschen. Handbuch historische Anthropologie.* Hg. von Christoph Wulf. Weinheim, Basel: Beltz 1996, S. 649 – 661, hier 650.
[34] Claude Elwood Shannon und Warren Weaver: *The Mathematical Theory of Communication* [1948]. 9. Aufl. Urbana, IL: University of Illinois Press 1962.
[35] Vgl. Albert Kümmel: *Mathematische Medientheorie*. In: *Medientheorien. Eine Einführung*. Hg. von Daniela Kloock und Angela Spahr. München: Fink 1997, S. 205 – 236.
[36] Hartmut Winkler: *Docuverse. Zur Medientheorie der Computer*. Regensburg: Boer 1997, S. 83.
[37] Paul Virilio: *Krieg und Kino* [1984]. Übers. aus d. Frz. von Frieda Grafe und Enno Patalas. Frankfurt/M.: Fischer 1989.
[38] Friedrich A[dolf] Kittler: *Grammophon, Film, Typewriter*. Berlin: Brinkmann & Bose 1986, S. 352.
[39] Ebd., 170.

Gewiß entbehrt der „Umkehrschluß", der aus der Tatsache, „daß alle wesentlichen Kriegstechnologien Techniken der Kommunikation sind", die These folgert, „daß unsere Kommunikation durch Medien gewährleistet wird, die nichts als Kriegsabfall sind",[40] der formalen Stringenz, die von der eigenen Orientierung an der Unerbittlichkeit der Rechnerlogik eigentlich gefordert wird. Doch es ist gerade dieser Hang zur Übertreibung, der – als kryptonormativer Appell – die Engführungen der Kittler-Schule essayistisch aufhellt. Das unterscheidet sie von einem medientechnologischen Fatalismus, der im Bemühen um zeitgemäßes Denken jeden reflexiven Anspruch rigoros verwirft. „Menschen", befindet etwa Norbert Bolz, „sind heute nicht mehr Werkzeugbenutzer, sondern Schaltmomente im Medienverbund [...] – wir rasten in Schaltkreise ein".[41] Die technisch unstimmige Metapher verrät ihre Entlehnung aus prädigitalen Vorstellungswelten und entsprechenden Endzeit-Szenarios, die an die Maschinenakklamation der Futuristen erinnern. Mehr als es ihr lieb sein kann, partizipiert diese nassforsche Rhetorik am kulturkonservativen Affekt, der das Wesen des Menschen bedroht sieht, wenn dieser sich auf Neues einzustellen hat. Feststellungen von der Art „Was einmal Geist hieß, schreibt sich heute im Klartext von Programmen"[42] offenbaren, dass sie nicht weniger unter Schock geschrieben wurden als die eines Serenus Zeitblom.

Apokalyptische Untergangsszenarien eignen sich kaum für eine angemessene Thematisierung von Medienwechseln. Und dies nicht etwa deshalb, weil die mit ihnen einhergehenden Veränderungen undramatisch wären. Diese Veränderungen kommen vielmehr nur dann adäquat in den Blick, wenn sie nicht pauschal als Untergänge plakatiert, sondern präzise als Übergänge analysiert werden. Was schon Platon vorbildlich demonstrierte – dessen *Phaidros* deshalb nicht zufällig in nahezu allen medientheoretischen Publikationen zitiert wird –:[43] die kriteriologisch genaue Klärung der Konkurrenzen, Verschiebungen und schließlich Transformationen im Zusammentreffen alter und neuer Medien, ist für den Übergang von der Buchkultur zur digitalen Informations- und Kommunikationspraxis (die „Netzkultur" zu nennen wohl verfrüht wäre[44]) erst in jüngster Zeit systematisch unternommen worden.[45] Ein auffälliges Symptom dieses Nachholbedarfs ist das eklatante Missverhältnis zwischen der Vielzahl theoretischer Abhandlungen zur Netzliteratur und

---

[40] Kümmel, *Mathematische Medientheorie* (Anm. 36), 226.
[41] Norbert Bolz: *Am Ende der Gutenberg-Galaxis. Die neuen Kommunktionsverhältnisse* [1993]. 2. Aufl. München: Fink 1995, S. 115.
[42] Norbert Bolz: *Computer als Medium. Einleitung.* In: *Computer als Medium.* Hg. von Norbert Bolz, Friedrich Kittler und Christoph Tholen. München: Fink 1994, S. 9 – 19, hier 9.
[43] Eine Auswahl dieser Bezugnahmen habe ich in einer Datenbank zusammengestellt, die unter http://peter-matussek.de/fmi/iwp/cgi?-db=Theut&-loadframes zugänglich ist (Log-in mit Gastkonto).
[44] Vgl. hierzu Peter Matussek: *Mutierte Saccaden. Die Re-Ikonisierung der Schrift im Zeitalter des Hypertextes und ihre rezeptionsästhetischen Konsequenzen.* In: *Schwellen der Medialisierung.* Hg. von Kanichiro Omiya. Tokio: Keio University Press 2008, S. 79 – 90.
[45] So z. B. in dem 2003 gegründeten kulturwissenschaftlichen Forschungskolleg Sfb/Fk 615: „Medienumbrüche" an der Universität Siegen.

„Hyperfiction"[46] einerseits und der geringen Zahl an literarisch gehaltvollen Beispielen des so extensiv besprochenen Genres andererseits. Stattdessen werden immer wieder belletristische Druckwerke als Vorläufermodelle diskutiert: Jorge Luis Borges' *Der Garten der Pfade, die sich verzweigen*.[47] Welche wesentlichen Veränderungen tatsächlich die Digitalisierung der Literatur mit sich bringt, ist entweder mangels Belegmaterial noch gar nicht abzusehen, oder sie liegen in Bereichen, die einer noch allzu sehr am tradierten Kanon orientierten Germanistik verborgen bleiben: dem Computerspiel und der künstlerischen Netzinstallation.[48] Vorerst bleibt Jochen Hörisch zuzustimmen, wenn er feststellt, dass just die an den Rand gedrängte Poesie diese zum besseren Beobachter der Auswirkungen des jüngsten Medienwechsels mache.[49]

Historische Anthropologie: Das Ende als Schwellenübergang

Die Transformation zeitlicher Finalität in räumliche Übergangsvorstellungen gehört zum Grundrepertoire jeder Kultur, veranlasst durch das Urbedürfnis des Menschen, die Unbegreiflichkeit seines Todes durch die Imagination eines bloßen Wechsels der Existenzformen erträglich zu machen.

Eine mythische Urszene dieser Transformation zeitlicher Endlichkeit in eine räumliche Grenzüberschreitung ist Orpheus' Gang in die Unterwelt, mit dem er seine verstorbene Geliebte Eurydike ins Diesseits zurückzuholen versucht.[50] Die Griechen erklärten diesen Vorgang mit Metempsychose. Diese Vorstellung einer Seelenwanderung geht aber auf ältere, schamanistische Wurzeln zurück. So ist Orpheus – nach der Darstellung Georg Lucks, der sich vor allem auf Eric Robertson Dodds bezieht – neben Pythagoras und Empedokles einer der „drei großen Schamanen", die in der Lage waren, das Diesseits zu transzendieren und mit den Geistern Verstorbener Kontakt aufzunehmen.[51] „Wie die Schamanen überall", schreibt Dodds, „unternimmt [Orpheus] eine Wanderung in die Unterwelt, und

---

[46] Vgl. u. a. Christine Böhler: *Literatur im Netz. Projekte, Hintergründe, Strukturen und Verlag im Internet*. Wien: Triton 2001 – *Null. Literatur im Netz*. Hg. von Thomas Hettche und Jana Hensel. Köln: DuMont 2000 – *Hyperfiction. Hyperliterarisches Lesebuch: Internet und Literatur*. Hg. von Beat Suter und Michael Böhler. Basel, Frankfurt/M.: Stroemfeld 1999 – Heiko Idensen: *Hypertext, Hyperfiction, Hyperwissenschaft? Gemeinschaftliches Schreiben im Netz*. Bielefeld: Aisthesis 2001.

[47] Jorge Luis Borges: *Der Garten der Pfade, die sich verzweigen* [1949]. In ders.: *Gesammelte Werke*. Bd. 3.1. Übers. aus d. Span. von Karl-August Horst. München: Hanser 1981, S. 155–167.

[48] Vgl. dagegen Hyun-Joo Yoo: *Text, Hypertext, Hypermedia. Ästhetische Möglichkeit der digitalen Literatur durch Intertextualität, Interaktivität und Intermedialität*. Würzburg: Königshausen & Neumann 2007 – Sven Teuber: *Im Spannungsfeld von Immersion und Interaktion. Ästhetische Erfahrung des Narrativen in der Computermoderne*. Frankfurt/M. u. a.: Lang 2008.

[49] Vgl. Jochen Hörisch: *Ende der Vorstellung. Die Poesie der Medien*. Frankfurt/M.: Suhrkamp 1999.

[50] Vgl. ausführlich hierzu Peter Matussek: *Mediale Migrationen. Eine Geschichte vom wandernden Klang*. In: *Figurationen* 8 (2007), Heft 2, S. 9–24.

[51] Georg Luck: *Magie und andere Geheimlehren in der Antike*. Stuttgart: Kröner 1990, S. 16.

sein Motiv dabei ist unter Schamanen sehr verbreitet: Er will eine geraubte Seele zurückholen."[52] Die transkulturelle Universalität schamanistischer Vorstellungen und Rituale[53] zeigt sich unter anderem in einer japanischen Parallele zu Orpheus' Gang in die Unterwelt: im Mythos von Izanagis Abstieg ins Reich der Toten, um seine Schwester und Gemahlin zu suchen. Die Überlieferung der Geschichte in den ältesten japanischen Chroniken, *Kojiki* (712) und *Nihonshoki* (720), lässt auch in diesem Fall die Verletzung eines Blick-Tabus zum Verhängnis werden: Gegen Izanamis ausdrücklichen Wunsch schaut Izanagi sie an und muss entsetzt fliehen, weil er die vom Todesverfall gezeichnete Gestalt Izanamis nicht erträgt. Auch aus dieser Version also ließe sich die Maxime ableiten, dass die Erinnerung eines verstorbenen Menschen nur in der Imagination lebendig erhalten werden kann.

In der Orpheus-Überlieferung allerdings taucht das Verbot des Sich-Umblickens noch nicht bei den schamanistisch beeinflussten Griechen auf, sondern erst bei Vergil und Ovid. In Ovids Version der Geschichte wird der tabuisierte Blick, der Orpheus zum Verhängnis wird, als *avidus videndi* charakterisiert, was Erich Rösch mit „zu sehen verlangend" übersetzt,[54] aber präziser mit „begierig ansehend" erfasst wird. Die Diskreditierung des Sehsinns, die in der Umdichtung des Mythos zum Ausdruck kommt, hat ihren tieferen Grund in einem prekär gewordenen Bedeutungswandel des Erinnerungsbegriffs, für den die Simonides-Rezeption symptomatisch ist. Während für die Griechen Simonides noch der berühmte Lyriker, insbesondere der Sänger von *Threnoi* war, die im Zeichen von Mnemosyne das Erinnern als Vergegenwärtigung des Lebensflusses erfahrbar machten, rezipierten die Rhetorik-Lehrbücher der Römer Simonides vornehmlich als fiktiven Erfinder der *ars memorativa*,[55] die das Festhalten von Bildern als Gedächtnismittel empfahl – zurückgeführt auf die erstarrte Sitzordnung einer im eingestürzten Palast des Skopas erschlagenen Gästerunde.[56]

Von dieser zwar einprägsamen, nicht aber lebendig vergegenwärtigenden, sondern mortifizierenden Art ist auch die Wirkung, die von Orpheus' Umschau nach Eurydike ausgeht. Orpheus, so heißt es bei Ovid, „erstarrte"[57] angesichts ihrer erneuten Tötung durch seinen Blick. Das von Vergil und Ovid in den Mythos eingeführte Erzählmotiv kann somit als immanente Kritik an der Idolatrie ihrer

---

[52] Eric Robertson Dodds: *Die Griechen und das Irrationale* [1951]. Übers. aus d. Engl. von Hermann-Josef Dirksen. Darmstadt: Wissenschaftliche Buchgesellschaft 1970, S. 82.

[53] Vgl. hierzu Mircea Eliade: *Schamanismus und archaische Ekstasetechnik* [1951]. Übers. aus d. Frz. von Inge Köck. Frankfurt/M.: Suhrkamp 1975.

[54] Ovid: *Metamorphosen. Lateinisch – deutsch*. In deutsche Hexameter übertragen von Erich Rösch. 13. Aufl. München, Zürich: Artemis & Winkler 1992, S. 361.

[55] Zum konstruktiven Charakter der römischen Simonides-Rezeption vgl. Stefan Goldmann: *Statt Totenklage Gedächtnis. Zur Erfindung der Mnemotechnik durch Simonides von Keos*. In: *Poetica* 21 (1989), S. 43 – 66.

[56] Vgl. Cicero: *M. Tullii Ciceronis Orator*. Hg. von Wilhelm Kroll. Berlin: Weidmann 1913, S. 430 – 433 und Marcus Fabius Quintilianus: *Ausbildung des Redners* [*institutionis oratoriae*]. 12 Bücher hg. u. übers. aus d. Lat. von Helmut Rahn; 2. Teil, Buch 7 – 12. 2. Aufl. Darmstadt: Wissenschaftliche Buchgesellschaft 1988, S. 591.

[57] Ovid, *Metamorphosen* (Anm. 55), 363.

Zeit gelesen werden – einer Zeit, in der die antike Kultbildpraxis imperial zu erstarren begann.

Für Ovid gab es freilich auch biografische Gründe, das begierige Sich-Umblicken als prekär zu schildern. Weil er ‚avidus videndi' mit der Kaisertochter feierte, wurde er von Augustus in die Verbannung geschickt, wo er den Anblick seiner geliebten Frau unwiederbringlich entbehren musste. Nur schreibend, dies aber in einer zuvor bei ihm nicht dagewesenen Gefühlstiefe, durch poetische Briefe und die Verse der *Tristia*, konnte er ihre lebendige Gegenwart in Erinnerung rufen.

Christoph Ransmayr hat dieses negative Bedingungsverhältnis von poetischem Schwellenübergang und realer Verbannung ins Diesseits in seinem Roman *Letzte Welt* aufgegriffen und radikalisierend aktualisiert. Dabei invertiert er das Prinzip der Metamorphose, indem er schildert, wie sich Ovids Protagonisten in Steine verwandeln.[58] Dieses Szenario entpricht einer verfinstert-postmodernen Weltwahrnehmung, die sich Übergänge nur noch in dieser Richtung vorstellen kann.

Der letzte ambitionierte Versuch, die Denaturierungstendenzen des wissenschaftlich-technischen Fortschritts durch Figuren der Verräumlichung im Sinne der Metamorphose zu konterkarieren, wurde von Goethe unternommen. Sowohl in seinen wissenschaftlichen als auch literarischen Schriften formulierte er Gegenentwürfe zum *Ende der Naturgeschichte*,[59] das heißt der Verzeitlichung des Naturwissens, die im letzten Drittel des 18. Jahrhunderts als Abkehr von den räumlichen Ordnungsvorstellungen der Taxonomie begann und im ersten Drittel des 19. Jahrhunderts mit Darwins Evolutionstheorie vollzogen war.[60] Dabei ging es ihm nicht um die Verwerfung dynamistischer Konzepte, an deren Formulierung er selbst vielmehr partizipierte, sondern um eine Korrektur der Tendenz zur Absonderung wissenschaftlicher Erkenntnisse von der leibhaftigen Erfahrung. Experimentelle Naturerkenntnis sollte an den lebendigen Nachvollzug gekoppelt bleiben, nicht auf mathematische Formeln reduziert werden. Von zentraler Bedeutung ist dabei für ihn das Prinzip der Reihenbildung, das sein sprachliches Pendant im Verfahren der „Synonymenvariation"[61] hat und poetisch in einer metonymischen Symbolik zum Ausdruck kommt, die das Verhältnis von Bild und Bedeutung in permanenten Verschiebungen offenhält. An Goethes literarischem Spätwerk indessen lässt sich ablesen, dass er die Überzeugung, positive Alternativen zur Entsinnlichung und Entkörperlichung der modernen Naturwissenschaft bieten zu können, nach und nach aufgegeben hat. In der Figur eines blinden Faust, der davon fantasiert, dass er „Räume vielen Millionen" (V. 11563) eröffne, nicht ahnend, dass man ihm nur sein eigenes Grab schaufelt, verkörpert den Pyrrhus-

---

[58] Christoph Ransmayr: *Die letzte Welt*. Nördlingen: Greno 1988.
[59] Wolf Lepenies: *Das Ende der Naturgeschichte. Wandel kultureller Selbstverständlichkeiten in den Wissenschaften des 18. und 19. Jahrhunderts*. Frankfurt/M.: Suhrkamp 1976.
[60] Vgl. zum Folgenden ausführlich: *Goethe und die Verzeitlichung der Natur*. Hg. von Peter Matussek. München: Beck 1998.
[61] Uwe Pörksen: *Deutsche Naturwissenschaftssprachen*. Tübingen: Narr 1986, S. 82.

Sieg technisch-instrumenteller Rationalität über die Natur, die damit ihren eigenen Zweck verfehlt. „Die Zeit wird Herr, / Der Greis hier liegt im Sand" (V. 11592) verhöhnt Mephisto Fausts Ende. Die folgende *Bergschluchten*-Szene vermag einen Schwellenübergang von Fausts Seele nur noch allegorisch, in katholischer Einkleidung eines Mysteriums, vorstellig zu machen. Der Wechsel der Daseinsformen beim Übergang vom Leben in den Tod gehört nun in den Bereich des „Unbeschreibliche[n]" (V. 12108).

Denn dieser Übergang ist im modernen wissenschaftlichen Weltbild seines Passagen-Charakters beraubt. Die Grenze zwischen Leben und Tod wird zunehmend zu einer willkürlichen Setzung. War es lange Zeit der Herzstillstand, der sie anzeigte, ist es heute, im Zeitalter der Apparatemedizin, die *Flatline*, die auf dem EEG-Monitor das Fehlen von Gehirnaktivitäten anzeigt. Im Zuge fortschreitender Transplantationschirurgie und Biotechnologie wird sich das perimortale Schwellenbewusstsein weiter nivellieren. Michel Houellebecq hat in seinem Roman *Elementarteilchen*[62] narrativ verdeutlicht, dass die technologische Befriedigung der Sehnsucht nach einem Hinausschieben und letztlich Abschaffen des Todes nur die kompensatorische Konsequenz eines ungefühlten Lebens ist: Michel, der Protagonist des Romans, ist ein Ungeliebter, der sich in dem Moment in seine molekularbiologischen Forschungen vertieft, als ihm ein verspätetes Lebensglück durch den jähen Tod seiner Geliebten genommen wird. Mit exakter wissenschaftlicher Fantasie erfindet er sich ein Menschengeschlecht, das weder Alter noch geschlechtliche Liebe kennt und sich durch Klonen vermehrt, um den Schmerz unerfüllten Begehrens nicht fühlen zu müssen. Die fortgesetzte Nivellierung der Schwelle des Todes wird erkauft durch die Nivellierung des eigenen Existenzgefühls. Das ist hier unmissverständlicher ausgesagt als in Peter Sloterdijks anstößigem Essay *Regeln für den Menschenpark,* der als *Antwortschreiben zu Heideggers Brief über den Humanismus* gedacht war und eine heftige Debatte auslöste.[63]

Ästhetik: Das Ende als Untergangserfahrung

Das Unvermögen, die Finalität des Lebens als Schwellenübergang zu sehen, ist offenbar gekoppelt an das Unvermögen, die zweite räumliche Modalität des Endes als Existenzbedingung zu akzeptieren: die Erfahrung des Untergangs. „Der Mensch", sagt Goethe zu Eckermann, müsse auch mitten im Leben „wieder ruiniert werden! – jeder außerordentliche Mensch hat eine gewisse Sendung, die er zu vollführen berufen ist. Hat er sie vollbracht, so ist er auf Erden in dieser Gestalt nicht weiter vonnöten, und die Vorsehung verwendet ihn wieder zu etwas ande-

---

[62] Michel Houellebecq: *Elementarteilchen* [1998]. Übers. aus d. Frz. von Uli Wittmann. Köln: DuMont 1999.
[63] Peter Sloterdijk: *Regeln für den Menschenpark. Ein Antwortschreiben zum Brief über den Humanismus.* Frankfurt/M.: Suhrkamp 1999.

rem."⁶⁴ Das in allen Kulturen wirkungsvollste Korrektiv für ein hinfällig gewordenes Selbstbild ist die Scham. Denn die Scham ist ein genuin sozialer Affekt, der nur dann auftreten kann, wenn das Subjekt sich den missbilligenden Blicken der anderen ausgesetzt fühlt.⁶⁵ Es ist nicht möglich, sich vor sich selbst zu schämen. Die Schamreaktion ist mithin das verlässliche Indiz für eine Form der Selbstreflexion, die in Anerkennung sozialer Normen das eigene Aussehen oder Verhalten missbilligt.⁶⁶ Dabei kommt es einem vor, als ob man – nach den geläufigen Redensarten – ‚vor Scham im Boden versinkt' oder ‚das Gesicht verliert': Man hat das Gefühl, leibhaftig unterzugehen. Positiv gewendet bedeutet dies, dass die Schamreaktion dabei hilft, Selbstkonzepte im Sinne Goethes zu ruinieren, um sich erneut zu finden. Ohne die Fähigkeit, Scham zu empfinden, würde uns ein wichtiger Anlass zur Selbsterneuerung fehlen; ohne sie blieben wir gleichgültig und kalt gegenüber den Interessen unserer Mitmenschen.

Auch in diesem Zusammenhang lohnt es sich, die *Metamorphosen* Ovids aufzugreifen. Denn die Geschichte von Pygmalion, wie sie dort erzählt wird, berührt unser Thema auf das Innigste, ohne dass sie meines Wissens je dahingehend interpretiert wurde: die Scham als Zeichen von Beseeltheit. Ovid bereitet das Motiv durch eine Rahmenhandlung vor, die dem Lebenszeichen der Schamreaktion zunächst deren Umkehrung voranstellt: Die Propoetiden, die als „die ersten öffentlichen Prostituierten des Altertums"⁶⁷ zu betrachten sind, werden bei Ovid für ihre Schamlosigkeit bestraft – und zwar durch Versteinerung: „Und, wie dahin ihre Scham, wie kein Blut ihre Wangen mehr rötet / sind sie – nur wenig gewandelt – zu kalten Steinen geworden." (V. 241 f.) Der oben skizzierte Zusammenhang von Schamlosigkeit, Verwandlungsunfähigkeit und Kälte wird hier also bereits ausformuliert.

In genauer Spiegelung hierzu wird nun das Werk Pygmalions beschrieben: Er nimmt tote Materie – in diesem Fall Elfenbein – und verleiht ihr den Ausdruck der Lebendigkeit, indem er sie in einer Pose der Schamhaftigkeit darstellt. Ovid schreibt: „Wie einer wirklichen Jungfrau ihr Antlitz, du glaubtest, sie lebe, / wolle sich regen, wenn die Scham es ihr nicht verböte." (V. 250 f.) Für diesen Statuentyp gab es zur Zeit Ovids kunsthistorische Vorbilder: lebensgroße Aphrodite- beziehungsweise Venus-Skulpturen, die wegen ihrer schamhaften Körperhaltung *Venus pudica* genannt werden. Das brühmteste Beispiel hierfür ist die dem Kleomenes zugeschriebene *Aphrodite Medici* aus dem 1. vorchristlichen Jahrhundert (Abb. 1).

Ovid greift also eine in der Antike durchaus geläufige Bildkonvention auf, wenn er das Moment der Schamhaftigkeit hervorhebt. Man kann das einen künstleri-

---

⁶⁴ Johann Peter Eckermann: *Gespräche mit Goethe in den letzten Jahren seines Lebens*. Hg. von Fritz Bergemann. Leipzig: Insel 1968, S. 611 (11. 3. 1828).
⁶⁵ Vgl. hierzu Jean-Paul Sartre: *Das Sein und das Nichts* [1943]. Übers. aus d. Frz. von Hans Schöneberg und Traugott König. Reinbek: Rowohlt 1991, S. 752–770.
⁶⁶ Zur Scham vgl. auch *Schuld und Scham. Jahrbuch Literatur und Politik*, Bd. 3. Hg. von Alexandra Pontzen und Heinz-Peter Preußer. Heidelberg: Winter 2008.
⁶⁷ Annegret Dinter: *Der Pygmalion-Stoff in der europäischen Literatur. Rezeptionsgeschichte einer Ovid-Fabel*. Heidelberg: Winter 1979, S. 17.

schen Trick nennen. Denn wenn er schreibt, man glaubte, die von ihm geschaffene Skulptur „wolle sich regen, wenn die Scham es ihr nicht verböte", dann deutet er just das Merkmal, das die Leblosigkeit einer Statue auszeichnet, nämlich starr und unbeweglich zu sein, um in das Anzeichen von Lebendigkeit. Die typische Körperhaltung der *Venus pudica* bleibt in der bildkünstlerischen Tradition lange Zeit formal unverändert – bis in das 14. und 15. Jahrhunderts hinein, wie an den Beispielen Pisanos und Masaccios zu sehen ist (Abb.2). Doch ab dem 16. Jh., mit Pontormos berühmtem Gemälde (Abb. 3), können wir eine bezeichnende Veränderung feststellen:

Auch hier geht es, wie in nahezu allen Pygmalion-Darstellungen, um den Moment der Belebung: Die Statue steht noch auf ihrem Sockel, das Werkzeug liegt vor dem Künstler, und sie zeigt ein erstes Lebenszeichen. Dieses Lebenszeichen aber besteht nun nicht mehr im *Ausdruck* der Scham, sondern seiner *Preisgabe*: Pontormos Statue verlässt die Pudica-Pose. Der rechte Unterarm wird nach oben, der linke nach unten wegbewegt, so dass die verhüllenden Hände den Blick freigeben. Das Tuch, das am Körper keinen Halt hat und von der Hand nur noch nachlässig gegriffen wird, gerät ins Rutschen. Und der Blick der Statue, der gegenüber Pygmalion vielleicht einen Rest an schamhafter Wegwendung signalisieren könnte, richtet sich ungehemmt auf den Betrachter des Bildes.

Das ist kein kunstgeschichtlicher Einzelfall. Denn ganz allgemein vollzieht sich im 16. Jahrhundert eine Veränderung des Animationsbegriffs, der von den Zeitgenossen als Zunahme an Frivolität diskutiert wird. „*Animatio*" bedeutete im neuplatonischen Kontext der Renaissance Beseelung toter Materie durch das Einhauchen von Lebensenergie. Das „Pneuma", heißt es im zehnten griechischen Traktat des *Corpus Hermeticum*, „durchdringt das Blut und die Venen und Arterien und bewegt so das Lebewesen".[68] Diese Bewegung aber anschaulich zu machen, wie es in der Gedächtniskunst der Zeit üblich wurde, indem sie die Merkbilder vermöge der lullschen *ars combinatoria* dynamisierte, empfanden konservative Zeitgenossen als schamlos. So polemisierte William Perkins gegen Alexander Dicson, der eine ‚animatio' der Gedächtnisbilder gefordert hatte, mit den Worten: „Die *Belebung* der Bilder, die der Schlüssel des Gedächtnisses ist, ist gottlos; denn sie erweckt absurde, *unverschämte*, gewaltige Gedanken, die lasterhafte fleischliche Affekte anreizen und entflammen."[69] In der Tat können wir feststellen, dass die Aufwertung der äußerlich sichtbaren gegenüber der inneren Bewegung im Zuge der Aufklärung mit einem Abbau der Schamschwelle verbunden ist. Diese Akzentverschiebung innerhalb des Animationsbegriffs lässt sich wiederum an den bildkünstlerischen Verarbeitungen des Pygmalion-Motivs aufweisen. In der Skulptur, die Falconet für den Pariser Salon von 1763 schuf (Abb. 4), macht die Statue keine Anstalten, ihre

---

[68] *Das Corpus Hermeticum* [ca. 1. – 4. Jh.]. Deutsch. Übersetzung, Darstellung und Kommentierung. Hg. von Carsten Colpe und Jens Holzhausen. 2. Bde. Stuttgart-Bad Cannstadt: Frommann-Holzboog 1997, hier Bd. 1, S. 107.
[69] Zit. nach Frances Amelia Yates: *Gedächtnis und Erinnern. Mnemonik von Aristoteles bis Shakespeare* [1966]. 3. Aufl. Berlin: Akademie 1994, S. 254. Kursivierung PM.

körperlichen Reize zu verhüllen. Ohne jede Schamgebärde, ja geradezu einladend, wendet sie sich ihrem Schöpfer zu. Im Vergleich mit dem Gemälde Pontormos wird deutlich, dass die Statue in dem Maße an äußerer Bewegtheit zugenommen hat, wie ihr Betrachter sich zurücknimmt. Offensichtlich geht die äußere Bewegung einher mit einem Verlust der inneren Regung und umgekehrt. Die imaginäre Animation durch den Betrachtungsvorgang wurde abgelöst von der technischen Animation der Artefakte.

Mit dem Aufschwung der Automationstechnik an der Wende vom 17. zum 18. Jahrhundert verstärkte sich diese Tendenz weiter. Stillstand wurde schlechthin mit Leblosigkeit gleichgesetzt; Bewegtheit mit Beseeltheit. Auch gegenüber den antiken Skulpturen genügte es den Zeitgenossen nicht mehr, qua produktiver Betrachtung aus der äußeren Statuarik ihre innere Dynamik herauszulesen. Man stellte sie auf Rollfüße und schob sie umher oder tauchte sie in wechselvolle Beleuchtungsszenarien, um sie dadurch lebendiger wirken zu lassen. Hatte Lessing noch an der *Laokoon*-Gruppe den „fruchtbaren Augenblick" aus dem Innehalten der Figur, dem Moment *vor* dem Schrei, abgeleitet, weil dadurch die Fantasie eines Bewegungsablaufs angeregt werde, so kehrt sich dieses Verhältnis nun um: Die Bewegung der Skulptur galt als ihr Lebenszeichen, und das hieß, wie schon Lessing mahnte, „der Phantasie die Flügel binden".[70]

Dies galt natürlich erst recht für die mithilfe der Automationstechnik realisierten Versuche, künstliches Leben zu erschaffen. Das Funktionieren der ersten entsprechenden Automaten – beispielsweise Vaucansons mechanische Ente, die essen und verdauen konnte – setzte voraus, dass das „Innenleben" solcher Figuren entmystifiziert wurde. Das wiederum inspirierte den aufklärerischen Materialismus eines Julien Offray de La Mettrie zu seinem Werk *L'homme machine*[71], das sowohl die äußere wie auch innere Bewegung organischer Körper aus demselben mechanistischen Prinzip eines Uhrwerks erklärte: „Setzt man nur das geringste Prinzip der Bewegung voraus, so haben die beseelten Körper alles, was sie brauchen, um sich zu bewegen, zu empfinden, zu denken, zu bereuen, kurz sich in der physischen Welt ebenso richtig zu verhalten wie in der moralischen, die von ihr abhängt."[72]

Inwiefern das mechanistische Menschenbild (Abb. 5) mit einem Abbau der Schamschwelle einhergeht, hat Heinrich von Kleist in seiner Erzählung *Über das Marionettentheater* luzide erläutert. Kleist greift darin die Geschichte vom Sündenfall auf und lässt seinen Erzähler erklären, dass der Mensch durch das Essen vom Baum der Erkenntnis seine natürliche Grazie verloren habe. Das Symptom hierfür sei die Scham. Denn dort, wo sich der Mensch selbstreflexiv beobachte, hemme er

---

[70] Gotthold Ephraim Lessing: *Laokoon: oder Über die Grenzen der Malerei und Poesie* [1766]. In ders.: *Werke*. Hg. von Wilfried Barner, Bd. 5.2. Frankfurt/M.: Deutscher Klassiker Verlag 1990, S. 11–206, hier 32.
[71] Julien Offray de La Mettrie: *Der Mensch eine Maschine* (frz.-dt.) [1748]. Übers. aus d. Frz. von Theodor Lücke. Leipzig: Reclam 1984.
[72] Ebd., 99.

den natürlichen Fluss der körperlichen Bewegung. Als Beleg berichtet er davon, wie ein befreundeter schöner Jüngling beim Abtrocknen nach einem Bad im Spiegel erkennt, dass er unwillkürlich die Pose eingenommen hatte, die in der klassischen Skulptur des Dornausziehers eingefangen ist. Doch als er den Vorgang für seinen Freund wiederholen will, misslingt ihm dies, weil die Selbstbeobachtung die Grazie des unwillkürlichen Tuns behindert. Die Körperhaltung verkrampft sich und er schämt sich für die Lächerlichkeit seines vergeblichen Bemühens. Kleists Erzähler löst das an diesem Beispiel verdeutlichte Problem des Konflikts von Natur und Geist nicht im Sinne Rousseaus, durch eine Rückkehr in den Naturzustand – denn dieser Weg sei uns endgültig versperrt –, sondern paradoxerweise im Sinne La Mettries, durch die Aufforderung, den Prozess der reflexiven Denaturierung des Menschen zu komplettieren. Am Beispiel der Marionette macht er plausibel, dass die restlose Mechanisierung menschlicher Bewegung denselben Effekt habe wie deren Gegenteil, die rein instinktgeleitete Bewegung des Tiers. Denn in beiden Extremen sei der Konflikt zwischen Instinkt und Reflexion, der die Grazie behindert, ausgeräumt. Wir könnten also unsere menschlich bedingte Scham auch dadurch ablegen, dass wir den Weg der Mechanisierung, den wir durch die Reflexion beschritten haben, zu Ende gehen und damit gleichsam „die Reise um die Welt machen, und sehen, ob es [das Paradies] vielleicht von hinten irgendwo offen ist".[73]

Von den ersten Automaten über die bewegten Bilder der Laterna Magica und des Kinos bis zu den digital gesteuerten virtuellen Idolen und Androiden-Robotern zieht sich der Prozess des Abbaus der Schamschwelle als Effekt einer zunehmend perfektionierten Animationstechnik. Darauf kann hier nicht im Einzelnen eingegangen werden. Für unseren Zusammenhang genügt der Hinweis, dass die Kopulation mit Avataren – die populärste Betätigung im *Second Life* – ein Ende der Scham markiert, das noch die Niedrigspannung von Telefonsex zu unterbieten vermag. Als dürftiger Pixelbrei kann kein Geschlechtsmerkmal der pornografischen Reduktion entgehen, kein Kinderkörper dem Pädophilen Reste an Respekt einflößen. So bilden sich in *Virtual Realities* Wahrnehmungs- und Handlungsgewohnheiten heraus, die auf das *Real Life* zurückwirken. Die Scham, das Gefühl des eigenen Untergangs, das wir benötigen, um uns selbst zu erleben, ist ein untergegangenes Gefühl (Abb. 6). Nun, da die vier Endspiele zwischen Utopie und Dystopie ausgetragen sind, können wir uns fragen, was bleibt. Aber ja doch, es bleibt ein Rest. Der Rest des Schweigens.

---

[73] Heinrich von Kleist: *Über das Marionettentheater* [1810]. In ders.: *Sämtliche Werke*. München: Winkler 1976, S. 945–951, hier 948.

Heinz-Peter Preußer

Technik und Technikkritik im dystopischen Film

Mechanization Takes Command[1]

Der dystopische Film scheint, *a prima vista*, kein gutes Verhältnis zur Technik zu haben. Wer sich dem Thema nähert, entwickelt, würde ich hier heuristisch unterstellen, kein hermeneutisches Vorverständnis, sondern hat ein gut ausgebautes Vorurteil zu diesem Relationspaar. Technik in Dystopien wäre demnach eine eindeutige Sache: Sie ruft Technikkritik auf den Plan. Die wiederum zeitigt immer wiederkehrende Muster: Technik diene der Unterdrückung friedliebender Gesellschaften, nutze den Despoten, führe zur Zerstörung von Regionen, Ländern, Naturräumen, Ethnien, ja des ganzen Planeten, wie dies etwa für *Avatar, Aufbruch nach Pandora* mit Bezug auf das Volk der „Na'vi" insinuiert wird.[2] Ganz klassisch führt hier James Cameron Naturverbundenheit gegen wirtschaftliches Interesse, organische Stärke gegen den militärischen Apparat an; positive biologische Energie kämpft mit der rein negativen Zerstörungskraft einer ausufernden Kampfmaschinerie. Technik ist in dieser vereinfachenden Sicht untrennbar verbunden mit der Megamaschine,[3] die Abhängigkeiten generiert, deren Logik unfehlbar, aber eben auch ohne Herz operiert und die Völkerschicksale zermalmt. Technik hat Zergliederung zur Voraussetzung, ein analytisches Durchtrennen organischer Abläufe und Zusammenhänge. In technischen Funktionskreisläufen gerät das Ganze aus dem Blick; die Summe ihrer Teile ist *nur* sie selbst, nie mehr. Unter ihrem effizienten Blick zerbricht die *Gestalt* höhergeordneter Synthesen. Der Kerngedanke, Technik so gnadenlos kritisch zu sehen, liegt in der *Mechanisierung* ihrer Abläufe. Dadurch triumphiere sie über das Leben, gelange zur *Herrschaft* – als ein ursprüngliches *Mittel*, das sich *verselbständigt* habe.[4]

> Die Technik, die man heute im Sinne hat, wenn man von den „Wundern der Technik"
> redet, ist nicht wesentlich älter als vier Generationen und hat dessenungeachtet hinge-

---

[1] *Mechanization Takes Command* lautet der englische Titel, unter dem Sigfried Giedion: *Die Herrschaft der Mechanisierung* zuerst veröffentlicht wurde. Oxford: Oxford University Press 1948 (vgl. Anm. 4).
[2] *Avatar* (dt.: *Avatar, Aufbruch nach Pandora*). USA 2009. Regie: James Cameron.
[3] Den Begriff verwendet Lewis Mumford: *Der Mythos der Maschine. Kultur, Technik und Macht* [1964–1970]. Übers. aus d. am. Engl. von Liesl Nürenberger und Arpad Hälbig. Frankfurt/M.: Fischer 1986, S. 219 f., 658–692 und passim. „Und die technische Ausrüstung, die sich aus einer solchen Megamaschine ableitet, wird daher zur Megatechnik". Ebd., 219.
[4] Vgl. dazu den klassischen Text von Sigfried Giedion: *Die Herrschaft der Mechanisierung. Ein Beitrag zur anonymen Geschichte* [1948]. Hg. von Henning Ritter. Frankfurt/M.: Europäische Verlagsanstalt 1987, hier S. 772 insb.

> reicht, um Dutzende von Stämmen der Primitiven, Hunderte von Pflanzengeschlechtern, doppelt und dreimal so viele Tierarten auf dem Lande, im Wasser vom Antlitz des Planeten zu tilgen. Der Tag ist nicht fern, wo sie alle vertilgt sein werden,

schreibt etwa der Lebensphilosoph Ludwig Klages vor dem Zweiten Weltkrieg.[5] Der Techniker „spürt" „nicht das mindeste von der Erhabenheit" einer Naturlandschaft, denn er ist „tatsächlich *nichts* als wollendes Wesen". Seine „Zweckbezogenheit" führt zur „*Stillegung allen Geschehens*".[6] Er lebt in einer total atomisierten und verwalteten Welt und betreibt die Naturbeherrschung am Objekt so gut wie an sich selbst. Horkheimer und Adorno haben dieses Modell mit großer Wirkmacht beschrieben in ihrer *Dialektik der Aufklärung* – als „Unterstellung des gesamten Lebens unter die Erfordernisse seiner Erhaltung": Die „Beherrschung der Natur drinnen und draußen [wurde] zum absoluten Lebenszweck gemacht".[7]

Es geht in solchen und ähnlichen Überlegungen, die eine zweckinstrumentelle Technik perhorreszieren, häufig um die explizite oder zumindest implizite Kritik eines *gewinn*orientierten Kalküls – oder um die rein diktatorische, *macht*besessene Variante davon. Arnold Gehlen konstatiert: „Die Wirtschaft ist von Anbeginn an der ‚Nährboden der Logik' […], der Austauschbarkeit der Interessen und Rechte."[8] Und die linke wie rechte Kulturphilosophie hat ihre Funktionsweise gern mit dem *herrschenden* Wirtschafts*system* identifiziert: „Der Kapitalismus selbst bis in seine letzten Phasen ist nichts anderes als die Anwendung mechanischer Gesetzlichkeit auf die Geldwirtschaft", meint etwa Friedrich Georg Jünger. Mechanik, wir haben das schon von Sigfried Giedion gehört, ist eben der strikte Gegensatz zum „organische[n] Lebewesen".[9] Der Mensch, der sich ihr aussetzt, kopiert ihre Wesensart, liefert sich aus, macht sich selbst zum Automaten – und delektiert sich womöglich noch daran.

> Warum ist die Betrachtung der Maschine so genußreich? Weil die Urform menschlicher Intelligenz an ihr sichtbar wird, und weil diese konstruktive, zusammensetzende Intelligenz sich vor unseren Augen Macht erzwingt und anhäuft, weil sie einen rastlosen Triumph über die Elemente erficht, die von ihr geschlagen, gepreßt und geschmiedet werden.[10]

---

[5] Ludwig Klages: *Der Geist als Widersacher der Seele* [1929 – 32]. 6. ungekürzte Aufl. Bonn: Bouvier, 1981, S. 767 f., vgl. auch 800, 840 [zugleich ders.: *Sämtliche Werke*, Bd. 1 u. 2, hg. von Ernst Frauchiger u. a., mit e. Einl. v. Albert Schuberth. Bonn: Bouvier 1969, dieselbe Paginierung].
[6] Ebd., 630. Gesperrte Originalhervorhebungen erscheinen hier kursiv wiedergegeben.
[7] Max Horkheimer und Theodor W. Adorno: *Dialektik der Aufklärung. Philosophische Fragmente* [1944/47]. In Theodor W. Adorno: *Gesammelte Schriften*. Hg. von Rolf Tiedemann u. a., Bd. 3. Darmstadt: Wissenschaftliche Buchgesellschaft 1998, S. 48 f.
[8] Arnold Gehlen: *Urmensch und Spätkultur. Philosophische Ergebnisse und Aussagen* [1956]. 5. Aufl. Wiesbaden: Aula 1986, S. 12.
[9] Friedrich Georg Jünger: *Die Perfektion der Technik* [1944]. 7. Aufl. Frankfurt/M.: Klostermann 1993, S. 43, 84. Vgl. auch Martin Greiffenhagen: *Das Dilemma des Konservatismus in Deutschland* [1971]. *Mit einem neuen Text ‚Post-histoire?' Bemerkungen zur Situation des ‚Neokonservatismus'.* Frankfurt/M.: Suhrkamp 1986, S. 129 – 131.
[10] Jünger, *Die Perfektion der Technik* (Anm. 9), 26.

Für diese Einschätzung gibt es auch hinreichend Belege in der Filmgeschichte. Denken wir nur an Fritz Langs *Metropolis* aus dem Jahr 1927 (Abb. 7–10), scheint das Verdikt gegen die Technik bereits evident. Befragen wir den Alternativentwurf dazu, den Film *Things to Come* von 1936, nach dem Buch von H. G. Wells, wird der Befund nur umso klarer.[11] Wenn sogar die intendierte Technik-Utopie, die lichte Alternative (Abb. 10) zum Moloch der Unterstadt aus *Metropolis* Beklemmungen produziert und wir – hier wie dort – einen faschistoiden neuen Staat präsentiert bekommen, der aus der Feder der Ingenieure konstruiert scheint, ist Skepsis geboten. Das ist, ganz offenbar, ein neuer ‚Technototalitarismus'.[12]

Zur Ambivalenz des Technikdiskurses in Dystopien

Doch diese klar negative Zuordnung von Technik zu Dystopie gilt nicht einmal für die beiden genannten Beispiele. Immer ist Technik auch ambivalent. *Things to Come* scheitert zwar im Bemühen, die technisierte Umwelt positiv erstrahlen zu lassen, hat das aber zweifellos intendiert.[13] In *Metropolis* hingegen braucht es nur den „Mittler zwischen Hand und Hirn", eben das „Herz", nach dem so häufig kritisierten Drehbuch Thea von Harbous,[14] um die Klassengegensätze aufzuheben – aber auch den Moloch Technik zu befrieden und aus der Dystopie der unterirdisch vegetierenden Arbeiter und dem paradiesischen Leben der Oberstadt, dem „Klub der Söhne", die Utopie für alle zu machen.[15] Dann nämlich erst wären die Maschi-

---

[11] *Metropolis*. D 1927. Regie: Fritz Lang. Vgl. zur Rekonstruktionsgeschichte Andreas Kilb: *Das Märchen vom verlorenen Film. Nach achtzig Jahren kommt Fritz Langs „Metropolis" wieder vollständig ins Kino*. In: *Frankfurter Allgemeine Zeitung* vom 11. 5. 2011. *Things to Come*. GB 1936. Regie: William Cameron Menzies. H. G. Wells: *The Shape of Things to Come*. London: Hutchinson 1933. Im Netz zu finden unter http://ebooks.adelaide.edu.au/w/wells/hg/w45th/. Hier und bei allen Internetquellen Abruf am 17. 8. 2012.

[12] Vgl. Jerold J. Abrams: *The Dialectic of Enlightenment in "Metropolis"* In: *The Philosophy of Science Fiction Film*. Hg. von Steven M. Sanders. Lexington, KY: University Press of Kentucky 2008, S. 153–170, hier 163 f. insb.

[13] "A utopian future world" sieht etwa J[ay] P. Telotte hierin: *Science Fiction Film. Genres in American Cinema*. Cambridge: Cambridge University Press 2001, S. 13. "The Great White World of Things to Come: The technological utopia" lautet der Befund desselben Autors in seinem Werk: *A Distant Technology. Science Fiction Film and the Machine Age*. Hanover, NH, London: Wesleyan University Press 1999, S. 156.

[14] „Tatsächlich könnte Marias Forderung, daß das Herz zwischen Hand und Hirn vermitteln muß, ohne weiteres von Goebbels stammen", schreibt dazu, pointiert aber nicht ganz falsch, Siegfried Kracauer: *Von Caligari zu Hitler. Eine psychologische Geschichte des deutschen Films* [1947]. Übers. aus d. am. Engl. von Ruth Baumgarten und Karsten Witte. Frankfurt/M.: Suhrkamp 1984, S. 172; vgl. ebd. 158 f., 171–173, 261, 287.

[15] Auch diese Utopie kann negativ konnotiert werden. Vgl. dazu z. B. Roger Dadoun: *"Metropolis". Mother-City – "Mittler" – Hitler*. In: *Close Encounters. Film, Feminism, and Science Fiction*. Hg. von Constance Penley u. a. Minneapolis, MN, Oxford: University of Minneapolis Press 1991, S. 133–159, hier 151 f. insb. Generell gilt: „Utopien [...] sind als konflikt*freie* Idealzustände entworfen, die eine Verfilmung weder lohnen, noch überhaupt erlauben", schreibt, sehr treffend Cloé Zirnstein: *Zwischen Fakt und Fiktion. Die politische Utopie im Film*. München: Utz 2008, S. 81.

nenarbeiter nicht „fast noch mehr Automaten als jener Automatenmensch, den der Erfinder Rothwang [sic] geschaffen" hat:[16] die falsche Maria, den ersten, wirklich stilbildenden Androiden der Filmgeschichte.[17] Das Nämliche zur Technikambivalenz lässt sich für die einfacher gestrickten Science-Fiction-Filme der Postapokalypse sagen wie *Terminator* oder *Mad Max, Waterworld* oder *Tank Girl* (Abb. 11).[18] Die Rebellen in diesen Filmreihen oder Einzelfilmen verfügen über ein beachtliches Waffenarsenal und entsprechende Fahrzeuge. Das Verhältnis ist, hochgerechnet in die kosmologischen Größenordnungen der Weltraummärchen à la *Star Wars*, in etwa das von Luke Skywalker und seinen Mitstreitern aus der Rebellenallianz,[19] die im Kampf steht mit dem finsteren Imperium.[20] Der Todesstern, die gigantische Vernichtungsmaschinerie aber wird auch dort wiederum besiegt durch Technik.[21] Die qualitativ materielle und quantitative Überlegenheit der „dunklen Seite der Macht" muss nur kompensiert werden durch individuelle Klasse, durch Charakterstärke und die nötige Portion Frechheit, die wahre Helden auszeichnet, zumindest solche, die von der Komplexität einfacherer Comic-Helden sind.[22]

Auch wenn die Umwelt weithin zerstört scheint, wenn die zukünftige Stadt eine verregnete Kopie nach dem Vorbild Langs vorspielt: Die Biotechnologie in *Blade Runner* ist auf einem unglaublichen Niveau der Perfektion schon im Alltagsgebrauch angelangt. Wie kann es sein, dass der Mensch in dieser Erzählung und ähnlichen Narrativen alle tierischen Lebewesen ausgerottet hat, sie aber zugleich kunstvoll nachzubauen versteht?[23] Technik wird gerade in den Filmen der 80er und

---

[16] Lotte H. Eisner: *Die dämonische Leinwand* [1955]. Hg. von Hilmar Hoffmann und Walter Schobert. Frankfurt/M.: Fischer 1987, S. 226; vgl. ebd. 223 – 228, 232 – 238.

[17] Vgl. zum Beispiel den Band *Science Fiction. Androiden, Galaxien, Ufos und Apokalypsen* [1983]. Hg. von Dirk Manthey u. a. 3. Aufl. Hamburg: Kino Verlag 1989, S. 10 – 12. Siehe auch ebd., 170 – 181, 175 insb.

[18] *Terminator*. USA, GB 1982, *Terminator 2 – Judgment Day*. F, USA 1991. Regie für 1 & 2: James Cameron. *Terminator 3: Rise of the Machines*. USA, D, GB 2003. Regie: Jonathan Mostow. *Terminator Salvation*. USA, GB, D, I 2009. Regie: [Joseph] McG[inty Nichol]. *Mad Max*. AUS 1979. *Mad Max 2: The Road Warrior*. AUS 1981. Regie für 1 & 2: George Miller. *Mad Max Beyond Thunderdome*. AUS 1985. Regie: George Miller und George Ogilvie. *Waterworld*. USA 1995. Regie: Kevin Reynolds und Kevin Costner. *Tank Girl*. USA 1995. Regie: Rachel Talalay.

[19] Vgl. http://www.jedipedia.de/wiki/Allianz_zur_Wiederherstellung_der_Republik.

[20] Eine knappe Synopsis des komplexen Plots über insgesamt sechs Filme bietet: *Star Wars. Sticker Sammlung*. Frankfurt/M.: Topps 2012, hier insb. S. 28 – 48.

[21] Und das gleich zweimal: Vgl. *Star Wars* [= *Episode 4: A New Hope*]. USA 1977. Regie: George Lucas. *Return of the Jedi* [= *Star Wars. Episode 6: Return of the Jedi*]. Regie: Richard Marquand. Vgl. etwa *Science Fiction*, Hg. Manthey u. a. (Anm. 17), 48 – 71, Abb. dort 52, 66, 70. Ausführlich auch Andreas Rauscher: *Star Wars*. In: *Filmgenres. Science Fiction*. Hg. von Thomas Koebner. Stuttgart: Reclam 2003, S. 299 – 314, insb. 305 f.

[22] Siehe dazu meinen Beitrag: *Zerstörung, Rettung des Mythos im Trivialen. Über die Travestie der Tradition in Literatur und Film, in Fernsehen und Comic*. In: *Mythenkorrekturen. Zu einer paradoxalen Form der Mythenrezeption*. Hg. von Martin Vöhler und Bernd Seidensticker in Zusammenarbeit mit Wolfgang Emmerich. Berlin, New York, NY: de Gruyter 2005, S. 449 – 463, insb. 458 – 462.

[23] *Blade Runner*. USA 1982. Regie: Ridley Scott. Das Buch, das als Vorlage diente, ist Philip K. Dick: *Do Androids Dream of Electric Sheep?* [1968]. New York, NY: Ballantine 1996.

90er Jahre, wie auch in *Matrix*, zwar lautstark und eindeutig kritisiert, von ihr geht aber zugleich ein Faszinosum aus.[24] Neo, Trinity, Morpheus und ihre Mitverschwörer, wiederum reine und gutgläubige Rebellen, sind Hacker, die den Computer insgeheim lieben, um gegen seine diktatorischen Auswüchse vorgehen zu können. Im Spiel David gegen Goliath berauscht sich der eigentlich Unterlegene an der Vorstellung, die richtigen Antworten parat zu haben, die Technik besser anwenden zu können, die ihn vielleicht mehr reizt und begeistert als seinen schurkischen Gegenpart; oder gegen eine autonom gewordene Maschinerie die Technik wieder zurückzuführen auf ihren ursprünglichen Charakter: als Instrument des Menschen. Der ultimative Kampf der Maschinen gegen die Menschheit aus *Terminator 2*, der eindeutige Anlehnungen beim Evangelium des Johannes, der *Offenbarung* oder *Apokalypse* schon im Titel sucht – *Judgment Day* heißt *Das Jüngste Gericht* –, führt diese implizite Faszination vor, trotz aller Beklemmung, welche die *Pretitle Sequence* einzuflößen versteht (Abb. 12).

Nutzungsfehler statt Eigendynamik der Technik

Genau diese positive Gegenseite der Technikkritik, der Umschlag in die insgeheime Faszination, so meine These, schwindet in neueren Filmen desselben Subgenres, etwa von Danny Boyle. Hier ist nicht die Technik selbst das Problem, weil die Maschinen die Herrschaft an sich reißen, sondern es sind die Fehler ihrer Nutzung. Falsch verstandener Idealismus bringt in *28 Days Later* vegane Aktivisten dazu, Menschenaffen aus ihren Laborkäfigen zu befreien. Damit aber setzen sie eine Seuche in Gang, die zum Genozid führt, zur gänzlichen Verwüstung Londons und, allem Anschein nach, wie das Sequel *28 Weeks Later* dann noch ausführen wird, weit darüber hinaus (Abb. 13).[25] Doch die zweite ironische Pointe dieser Geschichte ist vielleicht noch viel gemeiner als der Clou der Eröffnung. Wenn unsere Helden, die das Desaster aus unterschiedlichen, völlig akzidentiellen Gründen überlebt haben, schließlich zur Hochburg der Nichtinfizierten gelangen, entpuppen gerade die sich als sadistische Machthaber, die ein faschistisches Regime errichtet haben, um rein bleiben und die Menschheit dergestalt neu aufbauen zu können gegen den Anmarsch der Zombies. Das Überleben der Spezies *Homo Sapiens Sapiens* wird also zum Muster der eigentlichen Dystopie. Das greift die Grundidee von *Quiet Earth* auf.[26] Die psychische Hölle beginnt für diejenigen, die überleben und damit zurechtkommen müssen. Das Modell aus *1984* hat offenkundig ausgedient, als die Technikkritiker noch wie von selbst auf der Seite der moralisch Legitimierten landeten. Dort, wie auch bei George Lucas' *THX 1138*,[27] in *The*

---

[24] *The Matrix*. USA 1998. *Matrix Reloaded*. USA 2003. *Matrix Revolutions*. USA 2003. Regie in *Matrix 1 – 3*: Andy & Larry Wachowski.
[25] *28 Days Later*. GB 2002. Regie: Danny Boyle. *28 Weeks Later*. E, GB 2007. Regie: Juan Carlos Fresnadillo.
[26] *The Quiet Earth*. NZ 1985. Regie: Geoff Murphy.
[27] Vgl. Telotte, *Science Fiction Film* (Anm. 13), 128.

Handmaid's Tale von Volker Schlöndorff,[28] in *Brazil* von Terry Gilliam oder in Jean-Luc Godards *Alphaville*, sind es die (sexuell) Liebenden, die gegen das System aufbegehren und damit alle Sympathie des Publikums auf ihrer Seite haben (Abb. 14).[29] Ein Film wie *I am Legend*,[30] dem, verglichen mit *28 Days Later*, ein sehr verwandter Plot zugrunde liegt, ist, um das Mindeste zu sagen, dagegen vergleichsweise simpel gestrickt hinsichtlich unserer Frage.

Ähnlich ist die Situation in einem weiteren Film des Regisseurs Danny Boyle. Ein Rechenfehler bei einer manuellen Kurs-Korrektur bringt das Raumschiff in *Sunshine* in eine für die gesamte Crew lebensbedrohliche Lage, nicht etwa der Bordcomputer HAL 9000 aus Stanley Kubricks *2001*. Der Mensch genügt der Technik nicht mehr (Abb. 15). Hätte der Navigator die automatische Steuerung nicht abgeschaltet, wäre das Unglück nicht eingetreten. Erzählt wird, wie in *Armageddon*, von der Rettung der Erde.[31] Mehr Pathos des Erhabenen ist also kaum denkbar,[32] zumal hier die Sonne korrigiert werden muss. Das wärmende Feuer der nuklearen Fusion droht zu schwinden; es soll, durch eine Nuklearzündung gigantischen Ausmaßes, wieder animiert werden. In *Armageddon* – oder, mit ähnlichem Telos, in *Deep Impact* – ist die Bedrohung vergleichsweise gering.[33] Ein Asteroid, Irrläufer im Sonnensystem, könnte die Erde treffen. Während dort deshalb nur ein paar beherzte Männer aus dem Fachgebiet der Erdölförderung gebraucht werden, um den tödlichen Kometen, mit einer ordentlichen Bohrung versehen, zu sprengen, treibt die gemischte Gruppe in *Sunshine*, obgleich sie letztlich, kaum noch zu erwarten, erfolgreich agiert, nach unnötigen Scharmützeln und alltäglichen Reibereien in ein Mysterium, das ihnen die Grenzen der menschlichen Wahrnehmung wie der eigenen Existenz rückhaltlos aufzeigt. Das sind Bilder und Inhalte, wie man sie eher von Andrej Tarkowskij erwarten könnte: in *Solaris*, aber auch in *Stalker*.[34] Alle Steigerung der Technik enthüllt – je weiter fortgeschritten, nur desto

---

[28] Bezogen auf die Hauptfiguren übernimmt hier die Handmaid Offred den Part der männlichen Protagonisten Winston Smith – bei *1984* – bzw. Montag – bei *Fahrenheit 451*. "Offred's discourse differs, however, in that, first, her inner opposition to the dystopian system is (retrospectively) already existent at the novel's opening", vermerkt Mohr mit Bezug auf die literarische Vorlage von Margret Atwood, *The Handmaid's Tale* [1985]. London [u. a.]: Vintage 1996. Dunja M. Mohr: *Worlds Apart? Dualism and Transgression in Contemporary Female Dystopias*. Jefferson, NC, London: McFarland 2005, S. 261, vgl. 266 f. Dort auch ein kurzer, kritischer Blick auf Schlöndorffs Verfilmung, insb. dessen "conventional melodrama with an unconvincing finale". Ebd., 229.

[29] *Brazil*. GB 1985. Regie: Terry Gilliam. *Alphaville, une étrange aventure de Lemmy Caution*. F, I 1965. Regie: Jean-Luc Godard.

[30] *I am Legend*. USA 2007. Regie: Francis Lawrence.

[31] *Sunshine*. GB 2007. Regie: Danny Boyle. *Armageddon*. USA 1998. Regie: Michael Bay.

[32] Zur Wirkung des Erhabenen im Film vgl. grundsätzlich meinen Beitrag: *Massen im Monumentalfilm – Überwältigungsstrategien des Genrekinos. Versuch einer Typologie aus der Theorie des Erhabenen*. In: *Masse Mensch. Das „Wir" – sprachlich behauptet, ästhetisch inszeniert*. Hg. von Andrea Jäger, Gerd Antos und Malcolm H. Dunn. Halle/Saale: Mitteldeutscher Verlag 2006, S. 308–325.

[33] *Deep Impact*. USA 1998. Regie: Mimi Leder.

[34] *Solaris*. SU 1972. *Stalker*. SU 1979. Regie jeweils: Andrej Tarkowskij.

deutlicher – das ‚Mängelwesen' Mensch,[35] das sich auf feste Institutionen und Spielregeln des kommunikativen Handelns verpflichten muss, um überleben zu können, und das doch fortwährend, im existenziellen Sinne, scheitert.

In *District 9* (Abb. 16)[36] wiederum haben die Aliens offenbar die Nutzung ihrer eigenen, hoch überlegenen Technik verlernt. So werden sie in Ghettos eingepfercht, statt von ihrem Raumschiff aus, das über Johannesburg wie verankert steht, die Welt zu vernichten. Das sind andere Muster als jene in *Independence Day* oder in *War of the Worlds* (Abb. 17).[37] Im letzten Fall half, gegen die aggressive außerirdische Technik, die die Menschheit auszuradieren imstande und angetreten war, nur der Zufall, oder, anders und mit dem Film von Byron Haskin gesagt, die Natur, weil eben alle menschliche Technik versagt hatte: Eine Immunschwäche, ausgelöst durch irdische Bakterien, rafft die Eindringlinge hinweg. Die eigene Geisteskraft und die erworbenen Fertigkeiten reichen nicht aus, darum fällt die Menschheit zurück in den Schoß der Schöpfung: eine merkwürdige Bescheidenheitsgeste. Tim Burton hat aus dieser Pointe den Gag konstruiert, die Invasoren aus *Mars Attacks!*,[38] denen die Auslöschung des Menschengeschlechts ein offensichtlich diebisches Vergnügen bereitet, stürben an der unerträglichen Countrymusik, mit der sie zuletzt beschallt wurden. Im Falle des Obsiegens wie in dem der Auferstehung nach der unleugbaren Niederlage wirkt indes noch das gleiche Modell: die alte Formel vom *Zauberlehrling*, der sich anschickt, Meister zu sein und an seiner *Hybris* scheitert.

Für die neuen Technikdarstellungen in Dystopien hat dieses Muster nun ausgedient. Die Verantwortung für das Geschehen wird nicht abgewälzt in diesen Filmen seit 2000, sondern angenommen. Technik wird nicht mehr perhorresziert, aber zugleich auch nicht idealisiert oder romantisch verbrämt.

Technik als Instrument

Technik heißt, glaubt man der Etymologie, „Verfahren, Vorgehensweise, Umsetzung naturwissenschaftlicher Erkenntnisse" und wird häufig zurückgeführt auf die substantivierende Entlehnung aus den Französischen, *technique*, was „kunstfertig, handwerksmäßig" bedeutet und damit bereits verweist auf den griechischen Ursprung des Wortes *tékhnē* für „Handwerk, Kunst, Fertigkeit, Wissenschaft".[39]

---

[35] Arnold Gehlen: *Der Mensch. Seine Natur und seine Stellung in der Welt* [1940]. 13. Aufl. Wiesbaden: Aula 1986, S. 20, 33, 36–39, 83, 354. Ders.: Anthropologische und sozialpsychologische Untersuchungen [1961, 1957]. Reinbek: Rowohlt 1986, S. 17, 46–48, 94.
[36] *District 9*. USA, NZ, CDN, ZA 2009. Regie: Neill Blomkamp.
[37] *Independence Day*. USA 1996. Regie: Roland Emmerich. *The War of the Worlds*. USA 1953. Regie: Byron Haskin. *War of the Worlds*. USA 2005. Regie: Steven Spielberg. Beide nach dem Roman *The War of the Worlds* von H. G. Wells (1898). Das berühmte Hörspiel danach von Orson Welles stammt aus dem Jahr 1938.
[38] *Mars Attacks!* USA 1996. Regie: Tim Burton.
[39] Friedrich Kluge: *Etymologisches Wörterbuch der deutschen Sprache*. 22. Aufl. unter Mithilfe von Max Bürgisser und Bernd Gregor völlig neu bearb. von Elmar Seebold. Berlin, New York,

Zugehörig sind, dieser an sich harmlosen Bestimmung bereits etwas entgegengesetzt, auch die Wörter „Technizismus, Technokrat und Technokratie",[40] was uns schon näher an die Dystopien führt. Denn eine ‚Herrschaft der Technik'[41] können Menschen nicht wollen, die für sich selbst Individualität reklamieren oder gar von der Freiheit des Willens überzeugt sind, allen Befunden der heutigen Neurologie zum Trotz.[42] Technik also ist Instrument – und wenn sie zum Selbstzweck degeneriert oder zur Stabilisierung unrechtmäßiger Herrschaft dient, tritt sie die Stelle der Macht selbst an, wird Technokratie. Martin Heidegger beschreibt diesen Zusammenhang:

> Zu dem, was die Technik ist, gehört das Verfertigen und Benützen von Zeug, Gerät und Maschinen, gehört dieses Verfertigte und Benützte selbst, gehören die Bedürfnisse und Zwecke, denen sie dienen. Das Ganze dieser Einrichtungen ist die Technik. Sie selber ist eine Einrichtung, lateinisch gesagt: ein *instrumentum*.
> Die gängige Vorstellung von der Technik, wonach sie ein Mittel ist und ein menschliches Tun, kann deshalb die instrumentale und anthropologische Bestimmung der Technik heißen. […]
> [A]uch die moderne Technik ist ein Mittel zu Zwecken. Darum bestimmt die instrumentale Vorstellung von der Technik jede Bemühung, den Menschen in den rechten Bezug zur Technik zu bringen. Alles liegt daran, die Technik als Mittel in der gemäßen Weise zu handhaben.[43]

Aber eben diese Gemäßheit ist ein äußerst fragiles Konstrukt. Ein poetisches, hoch symbolisch aufgeladenes Bild von Technik als genuinem Instrument der Unterdrückung liefert die Filmgeschichte selbst. Es wird generiert im angeblich berühmtesten *Match Cut*, der jemals geschnitten wurde:[44] Der Mensch entsteht, diesem Trick und seiner Legende zufolge, durch einen Geistesblitz, den ein mysteriöser, strikt geometrischer Monolith offenbar initiiert. Eine Horde von Affenmenschen, und hier genau *einer* unter ihnen, entdeckt, dass sich Knochen eines erlegten Tieres, wohl eines Tapirs, als Werkzeug verwenden lassen, um weitere Beutetiere zu töten, aber auch, um über die Artgenossen zu triumphieren (Abb. 18). Weil er Ursache

---

NY: de Gruyter 1989, S. 724. Vgl. *Duden. Das Fremdwörterbuch*. Hg. von der Dudenredaktion. 9. aktual. Aufl. Mannheim: Bibliographisches Institut 2007, S. 1025.

[40] Kluge, *Etymologisches Wörterbuch* (Anm. 39), 724. *Alphaville*, heißt es im gleichnamigen Film von Jean-Luc Godard, sei eine Technokratie (25:00 – 25:10). Auch hier wird die Liebe als einzige Gegenmacht aufgerufen. Zeitangaben nach der DVD Chicago, IL: Public Media 1998, 44:00, 1:15:00 – 1:17:26, 1:35:24, 1:38:38 – 1:38:55.

[41] Vgl. *Duden. Das Fremdwörterbuch* (Anm. 39), 1025.

[42] Vgl. dazu den Beitrag von André Steiner im vorliegenden Band.

[43] Martin Heidegger: *Die Frage nach der Technik* [1953]. In ders.: *Gesamtausgabe*, 1. Abt.: *Veröffentlichte Schriften 1910 – 1976*, Bd. 7: *Vorträge und Aufsätze*. Hg. von Friedrich-Wilhelm von Herrmann. Frankfurt/M.: Klostermann 2000, S. 5 – 36, hier 10 f.

[44] Vgl. etwa James Monaco: *Film verstehen. Kunst, Technik, Sprache, Geschichte und Theorie des Films und der Medien* [1977 – 2000]. Übers. aus d. am. Engl. von Brigitte Westermeier und Robert Wohlleben. 10. Aufl. Reinbek: Rowohlt 2008, S. 221. Die genannte Variante sei, so Monaco wörtlich, „wahrscheinlich der anspruchsvollste Match Cut der Geschichte". Siehe auch Bernd Kiefer: *2001: Odyssee im Weltraum*. In: *Filmgenres. Science Fiction*, Hg. Koebner (Anm. 21), 198 – 207; 198, 202 f. insb.

und Wirkung zusammendenkt und Prognosen anstellen kann, wächst diesem Einen eine bislang ungekannte Macht zu. Und genau im Siegestaumel der Überlegenheit, den dieser frühe Vorfahre der Menschheit erlebt, wirft er den Knochen in die Luft, dessen fallende Bewegung dann in die schwebende, ähnlich geformte eines Raumschiffes der Zukunft wechselt.[45] Die Montage macht unmissverständlich klar, dass die anschließend vorgeführte, weiße Utopie der schönen neuen Technikwelt in *2001. A Space Odyssey*,[46] dem reinen Machtwillen, einem bösen Trieb des Menschen, seine Existenz verdankt. Und dieses Bewusstsein, das den Willen zur Macht generiert hat, wurde sogar von außen, von einer außerirdischen Instanz, angestoßen, ja erst ins Leben gerufen. Das sind, streng genommen, keine guten Ausweise für den menschlichen Allmachtanspruch, die Krone der Schöpfung zu sein. Und gerade weil die Begründung so gänzlich aus dem Nichts gegriffen erscheint, wird sie mit aller Macht verteidigt. Eben das ist das Muster der gesellschaftlichen Dystopien, die mit Technik gestützt werden. Sie nutzen die *causa efficiens*, eine der vier Ursachen, als alleiniges Schema der Kausalität. Die *causa finalis*, die Finalität, wird ausgeklammert. Effektivität, Wirkung, Dienstbarkeit treten an die Stelle der ethischen Selbstbestimmung des Menschen.[47] Das macht Technik zum Instrument gesellschaftlicher Unterdrückung.[48]

Dystopie – Anti-Utopie

Dystopie ist bekanntlich eine neologistische Ableitung aus dem länger eingeführten Wort Utopie, das Christa Wolf einmal prominent mit *Kein Ort. Nirgends* übersetzt hat.[49] Während man unter einer Utopie die radikale Verbesserung aller Beziehungen innerhalb einer Gemeinschaft versteht, ihre soziopolitischen Institutionen und Normen eingeschlossen, aber auch den Umgang mit Technik und Mechanisierung, etwa prominent bei H. G. Wells in *A Modern Utopia* (1905), wird ihr Gegenstück als Anti-Utopie oder Dystopie bezeichnet.[50] Während *Eu*topia den schlichtweg idealen Staat meint, ein gesellschaftliches Wunschbild, und *U*topie primär seine *projektive* Idealität bezeichnet – wie in der Begriffsverwendung seit Thomas Morus

---

[45] Monaco, *Film verstehen* (Anm. 44), 202 f.
[46] *2001. A Space Odyssey*. GB, USA, F 1968. Regie: Stanley Kubrick.
[47] Heidegger, *Die Frage nach der Technik* (Anm. 43), 11. Vgl. auch Andreas Luckner: *Heidegger und das Denken der Technik*. Bielefeld: Transcript 2008, S. 23 f., 33 f. insb.
[48] Vgl. zum Folgenden passim http://de.wikipedia.org/wiki/Liste_dystopischer_Filme. Außerdem instruktiv http://de.wikipedia.org/wiki/Dystopie.
[49] Christa Wolf: *Kein Ort. Nirgends* [1979]. 4. Aufl. Berlin, Weimar: Aufbau 1982.
[50] Vgl. Stephan Meyer: *Die anti-utopische Tradition. Eine ideen- und problemgeschichtliche Darstellung*. Frankfurt/M. u. a.: Lang 1998, S. 136 f. Früh bereits einschlägig ist Mark R. Hillegas: *The Future as Nightmare. H. G. Wells and the Anti-utopians*. Oxford, New York, NY: Oxford University Press 1967, S. 60, 63 f., 66, 68. Siehe auch Krishan Kumar: *Utopia & Anti-Utopia in Modern Times* [1987]. London, Cambridge, MA: Blackwell 1991, S. 168. Zur relativ positiven Zeichnung von Technik auch in Wells' *Shape of Things to Come* vgl. ebd., 219 f.

üblich⁵¹ – werden die *Dys*topie und die *Anti*-Utopie sehr konkret.⁵² Beide bezeichnen die Negation von Utopie, wenn man darunter „die Vorstellung von einem heiteren und sorglosen Leben, das zugleich ein kluges, vernünftiges, maßvolles und sittenreines Leben ist," versteht. Denn dieser Idealzustand „zieht sich durch die gesamte *Utopia* und zeugt von der humanistischen Gestimmtheit, die den Verfasser [eben Thomas Morus] erfüllte".⁵³ Wie ein "doppelgänger"⁵⁴ folgt die Anti-Utopie der Utopie – a "nightmare to its dream" – von ihrem ersten Anfang an. Seit Morus ist das Gegenstück intellektuell erst denkbar.⁵⁵ Anti-Utopien auf der einen Seite könnte man verstehen als Widerlegungen des utopischen Denkens selbst: Mahnungen und Warnungen vor gesellschaftlichen Fehlentwicklungen, die in den Utopien bereits angelegt sind, während Dystopien auf der anderen Seite in erster Linie Schreckbilder wären.⁵⁶ Schon John Stuart Mill sprach 1868 abwertend von "dystopians". Doch durchgesetzt hat sich der Begriff der "DYSTOPIA" erst mit seiner Verwendung durch J. Max Patrick – "if it is permissible to coin a word" –, der sein Erstgeburtsrecht noch so nachdrücklich, wenngleich fälschlich, einfordert.⁵⁷ Dystopie also ist nicht einfache Antithese, sondern transportiert im Scheitern die Anlagen, welche die Utopie auszeichnen konnten, gleichsam mit. "Dystopia, typically invoked, is [...] a utopia that has gone wrong, or a utopia that functions only for a particular segment of society".⁵⁸

Hier wird eine Negation der (positiv besetzten, utopischen) Negation betrieben, die wiederum moralisch eindeutig werten will. Die negative Gegenwelt der Dystopie nutzt das rhetorische Mittel der Übertreibung, um anzuklagen. Gezeigt werden Schreckensstaaten – und Technik kann durchaus *das* Mittel sein, ihnen zur Wirksamkeit und Dauer zu verhelfen. Das gilt seit E. M. Forsters *The Machine Stops* von 1909 und reicht über Jewgenij Samjatins *Мы* (dt. *Wir*, 1920) und Aldous Huxleys

---

⁵¹ Neben Thomas Morus' *Utopia* sind einschlägig die Klassiker von Tommaso Campanella, *Der Sonnenstaat*, und Francis Bacon, *Neu-Atlantis*. Einen ersten Überblick geben Thomas Haufschild und Nina Hanenberger: *Literarische Utopien und Anti-Utopien. Eine vergleichende Betrachtung* [1993]. 2. Aufl. Wetzlar: Phantastische Bibliothek 1999, hier S. 10 – 22 insb. sowie passim.

⁵² Vgl. zur Begriffsbildung auch Tom Moylan: *Scraps of the Untainted Sky. Science Fiction, Utopia, Dystopia*. Boulder, CO: Westview 2000, S. 147 f., 157, 195. Siehe auch Darko Suvin: *Theses on Dystopia 2001.* In: *Dark Horizons. Science Fiction and the Dystopian Imagination.* Hg. von Raffaella Baccolini und Tom Moylan. New York, NY, London: Routledge 2003, S. 187 – 201, hier 188 f. insb.

⁵³ Willi Erzgräber: *Utopie und Antiutopie in der englischen Literatur*. München: Fink 1980, S. 38.

⁵⁴ So deutsch im englischen Original.

⁵⁵ Kumar, *Utopia & Anti-Utopia* (Anm. 50), 99, 104.

⁵⁶ Vgl. Hans Esselborn, *Vorwort*. In: *Utopie, Antiutopie und Science Fiction im deutschsprachigen Roman des 20. Jahrhunderts.* Hg. von dems. Würzburg: Königshausen & Neumann 2003, S. 7 – 11, hier 8.

⁵⁷ Vgl. Meyer, *Die anti-utopische Tradition* (Anm. 50), 25.

⁵⁸ So formulieren Michael D. Gordin, Helen Tilley und Gyan Prakash: *Introduction. Utopia and Dystopia beyond Space and Time.* In: *Utopia/Dystopia. Conditions of Historical Possibility.* Hg. von dens. Princeton, NJ, Oxford: Princeton University Press 2010, S. 1–17, hier 1. Esselborn, *Vorwort* (Anm. 56), 8, hält allerdings „diese differenzierte Unterscheidung" zwischen Dystopie und Anti-Utopie für „nicht realistisch".

Brave New World (1932) bis zu Orwells Topos vom technikgestützten Überwachungsstaat.[59] Aber auch bei H. G. Wells finden sich dunkle Gegenseiten zur positiv besetzten Technikutopie, etwa in *The Time Machine* (1895), die von den gleichnamigen Filmen teils bedrückend umgesetzt wurden – in der ausbeuterisch kannibalischen Entgegensetzung von Morlocks und Eloi, Unten und Oben, Jägern und Gejagten. Nur die Oberfläche der Erde gibt im Jahr 802.701 scheinbar einen paradiesischen Zustand ab. Unten wartet mit den Morlocks, den depravierten Industriearbeiten, das Grauen, das den Maschinen entsprang – und damit den Rückfall in den Zustand vor aller Zivilisation darstellt.[60]

Als heute klassisches Modell zu jedwedem machtsichernd instrumentellen Gebrauch von Technik gilt George Orwells *Nineteen Eighty-Four*, der Roman aus dem Jahr 1948. Passend zum Titel wurde er 1984 als Film realisiert.[61] Wir sehen eine scheinbar egalitäre Gesellschaft (Abb. 19). Die Mittelschicht ist intellektuell unmündig und zudem abhängig wie jeder andere Lohnarbeiter. Kritik ist weder von ihr, noch vom Proletariat alter Prägung zu erwarten. Die Medien, die ein Instrument der gesellschaftlichen Kontrolle und der öffentlichen Debatte sein sollten, dienen allein der Propaganda im Staat Ozeanien und zugleich der Überwachung der gesamten Bevölkerung.[62] Streng genommen erschöpft sich in diesem Medienverbund auch schon die dargestellte Technik des Films, sieht man von den Folterpraktiken ab, die aber, wie die allgegenwärtigen Bildschirme, gleichfalls wenig futuristisch anmuten. Euphemismen wie das berühmte „Ministerium der Liebe", der Straftatbestand der „Gedankenverbrechen" und die Verstümmelung der Sprache zum „Neusprech" sind eher altertümelnde, gleichwohl überaus wirksame Mittel, um die Despotie des „Großen Bruders"[63] kontrafaktisch als die „beste[..] aller möglichen Welten" erscheinen zu lassen.[64]

Nur der Blick ins Freie, in eine einladende, offene englische Landschaft, lässt in der Dystopie den Hoffnungsschimmer einer Utopie aufscheinen. Dem umfassen-

---

[59] Vgl. Hillegas, *The Future as Nightmare* (Anm. 50), 82 f., 86, 92 f. Siehe auch Moylan: *Scraps of the Untainted Sky* (Anm. 52), 149 f., 158 f.
[60] *The Time Machine*. USA 1960. Regie: George Pal. *The Time Machine*. USA 2002. Regie: Simon Wells. Vgl. Hillegas, *The Future as Nightmare* (Anm. 50), 16 f., 25, 29 – 32.
[61] *1984*. GB 1984. Regie: Michael Radford.
[62] Vgl. Tina Sicker: *1984*. In: *Filmgenres. Science Fiction*, Hg. Koebner (Anm. 21), 418 – 424, 420 f. insb.
[63] "We are thought-criminals" heißt es selbstanklagend bei George Orwell: *Nineteen Eighty-Four*. In ders.: *Animal Farm, Burmese Days, A Clergyman's Daughter, Coming up for Air, Keep the Aspidistra Flying, Nineteen Eighty-Four*. London: Octopus 1981, S. 741 – 925, hier 845. Vgl. als Appendix "The Principles of Newspeak", 917 – 925. Zum "Ministry of Love" vgl. 745 – und alle Begriffe dort passim. "BIG BROTHER IS WATCHING YOU" fällt bereits auf der ersten Seite des Romans, 743.
[64] Der Satz aus der *Theodizee* des Leibniz wurde bereits von Voltaire parodiert. Vgl. dazu Voltaire: *Candid oder der Optimismus*. In ders.: *Candid und andere Erzählungen*. Übers. aus d. Frz. von Liselotte Ronte und Ernst Sander. Gütersloh: Bertelsmann o. J. [1964?], S. 179 – 320, hier 182 und passim.

den *locus terribilis* setzt der Film einen nur angedeuteten *locus amoenus* entgegen.[65] Dessen Verwirklichung aber wird dem Zuschauer als Unmöglichkeit vorgeführt. Das Individuum ist machtlos unter der totalen Kontrolle, verrät die (subversive) Liebe sogar und ist zur Selbstkritik bereit. Bezeichnenderweise wirkt die Ausstattung des Films insgesamt keinesfalls zukünftig, sondern auf eigentümliche Weise antiquiert. Wir sehen Bilder, die aus den 40er Jahren stammen könnten, eine Farbgebung, die diese historische Distanz noch unterstreicht und das Rückständige der dystopischen Zukunft im *Production Design* bereits ausdrückt.

Anachronismus – Zukunft in Retrobildern

In diese Reihe der skurrilen Retrobilder passt auch *La Antena* (RA 2007) unter der Regie von Esteban Sapir, der zudem noch die Stummfilmästhetik nachahmt.[66] Dieselbe Intention des Retrodesigns gilt auch für *Brazil*, den Film von Terry Gilliam, der *1984* scheinbar mit Franz Kafka fortschreibt und den Stoff zugleich in die satirische Groteske treibt (Abb. 20).[67] Die Auslöschung des Lebens eines Unschuldigen ist hier ein bürokratischer und perfider Witz, nicht der Allmacht des *Big Brother* geschuldet. Kuriose Fehler, hier ein zerquetschter Käfer, der in die Fahndungsliste einer wiederum faschistoiden Polizei gerät, werden zum blutigen Ernst. Und wer, wie der Protagonist Sam Lowry, versucht, die Fehler zu korrigieren, also dem dystopischen Staat eigentlich zu dienen, indem er für die Liquidierung derjenigen sorgt, die auch tatsächlich gemeint sind, wird selbst zum komischen Staatsfeind, der sich in eine comic-hafte und engelsgleiche Erlöserfigur nur hineinträumt. Gilliam greift ebenfalls auf das Modedesign vorwiegend der 40er Jahre zurück, durchmischt es aber mit zahllosen Film- und Realzitaten auch aus anderen Jahrzehnten, reanimiert zum Beispiel die dreirädrigen Kleinstautomobile aus den 50ern, vermutlich ein nur gering veränderter Messerschmidt Kabinenroller von 1953, und lässt Technik häufig völlig dysfunktional erscheinen. So sind alle Räume mit dicken Versorgungsrohren versehen (Abb. 21), die als offenkundiges Zeichen der alles durchdringenden Staatsmacht zu deuten sind – die aber, von den handelnden Figuren, auch zu sabotieren wären in ihrer unübersehbaren Präsenz.[68]

Ein Film wie *Fahrenheit 451* von François Truffaut[69] lässt seine büchervernichtende Feuerwehr in offenen Gemeinschafts-Automobilen auffahren, die aus Verkehrssicherheitsgründen seit Jahrzehnten verboten sein müssten. Man telefoniert in dieser zukünftigen Gesellschaft mit Apparaten, die noch an der Wand montiert sind und deren Herstellungsdatum man grob mit 1900–1920 angeben

---

[65] Zur Typologie der idyllisch-bukolischen Landschaft vgl. etwa Klaus Garber: *Der Locus Amoenus und der Locus Terribilis. Bild und Funktion der Natur in der deutschen Schäfer- und Landlebendichtung des 17. Jahrhunderts*. Köln u. a.: Böhlau 1974.
[66] *La Antena*. RA 2007. Regie: Esteban Sapir.
[67] *Brazil*. GB 1985. Regie: Terry Gilliam.
[68] Vgl. Susanne Marschall: *Brazil*. In: *Filmgenres. Science Fiction*, Hg. Koebner (Anm. 21), 442–446, 446 insb.
[69] *Fahrenheit 451*. GB 1966. Regie: François Truffaut.

müsste. Wenn ein alter Rasierer ausgemustert wird, verschwindet das elektrische Modell aus den 60er Jahren im Papierkorb, während ein Klapp-Rasiermesser aus dem 19. Jahrhundert dessen Platz einnimmt (Abb. 22). *La cité des enfants perdus* versetzt uns sogar vollends in die Techniksenerie des vorvorigen Jahrhunderts.[70] Hier ist alle Technik noch schwer, aus Metall, vorzugsweise aus Messing gefertigt, Gehäuse stammen, wie selbstverständlich, aus edlen und solide verarbeiteten Hölzern. Gerechnet wird mechanisch, selbst wenn es um die computergleichen Rechenprozeduren des Gehirns Irvin geht, das, in einer Nährflüssigkeit schwimmend, in einem aquariumsähnlichen Gehäuse aufbewahrt wird. Irvin kann sich über einen Grammophontrichter mitteilen und blickt, wie die verbrecherischen Zyklopen, mit nur einem künstlichen Auge in die Welt (Abb. 23). Auch wenn es in diesem Film von Jeunet & Caro Cyborgs gibt und Klone – intendiert ist allemal, nicht der Technik selbst oder ihrer unkontrollierbaren Progression die Schuld zu geben am Zustand dieser durch und durch zerrütteten Gesellschaft.

Das gilt auch für *The Handmaid's Tale* nach Margret Atwoods futuristischem Roman. Schlöndorff verlegt, eher gegen das Drehbuch von Harold Pinter, die Dystopie orwellscher Prägung in einen primären Konflikt der Geschlechter. Wiederum ist die Erde, sind Grund und Boden verseucht durch die Folgen eines nuklearen Krieges. Hier aber steht die Gesellschaft vor dem Problem, dass, als Nachwirkung dieser Kontamination, nur wenige Frauen noch gebären können. Empfängnis, Geburt und die spätere Pflege und Erziehung der Kinder sind deshalb hoch ritualisiert und quasi religiös institutionalisiert. Dienerinnen, entrechtete gebärfähige Frauen, werden zur Zeugung von Nachwuchs in die Häuser reicher und privilegierter Träger des Staates gegeben, um von diesen führenden Männern schwanger zu werden und das Kind für die ‚gastgebende' Familie auszutragen, unterstützt in der grotesken, religiös verbrämten Kopulation durch die dabei selbst anwesende, unfruchtbare Ehefrau.

Man denkt hier unwillkürlich an die Lebensborn-Ideologie der Nationalsozialisten, auch wenn der Handlungsort in den USA gelegen ist. Eben das hat die Aufnahme der amerikanischen Produktion nicht eben begünstigt.[71] Auch hier will der Film nicht der Zukunft technisch vorgreifen, denn die Möglichkeiten einer künstlichen In-vitro-Fertilisation, heute längst vielfach genutzte Praxis zur Umsetzung eines Kinderwunsches, hatte man auch vor der Jahrtausendwende schon absehen können. Der Anachronismus, zuweilen Archaismus der Szenerie ist demnach gewollt. Dystopien, die gesellschaftliche Missstände aufgreifen und anprangern wollen, interessieren sich weniger für Fragen der technischen Innovation, sondern mehr für das Verhältnis von Herrschaft und Individuum. Und im Bereich des politischen Unbewussten à la Jameson[72] sind insbesondere die Beziehungen der

---

[70] *La cité des enfants perdus*. F 1995. Regie: Jean-Pierre Jeunet und Marc Caro.
[71] So die Einschätzung des Regisseurs Volker Schlöndorff selbst im Interview, das dem Bonusmaterial der DVD beigefügt ist. Vgl. *The Handmaid's Tale*. USA, D 1990. Regie: Volker Schlöndorff. Leipzig: Kinowelt Home Entertainment 2008.
[72] Fredric Jameson: *The Political Unconscious. Narrative as a Socially Symbolic Act*. Ithaca, NY: Cornell University Press 1981.

Geschlechter zueinander regressiv und repetitiv, statt der Imagination neue Wege zu weisen, wie Vivian Sobchack gezeigt hat.[73] Technik hat hier also eine untergeordnete Funktion.

Nützlichkeit, Entmündigung und Gegenwehr

Einen anderen Entwurf präsentiert *Minority Report*, der Film von Steven Spielberg[74] nach der Erzählung von Philip K. Dick. Dort ist die Technik auf dem Stand einer reibungslosen Vervollkommnung angelangt, die zumindest außerhalb der Slums einen hohen Lebensstandard zu garantieren scheint. Doch eben die Slums gibt es auch, wie im *Blade Runner* – oder wie in *Metropolis* die Unterstadt. Vielen indes scheint nützlich, was die Technik zu bieten hat. Sie sorgt zudem, durch die Imaginationsleistung der sogenannten *PreCogs*, die zukünftige Verbrechen voraussagen wie einst das Orakel von Delphi, und die ausführenden polizeilichen Einheiten des *PreCrime*, für eine Gegenwart in Washington, DC, im Jahr 2054, das keine Gewaltverbrechen mehr kennt. Bezahlt wird diese allgemeine Sekurität mit der totalen staatlichen Observation, der sich niemand – in welcher intimen Situation auch immer sie oder er sich gerade befindet – entziehen darf. Privatheit wird aufgehoben, Kontrolle universalisiert, Fehler werden für unmöglich erklärt. Das Auge fungiert hier als universelle Metapher,[75] durch das der Einzelne identifiziert wird über den Irisscan und die anonyme staatliche Macht Zugriff auf ihn hat.[76] Wer erkannt wird, muss sich einfügen – ob in die persönliche Ansprache belebter Werbung oder in den Datenabgleich übergeordneter Instanzen.[77] Schon damit schwindet die Möglichkeit, sich persönlich zu entscheiden und diese Entscheidung moralisch zu verantworten. Umso mehr gilt das für die existenzielle Frage nach (gerechter?) Rache und Kapitalverbrechen wie Mord. Anders als bei Sartre,[78] besteht Freiheit darin, sich gegen die Tat zu entscheiden. Aber *PreCrime* nimmt dem Einzelnen eben diese Entscheidung ab. Wie auch in *A. I. Artificial Intelligence*[79] gelangen die Menschen durch den Fortschritt der Technik selbst an die Grenzen des Humanen. Sie sind, anders gesagt, deren Anforderungen ethisch und emotional nicht gewachsen. Das ist eine erstaunliche Wende bei einem Regisseur, der sich

---

[73] Vgl. Vivian Sobchack: *Child/Alien/Father: Patriarchal Crisis and Generic Exchange*. In: *Close Encounters. Film, Feminism, and Science Fiction*. Hg. von Constance Penley u. a. Minneapolis, MN, Oxford: University of Minneapolis Press 1991, S. 3–30, hier 28 insb.

[74] *Minority Report*. USA 2002. Regie: Steven Spielberg.

[75] Ähnlich wie beim Computer HAL 9000 in *2001. A Space Odyssey*, seinem Pendant Auto in *WALL-E* oder in Spielbergs Remake von *War of the Worlds*.

[76] Das wiederum rekurriert bereits auf die berühmte Sequenz in *Blade Runner*.

[77] Vgl. Stefanie Schwarz: *"Can you see?". The Importance of Vision and the Eye Motif in Steven Spielberg's "Minority Report"*. In: *Of Body Snatchers and Cyberpunks*. Hg. von Sonja Georgi und Kathleen Loock. Göttingen: Universitätsverlag Göttingen 2011, S. 143–150.

[78] „Meine Freiheit, das ist diese Tat", deklamiert, reichlich pathetisch, Orest in *Les mouches*. Jean-Paul Sartre: *Die Fliegen. Die schmutzigen Hände*. Zwei Dramen [1943/1948]. Übers. aus d. Frz. von Gritta Baerlocher und Eva Rechel Mertens. Reinbek: Rowohlt 1980, S. 59.

[79] *A. I. Artificial Intelligence*. USA, GB 2001. Regie: Steven Spielberg.

früher naiv technikverliebt dem Faszinosum der Möglichkeiten hingegeben hatte – man denke nur an *E. T. the Extra-Terrestrial* und *Close Encounters of the Third Kind* –, wenngleich die überlegene, positiv konnotierte Technik dort den Aliens zugewiesen wird.[80] Mit Spielbergs Filmen ab 2000 hingegen wird die Technikauffassung eindeutig dystopisch.

Gattaca entwirft in diesem Kontext die interessante Variante, dass nur die biologisch Auserwählten – die ‚Validen' – die Qualifikation für den Weltraumflug erhalten.[81] Wer nicht genetisch verbessert das Licht der Welt erblickt, sondern dem Zufallsprinzip seine Zeugung verdankt, wie in früheren Jahrhunderten üblich, hat keine Chance und zählt gleich zu den ‚Invaliden'. Doch das ‚Gotteskind' Vincent will sich seinen Traum erhalten – und tauscht deshalb seine biologische Identität, was, naturgemäß, ein hochgradig verbrecherischer Akt ist in einer Gesellschaft totaler Kontrolle. Unser Held ist also ein modernerer, gleichwohl ebenso talentierter Mr. Ripley.[82] Und ihm gelingt der subversive Akt, die Befreiung, doch zum Ziel seiner Träume gelangen zu können. Für alle anderen hingegen bleibt die Dystopie bestehen. „Wo andere Science-Fiction-Helden [...] zu Erlösern der Menschheit oder [...] Befreiern von einem repressiven System werden, laviert sich Vincent Freeman [!] in *Gattaca* einzig clever durch das System, welches er ansonsten aber nicht verändert."[83] Evident ist hier der Rekurs auf Huxleys *Brave New World*, und die modernisierte gleichnamige Verfilmung von 1998 nimmt eine ähnliche Fokussierung vor.[84] Auch *V for Vendetta* behandelt das Thema Abweichung.[85] Ein Zwangsexperiment mit einem tödlichen Virus eliminiert die Teile der Bevölkerung, die der Führungsriege und ihren Machtambitionen unlieb geworden sind. Der Titel verspricht schon, dass dieses Regime mit einer ultimativen Rache konfrontiert werden wird – eben jenes Überlebenden, der, wie seine Leidensgenossen, eigentlich ausgeschaltet werden sollte.

Technik als Gehilfin wirtschaftlicher Interessen

Dystopien in einem weiteren Verstande müssen nicht zwangsläufig mit autokratischen Regimen korrelieren (Abb. 24). Oftmals tritt der Mechanismus kapitalistischen Wirtschaftens an deren Stelle. Die reine Geldgier bringt die Menschheit an den Rand der Katastrophe oder führt sie bereits in die unabdingbare Vernichtung. Auffällig häufig finden sich hier auch Narrationen von Cyborgs, Robotern und

---

[80] *E. T. the Extra-Terrestrial*. USA 1982. *Close Encounters of the Third Kind*. USA 1977. Regie jeweils: Steven Spielberg.
[81] *Gattaca*. USA 1997. Regie: Andrew Niccol. Zu den ethischen Implikationen vgl. den Beitrag von Sigrid Graumann im vorliegenden Band.
[82] *The Talented Mr. Ripley*. USA, I 1999. Regie: Anthony Minghella – nach dem gleichnamigen Roman von Patricia Highsmith (1961).
[83] Claus M. Wolfschlag: *Traumstadt und Armageddon. Zukunftsvision und Weltuntergang im Science-Fiction-Film*. Graz: Ares 2007, S. 105.
[84] Vgl. ebd. *Brave New World*. USA 1998. Regie: Leslie Libman und Larry Williams.
[85] *V for Vendetta*. USA 2006. Regie: James McTeigue.

Androiden, die in den *Alien*-Filmen ja gleichfalls eine wichtige Rolle spielen. Die *Alien*-Saga,[86] könnte man zu Recht formulieren, ist um das Schlüsselmotiv des geldgierigen Konzerns konzipiert. *Das unheimliche Wesen aus einer fremden Welt*,[87] das offenkundig nicht kontrolliert werden kann – und deshalb den Untergang der gesamten Menschheit bedeuten könnte – wird als Geheimwaffe gehandelt.[88] Der Wille zur Akkumulation und persönlichen Bereicherung, den die Weyland-Yutani Bio Weapons Division so skrupellos verfolgt, kalkuliert also die Vernichtung der Gattung ein. Wider besseres Wissen wird eine Gefahr für die Menschheit nur aus Gründen des Profitinteresses heraufbeschworen. Diesen Zug, deutlich angelegt im ersten Film der Reihe, behalten alle drei Sequels bei. Nur durch die – zunächst geheim gehaltene – Intention, die Zerstörungskraft des Alien für den Waffenhandel vermarkten zu können, kommt die Nostromo vom Weg ab. Nur die gezielte Insubordination von Ash lässt den befallenen Kane – unter Missachtung der Quarantäne – ins Schiff zurückkehren, nur militärisches Profitstreben verhindert die Ausradierung der Kolonie auf dem Planeten Acheron im zweiten Film. Nur das Verwertungsinteresse am Alien führt im dritten Teil in den Suizid Ripleys – die der Kompanie nicht glauben mag, dass man ihr den Parasiten entfernt und diesen dann tötet. In allen drei Versionen sterben unzählige, zum großen Teil völlig unschuldige Opfer, weil diese Entscheidungen rein zweckinstrumentell fallen – für das Partialinteresse und gegen das der Art. Eine Haltung, die das Alien nicht einnehmen könnte und nicht einnimmt. Und im vierten Teil der Reihe werden dann sogar Menschen auf die USM Auriga, das Forschungsschiff der United Systems Military, verbracht, um als Brutstätte für die Arten zu dienen, die man aus den Klonen Ripleys gewonnen hat. Deutlicher, plakativer kann man Technikkritik als Kapitalismuskritik nicht artikulieren. Wirklich menschlich, heißt es deshalb bei Jeunet, ist nur noch ein Roboter, Cal: als Vertreterin einer eigentlich ausgemusterten, untauglichen Produktionsreihe. Das ergibt zugleich eine interessante Genealogie der Androiden in *Aliens*: Vom hinterhältigen Kollaborateur Ash, welcher ein williger Erfüllungsgehilfe der Company ist, über den gutgesinnten Bishop, der Ripley und Newt unter Einsatz seiner Existenz rettet, dessen Wiedergänger Bishop II – bis hin zu Cal, deren Fehlfunktion des eigentlich Humane darstellt.

Total Recall basiert auf einer Vermarktung virtueller Reisen, *Judge Dredd* und *RoboCop* sind Produkte unverantwortlicher Forschungen und medizinischer Abenteuer wie ihr Vorfahre, Frankensteins Monster,[89] aber nicht dem vor Eitelkeit sich

---

[86] *Alien*. GB, USA 1979. Regie: Ridley Scott. *Aliens*. USA 1986. Regie: James Cameron. *Alien³*. USA 1992. Regie: David Fincher. *Alien: Resurrection*. USA 1997. Regie: Jean-Pierre Jeunet.

[87] So der deutsche Untertitel: *Alien – Das unheimliche Wesen aus einer fremden Welt*.

[88] Vgl. zum nachfolgenden Absatz, mit zum Teil gleichlautenden Formulierungen, meinen Beitrag *Arterhaltung, Hybridisierung, Verschmelzung. Das imaginierte Böse in den Alien-Filmen von Ridley Scott bis Jean-Pierre Jeunet*. In: *Anschauen und Vorstellen. Gelenkte Imagination im Kino*. Hg. von Heinz-Peter Preußer. Marburg: Schüren 2013 (im Erscheinen).

[89] Man kann hier sogar erneut die Analogie zu Rotwang und seinem Geschöpf, der künstlichen Maria, aus *Metropolis* als Vorläufer ziehen. So etwa bei Telotte, *Science Fiction Film* (Anm. 13), 163.

verzehrenden, üblicherweise krank geschilderten Hirn eines *Mad Scientist* entwachsen (denken wir nur an die Comicverfilmungen zu *Spider Man*, mit dem Grünen Kobold etwa oder Octopus), sondern dem Diktat der Effizienz und des Geldes unterworfen. Wenn ein Polizei-Droide wie der ED-209 in *RoboCop* nicht funktioniert, wie er soll, wenn er gar Menschen tötet, statt zur „urbanen Befriedung" beizutragen, wird er dennoch gebaut, weil es eine Abnahmegarantie des Militärs für ihn gibt.[90] *Robots* gibt die kindgerechte Variante,[91] wie sich mechanische Underdogs gegen die Diktatur der ewigen „Backups"-Optimierung mit ihrer Roboterwürde behaupten müssen. Dieselbe Geschichte hatte auch schon *A. I. Artificial Intelligence* erzählt, mit den traurigen Bildern der Aussortierten auf der Müllhalde der Technikgeschichte.

Eine bittere Pointe, ohne jedwede Robotik, bietet *Soylent Green*. In einem weitgehend zerstörten und übervölkerten New York des Jahres 2022 wird den Bewohnern ein synthetisches, von allen überaus begehrtes, weil nahrhaftes grünes Nahrungsmittel offeriert – das angeblich aus Algen oder Plankton gewonnen wird, in Wahrheit aber, wie der Film im dramatischen Finale enthüllt, aus Menschfleisch besteht. Der sterbende Sol Roth ruft es aus: „Die Menschheit muss es wissen! [...] Das Plankton geht zu Ende, Ozeanien ist leer. Es ist Menschenfleisch. Soylent Green ist ein Produkt aus Menschfleisch. [...] Es wird nicht mehr lange dauern und sie werden Menschen züchten zur Ernährung wie Vieh."[92] Auch in *Blade Runner* und *I, Robot*, die von den Identitäts-Problemen selbstbewusster Maschinen handeln und mit ihnen hadern,[93] kommt es letztlich auf Effizienz und Bezahlbarkeit an. Das sind allesamt Muster, die uns durchaus vertraut, nicht eigentlich zukünftig erscheinen, meint auch Constance Penley: "Our love affair with the apocalypse and Armageddon, according to Jameson, results from the atrophy of utopian imagination, in other words, our cultural incapacity to imagine the future. [...] it locates the origins of future catastrophe in decisions about technology, warfare and social behavior that are being made today."[94]

---

[90] *Paul Verhoeven*. Hg. von Douglas Keesey und Paul Duncan. Übers. aus d. am. Engl. von Thomas J. Kinne. Köln u. a.: Taschen 2005, S. 102 f.
[91] Angaben zu den vorgenannten Filmen: *Total Recall*. USA 1990. Regie: Paul Verhoeven. *Judge Dredd*. USA 1995. Regie: Danny Cannon. *RoboCop*. USA 1987. Regie: Paul Verhoeven *Frankenstein*. USA 1931. Regie: James Whale. *Spider Man*. USA 2002. *Spider-Man 2*. USA 2004. *Spider-Man 3*. USA 2007. Regie jeweils: Sam Raimi. *Robots*. USA 2005. Regie: Chris Wedge und Carlos Saldanha.
[92] *Soylent Green*. USA 1973. Regie: Richard Fleischer; in Deutschland unter dem Verleihtitel *...Jahr 2022... die überleben wollen*. Unter diesem Titel der Beitrag von Jörg C. Kachel in: *Filmgenres. Science Fiction*, Hg. Koebner (Anm. 21), 285–263; 259, 263 insb. Siehe auch Zirnstein, *Zwischen Fakt und Fiktion* (Anm. 15), 133–138, insb. 137. Die Stelle im Film nach der DVD Hamburg: Warner Home Video Germany 2003, 1:30:06–1:30:11.
[93] *I, Robot*. USA, D 2004. Regie: Alex Proyas. Vgl. Deborah Knight und George McKnight: *What Is It to Be Human? "Blade Runner" and "Dark City"*. In: *The Philosophy of Science Fiction Film*, Hg. Sanders (Anm. 12), 21–38, hier 27 f., 32 insb.
[94] Vgl. Constance Penley: *Time Travel, Primal Scene, and the Critical Dystopia*. In: *Close Encounters. Film, Feminism, and Science Fiction*. Hg. von Constance Penley u. a. Minneapolis, MN, Oxford: University of Minneapolis Press 1991, S. 63–80, zit. 63. Dagegen gelte es, die

Postapokalypse

In der Zeit nach dem Untergang können sich die Katastrophen nur noch perpetuieren.[95] Das Ende ist kein Ende mehr. Die Dekadenz mit dem finalen Ziel der völligen Zerstörung wird abgebogen in die Spirale der permanenten Wiederholung. Dennoch ängstigen und faszinieren Untergänge gleichermaßen. Dazu muss an den Untergang keine Heilserwartung mehr anschließen: wie noch in der *Offenbarung* des Johannes, dem christlichen Urtext aller Apokalypsen. Die Erzählungen von der Auslöschung einzelner Völker, der gesamten Gattung Mensch oder des Planeten werden gleichsam kupiert um den Erlösungsgedanken.[96] Die Postapokalypse fungiert deshalb als das klassische Subgenre filmischer Dystopien in der Postmoderne. Das Schreckbild des Untergangs löst sich auf in die Pluralität seiner Varianten. „Die Endzeit [...] ist selbst eine leere Hülle, die als Medium von Botschaften semantisierbar ist."[97]

So wirkungsvoll und massiv diese Götterdämmerungen auch inszeniert sein mögen, sie bereichern unsere Vorstellungen von der Relation negativer Gesellschaftsformationen mit Elementen des Technikdiskurses nur peripher. Tendenziell geht das Genre Science-Fiction hier schon in Fantasy oder den Horrorfilm über. Die Postapokalypse liefert schöne Bilder, hat, in Gestalt des *Cyberpunk*[98] geradezu stilbildend gewirkt am Ende des Millenniums – aber zu denken geben die bunten und actiongeladenen Epen häufig recht wenig. Anthropologisch wird vielmehr studiert, unter welchen, in der Regel bescheidenen, Verhältnissen sich menschliche Individuen und Institutionen reorganisieren, wie Mythen erneut auferstehen, Macht- oder Staatsstrukturen sich neu bilden. „Soweit zu sehen ist, und Weite wird durch das Weitwinkelobjektiv, das die Krümmung der Erde im Bild wiedergibt, suggeriert, ist die Gegend öde, die Welt Wüste", schreibt Hans Krah über *Mad Max Beyond Thunderdome*.[99] Dem Diktum Helmuth Plessners, der Mensch sei von

---

Utopie als Methode zurückzugewinnen, meint Fredric Jameson: *Utopia as Method, or the Uses of the Future*. In: *Utopia/Dystopia. Conditions of Historical Possibility*. Hg. von Michael D. Gordin, Helen Tilley und Gyan Prakash. Princeton, NJ, Oxford: Princeton University Press 2010, S. 21 – 44, 21, 25 f. insb.

[95] Siehe dazu die folgenden Sammelbände: *Apokalypse. Der Anfang im Ende*. Hg. von Maria Moog-Grünewald und Verena Olejniczak Lobsien. Heidelberg: Winter 2003. *Apokalyptik und kein Ende*. Hg. von Bernd U. Schipper und Georg Plasger. Göttingen: Vandenhoeck & Ruprecht 2007. Außerdem mein Buch: *Letzte Welten. Deutschsprachige Gegenwartsliteratur diesseits und jenseits der Apokalypse*. Heidelberg: Winter 2003.

[96] Vgl. Klaus Vondung: *Die Apokalypse in Deutschland*. München: Deutscher Taschenbuch Verlag 1988, passim und S. 9 – 15, 485 – 510, insb. 508.

[97] Hans Krah: *Weltuntergangsszenarien und Zukunftsentwürfe. Narrationen vom Ende in Literatur und Film 1945 – 1990*. Kiel: Ludwig 2004, S. 398.

[98] Zum literarischen Topos vgl. Sherryl Vint: *Bodies of Tomorrow. Technology, Subjectivity, Science Fiction*. Toronto, Buffalo, NY, London: University of Toronto Press 2007, S. 102 – 123: "Cyberpunk: Return of the Repressed Body", insb. 111 f., 117 f. Siehe zum Cyberpunk, übertragen auf den Film, auch Thomas Weber: *Medialität als Grenzerfahrung. Futuristische Medien im Kino der 80er und 90er Jahre*. Bielefeld: Transcript 2008, S. 229 – 232, 231 insb.

[99] Krah, *Weltuntergangsszenarien* (Anm. 97), 289. Vgl. auch ebd., 300. Zur Ambivalenz des Technikbegriffs in diesem Zusammenhang ebd., 311 f.

Natur aus künstlich,[100] fügen solche Betrachtungen in der Regel nur das Vertrauen auf neuerliche Resubstanzialisierungen hinzu.

Das Setting ist angesiedelt zwischen „Warlords und Mutanten" – und etabliert in der Regel eine neue „Archaik in der postapokalyptischen Wüste".[101] *Mad Max* und *Tank Girl* spielen in solchen Szenarien nach dem Untergang, *Waterworld* im genauen Gegenteil, weil die fruchtbaren Landmassen dort im Meerwasser versunken sind. Aber auch *Stalker* von Andrej Tarkowskij fügt sich hier ein, wenngleich die wüste, verbotene Zone in diesem Film metaphysisch aufgeladen erscheint. Die Filmhandlung liegt jeweils in zeitlicher Nähe zu der Katastrophe, die stattgefunden hat. Die Figuren haben den Wendepunkt noch erlebt, sind Zeugen der Apokalypse geworden, deren Ergebnis sie nun zu massiven Restrukturierungen zwingt. In Filmen wie *The Time Machine* oder der Reihe *Planet of the Apes* – und den beiden jüngeren Remakes dazu –[102] wird hingegen ein großer Zeitsprung (durch eine Zeitreise) unternommen, um einen Blick in eine weit entfernte Zukunft zu erlangen, die aber wiederum nur einen Rückfall in geradezu mythische Archaik bedeutet.

Das dritte Modell, dem auch die *Terminator*-Reihe folgt,[103] setzt die Zeitreise in eine relativ nahe Vergangenheit einer durch Viren verseuchten oder atomar verstrahlten Zukunft ein, um eben diese – innerhalb der Diegese gegenwärtige – Zukunft zu verhindern. *Twelve Monkeys* gehört als prominentes Beispiel in diesen Kreis.[104] Die Abwendung der Apokalypse nach deren Realisation kann sogar den rettenden Helden einschließen, die Erlösung etwa durch das fehlende, bei Besson *Das fünfte Element* oder durch das Sammeln der acht Spirits durch die Wissenschaftlerin Dr. Aki Ross in *Final Fantasy*.[105] In Jeunets und Caros *Delicatessen* hingegen wirkt die klassische ‚Negativdidaxe':[106] im Aufgipfeln all der Verfehlungen, die das 20. Jahrhundert kennzeichnen und die dann weiter wirken in die Ökoapokalypse einer nicht näher bestimmten, aber phantasmagorisch hybridisierten Zukunft.[107]

---

[100] Aus *Die Grenzen der Gemeinschaft* (1924). Vgl. dazu Helmut Lethen: *Verhaltenslehren der Kälte. Lebensversuche zwischen den Kriegen.* Frankfurt/M.: Suhrkamp 1994, S. 80 f. Arnold Gehlen formuliert ähnlich, „der Mensch" sei „von Natur ein Kulturwesen". Gehlen, *Der Mensch* (Anm. 35), 80.
[101] Wolfschlag, *Traumstadt und Armageddon* (Anm. 83), 180.
[102] *Planet of the Apes.* USA 1968. Regie: Franklin J. Schaffner. *Beneath the Planet of the Apes.* USA 1970. Regie: Ted Post. *Escape from the Planet of the Apes.* USA 1971. Regie: Don Taylor. *Conquest of the Planet of the Apes.* USA 1971. Regie: J. Lee Thompson. *Battle for the Planet of the Apes.* USA 1973. Regie: J. Lee Thompson. *Planet of the Apes* [Remake]. USA 2001. Regie: Tim Burton. Zu *The Time Machine* vgl. Anm. 60.
[103] Vgl. auch Krah, *Weltuntergangsszenarien* (Anm. 97), 311 f.
[104] *Twelve Monkeys.* USA 1995. Regie: Terry Gilliam.
[105] *Final Fantasy: The Spirits Within.* USA, J 2001. Regie: Hironobu Sakaguchi.
[106] *Le cinquième élément. The Fifth Element.* F 1997. Regie: Luc Besson. *Delicatessen.* F 1991. Regie: Jean-Pierre Jeunet und Marc Caro.
[107] Vgl. Sean Cubitt: *"Delicatessen". Eco-Apokalypse in the New French Science Fiction Cinema.* In: *Aliens R Us. The Other in Science Fiction Cinema.* Hg. von Ziauddin Sardar und Sean Cubitt. London, Sterling, VA: Pluto 2002, S. 18–33, hier 19 f. insb.

Einen anderen Typus der Postapokalypse sehen wir in der Exterritorialisierung begründet. Raumschiffe verlassen eine verstrahlte und chemisch verseuchte Erde, retten, wie in der Arche Noah, wertvolles genetisches Material, Saatgut, ja ganze Wälder, wie in *Silent Running*,[108] um für eine spätere Rückkehr zur Erde gerüstet zu sein. In *WALL-E* etwa hat Technik die Aufgabe, diesem Ziel näher zu kommen, biologisches Leben auf dem Heimatplaneten erneut möglich zu machen: bei aller manifesten Zivilisationskritik, die dieser Film zuvor artikuliert hat. Auch das Schlussbild in *Silent Running* vertraut dem Kunstlicht – in den sonnenfernen Regionen des Jupiter – und dem Roboter Dewey die Pflege der Wälder an, derer die egoistischen und affektgesteuerten Menschen, unseren ‚grünen', asketischen Protagonisten, Freeman [!] Lowell eingeschlossen, nicht mehr fähig waren.

Universelle Manipulation und Simulation

Ganz anders verhält es sich, wenn wir Technik nicht als Waffenentwicklung, nicht als Weltraumeroberung, nicht als biologische Kategorie verstehen, sondern auch und besonders als Technik der Kommunikation. Denn Film ist nicht nur Medium der Darstellung dystopischer Verhältnisse, sondern auch der Gegenstand vielfältiger Spekulationen über das Verführungspotenzial audiovisueller Massenkommunikation. François Truffaut zeigt nicht allein die seinerzeit überdimensionierten Bildwände, die auch in *Total Recall* begegnen und heute schon Realität sind in vielen Wohnungen, er lässt nicht nur alle Bücher verbrennen, sondern eröffnet seinen Film *Fahrenheit 451* auch ohne Schrift. Die Titelsequenz wird gesprochen, unterlegt mit einem beeindruckenden Wald von Fernsehantennen. Das ist die peritextuelle Konsequenz dessen, was die Narration innerhalb der Diegese beschreibt. Doch alle Kritik an der Simulation der Realität,[109] wie sie schon in *Welt am Draht* – oder in dessen Remake, *The 13th Floor* – formuliert wird,[110] entkommt dem grundlegenden Dilemma nicht, das auch schon bei Godard aufgefallen war: mit den Mitteln des bewegten Bildes die Schriftkultur zu verteidigen.[111] Im Grunde sind diese Filme allesamt Liebeserklärungen an die literarische Poesie, die ihr inhärente Komplexität und Widersprüchlichkeit.[112] Später wird dieser Gestus verschwunden sein und die Kritik der reinen Virtualität wesentlich erfolgreicher vorgebracht werden. In *Matrix* fusioniert nicht das Bewegtbild mit einer verklärten Form von Literarität, sondern

---

[108] *Silent Running*. USA 1972. Regie: Douglas Trumbull.
[109] Dazu einschlägig die Theorien von Jean Baudrillard, erstmals ausführlich in ders.: *Der symbolische Tausch und der Tod* [1976]. Übers. aus dem Frz. von Gerd Bergfleth und Gabriele Ricke. München: Matthes & Seitz 1982.
[110] *Welt am Draht*. D 1973. Regie: Rainer Werner Fassbinder. *The Thirteenth Floor*. D, USA 1999. Regie: Josef Rusnak.
[111] Vgl. Thomas Hensel: *Bild-Kultur als Schrift-Kultur oder Die Zukunft im Feuerschein einer Medienkritik. François Truffauts „Fahrenheit 451"*. In: *Zukunft im Film*. Hg. von Frank Hörnlein und Herbert Heinecke. Magdeburg: Scriptum 2000, S. 31 – 54.
[112] Vgl. zum gleichnamigen Roman von Ray Bradbury, *Fahrenheit 451*, ganz ungebrochen affirmativ Thomas Nöske: *Clockwork Orwell. Über die kulturelle Wirklichkeit negativ-utopischer Science Fiction*. Münster: Unrast 1997, S. 118, 123.

das Genre Science-Fiction mit dem des Hongkong Action Films, dem Eastern. Larry und Andy Wachowski hatten den Choreograf von *Fist of Legend*,[113] Yuen Wo Ping, als Trainer für die entsprechenden Schauspielereinlagen in *Matrix* verpflichtet. Und mit Keanu Reeves bietet der Film dieselbe Schnittstelle *in persona* an, hat der Hauptdarsteller doch zugleich englische und chinesisch-hawaiianische Wurzeln.[114] Das macht das Genre nunmehr, seit den 90er Jahren, auch für ganz andere Gruppen von Kinogängern anschlussfähig. Die Simulation und ihre Narrative wechseln vom Art House zum Mainstream.

Auf dem Weg dorthin gibt es signifikante Vorläufer – aus beiden Bereichen. Paul Verhoeven hat mit *Total Recall* einen kommerziellen Film über Erinnerungsimplantate gedreht, der die Handlungsstruktur eines Actionfilms adaptiert, zugleich aber einen pessimistischen Befund liefert über die Möglichkeiten universeller Manipulation. Welche Ebene die reelle sein soll, bleibt so letztlich unklarer als in *Matrix*. Und beim Happy-Ending ist die Lösung nur vorgeblich, eben weil wir gar nicht wissen, ob die Rettung der Marskolonie nur eine implantierte Simulation oder eine Wiedergabe der Wirklichkeit ist.[115] Da ist sogar *Brazil* eindeutiger: in der Verweigerung des glücklichen Ausgangs. Bewusstseinstechnik ist Folter, lernen wir hier wie dort – oder auch in *A Clockwork Orange*, in diesem Falle zusätzlich problematisiert durch die zuvor gezeigte, äußerst brutale Gewalt des Protagonisten Alex, der nun mit den Mitteln psychisch-manipulativer Gewalt – über Filmbilder – von der eigenen, physisch verübten geheilt werden soll.[116] Klarer – wenngleich häufiger übersehen – fällt hingegen die Kritik der allgegenwärtigen Werbung und Propaganda auf, die *Total Recall* vermittelt – ähnlich wie bei *Starship Troopers*.[117] Sie dient der Stabilisierung von Herrschaft, befestigt ein faschistoides System und lässt dem Einzelnen kaum eine Chance, sich dem zu entziehen – selbst wenn wir den glücklichen Ausgang für denjenigen der „narrativen Wirklichkeit" halten.[118]

Strange Days, von Kathrin Bigelow,[119] spielt noch deutlicher mit Genremustern: Thriller, Science Fiction, Liebesdrama und politisch-ethnisch grundierter Actionfilm werden angerissen, zu einem Ganzen verwoben und letztlich aber in der Medienkritik fokussiert. SQUID-Clips sind die neue Droge einer nahen Zukunft im Jahr 1999 (der Film kam 1995 in die Kinos). Sie geben über ein Headset dem Nutzer die Illusion, sich in Wahrnehmungen anderer wie in eigenen Erinnerungen

---

[113] Original: *Jing wu ying xiong*. HK 1994. Regie: Gordon Chan.
[114] Vgl. Peter X Feng: *False and Double Consciousness. Race, Virtual Reality and the Assimilation of Hong Kong Action Cinema in "The Matrix"*. In: *Aliens R Us*, Hg. Sardar u. a. (Anm. 107), 149 – 163, hier 155 f.
[115] Vgl. Weber, *Medialität als Grenzerfahrung* (Anm. 98), 219 – 228, insb. 220, 226.
[116] *A Clockwork Orange*. GB 1971. Regie: Stanley Kubrick. Der gleichnamige Roman, der als Vorlage diente, stammt von Anthony Burgess [1962]. Harmondsworth: Penguin 1987, S. 78 – 86 insb.
[117] Ebd., 228. Vgl. *Paul Verhoeven*, Hg. Keesey u. a. (Anm. 90), 108, 121 insb.; 161, 168 zu *Starship Troopers*.
[118] Zu dieser Begriffsbildung einschlägig ist Dominik Orth: *Narrative Wirklichkeiten. Eine Typologie pluraler Realitäten in Literatur und Film*. Diss. Universität Bremen 2011/12. Erscheint voraussichtlich Marburg: Schüren 2013.
[119] *Strange Days*. USA 1995. Regie: Kathrin Bigelow.

oder wirklichen Abläufen zu bewegen. Auch wegen der tentakelähnlichen Saugnäpfe des Kopfaufsatzes wird das Kontaktgerät wohl SQUID genannt – das Kürzel steht eigentlich für *Superconducting Quantum Interference Device*. Die Technik erlaubt ein Spiel mit der Macht – als Voyeurismus oder als direkte Implementierung anderer Erfahrungen ins eigene Erleben. Aber diese Möglichkeit wird, wie Weber zu Recht sagt, einer ‚Ökonomie der Aufmerksamkeit' eingepasst: „der einfache Gewalt- oder Sexclip interessiert kaum noch".[120] Begehrt sind stattdessen insbesondere Snuff-Videos, die letzte *Eindrücke* von Opfern zeigen, die gerade ermordet, in einem Falle zunächst vergewaltigt und dann erst getötet werden. Eigene Erfahrung wird hier eingetauscht gegen eine Überbietungslogik an mehr als fragwürdigem Attraktionspotenzial – die der Film wiederum eindeutig kritisiert. *Dark City* verhandelt hingegen den Verlust gelebter Erinnerung, die Manipulation der Seelen durch das Tunen und den Wandel der konkreten Erscheinungswelt durch das Morphing der *Fremden* nicht unter dem Paradigma der Technik, sondern als einen Angriff von außen, der die einstige Realität außer Kraft setzt.[121]

Die eigene Wirklichkeit wird in *eXistenZ* wiederum für *minder interessant* erachtet.[122] Hier ist es die Welt der Spiele-Konsolen, die dagegen freiwillig eingetauscht wird. Wir sind, wie bei *Total Recall* bereits, wieder in der Situation der Unentscheidbarkeit, in welcher der möglichen Realitäts- oder Simulationsebenen wir uns derzeit befinden. Aber anders als bei Verhoeven oder auch bei Bigelow macht Cronenberg keine Konzessionen an den Geschmack des großen Publikums; *eXistenZ* ist ein Art-House-Film, der auch als solcher gewürdigt werden will. Er spielt nicht mit den Genremustern, wie *Strange Days*, er setzt sich über sie hinweg. Das ist verstörend, zuweilen an den Grenzen des Ekels operierend. Wenn die Protagonisten, Allegra Geller und Ted Pikul, einander näher kommen wollen, müssen sie ins Spiel eintauchen. Die erotischste Szene ist diejenige, wenn er ihr das nabelschnurartige Kabel für den Anschluss der organischen Konsole in den „Bioport" einsetzt – eine gleichzeitig virtuelle wie körperlich-materielle Kopulation, die direkt ins Rückenmark führt, die Schnittstelle zum Gehirn. Als Avatare erst sind die beiden im ‚richtigen' Leben angelangt: das naturgemäß das ‚falsche' ist. „Eine mediologische Analyse von *eXistenZ* könnte keinen Widerspruch zwischen behaupteter Handlung [...] und tatsächlicher Mediendarstellung feststellen [...]. Cronenberg inszeniert insofern die totale Immersion, der die Protagonisten nicht mehr entfliehen können, denn ein Ausbruch in die Realität endet nur in einer weiteren Realitätsebene des Spiels."[123]

Interessant ist hier die Verkehrung der eingangs konstatierten und für den Technikdiskurs lange Zeit zentralen Dichotomie von mechanistischer Technik und organischen Lebenszusammenhang. Gerade weil Technik das Leben kopiert, ihm ähnlicher und eben selbst organisch wird, scheint sie nun dem Menschen in

---

[120] Weber, *Medialität als Grenzerfahrung* (Anm. 98), 250; vgl. 239–250.
[121] *Dark City*. USA, AUS 1998. Regie: Alex Proyas.
[122] *eXistenZ*. CDN, GB 1999. Regie: David Cronenberg.
[123] Weber, *Medialität als Grenzerfahrung* (Anm. 98), 283; vgl. 273–283.

besonderem Maße verhängnisvoll zu sein: als fürchte er um die letzte Bastion für den Rückzug auf sein Selbst.

Technik als Spiegel menschlicher Sehnsüchte und Schwächen

Schließlich drückt Technik aber auch eine Sehnsucht des Menschen aus. Im dystopischen Diskurs kann das freilich nicht mehr die naive Hoffnung auf Fortschritt sein. Bei Tarkowskijs *Solaris* wird vielmehr deutlich, wie begrenzt menschliche Perzeption und Evokation sind. Was wir denken können, erreicht möglicherweise – oder ziemlich sicher – gar nicht, was an Intelligenz vorhanden ist in den Weiten des Universums. Der vernunftbegabte, gestaltformende Ozean dieses fremden Planeten Solaris ist weder dem Protagonisten, noch dem Zuschauer fassbar. Wenn er ihm, Chris, in seinen Projektionen, Metamorphosen wie aus dem Unbewussten seines Ichs, entgegentritt, kann unser Held das Angebot zur Kommunikation nicht annehmen. Er verzweifelt an sich selbst, weil er auf sich zurückgeworfen wird, auf seine ganz konkrete Schuld am Selbstmord seiner Frau Rheya, die ihm jetzt offenbar als Spiegel seiner Erinnerung in neuer Materialisierung erscheint. Soderbergh, der diesen Konflikt ausstellt,[124] hat sich in seinem Remake aber vor allem auf schöne Bilder beschränkt – die philosophische Herausforderung, die sein Film streift, hat er nicht angenommen.[125]

Stattdessen müsste der Film eine neue Welt aufbauen, die mit der vertrauten der Gegenwart so wenig gemein hat wie etwa mit der überlieferten der Antike. Sie sollte als mögliche konstruiert und allererst konstituiert werden. Das bedeutet Aufwand, der bei der Charakterzeichnung etwa, aber auch in der Komplexität der Erzählhaltungen, Einbußen erfordert. Aber auf Komplexität will Soderbergh nicht verzichten. Er sucht Tiefe in den Figuren. Dabei geht es hier um ein Grunddilemma anspruchsvoller Science-Fiction als Genreliteratur. Das Andere in jener Anderswelt muss erst erklärt werden. Es versteht sich nicht von selbst. Die mögliche Welt der Fiktion ist von der realen Welt nicht nur durch den Entwurf der handelnden (hier nicht wirklichen) Personen getrennt, sondern zusätzlich durch den Entwurf der Welt selbst, deren Gesetze für die Narration Gültigkeit haben sollen. Sie ist, anders gesagt, nicht (oder nur geringer) ontologisch mit der realen Welt korreliert. Im Roman *Solaris* nutzt Lem deshalb den Kunstgriff, die Solaristik als eine alte, etablierte, beinahe fast schon entsunkene Wissenschaft zu präsentieren.[126]

Die neuen Filme zum Technik-Dystopie-Diskurs, wie etwa *Sunshine* von Danny Boyle, nehmen die philosophische Herausforderung hingegen auf. Das gelingt, weil

---

[124] *Solaris*. USA 2002. Regie: Steven Soderbergh.
[125] Wesentlich freundlicher im Vergleich der beiden Fassungen urteilt Inge Kirsner: *Erlösung in „Solaris". Theologische Spekulationen um die Werke Lems, Tarkowskis und Soderberghs*. In: *Outer Space. Reisen in Gegenwelten*. Hg. von Charles Martig und Daria Pezzoli-Olgiati. Marburg: Schüren 2009, S. 229 – 245, hier 234, 236 f., 239, 243 insb.
[126] Stanisław Lem: *Solaris*. Roman [1968]. 7. Aufl. Frankfurt/M.: Suhrkamp 1980, S. 22, 30 f., 36, 90, 140 f., 198, u. ö.

das Andere wieder gegenwärtiger, normaler wird. Sie berauschen sich so wenig am Erreichten, wie sie umgekehrt Technik verdammen als den Urgrund menschlichen Übels. Stärker als alle Hybridbildungen – Cyborgs, Androiden, virtuelle Realitäten –, die für die 90er Jahre so typisch waren, führen diese Bilder und die mit ihnen generierte Diegese erneut – wie bei Tarkowskij – die Schwächen des Menschen vor. Es ist ein existenzielles, sehr persönliches und unhintergehbares Scheitern. In diesem Rahmen des Scheiterns noch zu funktionieren und zugleich ein Selbstbild als Ich zu bewahren, ist die letzte Sehnsucht in den technischen Dystopien dieser neuesten Filme. Das ist wenig und zugleich viel.

Frühere Filme aus den späten 90er Jahren, wie *Sphere* oder *Event Horizon*,[127] brauchten noch das Gerüst der Psychoanalyse, um über die Technik die Kernprobleme des Menschen in diesem selbst zu spiegeln. Das Böse wird auch in diesen erzählerischen Konstruktionen nicht mehr metaphysisch verstanden, sondern als abgespaltene Regung im Affektapparat der Spezies Mensch. Wer mit Hilfe der Technik über die menschliche *Conditio* hinaus will, wird gerade umso radikaler zurückgeworfen auf sein Selbst – als nicht beherrschbares Unbewusstes. Die Kugel (*Sphere*) oder das Raumschiff (*Event Horizon*) materialisieren nur die schlimmsten Ängste aller Wissenschaftler – ähnlich dem Grundgedanken bei *Solaris*. Der Film von Danny Boyle macht sogar Anleihen bei diesen seinen Vorgängern, vor allem in Gestalt des Kapitän Pinbacker von der havarierten Icarus I. Aber er überschreitet sie auch in den Kategorien Technik und Dystopie. Die Sonne ist das große Faszinosum in diesem Film, vor dem das menschliche Bewusstsein nur scheitern kann. Die Technik, auch wenn sie letztlich triumphiert, ist kein Anlass zur Selbstüberhebung. Ganz im Gegenteil illustriert auch sie nur, dass der Mensch dem Stand der Zivilisation nicht gewachsen ist, den er geschaffen hat. Darin führt Boyle auch Kubricks *2001* fort. Der Navigator begeht einen Rechenfehler – nicht der Computer stürzt, wie Mother (in *Alien*) oder Hal 9000 (*2001*), die Besatzung in die Katastrophe – und vernichtet damit zugleich die finale Hoffnung der Menschheit.

Während in *Sunshine* das Erkalten des Heimatplaneten durch das Selbstopfer des Bordphysikers Capa verhindert wird – dieser zündet letztlich erfolgreich die riesige Atom-Bombe, um die stockende Kernfusion der Sonne zu reaktivieren –, schauen in Lars von Triers *Melancholia* die Protagonistinnen Justine und Claire mit dem Jungen Leo zu, wie sich der große, unser Sonnensystem passierende Planet mit dem titelgebenden Namen zum zweiten Mal der Erde nähert – und nunmehr einlöst, was als ultimatives Ende gelten kann. Die Masse Melancholias zermalmt die Erde und alles Leben, das auf ihr angesiedelt war.[128] Diese Dystopie ohne alle moralisierende Absicht braucht auch keine Technik mehr – keine positiv konnotierte, keine kritisch ausgestellte. Was sollte Technik hier noch bewirken? Sie kommt, als Handlungselement, gar nicht mehr vor. Und nach dieser Kollision, soviel ist sicher, geht es auch im inzwischen vertrauten Rahmen der Postapokalypse nicht weiter.

---

[127] *Sphere*. USA 1998. Regie: Barry Levinson. *Event Horizon*. USA, GB 1997. Regie: Paul W. S. Anderson.
[128] *Melancholia*. DK, S, F, D 2011. Regie: Lars von Trier.

III
Biotechnologien

Viviana Chilese

Evolution 2.0 – Zur Utopie des vollkommenen Menschen und ihrer dystopischen Kehrseite

Seitdem affenähnliche Wesen sich aus dem vierfüßigen Gang aufrecht erhoben hatten und ihre Hände – die nun nicht mehr der Fortbewegung dienten – Aufgaben der Nahrungsgewinnung und -zubereitung, der Verteidigung und zunehmend des Gebrauchs und der Herstellung von Werkzeugen übernahmen, hat sich der Mensch vom ‚unfertigen' Wesen zur ‚Krone der Schöpfung' entwickelt. Biologisch betrachtet ist der Mensch ein *homo inermis*, „ein Mängelwesen",[1] das aufgrund seiner physischen und morphologischen Unangepasstheit an die natürliche Umwelt anderen Spezies unterlegen ist. Er hat aber die Fähigkeit, seine physischen Mängel zu kompensieren, indem er einerseits vorgefundene Naturumstände verändert oder sie sich dienstbar macht und andererseits sich selbst als modellierbar, als ‚Aufgabe' versteht. Zentral in Arnold Gehlens These des Menschen als „Mängelwesen", die stark an Friedrich Nietzsches Charakterisierung desselben als das „nicht festgestellte Tier" erinnert,[2] ist die mit der organischen Mangelhaftigkeit verflochtene oder besser aus dieser resultierende Notwendigkeit zur Handlung.[3] Da es dem Menschen an spezialisierten Organen und Instinkten mangelt, ist er auf Handlungen

---

[1] „Morphologisch ist […] der Mensch im Gegensatz zu allen höheren Säugern hauptsächlich durch Mängel bestimmt, die jeweils im exakt biologischen Sinne als Unangepaßtheiten, Unspezialisiertheiten, als Primitivismen, d. h. als Unentwickeltes zu bezeichnen sind: also wesentlich negativ. […] innerhalb natürlicher, urwüchsiger Bedingungen würde er als bodenlebend inmitten der gewandtesten Fluchttiere und der gefährlichsten Raubtiere schon längst ausgerottet sein." Siehe Arnold Gehlen: *Der Mensch. Seine Natur und seine Stellung in der Welt* [1940]. 12. Aufl. Wiesbaden: Athenaion 1978, S. 33. Siehe auch Ernst Bloch: „Wir sind als Menschen Mangelwesen par excellence. Wir haben eine nur uns eigene Lebensnot, die uns Nacktgeborenen angestammt ist, und die die Tiere trotz ihres angstvoll unglücklichen Daseins in dieser Weise nicht kennen, weil sie viel besser ausgerüstet sind." Ernst Bloch: *Abschied von der Utopie? Vorträge*. Hg. von Hanna Glecke. Frankfurt/M.: Suhrkamp 1980, S. 101 f.
[2] Friedrich Nietzsche: *Jenseits von Gut und Böse. Vorspiel einer Philosophie der Zukunft* [1886]. In ders.: *Kritische Studienausgabe in 15 Einzelbänden* [KSA]. Hg. von Giorgio Colli und Mazzino Montinari. Bd. 5. 2. Aufl. Berlin, New York, NY: de Gruyter 1988, S. 81. Siehe auch Friedrich Nietzsche: *Nachgelassene Fragmente 1884–1885*. In ders.: KSA, Bd. 11, S. 125. Vgl. Gehlen, *Der Mensch* (Anm. 1), 10.
[3] „Der Mensch ist das handelnde Wesen. Er ist […] nicht ‚festgestellt', d. h. er ist sich selbst noch Aufgabe – er ist […] das stellungnehmende Wesen. Die Akte seines Stellungnehmens nach außen nennen wir Handlungen, und gerade insofern er sich selbst noch Aufgabe ist, nimmt er auch zu sich selbst Stellung und ‚macht sich zu etwas'." Gehlen, *Der Mensch* (Anm. 1), 32.

angewiesen, die seine organischen Nachteile kompensieren. Daraus folgt für den Menschen die Notwendigkeit, Techniken zu entwickeln, die ihm als „Organersatz" oder als „Organverlängerung" dienen sollen: „Ergänzungstechniken", die fehlende organische Leistungen ersetzen, „Verstärkertechniken", die Organleistungen potenzieren, und „Entlastungstechniken", die seine Organe entlasten mit dem Ziel der Arbeitsersparnis.[4] Der Gedanke der Kultur als „zweite Natur" schließt von Beginn an die Technik mit ein, die von Gehlen als *„nature artificielle"* verstanden wird.[5] Entscheidend bei der Entwicklung technischer Hilfsmittel ist außerdem die Fähigkeit des Menschen, Sachverhalte zu reflektieren und zu antizipieren: „Der Mensch ist schließlich *vorsehend*. Er ist – ein Prometheus – angewiesen auf das Entfernte, auf das Nichtgegenwärtige in Raum und Zeit, er lebt […] für die Zukunft und nicht in der Gegenwart."[6] Mangelnde biologische Ausstattung, antizipierendes Bewusstsein und die Fähigkeit der technischen Umsetzbarkeit bedingen sich nach Gehlens Argumentationsmuster gegenseitig, gehen ineinander über und gewähren dem Menschen erstaunliche Vorteile anderen Spezies gegenüber. Nichtsdestoweniger bleibt die biologische Beschaffenheit des menschlichen Körpers extrem zerbrechlich. Kleine und große Defekte stellen mittlerweile dank des technologischen Fortschritts kein Problem mehr dar, doch der menschliche Körper ist immer noch anfällig für lebensbedrohliche Krankheiten – und: Er ist dem Lauf der Zeit ausgeliefert. Weiterhin stirbt der Mensch, heute genauso wie vor 7 Millionen Jahren.[7] Diese Gewissheit ist Helmuth Plessner zufolge ein zentrales Charakteristikum der *conditio humana*.

> Nur der Mensch weiß, daß er sterben wird. Zwischen Geburt und Tod eingeschlossen, erfährt er an sich und seinesgleichen Grenzen, die ihn auf anderes verweisen, in das er übergehen muß, sichtbar-unsichtbar, und an denen sein Leben versagt. […] Todeserfahrung und Lebenserfahrung bilden von allem Anfang an eine Einheit, weil in der Verkörperung die Entkörperung als ihr Gegenzug mit enthalten ist.[8]

Für Plessner liegt in der Gewissheit des Todes die Ursache für Todesangst und die Sorge um das Fortleben, die er als entscheidende Faktoren – den verschiedenen kulturellen Strukturen entsprechend – „für Zauber und Beschwörung, magische

---

[4] Arnold Gehlen: *Die Seele im technischen Zeitalter. Sozialpsychologische Probleme in der industriellen Gesellschaft* [1957]. Hg. von Karl-Siegbert Rehberg. Frankfurt/M.: Klostermann 2007, insb. S. 5–23, hier 6.
[5] Ebd., 8.
[6] Gehlen, *Der Mensch* (Anm. 1), 32.
[7] Natürlich ist die Alterserwartung in modernen Gesellschaften im Vergleich zu vormodernen erheblich gestiegen. Gerade die geringere Erfahrbarkeit des Todes und des Sterbeprozesses im sozialen Umfeld hat dem Trierer Soziologen Alois Hahn zufolge die Einstellung zum Tod und das Bewusstsein der Sterblichkeit entscheidend beeinflusst. Siehe Alois Hahn: *Einstellungen zum Tod und ihre soziale Bedingtheit. Eine soziologische Untersuchung*. Stuttgart: Enke 1968, insb. S. 15–20.
[8] Helmuth Plessner: *Die Frage nach der Conditio humana* [1961]. In ders.: *Gesammelte Schriften*, Bd. 8. Frankfurt/M.: Suhrkamp 1980, S. 136–217, hier 209 f.

Übung und mystische Versenkung, Opfer und Gebet" begreift.[9] Die Religion wird von Plessner verstanden als eine der Antworten auf das Bewusstsein der menschlichen Sterblichkeit: Durch das Versprechen eines Lebens im Jenseits wird die Vergänglichkeit des menschlichen Körpers legitimiert und der Tod sinnhaft gedeutet.[10] Solange der Tod diese Legitimation findet, wird selbst die Lebenslänge, die Erfahrung des Alterns, relativiert. Verliert der Tod diese religiöse Legitimierung, so werden das Todesproblem und die Vergänglichkeit des menschlichen Körpers in der säkularisierten Gesellschaft zum zentralen Lebensinhalt.[11]

Ein goldenes Zeitalter

Mit dem Dahinschwinden der transzendenten Sinngebung von Tod und Alter gewinnen technikbasierte Visionen, die eine Perfektionierung oder gar eine Überwindung des menschlichen Körpers versprechen, an Relevanz. Die Visionen der technischen Nachbildung und Verbesserung des Menschen gehören zu den Urträumen der Völker, und wie die Mythen aller Kulturen beweisen, hat die Vorstellungskraft von Dichtern und Denkern seit je Urängste, Wissen, Prognostik und Fantastik kombiniert, um Kunstgeschöpfe zu entwerfen, die diese Visionen zumindest literarisch verwirklichen konnten.[12] Heute jedoch gedeihen diese Wunschbilder nicht mehr exklusiv auf dem Feld des Literarischen, des Fiktiven, sondern haben zunehmend Eingang in technische, (pseudo-)wissenschaftliche und (pseudo-)philosophische Diskurse gefunden und bestimmen grundlegend technische sowie literarische Zukunftsentwürfe. Glaubt man den Vertretern des Posthumanismus und den um dessen Umsetzung bemühten Transhumanisten,[13] steuern

---

[9] Ebd., 210 f.
[10] In seiner Untersuchung unterstreicht Oliver Krüger, dass es durchaus Unterschiede gibt zwischen der Deutung des Todes in den Religionen kollektivorientierter Kulturen, wo die Existenz beim Tod des einzelnen Menschen im Überleben der Gemeinschaft aufgehe, und der Legitimierung des Todes in den individualisierten Gesellschaften, wo die Gewissheit der individuellen Endlichkeit die religiöse Behauptung der Umkehrung des gegenwärtigen Leidens in ein Leben nach dem Tod ermögliche. Siehe Oliver Krüger: *Virtualität und Unsterblichkeit. Die Visionen des Posthumanismus.* Freiburg/Br.: Rombach 2004, S. 87 – 94.
[11] Vgl. ebd., 90 f.
[12] Siehe dazu: *Menschen aus Menschenhand. Zur Geschichte der Androiden – Texte von Homer bis Asimov.* Hg. von Rudolf Drux. Stuttgart: Metzler 1988, S. IX – XXI. Siehe auch Rudolf Drux: *Der literarische Maschinenmensch und seine technologische Antiquiertheit. Wechselbeziehungen zwischen Literatur- und Technikgeschichte.* In: *Dresdener Beiträge zur Geschichte der Technikwissenschaften* (2004), Heft 29, S. 3 – 19.
[13] Des Öfteren werden die Begriffe Posthumanismus und Transhumanismus synonym verwendet. Oliver Krüger hat indes überzeugend dargelegt, dass eine Unterscheidung der beiden Begriffe durchaus sinnvoll wäre. Bereits ihre Etymologien lassen sich aus unterschiedlichen Traditionen herleiten. Krüger zufolge lässt sich *posthuman* im 17. Jahrhundert als ein „zukünftig Kommendes" definiert festmachen und *posthumanist* gehe auf die Definition des amerikanischen Kulturtheoretikers Ihab Hassan für philosophische Versuche der „prometheischen" Überwindung des Menschen und damit des Humanismus

wir auf eine Epoche zu, in der die Überwindung des Todes möglich sein wird, eine Epoche, in der die Menschheit zum ersten Mal in ihrer Geschichte die Evolution selbst in die Hand nehmen wird. Aus einer Mischung aus Technikoptimismus und utopischen Visionen heraus propagieren die Transhumanisten die mögliche totale Umgestaltung der menschlichen Art, die selbstgesteuerte Evolution: „Der Transhumanismus untersucht die Möglichkeiten einer Ablösung der unkontrollierbaren, ‚natürlichen' Evolution durch eine vom Menschen gesteuerte Gestaltung seiner selbst."[14]

Ausgehend von der Tatsache, dass der menschliche Körper anfällig ist, dass er krank und alt wird, dass die Natur, die Evolution der Menschheit gewisse Grenzen gesetzt hat, streben die Transhumanisten zunächst eine Verbesserung des Menschen mit pharmazeutischen und biotechnischen Mitteln an. Der Einsatz von leistungssteigernden Drogen ist genauso zulässig wie die Verwendung von gentechnischen Eingriffen, von Implantaten oder Prothesen. Das Fernziel der Transhumanisten ist aber nicht nur die komplette Überwindung des hinfälligen menschlichen Körpers, sondern das Verwischen der Grenzen zwischen menschlichem Verstand und künstlicher Intelligenz, die Erweiterung von geistigen Fähigkeiten sowie die Trennung von der Erde als natürlichem Umfeld für das menschliche Leben.[15] "Humanity stands to be profoundly affected by science and technology in the future. We envision the possibility of broadening human potential by overcoming aging, cognitive shortcomings, involuntary suffering, and our confinement to

---

zurück. *Transhuman* finde Eingang in die englische Sprache im 19. Jahrhundert durch die Übersetzung von Dantes *Paradiso* aus der *Göttlichen Komödie* und werde bereits hier als Ausdruck für das Übermenschliche und dementsprechend heute noch im Sinne von "transcending human limits" verwendet. Vor allem aber unterscheiden sich Posthumanismus und Transhumanismus aufgrund der Stellung des Menschen als Subjekt der Betrachtung und des Fortschritts: „Während im Transhumanismus der Mensch und das, was aus ihm mit Hilfe technologischer Aufrüstungen und Erweiterungen wird, das Subjekt der Entwicklung ist, sind im Posthumanismus Roboter und künstliche Intelligenz die künftigen Träger von Evolution und Fortschritt. Die Unsterblichkeit des Menschen in einem virtuellen Habitat ist hier nur Begleiterscheinung des autonomen Fortschrittsprozesses der künstlich-intelligenten, posthumanen Wesen." Der Posthumanismus wird von Krüger als die zielgebende Denkweise verstanden, während der Transhumanismus um die praktische Umsetzung posthumaner Ziele bemüht ist. Krüger, *Virtualität und Unsterblichkeit* (Anm. 10), 107–112, hier 112. In diesem Aufsatz werden Posthumanismus und Transhumanismus gemäß Krügers Begriffsbestimmung verwendet.
[14] So zu lesen auf der Homepage der Deutschen Gesellschaft für Transhumanismus e. V. www.detrans.de. Abruf am 13. 7. 2012.
[15] Für eine umfassende Analyse der transhumanistischen Visionen siehe: Krüger, *Virtualität und Unsterblichkeit* (Anm. 10), insb. Kap. 2. Vgl. Bernhard Irrgang: *Posthumanes Menschsein? Künstliche Intelligenz, Cyberspace, Roboter, Cyborgs und Designer-Menschen – Anthropologie des künstlichen Menschen im 21. Jahrhundert*. Wiesbaden: Steiner 2005. Vgl. Christopher Coenen: *Transhumanismus und Utopie. Ein Abgrenzungsversuch aus aktuellem Anlass*. In: *Neue Utopien. Zum Wandel eines Genres*. Hg. von Rolf Steltemeier, Sascha Dickel, Sandro Gaycken und Tobias Knobloch. Heidelberg: Manutius 2009, S. 135–168.

planet Earth."¹⁶ Nach Raymond Kurzweil – dem von der breiteren Öffentlichkeit am meisten wahrgenommenen Vertreter posthumanistischer Ideen – wird die Technologie es dem Menschen in 25 Jahren ermöglichen, die biologischen Grenzen zu überschreiten. Die Nanobots, die man in Blutzellengröße im Blut haben wird, werden DNS-Fehler korrigieren, krebskrankte Zellen reparieren oder Ablagerungen entfernen. Der Körper werde erst gar nicht krank und deshalb potenziell ewig leben. Die künstliche Intelligenz werde das menschliche Gehirn erweitern, und der Mensch werde eine Mischung aus biologischer und nicht-biologischer Existenz sein. Oder unsere Gedanken werden auf die Computernetze und unsere Bewegungen auf roboterhafte Maschinen übertragen.¹⁷

Solche technikbasierten Visionen der menschlichen Perfektionierung sind nicht neu, sie sind nach Gehlens Technikverständnis so alt wie die Menschheit, sie haben aber aktuell eine andere Qualität gewonnen, da sie heute durch den technologischen Fortschritt mehr denn je realisierbar zu sein scheinen. Der rasante Fortschritt in den Nano-, Bio-, Kognitions- und Computertechnologien – den sogenannten konvergierenden Technologien – kann die Visionen einer posthumanen Zukunft bald Realität werden lassen, oder zumindest wird dies von den in die 'Converging Technologies' involvierten Forschern programmatisch verkündet. 2001, während in Deutschland Frank Schirrmacher mit dem Band *Die Darwin AG* die programmatischen Visionen der neuen Leittechnologien einem breiten Publikum bekannt machte,¹⁸ verkündete der amerikanische Präsident Bill Clinton die offizielle staatliche Förderung der Nanotechnologie. Daraufhin fand im Juni 2002 in Arlington, Virginia, der erste große nationale Kongress unter dem Titel "Converging Technologies for Improving Human Performance" statt.¹⁹ Die Europäi-

---

¹⁶ Erster Artikel der *Transhumanist Declaration*. Abrufbar unter www.humanityplus.org/philosophy/transhumanist-declaration. Abruf am 13. 7. 2012.
¹⁷ Siehe den Dokumentarfilm *Plug & Pray*. D 2010. Regie: Jens Schanze und Judith Malek-Mahdavi. Vgl. Raymond Kurzweil: *Homo S@piens: Leben im 21. Jahrhundert – Was bleibt vom Menschen?* Übers. aus. d. am. Engl. von Helmut Dierlamm, Enrico Heinemann und Ute Mihr. Berlin: Econ 2000.
¹⁸ *Die Darwin AG. Wie Nanotechnologie, Biotechnologie und Computer den neuen Menschen träumen.* Hg. von Frank Schirrmacher. Köln: Kiepenheuer & Witsch 2001.
¹⁹ *NBIC-Report: Converging Technologies for Improving Human Performance. Nanotechnology, Biotechnology, Information Technology and Cognitive Science.* NSF/DOC-sponsored report. Hg. von Mihail C. Roco und William Sims Bainbridge. Arlington, VA: National Science Foundation 2002. Dass die NBIC-Initiative wesentlich von transhumanistischen Positionen und Akteuren geprägt wurde, und dass die transhumanistischen Ideen in bio- und technikethischen, in sozial- und geisteswissenschaftlichen sowie in journalistischen Publikationen zum Thema Human Enhancement einen breiten Raum einnehmen, hat Christopher Coenen an mehreren Stellen unterstrichen. Siehe Christopher Coenen: *Konvergierende Technologien und Wissenschaften. Der Stand der Debatte und politische Aktivitäten zu "Converging Technologies". Hintergrundpapier* (2008), Heft 16. Berlin: Büro für Technikfolgen-Abschätzung beim Deutschen Bundestag. Vgl. Coenen, *Transhumanismus und Utopie* (Anm. 15).

sche Union und die europäischen Staaten reagierten mit entsprechenden eigenen Initiativen.[20]

Im Kern verspricht die amerikanische Initiative ein ‚goldenes Zeitalter', in dem dank der Weiterentwicklung der konvergierenden Technologien die Verbesserung der individuellen menschlichen Leistungsfähigkeit sowie die Implementierung gesellschaftlicher Prozesse – seien sie industrieller, sozialer, ökonomischer oder anderer Natur – Realität werden könnten.[21] Summiert werden diese den Körper verbessernden Maßnahmen unter dem Begriff "Human Enhancement".[22] Im Duktus an visionäre Schriften post- und transhumanistischer Denker und im Elan an utopische Zukunftsvisionen à la Wells erinnernd, hat der NBIC-Report breite Resonanz gefunden, vor allem weil hier Vertreter bedeutender US-amerikanischer Forschungsinstitute und Universitäten explizit eine posthumane Ära von einer wissenschaftlichen Basis aus entwerfen, die implizit realistischer, ernstzunehmender und gegebenenfalls bedrohlicher wahrgenommen wird als dezidierte transhumanistische Visionen. So wie die neuen Kommunikationsmedien den Menschen einerseits die Möglichkeit bieten, einen direkteren Zugang zu Informationen zu erlangen und somit eine Verbesserung des demokratischen Systems sichern, bergen sie aber andererseits auch die Gefahr einer Zunahme an Überwachung und Kontrolle, sei es durch den Staat oder private Unternehmen.[23]

In einem ähnlichen Spannungsverhältnis versprechen die Nano-, Bio-, Kognitions- und Computertechnologie ein goldenes Zeitalter, in dem Gesundheit, Glück und ewiges Leben für alle herrschen werden; gleichzeitig wecken sie aber auch

---

[20] Siehe vor allem: *EUR 21357 – Converging Technologies – Shaping the Future of European Society*. Hg. von der High Level Expert Group "Foresighting the New Technology Wave". Berichterstatter Alfred Nordmann. Luxemburg: Office for Official Publications of the European Communities 2004.

[21] Zwei Beispiele unter vielen: "In the early decades of the twenty-first century, concentrated effort can bring together nanotechnology, biotechnology, information technology, and new technologies based in cognitive science. With proper attention to ethical issues and societal needs, the result can be a tremendous improvement in human abilities, new industries and products, societal outcomes, and quality of life." *NBIC-Report* (Anm. 19), 1. Vgl. "In the long run, the development of intelligent machines could lead to a golden age of prosperity, not only in the industrialized nation, but throughout the world." Ebd., 291.

[22] Siehe Coenen: *Konvergierende Technologien und Wissenschaften* (Anm. 19), insb. 230. Siehe auch *Die Debatte über "Human Enhancement". Historische, philosophische und ethische Aspekte der technologischen Verbesserung des Menschen*. Hg. von Christopher Coenen, Stefan Gammel, Reinhard Heil und Andreas Woyke. Bielefeld: Transcript 2010.

[23] Auffällig ist die Zunahme von Beiträgen, die vor einer Monopolisierung der Computertechnologien und Informationsnetze sowie der damit einhergehenden Möglichkeit der Informationssteuerung bis hin zur Zensur und Überwachung seitens US-amerikanischer Aktiengesellschaften – *in primis* Apple, Google, Facebook und Amazon – warnen. Siehe zum Beispiel *Die Zeit* vom 2.8. 2012. Vgl. Ilja Trojanow und Juli Zeh: *Angriff auf die Freiheit. Sicherheitswahn, Überwachungsstaat und der Abbau bürgerlicher Rechte*. München: Hanser 2009. Auch in der Literatur nimmt die kritische Auseinandersetzung mit der ‚Wunderwelt' Internet zu. Siehe zum Beispiel den Roman von Florian Felix Weyth: *Toggle*. Berlin: Galiani 2012.

Schreckensvisionen einer Zukunft ohne Menschheit. Das zumindest fürchtet Bill Joy, ein US-amerikanischer Software-Entwickler, in seinem berühmt gewordenen Artikel *Warum die Zukunft uns nicht braucht* aus dem Jahr 2000: „Da wir ständig neue wissenschaftliche Durchbrüche erleben, müssen wir uns erst noch klarmachen, daß die stärksten Technologien des 21. Jahrhunderts – Robotik, Gentechnik und Nanotechnologie – ganz andere Gefahren heraufbeschwören als die bisherigen Technologien."[24] Vor allem die zerstörerischen Potenziale der Selbstreplikation in Genetik, Nanotechnologie und Robotik geben Joy zu denken. Er fordert Forscher und Wissenschaftler auf, mehr Demut und Menschenverstand zu haben, und die Leser, die Wahl ihrer Utopien zu überdenken. Die Worte Utopie und Dystopie fallen in Joys Artikel mehrmals, und wenn er zum Schluss an die Wissenschaftler und Forscher appelliert, auf die Weiterentwicklung ihrer Utopien zu verzichten, tut er dies im Namen dystopischer Zukunftsvisionen. Auch in den Technikdebatten werden die Zukunftsvisionen eines perfektionierten Menschen häufig als ‚utopisch' bezeichnet. Die Akteure zukunftsgerichteter, technikbasierter Szenarien weisen – wie nicht anders zu erwarten – die Einschätzung, ihre Entwürfe seien utopisch, das heißt unrealistisch oder gar fantastisch, zurück und verweisen auf die lange Geschichte des technologischen Fortschritts sowie die programmatische Entwicklung in den konvergierenden Technologien.[25]

Utopietheoretiker und -forscher verankern hingegen die Zukunftsvisionen des Transhumanismus und der Konvergenztechnologien in der Science-Fiction-Tradition. Dabei unterstreichen sie zwar die Gemeinsamkeiten zwischen utopischem und futurologischem Denken vor allem im Hinblick auf die zentrale Rolle der Technik, sehen aber gerade in der Bedeutung, die die Technik für den Entwurf der Zukunftsgesellschaften einnimmt, erhebliche Unterschiede.[26] Dies trifft zweifelsohne zu, wenn man die klassischen Utopien und Dystopien in das Zentrum der Betrachtung stellt, wo die Technik je nach Intention verherrlicht oder verdammt wird, und ähnlich verhält es sich mit vielen zeitgenössischen Dystopien. In den zeitgenössischen Zukunftsentwürfen lässt sich allerdings eine Verschiebung gerade im Hinblick auf die dort verhandelte Technik ausmachen, die immer weniger als Substrat für Idealstaaten oder deren pervertierte Formen fungiert.

---

[24] Bill Joy: *Warum die Zukunft uns nicht braucht.* In: *Die Darwin AG*, Hg. Schirrmacher (Anm. 18), 31–71, hier 39.
[25] Vgl. Coenen, *Transhumanismus und Utopie* (Anm. 15), 139.
[26] Siehe Richard Saage: *Utopisches Denken im historischen Prozess. Materialien zur Utopieforschung.* Münster: LIT 2006, S. 227–241. Richard Saage: *Zur Differenz zwischen dem konvergenztechnologischen Futurismus und der klassischen Utopietradition.* In: *Neue Utopien. Zum Wandel eines Genres,* Hg. Steltemeier u. a. (Anm. 15), 116–134.

Superhuman literarisch!

Die Geschichte des utopischen Denkens zeigt, dass Utopien immer den Keim ihrer Perversion in sich tragen.[27] Auch die Entwürfe einer posthumanistischen Ära bewegen sich in der Dichotomie zweier auseinanderklaffender Interpretationen: bejaht von ihren Vertretern, verworfen von ihren Widersachern. Dabei sind die Visionen eines transhumanistischen Zeitalters keineswegs neu. Der Biologe Julian Huxley verwendete den Begriff ‚Transhumanismus' bereits Ende der 50er Jahre in seinem Buch *New Bottles for New Wine*.[28] Es ist sicherlich kein Zufall, dass der Bruder des Biologen, der kein anderer war als der Schriftsteller Aldous Huxley, 1932 mit *Brave New World* eine der ersten literarischen Dystopien geschrieben hat.[29] Was den Transhumanisten des 20. und 21. Jahrhunderts vorschwebt, ist in *Brave New World* bereits Realität. Die „schöne neue Welt" Huxleys ist die Welt einer postevolutionären Wohlstandsgesellschaft „im Jahre 632 nach Ford", in der alle Menschen entsprechend ihrer zugewiesenen Kaste am Luxus teilhaben und in der Unruhe, Elend und Krankheit überwunden sind. Dank des ‚Bokanowsky-Verfahrens', einem Fantasieverfahren, das an die Ektogenese – die Zeugung und Reproduktion von Embryonen in einem künstlichem Uterus – angelehnt ist, ist es den Menschen gelungen, die biologische Fortpflanzung durch ein selbstgesteuertes Reproduktionssystem zu ersetzen und die Embryos gegen mögliche spätere Krankheiten immun zu machen. Durch Hypnopädie, durch Erziehung im Schlaf, werden dann die Neubürger ‚genormt'. Die Technik steht hier nicht im Dienste des Menschen, sondern wird durch eine Minderheit politischer und ökonomischer Akteure benutzt, um den Rest der Gesellschaft einer umfassenden Kontrolle zu unterziehen.[30] Noch 1946, im Vorwort zur neuen Auflage von *Schöne neue Welt*, weist Aldous Huxley auf die Gefahr hin, die ein unkritischer Umgang mit dem technologischen Fortschritt birgt:

---

[27] Siehe *Utopia e distopia* [1987]. Hg. von Arrigo Colombo. 2. Aufl. Bari: Dedalo 1993.
[28] Julian Huxley: *New Bottles for New Wine*. London: Chatto & Windus 1957, S. 13–17. Die alte, jedoch weiterhin zur Verfügung stehende Internetseite der World Transhumanist Association sowie die aktuelle Seite der Deutschen Gesellschaft für Transhumanismus e. V. verweisen auf ebendiesen Text Julian Huxleys als einen grundlegenden für die transhumanistische ‚Philosophie'. Siehe: http://www.transhumanism.org/index.php/WTA/more/huxley/. Vgl. http://www.detrans.de/infothek/grundsatz/huxley.html. Abruf am 15. 9. 2012.
[29] Aldous Huxley: *Schöne neue Welt. Ein Roman der Zukunft* [1932]. Übers. aus d. Engl. von Herberth E. Herlitschka. Frankfurt/M.: Fischer 1992.
[30] Zur Analyse von Huxleys Roman siehe Richard Saage: *Utopische Profile. Widersprüche und Synthesen des 20. Jahrhunderts*. Münster: LIT 2006, S. 121–140. Vgl. Richard Saage: *Das Paradies als Hölle. Zu Aldous Huxleys „Schöne neue Welt"*. In: *Utopie kreativ* (2000), Heft 114, S. 376–387. Willi Erzgräber: *Utopie und Anti-Utopie in der englischen Literatur. Morus. Morris. Wells. Huxley. Orwell*. 2. Aufl. München: Fink 1985, S. 134–169. Vgl. Elena Zeißler: *Dunkle Welten. Die Dystopie auf dem Weg ins 21. Jahrhundert*. Marburg: Tectum 2008, S. 37–56.

Heute scheint es durchaus möglich, daß uns dieser Schrecken binnen eines einzigen Jahrhunderts auf den Hals kommt. [...] In der Tat, wenn wir [...] die angewandte Wissenschaft nicht als den Zweck gebrauchen, zu welchem aus Menschen die Mittel gemacht werden, sondern als das Mittel zur Hervorbringung eines Geschlechts freier Individuen – dann bleiben uns nur zwei Möglichkeiten: entweder eine Anzahl nationaler militarisierter Totalitarismen [...]; oder ein übernationaler Totalitarismus, hervorgerufen durch das soziale Chaos, das sich aus raschem technischen Fortschritt im allgemeinen und der atomaren Revolution im besonderen ergeben haben wird. [...] Du darfst wählen, aber du zahlst dafür.[31]

Hier – wie im Übrigen auch in den anderen klassischen Dystopien aus der ersten Hälfte des 20. Jahrhunderts, in Samjatins *Wir* von 1920 und in Orwells *1984* von 1948 – wird die Frage gestellt nach der Beziehung zwischen solchen „Utopien der postdarwinistischen Spekulation"[32] und dem Preis, den man dafür zu zahlen bereit ist. Technik spielt dabei zwar eine entscheidende Rolle, weil gerade die technologischen Errungenschaften es ermöglichen, aus dem Fortschritt ein totalitäres System zu entwerfen, doch der Schwerpunkt liegt eher auf der sozialen sowie ökonomischen Verwendung der Technik als auf der Technik selbst.

Die Vision einer pervertierten Optimierung des menschlichen Lebens, die in einer techno-faschistischen Diktatur mündet, hat das Genre der Dystopie Jahrzehnte lang bestimmt und findet auch in der zeitgenössischen Literatur ihre Fortsetzung. Juli Zeh hat zum Beispiel im Roman *Corpus Delicti* ein Zukunftsszenario entworfen, in dem die Gesellschaft einer Gesundheitsdiktatur unterliegt, in der sich der Staat durch die *Methode*, die tägliche Ermittlung von Sport-, Schlaf-, Ernährungs- und Blutdruckdaten oder durch Urintests, dessen versichert, dass seine Bürger ihren ‚Pflichten' nachkommen.[33] Die Staatskontrolle wird den Bürgern – anders als in Orwells *1984* – nicht durch Gewalt aufgezwungen, sondern von ihnen bereitwillig akzeptiert und unterstützt, da das öffentliche Wohl mit dem persönlichen als übereinstimmend wahrgenommen wird und umgekehrt. In der Figur Mia Holls, der Protagonistin des Romans, wird eine Biologin prototypisch präsentiert, die sich der naturwissenschaftlichen Erkenntnis verschrieben hat: Sie betrachtet den Körper als Maschine, als „Fortbewegungs-, Nahrungsaufnahme- und Kommunikationsapparat, dessen Aufgabe vor allem im reibungslosen Funktionieren bestehen" soll.[34] Dementsprechend muss sich der Mensch in Mias Augen vom Tod abwenden, um wirklich frei zu sein.

Als Kontrast zu dieser naturwissenschaftlichen Sichtweise fungiert die Figur des Bruders, der hingegen als idealtypischer Naturmensch à la Rousseau dargestellt wird. Für Moritz kann der Mensch nur dann frei sein, wenn er den Tod als wesentlichen Teil des Lebens versteht: „Der Mensch muss sein Dasein erfahren. Im Schmerz. Im Rausch. Im Scheitern. Im Höhenflug. Im Gefühl der vollständigen Machtfülle über die eigene Existenz. Über das eigene Leben und den eigenen

---

[31] Huxley, *Schöne neue Welt* (Anm. 29), 18.
[32] Coenen, *Transhumanismus und Utopie* (Anm. 15), 158.
[33] Juli Zeh: *Corpus Delicti. Ein Prozess*. Frankfurt/M.: Schöffling 2009.
[34] Ebd., 79.

Tod."³⁵ Der Roman plädiert offen für die freie Entfaltung des Individuums, und für ihn gilt, was Richard Saage bezüglich Huxleys *Brave New World* betont: Gemäß der Tradition utopischer Entwürfe werden die meisten Topoi, die das Profil der etatistischen Sozialutopie seit dem 16. Jahrhundert geprägt haben, wieder aufgegriffen. Doch gerade „die Eigenheiten des Staates und der von ihm geförderten Wissenschaft und Technik, in denen die klassische Utopietradition Steigerungen der Humanität sah, [sind] nunmehr Ausdruck einer totalitären Herrschaftsmaschinerie, deren erstes Resultat [...] die völlige Auslöschung der Ansprüche des autonomen Individuums ist."³⁶

Gleiches kann man von Benjamin Steins Roman *Replay* nur bedingt behaupten.³⁷ Der narrative Schwerpunkt liegt hier weniger auf kollektiven und technokratischen Elementen – auch wenn sie nicht gänzlich fehlen, wie man bereits dem vorangestellten Motto entnehmen kann –,³⁸ sondern vielmehr auf den individuellen Ansprüchen einer Verbesserung des menschlichen Körpers. Zugleich referiert der Roman, obwohl nur knapp 180 Seiten umfassend, ein breites Spektrum an Wissen aus verschiedenen Disziplinen und knüpft an diverse religiöse, literarische, kulturelle, politische und ökonomische Diskurse an. Die jüdische Zahlenmystik bietet den Hintergrund für ein Nachdenken über die Erklärbarkeit der wahrnehmbaren Welt;³⁹ Facebook und der Wattsche Dampfregler liefern den Auslöser für den Gedanken der negativen Rückkoppelung;⁴⁰ die Funktion mechanischer Konstruktionen wird durchleuchtet;⁴¹ Wikipedia wird zum Anlass für das Nachdenken über die Zuverlässigkeit oder Unzuverlässigkeit digital vermittelter Informationen;⁴² aktuelle und kontroverse neurophysiologische Fragen über subjektive

---

³⁵ Ebd., 92.
³⁶ Saage, *Utopische Profile* (Anm. 30), 128.
³⁷ Benjamin Stein: *Replay*. München: Beck 2012.
³⁸ „Ich war immer davon überzeugt, dass eine transparente Gesellschaft auch eine totalitäre Gesellschaft ist." François Baroin, französischer Regierungssprecher, 2010. Zit. nach Stein, *Replay* (Anm. 37), O. P. [5].
³⁹ Stein, *Replay* (Anm. 37), 10 f. Bedenkt man, dass Benjamin Stein dem orthodoxen Judentum angehört und dass er in *Die Leinwand* gerade die Religion zum idealen Antipoden einer von Naturwissenschaften dominierten Welt erhebt, gewinnt die Abkehr von der Religion in *Replay* besondere Bedeutung. Ein Vergleich beider Romane unter diesem Aspekt würde allerdings den Rahmen dieses Beitrags sprengen.
⁴⁰ Ebd., 71 f. „Es gibt in diesen wuchernden Systemen so gut wie keine Funktion negativer Rückkoppelung. [...] Und? fragte ich: Das ist doch geschickt. Matana schüttelte den Kopf. Das scheint so, meinte er. Ausgemachte Sache sei das aber nicht. Fallen im menschlichen Körper die Systeme des negativen Feedbacks aus, wird schnell mal ein Krebsgeschwür daraus. [...] Systemtheoretisch betrachtet, kann ein solches dynamisches System, das sich allein auf positive Rückkoppelung stützt, nur in die Katastrophe steuern."
⁴¹ Ebd., 69–72. Akribisch wird hier die Entwicklung und die Funktion des Wattschen Dampfreglers geschildert.
⁴² Ebd., 83–85 und 86. Während eines Konzerts berichtet der Sänger James Morrison von falschen Informationen in seinem Wikipedia-Artikel. Die offene Struktur der digitalen Enzyklopädie ermöglicht ihm aber, den Artikel selbst zu korrigieren. Kurz darauf erfährt der Leser allerdings, dass Morrison zwar seinen Wikipedia-Eintrag editieren konnte, seine

Wahrnehmung und objektive Wirklichkeit werden gestreift[43] und literarische Hinweise explizit oder implizit eingebaut. Aus dem An-, Neu- und Umordnen polyhistorischen Wissens entwickelt Benjamin Stein die Vision einer Gesellschaft, die mehr zu tun hat mit unserer Gegenwart, als es auf den ersten Blick erscheinen mag.

Ed Rosen, Protagonist, Ich-Erzähler und promovierter Informatiker, ist spezialisiert auf komplexe Softwaresysteme und deren Anwendbarkeit auf organische Nervengewebe; und er hat von Geburt an einen Defekt am rechten Auge, der ihm die dreidimensionale Sicht auf die Welt unmöglich macht. Er ist deswegen für ein posthumanes Zeitalter quasi prädestiniert, da gerade körperliche Fehler und unheilbare Krankheiten seit jeher zur Unterstützung von Argumentationsmustern für die unabdingbare Entwicklung von Technologien benutzt werden. Ed Rosen bewirbt sich bei einer aufstrebenden Firma im Silicon Valley, deren Chef, der chilenische Neurobiologe Juan Matana,[44] auch von mehreren körperlichen Deformationen kennzeichnet ist, die er aber geschickt camouflieren kann. Die Einstellung Ed Rosens erfolgt unter der Bedingung einer zunächst ästhetisch intendierten Verwandlung: Eine neue Garderobe und ein Spa-Aufenthalt reichen aus, um Ed Rosen „vorzeigbar" zu machen und ihm ein neues Körpergefühl zu vermitteln.[45] Dies ist allerdings nur die erste Etappe einer zwar von außen angestoßenen, doch bereitwillig akzeptierten, wenn nicht sogar brennend ersehnten Metamorphose, die Ed Rosen im Laufe der Erzählung durchschreitet. Mit Pushup-Training, Pilates-Unterricht und durch eine gezielte Ernährung durchläuft der anfangs etwas schäbig und behäbig wirkende Ed Rosen ein straffes Programm, das ihn vorbereiten soll, der „Prototyp des *Homo UniCom*" zu werden.[46] Hierbei handelt es sich um ein Implantat, das in Matanas Traum, Sehbehinderten zu neuem Licht zu verhelfen – oder genauer „eine Welt für sie zu erschaffen" –[47] seinen Anfang nahm, durch Ed

---

Änderungen allerdings als Vandalismus eingestuft und abgewiesen wurden, weil er keine Quellen angegeben hatte.

[43] Ebd., 96–98. Besorgt um die Folgen der Implantation für das Wahrnehmungsvermögen schildert Matana ein Salamander-Experiment des späteren Nobelpreisträgers Roger W. Sperry aus den 1940er Jahren: Sperry habe den Tieren ein Auge entfernt, den Sehnerv durchtrennt und das Auge, um 180 Grad gedreht, wieder in die Augenhöhle eingesetzt. Unproblematisch sei die Regenerierung des Nervs und des Sehvermögens der Tiere gewesen, ihre räumliche Wahrnehmung sei allerdings verloren gegangen. „[Das Experiment] schien ihm zu belegen, dass es so etwas wie eine objektive Wahrnehmung der Wirklichkeit, eine von jeglichem Beobachter unabhängige Realität, nicht gibt. Vielmehr sei ein Organismus lediglich in der Lage, die umgebende Welt in der Art wahrzunehmen, die der Organismus selbst durch seine Struktur zulässt. Ändert man die Struktur, ändert man für das Tier die Wirklichkeit." Ebd., 97 f.
[44] Die Assoziation zu dem chilenischen Biologen Humberto Maturana ist intendiert und wird in der Danksagung am Ende des Romans bekräftigt. Ebd., O. P. [173].
[45] Ebd., 21.
[46] Ebd., 52.
[47] Ebd., 39.

Rosens Forschungstätigkeit entwickelt wurde und dank einer unzähligen Reihe von Zufällen zunehmend perfektioniert wird.

Dass dem Zufall bei der Optimierung des Implantats eine dermaßen große Rolle zugestanden wird, scheint zunächst wenig nachvollziehbar. Er dient jedoch zum einen dazu, die Idee einer göttlichen Intervention oder religiösen Erklärung in menschlichen Dingen abzulehnen, die Ed Rosen bereits am Anfang des Romans am Beispiel der jüdischen Sheol-Geschichte verwirft,[48] und zum anderen, das Entstehen von Verschwörungstheorien zu blockieren. Ed Rosen und Juan Matana verfolgen keinen ausgefeilten Plan, der ihnen die Vorherrschaft über die Märkte ihrer Branche sichern sollte, noch sind sie sich anfangs des Potenzials ihrer Forschung bewusst. Das Unvorhersehbare an der Technik stellt im Roman ein Faszinosum dar, das unendliche Optionen eröffnet und zugleich unkalkulierbare Gefahren mit sich bringt. Am Ende unterschiedlicher Entwicklungsstadien wirkt das in den Schläfen implantierte, nur durch ein blaues Leuchten unter der Haut erkennbare UniCom wie die bloß weiterentwickelte, ergonomisch angepasste Form der heutigen Smartphones – außergewöhnlich nur, weil es in der Lage ist, die Neuroimpulse des Individuums zu decodieren und aufzuzeichnen, sie auf einem externen Server zu speichern und nach Belieben des Trägers ad infinitum zum Abruf bereit zu halten. Gerade in „Replay", in der Möglichkeit des unendlichen Neuerlebens vergangener Empfindungen, vor allem der „Rückkoppelung" an sexuellen Erfahrungen, liegt für Ed Rosen der Grund für die erfolgreiche Vermarktung des Geräts,[49] die mit der Beteiligung von realen namenhaften Vertretern der Informations- und Kommunikationsbranche – Jobs, Zuckerberg, den Grin-Brüdern, der AT&T, Banken und Anwaltskanzleien – erfolgt.[50] Diese und andere Hinweise – zum Beispiel die Meldung der Freilassung Julian Assanges –[51] dienen der Verortung eines großen Teils des Romans in der Gegenwart, der hiermit die Grenze der literarischen Dystopie und/oder der Science-Fiction sprengt.

Der Autor selbst wird nicht müde zu beteuern, dass alle technischen Erfindungen, die in *Replay* beschrieben werden, bereits existieren. Was lediglich fehlt, sei die für die Vermarktung des UniComs gegründete United Communications Corporation. Betrachte man die jüngste Entwicklung von Apple, Facebook oder Google, sei allerdings die Gründung einer solchen Corporation binnen 15 Jahren zu

---

[48] „Auf dem Weg in die künftige Welt, dozierte er [der Lehrer im Bar-Mizwa-Unterricht] – und damit meinte er eine Welt jenseits der unseren – nach unserem Tod also müssten wir einen langen Weg durch eine Region zurücklegen, die Sheol genannt wird. Eine Prüfung sei diese Reise, auf der wir Rechenschaft ablegen müssten über unser irdisches Leben wie vor einem Gericht. [...] Wir würden zwar unseren irdischen Körper abgelegt haben, dafür aber in einer Art Geistkörper wandeln, und an jenen Körperteilen, mit denen wir in der hiesigen Welt gesündigt hätten, würden wir dort untrügliche Zeichen tragen [...]: Verkrüppelung oder Verkümmerung. [...] Mit diesen Ausführungen hatte er mich sofort und für immer für die Sache Gottes verloren." Ebd., 13.
[49] Ebd., 114.
[50] Ebd., 102.
[51] Ebd., 33.

erwarten.[52] Im Roman bringt die Einführung des UniComs und die Gründung des Konsortiums Erneuerungen in allen Sparten der Informations- und Kommunikationsindustrie: Die SIM-Karte und die damit verbundene Gewaltenteilung zwischen Mobilfunkanbieter und Gerätehersteller wird abgeschafft, das "Global Positioning System" mit dem "High Definition Positioning System", welches die Position eines UniCom-Implantats bis auf den Meter genau orten kann, erneuert,[53] das Computer-Display durch das "In-Head-Display" des Implantats ersetzt.[54] Die sukzessive Optimierung des UniComs, die in der Möglichkeit der „Rückkoppelung" an Inhalten gipfelt, die man selbst nicht erzeugt hat, sondern von anderen Nutzern oder von der Unterhaltungsindustrie zur Verfügung gestellt werden, verschafft dem Implantat eine rasche Verbreitung und die endgültigen Eroberung des Markts. So beginnt im Roman „das neue Zeitalter – ohne blutige Revolution und nennenswerte Widerstände."[55]

Vom anfänglichen Prototyp ist das UniCom zu einem perfekten, von der Mehrheit der Bevölkerung akzeptierten Überwachungsmechanismus geworden, der nahezu jede alltägliche Tätigkeit – selbst die simpelsten unter ihnen wie einkaufen oder ein Taxi nehmen – bestimmt, kontrolliert, protokolliert und steuert. Das Implantat ist die unentbehrliche Voraussetzung für die Partizipation am Gemeinwesen, und wer den Fortschritt verweigert, wer „anonym" bleiben will, dem wird unterstellt, etwas verbergen zu wollen oder gegen die öffentlichen Sicherheitsinteressen vorzugehen.[56] Es entbehrt nicht einer gewissen Ironie, dass im Roman gerade Julian Assange, prominentester Vertreter der Transparenz-Gesellschaft, als heftigster Gegner des UniComs präsentiert wird. Mit Rekurs auf Orwell und auf seine Schreckensvision des totalitären Überwachungsstaates protestiert er in einem von Rosen wiedergegebenen Interview gegen die neu eingeführten „Transparenz-Gesetze", die unter anderem „Anonyme" von der Beförderung im öffentlichen Verkehr ausschließen, und bezichtigt die United Communications Corporation der Tyrannei.[57]

Die Unterschiede zwischen der Big Brother- und der UniCom-Gesellschaft werden im Roman selbst hervorgehoben und wirken wie eine erste, programmatische Abkehr von der klassischen dystopischen Tradition und ihrer Gut-Böse-Dichotomie. Handelt es sich bei Orwell um eine Überwachungsdiktatur, die auf Repression mittels Kontrolle durch den Staatsapparat gründet und bei der die

---

[52] Siehe Steins Interview, veröffentlicht unter dem Titel *Warum protestiert ihr nicht?* In: *Die Zeit* vom 2. 8. 2012, S. 20. Vgl. die Radiosendung *Digitale Apokalypsen. Die neue, literarische Lust am Weltuntergang.* Autor: Ulrich Rüdenauer. Redakteur: Kolja Mensing. Deutschlandradio Kultur. Ausgestrahlt am 12. 6. 2012. Das Manuskript zur Sendung ist abrufbar unter http://www.dradio.de/dkultur/sendungen/literatur/1781714/. Abruf am 13. 7. 2012.
[53] Stein, *Replay* (Anm. 37), 103.
[54] Ebd., 113.
[55] Ebd., 104.
[56] Ebd., 107.
[57] Ebd., 104–109.

Technik der Auslöschung individueller Ansprüche dient,[58] basiert Steins UniCom-Gesellschaft auf der freiwilligen Teilnahme innerhalb des weiterhin existieren demokratischen Systems. Implizit stellt der Roman sehr wohl die Frage nach der Triftigkeit der durch Mehrheitsentscheidungen gesteuerten Demokratien, etwa wenn Ed Rosen die Verbreitung des UniCom auf 70% der Bevölkerung schätzt und die restlichen 30% als „nicht nennenswerte Widerstände" bezeichnet,[59] doch das offene Ende des Romans bietet keinen Anhaltspunkt für das Weiterspinnen der Diskurse hin zu einer dezidierten dystopischen Zukunft. Der Technikdiskurs selbst mündet weder im Spannungsfeld einer alarmistischen Kultur- und Technikkritik, noch wird er in die Richtung einer Verehrung der vollständig vernetzten Welt gelenkt. Vielmehr wird anhand des UniCom-Implantats und seiner Möglichkeiten Kritik am Menschen und an seinem Umgang mit der Technik geübt, bei der die Verantwortlichkeit des Einzelnen und sein bereitwilliges Einfügen in Gruppendynamiken – oder zugespitzt formuliert: die Kapitulation des Individuums vor dem Gemeinschaftsdruck – in den Mittelpunkt gestellt wird. Die Unterdrückung, die die UniCom-Gesellschaft auszeichnet, entsteht aus dem in anderen Kontexten mehrfach angesprochenen Drang des Dazugehörens,[60] der dem Individualismus moderner Gesellschaften sowie dem Appell zur Selbstbestimmung des Einzelnen in den klassischen Dystopien eigentlich entgegensteht. Doch gerade dieser Aspekt, zusammen mit der stark thematisierten Begierde der Menschen nach Erneuerung, nach Zukunft,[61] lässt den Roman erschreckend dystopisch wirken. Nicht nur malt er die unterschiedlichen Schritte von der therapeutischen Intervention über die Technikoptimierung bis hin zur totalen Auslöschung der Grenzen zwischen Mensch und Maschine aus und führt somit die Visionen eines posthumanen Zeitalters vor Augen, sondern er vollzieht auch eine Erneuerung im Genre der Dystopie, der man Rechnung tragen sollte.

Eine ähnliche Erneuerung des literarischen Genres präsentiert Kazuo Ishiguro in seinem Roman *Never Let Me Go*.[62] Erzählt wird rückblickend, aus der Perspektive der 31-jährigen Kathy H., die Geschichte von Kathy, Tommy und Ruth, die im englischen Internat Hailsham aufwachsen. Die Lehrer heißen hier „Aufseher",[63] wachen auf geradezu manische Art über die körperliche Gesundheit der Kinder und lassen sie früh spüren, dass sie für eine besondere Zukunft auserkoren sind.

---

[58] Eine umfassende Analyse von George Orwells Roman *1984* bietet Saage, *Utopische Profile* (Anm. 30), 141–159.
[59] Ebd., 106.
[60] Laut den Soziologen Luc Boltanski und Ève Chiapello ist es eben dieser Drang des Dazugehörens, der das Engagement des Einzelnen innerhalb eines Systems rechtfertigt. Siehe: Luc Boltanski und Ève Chiapello: *Der neue Geist des Kapitalismus*. Übers. aus d. Frz. von Michael Tillmann. Konstanz: UVK 2006. Insbesondere Teil 1, Kap. 1, S. 91–146.
[61] Stein, *Replay* (Anm. 37), 89 f.
[62] Kazuo Ishiguro: *Alles, was wir geben mussten*. Übers. aus d. Engl. von Barbara Schaden. 7. Aufl. München: Blessing 2006. Der Roman wurde von Regisseur Mark Romanek verfilmt. *Never Let Me Go*. GB, USA 2010.
[63] Ishiguro, *Alles, was wir geben mussten* (Anm. 62), 13.

Erst als Erwachsene erfahren die drei Protagonisten ihre wahre Bestimmung: Wie alle Kinder in Hailsham sind auch sie Klone von ‚realen' Menschen, die erschaffen worden sind, um als Organspender zu dienen, und daher schon qua Geburt für einen frühen Tod bestimmt. Hailsham selbst ist eines von vielen solcher Internate für Klone, außergewöhnlich nur, weil dort ein humanerer und besserer Umgang mit ihnen gepflegt wird. Wie Kathy und Tommy kurz vor Tommys dritter und letzter Spende erfahren, war Hailsham nichts weiter als ein Experiment, mit dem Leiterin und Lehrer beweisen wollten, dass Klone, die in einer humanen, kultivierten Umgebungen aufwachsen, sich zu ebenso empfindsamen und intelligenten Wesen entwickeln können wie jeder normale Mensch.

Bereits der zeitliche Hintergrund und die skizzierte Gesellschaft erschweren es, den Roman in das eng gefasste Genre der Dystopie einreihen. Zum einen beginnt der Roman in den 70er Jahren und erzählt die Zeit bis zum Ende des 20. Jahrhunderts, sodass er streng genommen mehr dem Genre der Uchronie zuzurechnen wäre als dem der Dystopie.[64] Zum andere wird – ähnlich wie in *Replay* – durch den technologischen Fortschritt keine Diktatur entworfen, sondern die Figuren bewegen sich weiterhin in der uns bekannten Struktur demokratischer Gesellschaften europäischer Prägung. Selbst die drei Protagonisten, die das Potenzial und die Motive hätten, sich zu Rebellen des Systems wie D-503 (*Wir*), John (*Schöne neue Welt*) oder Winston Smith (*1984*) zu entwickeln, gehen ihrem Schicksal widerstandslos entgegen. Auch hier wird die für die früheren Dystopien typische Gut-Böse-Dichotomie aufgehoben: Weder das Individuum noch die Natur sind per se gut, und weder die Gesellschaft noch die Technik sind per se böse. Nichtsdestoweniger präsentiert der Roman durchaus dystopische Elemente, die im Spannungsfeld einer vermeintlichen Menschlichkeit des Homo sapiens und einer unterstellten Unmenschlichkeit seiner geklonten Schöpfungen situiert sind. Gerade hier lässt sich der wichtigste Anknüpfungspunkt an den klassischen Dystopien ablesen: Auch wenn der Roman keine Technologiekritik anbietet und sich nicht in kulturpessimistischen Diskursen verliert, behandelt er doch die Frage nach dem Wesen des Menschen und fordert explizit auf, über das durch die Möglichkeiten von Technik und Technologie verinnerlichte und verbreitete menschliche Bild nachzudenken. Auch wenn Entwicklungen wie das Klonen von Menschen, das UniCom-Implantat, die Überschreitung des Menschen als Spezies oder seine Mischung aus biologischer und nicht-biologischer Intelligenz sich noch im Reich der Fantasie bewegen, lehrt doch der Philosoph Friedrich Nietzsche, dass „auch der Gedanke einer Möglichkeit [...] uns erschüttern und umgestalten" kann.[65]

Die literarischen Dystopien richten sich traditionell gegen bestimmte Gedankenexperimente mit den Möglichkeiten der Technik und entwerfen Zukünfte, bei

---

[64] Dass die Grenzen zwischen Dystopie und Uchronie zunehmend durchlässiger scheinen, wird besonders deutlich, wenn man die Rezensionen zu Christian Krachts Roman *Ich werde hier sein im Sonnenschein und im Schatten* durchsieht.
[65] Friedrich Nietzsche: *Nachgelassene Fragmente 1880–1882*. In ders.: KSA (Anm. 2), Bd. 9, 523.

denen einzelne utopische Entwürfe konsequent ausfabuliert werden. Während die frühen Dystopien aber erst spät von der Realität wieder eingefangen wurden und Anknüpfungspunkte an die Diskussionen zu technischen Entwicklungen gefunden haben, präsentieren die zeitgenössischen Werke eine stärkere Verknüpfung mit den aktuellen technischen Errungenschaften und wissenschaftlichen Diskursen. Die traditionelle warnende Funktion des literarischen Genres der Dystopie bleibt weiterhin bestehen, aber sie geht mit einem dezidierteren ‚pädagogischen' Interesse einher. Indem die zeitgenössischen Dystopien die Komplexität von aktuellen technischen Diskursen in einen literarischen Kontext setzen und Ergebnisse der Forschung präsentieren, fungieren sie als Vermittler, als Multiplikatoren von Wissen und schlagen eine Brücke zwischen Eingeweihten und Öffentlichkeit. Dabei erweist sich das Genre der Dystopie als extrem anpassungs- und erneuerungsfähig. Schon allein die Form der zeitgenössischen Dystopien hat im Vergleich zu den etwas einfachen narrativen Strukturen der traditionellen Dystopien deutlich an Komplexität gewonnen.[66] War die Handlung in den traditionellen Dystopien von einem auktorialen Erzähler getragen, sind die Ereignisse in den neuen Dystopien meistens aus der Perspektive eines Ich-Erzählers geschildert, der nicht selten andere Perspektiven bestätigend oder kontrastiv zur Seite gestellt werden. Die lineare Erzählstruktur – „Exposition, Rebellion, Wiedereingliederung" –[67] weicht zurück zugunsten eines retrospektiven und fragmentarischen Aufbaus, der das Kombinieren mehrerer Zeitebenen und unterschiedlicher Erzählperspektiven ermöglicht. Dies entbindet die Autoren von der klassischen Gut-Böse-Dichotomie und verlagert das moralische Urteilen auf die Rezipienten.

Vom trans- zum posthumanen Zeitalter

Eine Zuspitzung dieser Tendenzen findet sich in Dietmar Daths Roman *Die Abschaffung der Arten*.[68] Wie man bereits dem Titel entnehmen kann, knüpft der Roman an das für die Evolutionstheorie grundlegende Werk Charles Darwins *On the Origin of Species* an.[69] Den Gedanken der unendlichen Veränderbarkeit der Arten, den Darwin in seinem Buch aus dem Beobachten und Reflektieren über vergangene Entwicklungsprozesse postuliert und im Schlusskapitel auf die Zukunft richtend zuspitzt,[70] fabuliert Dietmar Dath aus, indem er ein posthumanes

---

[66] Siehe Zeißler, *Dunkle Welten* (Anm. 30), vor allem 28 – 31 und 217 – 219.
[67] Ebd., 217.
[68] Dietmar Dath: *Die Abschaffung der Arten*. Frankfurt/M.: Suhrkamp 2008.
[69] Charles Darwin: *Über die Entstehung der Arten* [1859]. In ders.: *Gesammelte Werke*, Bd. 2. Übers. aus d. Engl. von Julius Victor Carus. 2. Aufl. Stuttgart: Schweizerbart 1899.
[70] „Und nach der Vergangenheit zu urteilen, dürfen wir getrost annehmen, dass nicht eine einzige der jetzt lebenden Arten ihr unverändertes Abbild auf eine ferne Zukunft übertragen wird. Überhaupt werden von den jetzt lebenden Arten nur sehr wenige durch irgend welche Nachkommenschaft sich bis in eine sehr ferne Zukunft fortpflanzen; denn die Art und Weise, wie alle organischen Wesen im Systeme gruppiert sind, zeigt, dass die Mehrzahl

und postzoologisches Zukunftsszenarium entwirft, bei dem keine der Arten in der uns bekannten Form weiterhin existiert. Als die Romanhandlung ansetzt – eine Handlung, die etwa eintausendfünfhundert Jahre umfasst –, herrschen seit Hunderten von Jahren auf dem größten Teil der Erde die „Gente". Diese verstehen sich als Nachkommen der Tiere, wobei die Unterscheidungen zwischen den Spezies im taxonomischen Sinne hinfällig geworden sind, denn sie können dank biochemischer Verfahren ihre Gestalt nach Belieben verändern und sich artenübergreifend fortpflanzen.[71] Nichtsdestoweniger weisen alle Figuren im Roman Merkmale auf, die man aus der Tradition anthropologischer Tierdeutung kennt: Der Löwe Cyrus als Herrscher, der Wolf Dimitri als sein Gegenspieler, der Fuchs Ryuneke als Wirtschaftslenker, die Dächsin Georgescu als Militärstrategin et cetera. Zugleich verfügen die Gente über ein raffiniertes biochemisches Kommunikationssystem, das einerseits auf den Prinzipien der unter realen Spezies verbreiteten Pheromone basiert, doch andererseits wegen der „Nichtlokalität der Leitfelder" die Pheromone selbst übertrifft: Die Gente verständigen sich in Foren und vermitteln ihre Signale über Düfte und Gerüche, über „Botenstoffe" und „Schnupperquanten".[72] Schon deshalb erscheinen sie als Nachkommen der Tiere, weisen jedoch, nicht nur wegen der Namen, aufgrund ihrer kommunikativen Fähigkeit auch „Hominidenzüge" auf.[73] Die Menschen selbst werden im Roman zwar erwähnt, doch – abgesehen von Frau Späth – treten sie in der „florifaunische[n] Zivilisation"[74] nur als herumirrende Verrückte oder Sexsklaven in Menschenbordellen auf. Bezeichnenderweise wird der Siegeszug der Gente mit hochtechnisierten Kügelchen besiegelt, die die Handballen der Menschen angreifen und sie somit kampf- und überlebensunfähig machen.[75]

Die ersten zwei Romankapitel – oder besser gesagt ‚Sätze', da der Roman an das Formgesetz der großen Symphonien angelehnt ist – schildern anhand unterschiedlicher Figuren die Geschichte der ‚florifuanischen Zivilisation' und befassen sich mit dem anstehenden Konflikt zwischen Genten und Keramikanern. Bei den zuletzt Genannten handelt es sich um vieldimensionale kybernetische Wesen, die durch Verwendung menschlicher Körper von einer künstlichen Superintelligenz kreiert wurden. Die letzten zwei ‚Sätze' spielen hingegen auf der Venus und dem

---

der Arten einer jeden Gattung und alle Arten vieler Gattungen keine Nachkommenschaft hinterlassen haben, sondern gänzlich erloschen sind. Wir können insofern einen prophetischen Blick in die Zukunft werfen und voraussagen, dass es die gemeinsten und weitverbreitetsten Arten in den grossen und herrschenden Gruppen einer jeden Classe sein werden, welche schliesslich die anderen überdauern und neue herrschende Arten liefern werden." Ebd., 564.
[71] „Die Unterscheidung zwischen den echten Spezies aber waren, da jedes Geschöpf nur mehr nach seiner je eigensten Art schlug und nahezu alle mit allen andern Nachkommen zeugen konnten, […] sinnlos geworden". Dath, *Die Abschaffung der Arten* (Anm. 68), 34.
[72] Ebd., 11.
[73] Ebd., 34.
[74] Ebd., 41.
[75] Ebd., 22 – 25.

Mars, wo die genetisch angepassten Nachkommen der Gente nach der Flucht vor den Keramikanern neue Zivilisationen errichtet haben. Die beiden Hauptfiguren des zweiten Teiles – Feuer auf der Venus und Padmasambhava auf dem Mars – sind das Resultat des weitergedachten, auf die Spitze getriebenen Evolutionsgedankens, der wie folgt erläutert wird:

> Die ersten beiden [Schulen] waren Vertreter des noch in der Langeweile entstandenen „Darwinismus" gewesen, einer Theorie von Replikation, Variation und Selektion, aus der die erste dieser zwei Schulen das Prinzip der adaptiven Komplexität abgeleitet hatte […]. Die zweite Schule glaubte an keinen derartigen Fortschritt, sondern betonte das löchrige, nur von Katastrophen punktierte Gleichgewicht, […] und hielt einige neu aufkommende Eigenschaften fürs Ergebnis […] einer *Exaption* […]. Die dritte Schule hielt Selektion an sich für etwas, das weder adaptive noch exaptive Komplexität mit Notwendigkeit hervorbrachte […]. Organismen, so die dritte Schule, entwickeln sich seitwärts, vorwärts, rückwärts, um alle möglichen Gestalten anzunehmen.[76]

Gezeugt oder besser gesagt erzeugt, um auf die Erde zurückzukehren, verfügen Feuer und Padmasambhava über das gesamte Wissen der Vergangenheit, können je nach Bedarf ihre leibliche Gestalt beliebig ändern, haben in ihren Genen eine automatische Geschlechtsumwandlung, die ihnen die Erfahrungen des anderen Geschlechts zugänglich macht, und obwohl sie als Geschwister gelten, sind sie von höheren, nicht näher lokalisierten Mächten für einander bestimmt. Am Ende des Romans findet man die zwei Superwesen auf der Erde wieder, die sich im Laufe der Jahrhunderte zum mythischen Naturparadies zurückverwandelt hat.

Es sind viele literarische, philosophische, politische und historische Anspielungen, die Dietmar Dath in seinem Roman präsentiert, und genauso viele wissenschaftliche und technische Diskurse werden hier miteinander vermischt. Das Buch wurde mal als Science-Fiction- oder Fantasy-Roman, mal als dystopisches oder utopisches Werk gelesen. Dath selbst lehnt eine Kategorisierung nach vorgefertigten, literaturwissenschaftlichen Mustern dezidiert ab, lässt jedoch auf der Internetseite zu *Die Abschaffung der Arten* eine Präferenz für die Science-Fiction erkennen.[77] Während für den Autor Utopien uninteressant erscheinen – da nicht lokalisierbar – und Dystopien wegen ihrer Gut-Böse-Dichotomie zu naiv konzipiert seien, bietet die Science-Fiction-Literatur Dath zufolge einen größeren Realitätsgehalt; und vor allem will sie „Erkenntnis-Effekte" erzeugen.[78] Jenseits der literarischen Gattungen geht es also auch Dath um den Mehrwert der Literatur als Mittel zur Wissensverarbeitung und -reflexion, um die Vermischung der Arten – nicht nur auf der Ebene der Romanfiguren.

---

[76] Ebd., 357 – 359. *Kursiv* im Original.
[77] Siehe http://www.cyrusgolden.de/index_js.html. Abruf am 7. 9. 2012.
[78] Ebd.

Sigrid Graumann

Genetische Gerechtigkeit?
Zukunftsvisionen und die Beurteilung neuer biomedizinischer Technologien

Verhandlungen über biomedizinische Zukunftstechnologien

Zukunftsvisionen wie die Züchtung von Menschen durch biotechnische Eingriffe in Erbanlagen oder das Klonen sind vielen vor allem aus Film und Literatur bekannt, angefangen bei *Frankenstein* (1931) bis zu den Klonkriegern in *Star Wars* (2002).[1] Während mit Figuren wie den Klonkriegern eine fiktive Normalität erzeugt wird, wird mit dem Monster Frankenstein die Nichtbeherrschbarkeit der Folgen von Eingriffen in die Natur des Menschen problematisiert. Menschenzüchtungsfantasien werden aber auch als paradigmatische Fälle moralisch verwerflicher Totalinstrumentalisierung dargestellt. Bekannte Beispiele dafür sind die Thematisierung durch Embryoselektion genetisch optimierter Erfolgsmenschen im Spielfilm *Gattaca* (1997) oder als Organersatzteillager geklonte Menschen in *Alles, was wir geben mussten* (2010).[2]

In Literatur und Film werden, inspiriert von der biomedizinischen Forschung, *fiktive* Zukunftsszenarien geschaffen, die Raum für Überlegungen eröffnen, in welcher Zukunft wir zukünftig leben wollen und in welcher nicht. Das heißt, der Unterscheidung von Hans Krämer folgend, es werden Fragen der „Strebensethik" verhandelt und nicht, wie in der akademischen Bioethik, Fragen der „Sollensethik".[3] In der akademischen Bioethik wird angesichts *real möglicher* Zukunftsszenarien danach gefragt, welche biomedizinische Verfahren als moralisch erlaubt und welche als verboten anzusehen sind. Im ersten Fall haben wir es mit einer gesellschaftlichen Verständigung über grundlegende Werte zu tun, im zweiten Fall mit Fragen konkreter Regulierung. Dabei sind beide Diskurse nicht immer scharf voneinander zu trennen.

---

[1] Die erste Verfilmung des Romans *Frankenstein or The Modern Prometheus* von Mary Shelley (1818) stammt aus dem Jahr 1910, produziert in den USA von Thomas Alva Edison, Regie: J. Searle Dawley. Als Tonfilm unter dem Titel *Frankenstein*. USA 1931, Regie: James Whale. Bekannt sind Klone vor allem aus *Attack of the Clones*. USA 2002, Regie: George Lucas. Episode zwei von sechs der *Star-Wars*-Saga.
[2] *Gattaca*. USA 1997. Regie: Andrew Niccol. *Never Let Me Go*. GB, USA 2010. Dt.: *Alles, was wir geben mussten*. Regie: Mark Romanek.
[3] Hans Krämer: *Integrative Ethik*. Frankfurt/M.: Suhrkamp 1995, S. 75–126.

Gegenstand meines Beitrags ist das Verhältnis zwischen der Etablierung neuer biomedizinischer Verfahren und der diskursiven Problematisierung von Zukunftsvisionen, die mit diesen in Verbindung gebracht werden. Dabei werde ich insbesondere eine politisch einflussreiche Debatte in den Blick nehmen, die sich mit Fragen ‚genetischer Gerechtigkeit' beschäftigt und argumentieren, dass hier offenbar mehr die in Literatur und Film thematisierten Zukunftsvisionen als die realistischen biomedizinische Handlungsmöglichkeiten beurteilt werden.

Forschungsprogramm der Biowissenschaften

Die Idee, gentechnische Eingriffe an Menschen durchzuführen, begleitete die Entwicklung der molekularen Biowissenschaften seit ihren Anfängen. So diskutierten 27 prominente Forscher 1962 auf dem Symposium „Man and His Future", das von der Ciba-Foundation in London durchgeführt wurde, die ‚drängenden Probleme der Menschheit' wie das Bevölkerungswachstum, die hohe Sterblichkeit an Infektionskrankheiten und Krebs, das Welternährungsproblem und die Technikentwicklung, mit welcher der Mensch nicht Schritt halte. Als biomedizinisches Kernproblem wurde der genetische Verfall des Menschen durch zivilisationsbedingte Gegenauslese identifiziert,[4] für das die genetische Verbesserung des Menschen die naheliegende Lösung sei. Wie der Genetiker Joshua Lederberg es prägnant formulierte, wäre „die höchste Anwendungsstufe der Molekularbiologie [...] die direkte Steuerung der Nukleotidsequenzen in menschlichen Chromosomen, verbunden mit der Möglichkeit, die gewünschten Gene, die in einer beachtlichen Mannigfaltigkeit in der bestehenden Bevölkerung vorhanden sind, zu erkennen, auszusondern und zu integrieren".[5]

Diese Zukunftsvisionen einer genetischen Verbesserung des Menschen wurden von kritischer Seite zum Teil wörtlich genommen: „Damit hat die Molekularbiologie ihr Programm vorgelegt, das mit Hilfe der Gen- und Reproduktionstechnologie der achtziger Jahre Stück für Stück eingelöst werden soll."[6] Die Öffentlichkeit reagierte darauf alles andere als begeistert. Vor dem Hintergrund der massiven Menschenrechtsverletzungen, die im Namen von Eugenik und Rassenhygiene in der jüngeren Vergangenheit begangen worden waren, setzte sich insbesondere in der deutschen Öffentlichkeit eine klare Distanzierung von den Menschenzüchtungsfantasien der Forscher durch.[7] Außerdem wurde der genetische Determinis-

---

[4] Sir Julian Huxley: *Die Zukunft des Menschen*. In: *Das umstrittene Experiment: Der Mensch. Dokumentation des Ciba-Symposiums 1962 "Man and His Future"*. Hg. von Robert Jungk und Hans-Josef Mundt. Frankfurt/M.: Schweitzer 1988, S. 277–291.
[5] Joshua Lederberg: *Die biologische Zukunft des Menschen*. In: *Das umstrittene Experiment*, Hg. Jungk u. a. (Anm. 4), 277–291, hier 294.
[6] Ludger Weß: Die *Träume der Genetik. Gentechnische Utopien vom sozialen Fortschritt*. Hamburg: Delphi Politik 1989.
[7] Vgl. Kurt Bayertz, Jürgen Kroll und Peter Weingart: *Rasse, Blut und Gene. Geschichte der Eugenik und Rassenhygiene in Deutschland*. Frankfurt/M.: Suhrkamp 1992 und Charles Weiner: *Anticipating the Consequences of Genetic Engineering. Past, Present, and Future*. In: *Are Genes Us?*

mus als ideologische Grundlage der Genforschung grundsätzlich in Frage gestellt.[8] Einige der Verfahren, die auf dem Ciba-Symposium diskutiert wurden, sind mittlerweile in der Praxis etabliert, für andere ist zumindest konkreter vorstellbar geworden, ob und falls ja wie sie funktionieren könnten und welche Folgen mit ihnen einhergehen würden.

Pränatale Diagnostik und In-vitro-Fertilisation

In den 1980er Jahren wurden die pränatale Diagnostik und die In-vitro-Fertilisation in der medizinischen Praxis eingeführt. Bei der pränatalen Diagnostik werden Zellen von Föten genetisch untersucht. Bei einem auffälligen Befund kann den zukünftigen Eltern angeboten werden, die Schwangerschaft abzubrechen. Bei der In-vitro-Fertilisation wird die Zeugung selbst ins Labor verlegt und die befruchteten Eizellen in die Gebärmutter der Frau überführt. Auf diese Weise kann vielen ungewollt kinderlosen Paaren zu einem eigenen Kind verholfen werden. Beide Verfahren standen anfangs in der öffentlichen Kritik, weil mit ihnen eine Instrumentalisierung von menschlichen Embryonen und Föten einhergeht, aber auch weil die – in *Gattaca* problematisierte – Schaffung genetisch optimierter Menschen befürchtet wurde. Trotzdem konnten sich die Verfahren zur Routine in der Gynäkologie entwickeln.

Allerdings war hierfür die klare Abgrenzung von jeder eugenischen Zielsetzung notwendig. Von ärztlicher Seite wurde daher erklärt, legitimes Ziel der In-vitro-Fertilisation sei die individuelle Hilfe für Paare, die ungewollt kinderlos seien, und der pränatalen Diagnostik, den Paaren mit einem hohen ‚genetischen Risiko' ein behindertes Kind zu ersparen. Dabei wurde vehement bestritten, die beiden Techniken hätten etwas miteinander zu tun. Eine umfassende Kontrolle der menschlichen Fortpflanzung mit gesundheits- oder bevölkerungspolitischer Motivation sei nicht beabsichtigt.

Die Individualisierung der Zielsetzung der genannten biomedizinischen Verfahren zeigt sich besonders deutlich im Konzept der non-direktiven genetischen Beratung. Deren Aufgabe sei die Information und Aufklärung von Ratsuchenden über ihre individuellen ‚genetischen Risiken' mit dem Ziel einer selbstbestimmten und eigenverantwortlichen Krankheitsvorsorge und Familienplanung.[9] Damit einher geht allerdings eine ‚genetische Verantwortung' für die Erbfaktoren der eigenen Kinder, der sich die Betroffenen kaum entziehen können.[10] Während die damit verbundenen Normsetzungen, einschließlich ihrer diskriminierenden

---

The Social Consequences of the New Genetics. Hg. von Carl Cranor. New Brunswick, NJ: Rutgers University Press, S. 31 – 51.
[8] Ruth Hubbard und Elijah Wald: *Exploding the Gene Myth.* Boston, MA: Beacon 1993.
[9] Silja Samerski: *Die verrechnete Hoffnung. Vor der selbstbestimmten Entscheidung durch genetische Beratung.* Münster: Westfälisches Dampfboot 2002, S. 39.
[10] Regine Kollek und Thomas Lemke: *Der medizinische Blick in die Zukunft. Gesellschaftliche Implikationen prädiktiver Gentests.* Frankfurt/M.: Campus 2008, S. 223 – 287.

Implikationen für Menschen, die nicht der Norm entsprechen, in *Gattaca* thematisiert wird, wird in der bioethischen Debatte primär über den Konflikt zwischen dem Recht auf selbstbestimmte Familienplanung werdender Eltern und dem Schutz des Lebens von Embryonen und Föten diskutiert.

Somatische Gentherapie

Ungefähr ein Jahrzehnt später flammte die Debatte erneut auf: Anfang der 1990er Jahre fanden die ersten klinischen Gentherapieversuche statt.[11] Erinnert an alte Menschenzüchtungsfantasien von Forschern, reagierte die Öffentlichkeit zunächst skeptisch darauf, dass der Mensch nun selbst zum Gegenstand genetischer Veränderungen werden sollte. Als Antwort darauf wurden von Forscherseite zwei Unterscheidungen eingeführt.[12] Das war zum einen die Unterscheidung zwischen der Keimbahntherapie und der somatischen Gentherapie. Bei der somatischen Gentherapie sind menschliche Körperzellen Gegenstand der gentechnischen Veränderung. Ziel ist, ein schädliches Genprodukt zu eliminieren oder ein gewünschtes Genprodukt im Körper des Patienten zur Expression zu bringen, um einen therapeutischen Effekt im Organismus zu erzielen. Die Keimzellen des Patienten sind nicht von der Veränderung betroffen und die genetische Veränderung wird folglich nicht an zukünftige Generationen vererbt. Die Keimbahntherapie dagegen ziele auf die Veränderung der genetischen Eigenschaften des ganzen Organismus einschließlich seiner Keimzellen. Damit würde die genetische Veränderung an kommende Generationen weitergegeben. Das aber sei weder beherrschbar noch erwünscht. Die zweite Unterscheidung ist diejenige zwischen Therapie und Enhancement. Während es der somatischen Gentherapie um neue Therapien für schwer kranke Menschen ginge, sei das sogenannte Enhancement mit der Idee der Steigerung von nicht krankheitsrelevanten Eigenschaften wie etwa körperlicher Leistungsfähigkeit, Intelligenz oder Musikalität verbunden. Letzteres sei angesichts des wissenschaftlichen Erkenntnisstandes erstens illusorisch und läge zweitens nicht im Bereich ihrer Forschungsinteressen. Diese beiden ‚ethischen Unterscheidungen' wurden in Publikationen von Gentherapie-Forschern selbst immer wieder vorgetragen und haben dabei wesentlich zur Herausbildung des ‚therapeutischen Modells' und dessen öffentlicher Legitimation beigetragen.[13]

Heute, mehr als zwei Jahrzehnte später, ist immer noch kein entscheidender therapeutischer Durchbruch gelungen. Es finden zwar eine große Zahl klinischer Gentherapieversuche statt, bei denen allerdings überwiegend die Verträglichkeit der Gentransferverfahren getestet wird, und nur in einem sehr geringen Teil auch

---

[11] W. French Anderson: *The Beginning*. In: *Human Gene Therapy* 1 (1990), S. 371 f.
[12] W. French Anderson: *Prospects for Human Gene Therapy*. In: *Science* 226 (1984), S. 401 – 409.
[13] Sigrid Graumann: *Die somatische Gentherapie. Entwicklung und Anwendung aus ethischer Sicht*. Tübingen: Francke 2000, S. 21 – 44.

die Wirksamkeit.[14] Außerdem gab es mehrere gravierende Zwischenfälle, bei denen Probanden schwer geschädigt wurden und sogar starben.[15] Wenn sich die somatische Gentherapie jemals in der klinischen Praxis etablieren kann, wird sie mit großer Sicherheit ‚konventionelle' Therapieverfahren eher ergänzen als ersetzen, und auch dies wird noch viele Jahre dauern. Spezifische ethische Fragen der somatischen Gentherapie werden von bioethischer Seite kaum noch diskutiert. Und medial hat sich das Verfahren durch die anfangs begeisterte Berichterstattung längst durchgesetzt.

Präimplantationsdiagnostik

Nur wenige Zeit nach dem ersten Gentherapieversuch, wurde die erste erfolgreiche Präimplantationsdiagnostik durchgeführt.[16] Durch die Präimplantationsdiagnostik wurden die Verfahren der In-vitro-Fertilisation und der Gendiagnostik verbunden.[17] Es werden mehrere Embryonen im Labor ‚auf Probe' gezeugt und anschließend genetisch getestet. Nur die Embryonen mit den erwünschten Eigenschaften werden für die Herbeiführung einer Schwangerschaft ausgewählt, die übrigen ‚verworfen'. Um jedem Vorwurf, genetisch optimierte Menschen schaffen zu wollen, von vorn herein zu begegnen, wurde in ärztlichen Stellungnahmen als legitimes Ziel der Präimplantationsdiagnostik stets die Vermeidung von schweren Erbkrankheiten genannt und einem möglichen Einsatz für andere Ziele, etwa ein Kind mit hoher Intelligenz oder Sportlichkeit zu zeugen, abgeschworen.

Im vergangenen Jahr wurde das Verfahren in Deutschland zugelassen unter der Bedingung, dass ein Paar ein erbliches Risiko für ein schwer krankes oder behindertes Kind hat und eine Ethikkommission dies bestätigt. In der politischen Debatte, die der Parlaments-Entscheidung voranging, spielte die Schutzwürdigkeit menschlicher Embryonen kaum eine Rolle. Stattdessen wurde der entscheidende Dissens einerseits in dem Interesse ‚genetisch belasteter' Paare gesehen, ein nicht behindertes Kind zu bekommen, und andererseits mit den diskriminierenden Implikationen der Zulassung eines ‚Selektionsverfahrens' für Menschen mit Behinderung konfrontiert.[18]

---

[14] Ferdinand Hucho, Bernd Müller-Röber, Silke Domasch und Mathias Boysen: *Gentherapie in Deutschland. Eine interdisziplinäre Bestandsaufnahme. Themenband des Gentechnologieberichts, Forum W*. Dornburg: Wissenschaftlicher Verlag 2008, S. 48 – 53.
[15] Ebd., 123.
[16] A[lan] H. Handyside, E[lena] H. Kontogianni, K[ate] Hardy und R[obert] M. L. Winston: *Pregnancies from Biopsied Human Preimplantation Embryos Sexed by Y-Specific DNA Amplification*. In: *Nature* 344 (1990), S. 768 – 770.
[17] Regine Kollek: *Präimplantationsdiagnostik, weibliche Autonomie und Recht*. Tübingen: Francke 2002.
[18] Vgl. hierzu die öffentliche Anhörung des Ausschusses für Gesundheit des Bundestags am 25. 5. 2012 (Protokoll 17/42).

Keimbahneingriffe

In den genannten Debatten wurden Keimbahneingriffe am Menschen als mögliche Zukunft, der durch die Entwicklungen der Gendiagnostik, der In-vitro-Fertilisation, der somatischen Gentherapie und der Präimplantationsdiagnostik der Weg geebnet werden könnte, immer kontrovers (mit-)diskutiert. Außerdem werden Keimbahnveränderungen in der Tierzucht längst durchgeführt. Allerdings sind die beiden Verfahren, die zur Herstellung transgener Nutztiere vor allem angewandt werden, nicht ohne Weiteres auf den Menschen übertragbar.

Bei dem ‚einfacheren' Verfahren wird das ‚Transfergen' mit einer Mikropipette in die befruchtete Eizelle eingeführt. Bei etwa einem von hundert Tieren fügt sich das Gen ‚von selbst' in das Genom ein, und alle Zellen des Organismus tragen die genetische Veränderung. Bei dem Genkonstrukt kann es sich um eine DNA-Sequenz handeln, die eine pathologische Veränderung etwa in Labormäusen hervorrufen soll, die in der Forschung als Krankheitsmodell dienen sollen, oder um eine DNA-Sequenz, die für ein erwünschtes Genprodukt, etwa um ein biologisches Arzneimittel zu erzeugen, Verwendung finden soll. Viele transgene Tiere sind auf Grund letaler Mutationen allerdings nicht lebensfähig. Und ob der gewünschte Effekt erzielt wurde, lässt sich außerdem letztlich erst im entwickelten Organismus feststellen.

Bei einem zweiten Verfahren wird für die Erzeugung transgener Tiere der genetische Eingriff zunächst an einer embryonalen Stammzellkultur durchgeführt. Dabei lässt sich im Labor testen, ob der Gentransfer gelungen ist. Die genetisch veränderten embryonalen Stammzellen werden dann in frühe Embryonen (Blastozysten) eingebracht. Das entstehende Tier trägt dann zwei Sorten von Zellen, genetisch veränderte und nicht veränderte Zellen. Erst in der Folgegeneration können den mendelschen Regeln entsprechend ‚reinerbige' genetisch veränderte Tiere entstehen. Dieses Verfahren bringt zunächst den Verbrauch einer großen Zahl von Embryonen mit sich, bis überhaupt eine genetische Manipulation erreicht werden kann. Anschließend müssen dann noch einmal die entwickelten Tiere, bei denen der Gentransfer gelungen ist, aussortiert werden. Nur mit diesen kann dann weitergezüchtet werden.

Es liegt auf der Hand, dass die Anwendung beider Verfahren, weil sie auf der Grundlage von *trial and error* funktionieren und mit der Totalinstrumentalisierung von Individuen verbunden sind, am Menschen nicht denkbar ist.[19] Das heißt, ein Forschungsmodell der Keimbahnmanipulation am Menschen würde die Entwicklung völlig neuer Verfahren voraussetzen. Wie Verfahren aussehen könnten, deren Anwendung am Menschen sinnvoll wären, ist noch völlig unklar.

---

[19] Sigrid Graumann: *‚Präimplantationsgenetik' – ein wünschenswertes und moralisch legitimes Ziel des Fortschritts in der vorgeburtlichen Medizin?* In: *Ethik in der Humangenetik*. Hg. von Marcus Düwell und Dietmar Mieth. Tübingen: Francke 1998, S. 383–414.

Ungeachtet der genannten verfahrenstechnischen Hürden wird über ‚Menschenzüchtung' immer wieder ethisch und politisch diskutiert.[20] In Literatur und Film handelt es sich dabei um fiktive Realitäten, die als solche ausgewiesen sind. Die Bioethik dagegen bewertet konkrete Handlungsoptionen. Dabei zeichnen sich die philosophisch-ethischen im Unterschied zu den naturwissenschaftlich-medizinischen Beiträgen meist durch eine ausgesprochen naive Vorstellung des wissenschaftlichen Fortschritts aus – es wird einfach unterstellt, die Unbeherrschbarkeit der Folgen von genetischen Interventionen sei überwindbar, wenn nur lange genug geforscht wird.

Klonen

Seit der Geburt des Klon-Schafes Dolly im Jahr 1996 steht fest, dass es prinzipiell möglich ist, auch geklonte Menschen zu schaffen und die Debatte über das ‚Baby-Klonen' nimmt kein Ende: Immer wieder gelang es Personen wie dem italienischen Gynäkologen Severino Antinori, seinem US-Kollegen Panayiotis Zavos sowie Mitgliedern der Sekte Raël mit ihrer Firma Clonaid mit Ankündigungen Schlagzeilen zu machen, Babies klonen zu wollen oder dies gar schon erfolgreich getan zu haben. Von seriöseren Wissenschaftlern wird deren Ansinnen regelmäßig als ‚inhuman' und ‚kriminell' verurteilt. Die Risiken, die heute noch mit der Methode für den entstehenden Menschen verbunden sind, seien viel zu groß.[21]

Normalerweise entsteht ein Embryo durch die Verschmelzung einer Ei- und einer Samenzelle. Der Kern der befruchteten Eizelle enthält alle Gene – zu gleichen Teilen von Mutter und Vater –, die der Mensch für seine Entwicklung benötigt. Die verschiedenen, aus der befruchteten Eizelle hervorgegangenen Körperzellen unterscheiden sich dadurch, dass nur diejenigen Gene, die gerade gebraucht werden, ‚aktiv' sind und abgelesen werden. Die Kerne von Körperzellen enthalten dennoch das vollständige Genmaterial. Diesen Umstand machen sich die Forscherinnen und Forscher beim Klonen zunutze. Dabei wird einer Körperzelle der Zellkern entnommen und in eine befruchtete Eizelle eingeschleust, deren Kern zuvor entfernt wurde. Die Eizellen mit dem neuen Erbgut können sich im Labor teilen und zu Embryonen entwickeln. Offensichtlich bewirken Botenstoffe aus dem Eiweiß der Eizelle, dass Gene ‚aktiviert' werden, welche die Entwicklung steuern und Gene, die in spezialisierten Geweben für Stoffwechselprozesse verantwortlich sind, ‚deaktiviert' werden. Das heißt, wenn ein geklonter Embryo in die Gebärmutter einer Frau überführt werden würde, wäre es möglich, dass er sich zu einem Kind entwickelt. Dieses Kind wäre dann der genetische Zwilling desjenigen Menschen, von dem der Zellkern der geklonten Eizelle stammt.

---

[20] Kurt Bayertz und Christa Runtenberg: *Gen und Ethik: Zur Struktur des moralischen Diskurses über die Gentechnologie.* In: *Gentechnik, Ethik und Gesellschaft.* Hg. von Marcus Elstner. Berlin: Springer, S. 107 – 121.

[21] Ian Wilmut und Roger Highfield: *After Dolly. The Uses and Misuses of Human Cloning.* New York, NY: Norton 2006.

Trotz mehrfacher anders lautender Pressemeldungen ist bislang offenbar bis heute noch kein Klon-Baby geboren worden. Technisch gesehen wäre das aber im Bereich des Möglichen, auch wenn wir aus Tierversuchen wissen, dass nur bei einem Teil der Klonversuche lebensfähige Tiere entstehen. Die meisten geklonten Embryonen gehen auf einer frühen Entwicklungsstufe zugrunde. Die wenigen geborenen Tiere haben unter anderem Herz- und Lungenschäden, Übergröße, Arthritis, Fettsucht oder Krebs. Das heißt: Klonversuche sind ebenfalls *Trial-and-Error*-Experimente mit unbestimmtem Ausgang; der Erfolg ist die Ausnahme, der Misserfolg die Regel. Das ist auch der Grund für die weitgehende Einigkeit, dass das Fortpflanzungs-Klonen am Menschen zumindest auf der Basis des heutigen Forschungsstands nicht vertretbar ist.[22] Deshalb sind nur wenige Stimmen unter den Genetikern und Biotechnologen zu hören, die eine Anwendung der Keimbahnmanipulation oder des Klonens am Menschen überhaupt für erwägenswert halten.

Die Debatte über genetische Gerechtigkeit

In der philosophischen Debatte über Fragen ‚genetischer Gerechtigkeit' dagegen wird über die Schaffung genetisch manipulierter oder geklonter Menschen diskutiert, als sei die technische Machbarkeit lediglich eine Frage der Zeit. Ein besonders eindrückliches Beispiel dafür ist das Buch *From Chance to Choice* von Allan Buchanan, Dan Brock, Norman Daniels und Daniel Wikler, das im Jahr 2000 erstmals erschienen ist. Damit haben die Autoren die Debatte über die Bioethik hinaus zu einem allgemeinen Thema der praktischen Philosophie gemacht. Sie haben durchsetzen können, dass ihre Positionen zu *Enhancement* und Eugenik als typisch für den politischen Liberalismus wahrgenommen werden. Ihren Thesen angeschlossen haben sich die Autoren einer ganzen Reihe von Buchpublikationen wie Nicholas Agar mit *Liberal Eugenics* im Jahr 2004[23] und John Harris mit *Enhancing Evolution* im Jahr 2007.[24]

Die Gegenpositionen kommen, wie *The Case against Perfection* von Michael Sandel (2007),[25] aus dem kommunitaristischen Lager oder werden diesem, wie *Die Zukunft der menschlichen Natur* von Jürgen Habermas (2001),[26] zumindest in der angelsächsischen Philosophie zugerechnet. Dies hat einerseits zu einer Polarisierung der Debatte – Liberale gegen Kommunitaristen und Konservative – geführt,

---

[22] Sigrid Graumann und Andreas Poltermann: *No End in Sight to Cloning Debate.* In: *Law and the Human Genome Review* 22 (2005), S. 209 – 227.
[23] Nicholas Agar: *Liberal Eugenics. In Defence of Human Enhancement.* Malden, MA: Blackwell 2004.
[24] John Harris: *Enhancing Evolution. The Ethical Case of Making Better People.* Princeton, NJ: Princeton University Press 2007.
[25] Michael J. Sandel: *The Case against Perfection. Ethics in the Age of Genetic Engineering.* Cambridge, MA: Harvard University Press 2007, S. 45.
[26] Jürgen Habermas: *Die Zukunft der menschlichen Natur. Auf dem Weg zu einer liberalen Eugenik.* Frankfurt/M.: Suhrkamp 2001, S. 49.

aber andererseits teilen beide Seiten ein ausgesprochen unreflektiertes Verständnis wissenschaftlicher Machbarkeit.

Den Autoren von *From Chance to Choice* geht es zunächst generell um die neuen Handlungsmöglichkeiten, die die Erkenntnisse des Humangenomprojekts in naher und ferner Zukunft eröffnen werden. Auf die bisherige bioethische Debatte gehen sie zwar punktuell ein, räumen sich selbst dabei aber mit großer Geste das Feld für einen Neuanfang frei. Ihre Bewertungsgrundlage sind die rawlsschen Prinzipien sozialer Gerechtigkeit.

Rawls schlägt mehrere Gerechtigkeitsprinzipien vor, die er in einer lexikalischen Ordnung stehend verstanden wissen will.[27] Oberste Priorität habe das „Prinzip der Garantie der gleichen Grundrechte und -freiheiten", die grundsätzlich nur eingeschränkt werden dürfen, sofern sie mit den Grundrechten und -freiheiten anderer Personen in Konflikt geraten.[28] Diesen Aspekt diskutieren die Autoren von *From Chance to Choice* unter dem Stichwort ‚Autonomie' in Bezug auf Fortpflanzungsentscheidungen, dem ein hoher Stellenwert zukomme.[29] Zweite Priorität hat nach Rawls das ‚Prinzip des gleichberechtigten Zugangs zu Positionen und Ämtern'. Damit meint Rawls, dass dieser Zugang frei von willkürlicher Diskriminierung sein und im Interesse des Allgemeinwohls liegen müsse.[30] Diesen Aspekt diskutieren die Autoren des genannten Buches unter dem Stichwort 'equal opportunity' in Bezug auf den Zugang zu den neuen biomedizinischen Verfahren.[31] Die dritte Priorität kommt nach Rawls schließlich dem ‚Differenzprinzip' zu, nach dem die Verteilung von sozialen und wirtschaftlichen Ressourcen der Verbesserung der sozialen Situation der Schwächsten in der Gesellschaft dienen soll, ohne die Konkurrenz auf dem Markt auszuschalten. Ungleichverteilungen sind demzufolge dann legitim, wenn die am meisten benachteiligten Gruppen davon profitieren.[32] Auf diesen Aspekt gehen die Autoren unter dem Stichwort 'justice' auf mögliche gesellschaftliche Folgen der Nutzung neuer biomedizinischer Verfahren ein.

Aus den rawlsschen Gerechtigkeitsprinzipien leiten sie dann erstens ab, dass dem Recht auf reproduktive Freiheit ein sehr hoher Stellenwert zukomme. Daraus folgern sie, es gebe kein überzeugendes Argument, die genetische Optimierung von Kindern, sofern dieses den Eltern in spe als ‚persönlicher Service' angeboten wird, prima facie zu verbieten.[33] Allerdings sei dabei zu berücksichtigen, dass verbesserte Chancen für die einen – insbesondere für Kinder reicher Eltern – mit Nachteilen für die anderen – vor allem für die Kinder armer Eltern – einherginge. So könnte sich nach einigen Generationen eine Ungleichverteilung ‚guter' und ‚schlechter' genetischer Anlagen zwischen Arm und Reich ergeben. Eine solche

---

[27] John A. Rawls: *A Theory of Justice*. Cambridge, MA: Harvard University Press 1971, S. 42.
[28] Ebd., 243.
[29] Allen Buchanan, Dan W. Brock, Normann Daniels und Daniel Wikler: *From Chance to Choice. Genetics & Justice*. Cambridge: Cambridge University Press 2000.
[30] Rawls, *Theory of Justice* (Anm. 27), 228.
[31] Buchanan u. a., *From Chance to Choice* (Anm. 29), 16.
[32] Rawls, *Theory of Justice* (Anm. 27), 83.
[33] Buchanan u. a., *From Chance to Choice* (Anm. 29), 53 f.

Ungleichverteilung von genetischen Ressourcen sei zwar nicht grundsätzlich zu verurteilen. Einem Auseinanderdriften von zwei Klassen – 'gene rich' und 'gene poor' – solle aber aus gesellschaftspolitischen Gründen gegengesteuert werden, indem der Zugang zu den biomedizinischen Verfahren gerecht gestaltet werde.[34] Außerdem sollten sich die Eltern mit ihren Entscheidungen am Wohlergehen ihrer Kinder orientieren. Dabei müsse zumindest gesichert sein, dass dem so erzeugten Kind eine ‚offene Zukunft' gewährleistet wäre.[35]

Die Autoren schließen aus ihrer Interpretation von Rawls' Gerechtigkeitskonzeption zweitens, dass die Behandlung von gesundheitlichen Funktionsstörungen gesellschaftlich sichergestellt werden solle, insofern dies für die gleichmäßige Verteilung von Chancen und Handlungsmöglichkeiten der Bürger notwendig sei. Damit wenden sie Daniels' Konzept einer gerechten Gesundheitsversorgung an[36] und erweitern dies auf genetische Interventionen. Diese wären demzufolge in die allgemeine Gesundheitsversorgung einzubeziehen, sofern damit die Beschränkung von Chancen und Handlungsmöglichkeiten verhindert, gemildert oder behoben würden. Dabei seien insbesondere auch zukünftige Generationen zu berücksichtigen. Die enge Einschränkung von Norman Daniels auf gesundheitliche Funktionsstörungen ('species typical functioning') halten sie allerdings für nicht sinnvoll, da beispielsweise auch mangelnde Begabungen starke Einschränkungen von Chancen und Handlungsmöglichkeiten darstellen können. Mit einem gleichberechtigten Zugang zu biomedizinischen Serviceleistungen könnte einem Auseinanderdriften der Klassen der 'gene rich' und 'gene poor' durch eine Ungleichverteilung von Lebenschancen begegnet werden.[37]

Die Autoren wenden sich auch gegen eine grundsätzliche Verteufelung von ‚Eugenik'. Die gesundheitspolitische Zielsetzung einer Prävention von schweren Krankheiten und geringen Handlungsmöglichkeiten sei an sich richtig, sofern dabei die freien und informierten Entscheidungen der Bürger berücksichtigt werden würden. Staatliche eugenische Zwangsmaßnahmen verurteilen sie dagegen aufs Schärfste. Aber auch das Konzept der non-direktiven genetischen Beratung lehnen sie ab. Sie erwarten von den werdenden Eltern, aus freien Stücken Verantwortung für die genetische Ausstattung ihrer Kinder zu übernehmen, was durch Beratung zu unterstützen sei. Daher fordern sie ein flächendeckendes Angebot von genetischen Beratungsstellen, die werdende Eltern ermuntern, die Verantwortung für die genetische Ausstattung ihrer Kinder, um diesen bestmögliche Lebenschancen zu sichern, zu übernehmen.[38] Dieses Phänomen genetischer Verantwortung wurde – allerdings in kritischer Absicht – in *Gattaca* bereits vorweggenommen.

Nun lassen sich die hier vertretenen Thesen sicher aus ganz unterschiedlichen Perspektiven kritisieren. Interessant ist aber, dass in den philosophischen Kritiken

---

[34] Ebd., 96–99.
[35] Ebd., 161, 181.
[36] Norman Daniels: *Just Health Care*. Cambridge: Cambridge University Press 2008.
[37] Buchanan u. a., *From Chance to Choice* (Anm. 29), 61–103.
[38] Ebd., 321–325.

die naive Vorstellung des wissenschaftlichen Fortschritts kaum in Frage gestellt wird, was in den frühen kritischen Publikationen zur Gentechnik der 1980er und 1990er Jahre im Mittelpunkt stand. Stattdessen wird von kritischer Seite nun – ähnlich wie in der literarischen und filmerischen Problematisierung – der gesellschaftliche Wertewandel in den Blick genommen. So wendet sich Michael Sandel gegen eine ethische Beurteilung von Enhancement und Eugenik auf der Grundlage einer einseitigen Anwendung der ethischen Prinzipien der Autonomie und Gerechtigkeit. Damit würden gesellschaftstragende Werte, wie die unbedingte, liebevolle Annahme von Kindern, negiert. Ganz ähnlich argumentiert auch Jürgen Habermas, der gerade dann, wenn den Eltern Entscheidungen über die genetische Ausstattung ihrer Kinder übertragen werden würden, die Autonomie und Freiheit als grundlegende Werte liberaler Gesellschaften gefährdet sieht. In Frage steht für Habermas damit „unser gattungsethisches Selbstverständnis", nämlich, „ob wir uns auch weiterhin als ungeteilte Autoren unserer Lebensgeschichte verstehen werden und uns gegenseitig als autonom handelnde Personen anerkennen können".

Ich möchte mich hier nicht inhaltlich dazu positionieren, ob Personen, deren Erbanlagen vorsätzlich verändert wurden, oder die aus geklonten Embryonen hervorgegangen sind, nicht autonom und frei sein können. Festhalten möchte ich an dieser Stelle lediglich eine auffällige Gemeinsamkeit der hier genannten Kontrahenten in der Debatte um Enhancement und Eugenik, nämlich ihre ausgesprochen naiven Annahmen über die medizinisch-wissenschaftlichen Grundlagen einer Beurteilung der genannten Zukunftstechnologien. Einerseits wird naturwissenschaftliches Faktenwissen über konkrete Techniken und deren Zuverlässigkeit und Risiken nicht ausreichend zur Kenntnis genommen, sondern aus einem naiven Halbwissen heraus argumentiert. Andererseits werden wesentliche Erkenntnisse der neueren Wissenschaftsforschung hinsichtlich der grundsätzlichen Unsicherheit und Vorläufigkeit naturwissenschaftlicher Erkenntnis schlicht ignoriert.

Chancen und Risiken

Buchanan, Brock, Daniels und Wikler betrachten die menschlichen Gene als gesellschaftliche Ressource, die von Natur aus ungerecht verteilt ist und, weil sie über Lebenschancen entscheidet – sofern das zukünftig in unserer Macht steht –, geregelt umverteilt werden sollte. Dabei haben die Autoren offenbar die Vorstellung, es wäre (zukünftig) möglich und sinnvoll, einen Embryo zu nehmen, ein dysfunktionales Gen ‚genchirurgisch' durch ein funktionales zu ersetzen oder auch ein neues Gen für eine erwünschte Eigenschaft einzubringen. Beides ist sträflich naiv: Bevor ein Embryo therapiert werden könnte, müsste erst einmal diagnostiziert werden, welche ‚Störungen' er überhaupt hat. Schon die Diagnostik setzt die Selektion von Embryonen voraus. Mit dem Mittel der Embryonenselektion aber ließe sich der gewünschte Effekt ganz alleine erzielen. ‚Gendefekte' werden normalerweise nur mit einer 25prozentigen- oder 50 prozentigen Wahrscheinlichkeit vererbt. Eine ‚genchirurgische' Reparatur eines dysfunktionalen Gens, selbst wenn diese möglich wäre, wäre also gar nicht sinnvoll, weil man per Präimplantationsdiagnostik auch einfacher einen Embryo mit dem funktionalen Gen auswählen könnte.

Für einen Keimbahneingriff könnten also nur die Erzeugung völlig neuer Eigenschaften oder die Steigerung von Eigenschaften überhaupt sinnvoll sein. Diese Idee baut aber – genau wie diejenige, durch Klonen eine identische Kopie eines Menschen zu schaffen – auf dem Konzept eines strengen genetischen Determinismus auf. Nach dieser Vorstellung müsste eine Veränderung auf der genetischen Ebene kausal zu einem bestimmten, exakt vorhersagbaren Effekt im Organismus führen. Zum einen kennen wir aber bis heute keine Methode, mit der ein exaktes Einfügen eines Gens in eine befruchtete Eizelle oder einen frühen Embryo möglich wäre. Bisher hat auch niemand ein Konzept vorgestellt, mit dem das zukünftig vielleicht möglich sein könnte.

Und zum anderen wissen wir heute, dass die deterministische Vorstellung einer linear-kausalen Wirkungsweise von Genen viel zu naiv ist, selbst wenn ein solches Konzept einmal entwickelt werden würde. In den 1990er Jahren waren es vor allem Vordenker unter den Naturwissenschaftlern, die darauf hinwiesen, dass das ‚zentrale genetische Dogma', nachdem das Genom das Programm enthält, das zentral alle physiologischen Prozesse einschließlich der Entwicklung und Erhaltung von Organismen steuert,[39] zunehmend durch neue Erkenntnisse der Genetik angefochten wird.[40] Die Entwicklung und Steuerung von Lebensprozessen wird heute auf das komplexe und dynamische Zusammenspiel von Genen und Umweltfaktoren zurückgeführt. Die ursprüngliche Vorstellung eines strengen genetischen Determinismus, nach dem Gene linear-kausal zu den Merkmalen eines Lebewesens führen, wie es noch Francis Crick angenommen hatte, gilt allgemein als überholt.[41] Unter dem Titel ‚Epigenetik' hat sich mittlerweile eine neue Forschungsrichtung in der Molekulargenetik entwickelt, die dieses Zusammenspiel von Umweltfaktoren und Genen untersucht.[42] Dabei zeigt sich, dass das Bild umso komplexer wird, je weiter die Forschung voranschreitet.

Das alles aber heißt, dass genetische Eingriffe immer ein Spiel von Versuch und Irrtum darstellen. Welche Folgen ein solcher Eingriff für einen Organismus hat, lässt sich nicht mit letzter Sicherheit voraussagen. Das gilt für erwünschte ebenso wie für unerwünschte Folgen und betrifft Merkmale, die überwiegend auf eine kodierende Sequenz zurückgeführt werden können, wie im Fall von sogenannten monogenen Krankheiten, und umso mehr für komplexe, durch mehrere Gene und

---

[39] Francis Crick: *Ein irres Unternehmen. Die Doppelhelix und das Abenteuer Molekularbiologie.* Übers. aus d. Engl. von Inge Leipold. München: Piper 1990.
[40] Ullrich Wolf: *The Genetic Contribution to the Phenotype.* In: *Human Genetics* 94 (1995), S. 127–148; und Ullrich Wolf: *Identical Mutations and Phenotypic Variation.* In: *Human Genetics* 100 (1997), S. 305–321.
[41] Richard Strohman: *Epigenesis. The Missing Beat in Biotechnology?* In: *Biotechnology* 12 (1994), S. 156–164; und Richard Strohman: *The Coming Kuhnian Revolution in Biology. Epigenesis and Complexity.* In: *Nature Biotechnology* 15 (1997), S. 194–200.
[42] Hugh Morgan, Fátima Santos, Kelly Green, Wendy Dean und Wolf Reik: *Epigenetic Reprogramming in Mammals.* In: *Human Molecular Genetics* 14 (2005), Heft 1, S. R47–R58.

Umweltfaktoren beeinflusste Eigenschaften. Wir müssen also von einer grundsätzlichen Unsicherheit genetischer Eingriffe ausgehen, die der wissenschaftliche Fortschritt auch zukünftig nicht einholen können wird.

Plädoyer für eine wissenschaftstheoretisch reflektierte Debatte

Für die Entwicklung der molekularen Biowissenschaften spielen ‚Machbarkeitsfantasien' von Forschern und die kritischen gesellschaftlichen Reaktionen auf diese ganz offensichtlich eine große Rolle. Weil die gesellschaftlichen Konsequenzen des biowissenschaftlichen Fortschritts und der damit eröffneten Zukunftsvisionen – insbesondere was die Manipulation des Menschen selbst angeht – von Seiten der Öffentlichkeit mit Skepsis betrachtet werden, steht die Forschung unter erheblichem Legitimationsdruck. Das lässt sich an der Entwicklung der Fortpflanzungsmedizin und der Gentherapie besonders gut zeigen, wo die Abgrenzung zwischen therapeutischer und nichttherapeutischer Zielsetzung für die Legitimation neuer Verfahren entscheidend ist: wie bei der somatischen Gentherapie, dem ‚therapeutischen Klonen' und der Präimplantationsdiagnostik.

Vor dem Hintergrund des heutigen Kenntnisstandes der Molekulargenetik lässt sich sagen, dass genetische Eingriffe am Menschen – unabhängig davon, ob sie mit therapeutischer oder nichttherapeutischer Zielsetzung vorgenommen werden würden – mit einer grundsätzlichen Unsicherheit hinsichtlich ihrer erwünschten wie unerwünschten Folgen verbunden sind. Die Entwicklung von ‚Designer-Kindern' ist vor diesem Hintergrund tatsächlich ‚Science Fiction'. Für die Problematisierung der möglichen gesellschaftlichen Entwicklungen durch den biowissenschaftlichen Fortschritt in Literatur und Film ist das weniger wichtig. Hier stehen Verhandlungen über grundlegende gesellschaftliche Werte im Mittelpunkt. Das heißt, es geht vor allem um die *strebensethische* Frage, in welcher Gesellschaft wir zukünftig leben wollen. Dabei wird über die Ziele der Forschung als solche, nicht über ihre reale Erreichbarkeit reflektiert.

Das gilt jedoch nicht für die Behandlung von *sollensethischen* Fragen in den Diskursen der Bioethik und der politischen Philosophie, was die Autoren von *From Chance to Choice* allerdings offenbar anders sehen. Sie verteidigen am Anfang des Buchs ihre Diskussion von Science-Fiction-Beispielen gegen mögliche Einwände. Sie halten es für legitim, schon einmal vorzudenken, wie mit gentechnischen Verfahren, die erst noch zu entwickeln wären, umgegangen werden soll, auch wenn diese heute noch nicht möglich sind. Dabei werden allerdings nicht fiktive Zukunftsszenarien behandelt, sondern real mögliche unterstellt. Wenn aber schon die wissenschaftliche Ausgangsbasis von Mutmaßungen über zukünftig mögliche Entwicklungen schlicht falsch ist, scheint mir der Sinn dieses Unternehmens ausgesprochen fraglich zu sein. Menschliche Keimbahneingriffe und das Klonen von Menschen sind Zukunftstechnologien, die mit einer grundsätzlichen und voraussichtlich unüberwindbaren Unsicherheit hinsichtlich ihrer erwünschten wie unerwünschten Folgen für die davon betroffenen Menschen verbunden sind. Dies zu konstatieren ist unerlässlich für die Beantwortung von Regulierungsfragen.

Das heißt nicht, dass es grundsätzlich verwerflich wäre, fiktive Szenarien zu diskutieren; die Diskurse der Bioethik und der politischen Philosophie sind dafür aber offenbar die falschen Orte. Die Thematisierung von rein fiktiven Zukunftsvisionen sollte dem Feld von Literatur und Film überlassen bleiben, wo ihr fiktionaler Charakter unbestritten ist: weshalb gerade hier eine angemessene gesellschaftliche Verständigung darüber gelingen könnte, welche mögliche Zukunft erstrebenswert wäre und welche nicht.

Dagmar Borchers

Eine Welt ohne Ausbeutung –
Utopien und die Technisierung der Mensch-Tier-Beziehungen

> *Nehmen Sie an, dass das Tier als Gefährte im Grunde ein Mensch ist.*
> *Damit liegen Sie nicht sonderlich falsch.* – M. B. Holbrook[1]

Das Tier beunruhigt den Menschen – es konfrontiert ihn mit sich selbst, seinen Gefühlen, Launen, Widersprüchen. Obwohl es nicht sprechen kann, wirft es unangenehme Fragen auf – Fragen danach, wie der Mensch mit ihm umgeht, warum er sich so und nicht anders verhält, warum er sich das Recht herausnimmt, so und nicht anders zu handeln. In der Praxis kann man sich vor den Fragen drücken; man kann sie ignorieren. Wenn man das nicht will und ein reflektiertes Verhältnis zum Tier entwickeln möchte, muss man sich erst einmal umsehen und zur Kenntnis nehmen, wie die Situation der Tiere eigentlich aussieht. Das Ergebnis der Bestandsaufnahme ist in der Regel zwiespältig: Einerseits sehen wir, dass der Tierschutz in der Öffentlichkeit einen hohen Stellenwert genießt. Viele Menschen lieben Tiere und behandeln sie gut; andererseits nehmen sie Praktiken wie Massentierhaltung, Tierversuche, Tiertransporte, Doping von Tieren et cetera unwidersprochen hin oder befördern diese aktiv. Insgesamt ist die Lage von Millionen von Tieren (hauptsächlich Schlachttieren, Versuchstieren sowie vernachlässigten oder gequälten Haustieren) überall auf der Welt immer noch verzweifelt. Wenn Menschen etwas dagegen tun wollen, können sie auf zweierlei Weise vorgehen: Sie können moralische Forderungen erheben und darauf setzen, dass sie plausible Argumente haben, die langfristig überzeugen werden – das ist der Weg, der etwa in der akademisch-philosophischen Tierethik eingeschlagen wird. Sie können aber auch eine Vision – eine Utopie – entwickeln, wie das Verhältnis zwischen Mensch und Tier aussehen sollte. Das hat den Vorteil, dass man ganz frei ist im Denken und keine Rücksicht zu nehmen braucht auf politische, rechtliche, ökonomische oder psychologische Gegebenheiten. Man ist frei und kann radikal sein. Und dann kann man in einem zweiten Schritt versuchen, andere Menschen für diese Utopie zu begeistern und gemeinsam dafür kämpfen. Viele Vertreter der außeruniversitären Tierbefreiungsbewegung gehen diesen Weg.

---

[1] Morris B. Holbrook: *Pets and People. Companions in Commerce.* In: *Journal of Business Research* 61 (2008), S. 546–552. Zit. nach Hal Herzog: *Wir streicheln und wir essen sie. Unser paradoxes Verhältnis zu Tieren* [2010]. Übers. aus d. am. Engl. von Heike Schlatterer. München: Hanser 2012, S. 77.

Ich möchte im Folgenden zeigen, wo Utopien und Dystopien ihren Ort haben, wenn Menschen über ihr Verhältnis zum Tier reflektieren. Dabei ergibt sich ein eigenartiger Befund: Die Utopie hat ihren Ort in der individuellen Beziehung zwischen Mensch und Tier, in Teilen der veganen und Tierrechts-Bewegung. Sie hat allerdings keinen systematischen Ort in der Tierethik als philosophischer Teildisziplin. Sie wirkt dort; sie wird sogar aus dieser Quelle gespeist, aber die Tierethiker selbst scheinen das nicht zu sehen oder sehen zu wollen. Die Dystopie hingegen ist gewissermaßen überflüssig: Was wir den Tieren de facto antun, ist in manchen Bereichen so grausam, so rücksichtslos und so verstörend, dass es keiner Dystopie bedarf. Die Dystopie ist real. Und – so meine These – wie auch im Kontext von Grausamkeiten und Gräueln gegenüber Menschen wird dystopisch anmutenden Verhältnissen in Hinblick auf Tiere der Boden bereitet, wenn das Individualisierungsprinzip aufgehoben und der Respekt dem Individuum gegenüber ausgehebelt worden ist, durch welche Mechanismen auch immer.

Die Dystopie brauchen wir nicht; die Utopie allerdings schon. Ich möchte dafür plädieren, sie auch in die akademisch-wissenschaftliche Tierethik zu integrieren. Denn die Utopie – und hier schließt sich der Kreis – zeigt uns unsere Sehnsüchte auf und enthebt uns der Macht des Faktischen, die in der Wissenschaft, zumindest in der Philosophie, bisweilen durchbrochen werden muss, damit etwas Neues entstehen kann. Philosophie ist keine empirische Wissenschaft. Manchmal kann das auch ein Vorteil sein.

Gelebte Utopie – Die individuelle Beziehung zwischen Mensch und Tier

Viele Menschen suchen schon in ihrer Kindheit die Beziehung zum Tier. Die meisten Kinder sind neugierig, interessiert, ja fasziniert von Tieren. Sie wollen sie berühren, mit ihnen zusammen sein, sie kennenlernen. In der wissenschaftlichen Literatur zur Mensch-Tier-Beziehung finden wir viele Studien über das Verhältnis speziell zu Haustieren und über die emotionalen Bedürfnisse, die Tiere bei Menschen sowohl auslösen als auch stillen können.[2] Das Tier lebt in seiner eigenen, uns eigentlich nur näherungsweise zugänglichen Welt: Wir wissen nicht wirklich, wie es ist, eine Fledermaus (ein Hund, eine Katze, ein Pferd oder ein Vogel) zu sein.[3] Wie sieht die Zeitwahrnehmung bei Tieren aus? Wie nehmen sie uns wahr? Verbinden sie Gefühle mit ihrer Wahrnehmung? Können Tiere Schlussfolgerungen ziehen, Ereignisse bewerten, Dinge zuordnen? Obwohl es auch zu diesen Fragen eine große Bandbreite an einschlägigen Untersuchungen gibt, bleibt das

---

[2] Vgl. u. a. Jürgen Körner: *Bruder Hund und Schwester Katze. Tierliebe. Die Sehnsucht der Menschen nach dem verlorenen Paradies*. Köln: Kiepenheuer & Witsch. James Serpell: *Das Tier und wir. Eine Beziehungsstudie* [1990]. Übers. aus d. Engl. von Brigitte Siegel. Rüschlikon-Zürich u. a.: Müller 1990. Hermann Schmitz: *Wie Tiere sind*. In: *Tiere beschreiben*. Hg. von Andreas Brenner. Erlangen: Fischer 2003, S. 86 – 104.

[3] So der Titel eines berühmten Aufsatzes von Thomas Nagel: *What Is It Like to Be a Bat?* In: *Philosophical Review* 83 (1974), S. 435 – 450.

Innenleben der uns umgebenden Tiere für uns weitgehend opak.[4] Auf der anderen Seite machen Menschen die Erfahrung einer intensiven Verbindung mit Tieren – sowohl in emotionaler als auch in kommunikativer Hinsicht. Auch die oben genannten Haustiere unternehmen erhebliche Anstrengungen, um mit Menschen zu kommunizieren und ihnen zu vermitteln, was sie wollen und was sie ablehnen.

Gerade in der Beziehung zum Haustier, in der intensiven Freundschaft, die viele Menschen mit ihrem Hund, ihrer Katze oder ihrem Pferd verbindet, kann man durchaus utopische Momente ausmachen. *Ein* utopisches Moment in der intensiven Beziehung zum Tier, die viele Menschen erleben, liegt eben in dieser nicht-verbalen Verständigung, einer emotiven Kommunikation, bei der es darum geht, sich hinein zu fühlen und durch Blicke, Körpersprache und feinste nonverbale Signale zu übermitteln, was man ‚sagen' möchte. Wenn dies gelingt, ermöglicht es die Erfahrung einer Grenzüberschreitung, ja die Aufhebung der Grenzen zwischen Spezies, die ungemein faszinierend sein kann. Ein *weiteres Moment* liegt in der emotionalen Qualität der Mensch-Tier-Beziehung. Es ist die Utopie einer Zuneigung, die von Seiten des Tieres eben nicht an jene Kriterien gebunden ist, die vielfach den Umgang zwischen Menschen prägen: Aussehen, Erfolg, Charme, Intelligenz, Macht, Einfluss – definierte Kriterien, die erfüllt sein müssen, damit wir bereit sind, uns intensiv auf Menschen einzulassen. Es ist allerdings keine ‚bedingungslose Liebe' auf Seiten des Tieres – diese häufig anzutreffende Formulierung halte ich für unangemessen. Auch das Tier hat Kriterien, allerdings andere als Menschen: Verlässlichkeit, Vertrauenswürdigkeit und ein selbstverständlich nicht klar definierter ‚Wohlfühlfaktor' spielen hier offensichtlich eine wichtige Rolle. Das Tier ‚wählt' (wenn es denn wählen kann) jenen Menschen, in dessen Nähe es sich wohlfühlt, geborgen und entspannt. Um diesem Anforderungsprofil zu genügen, sind andere Qualitäten gefragt als jene, die im gesellschaftlichen Leben dominieren. In der Beziehung zum Tier zählen Sensibilität, Einfühlungsvermögen, Geduld, Klarheit im Verhalten und Konsequenz. Als *drittes utopisches Moment* könnte man ein Modell für eine Freundschaft unter Ungleichen anführen, in welchem aber dem schwächeren Part – dem Tier – respektvoll und einfühlsam begegnet wird. Es ist eine Relation der Fürsorge, in welcher der stärkere – der Mensch – zum Wohle des Tieres dominiert, ohne dominant sein zu müssen.

Utopien haben immer auch mit Visionen dessen zu tun, was uns glücklich macht; Zustände zu beschreiben, in denen wir dauerhaft glücklich sind. Und dem Glück haftet wiederum etwas Utopisches an, konstatiert die Philosophin Annemarie Pieper, es „hat keinen bleibenden festen Ort in der Empirie. Vielmehr ist es der frei schwebende Ort der Sehnsucht, der Träume, die einen Zustand ohne

---

[4] Vgl. zum Bewusstsein von Tieren u. a. Marian Dawkins: *Through Our Eyes Only? The Search for Animal Consciousness*. Oxford: Freeman 1993. *Der Geist der Tiere*. Hg. von Dominik Perler und Markus Wild: Frankfurt/M.: Suhrkamp 2005. *Die Vernunft der Tiere*. Hg. von Hans Peter Schütt: Frankfurt/M.: Keipp 1990. Donald Griffin: *Animal Thinking*. Cambridge, MA: Harvard University Press 1990.

Konflikte und ohne Mangel ausmalen".[5] Die Utopie von der tiefen, innigen Beziehung zum Tier ist eine Vision von einem glücklichen Zustand; ein Ort der Sehnsucht, der Träume. *Eine Balance zu finden zwischen unaufhebbarer Fremdheit und Vertrautheit – das ist die gelebte Utopie im Mensch-Tier-Verhältnis – die Idee einer intensiven Freundschaft zwischen Ungleichen, in der sich beide bemühen, eine Brücke zum anderen zu schlagen.*[6] Diese Utopie bleibt diffus. Ihr besonderer Charme liegt darin, dass sie auf einer völlig subjektiven, individuellen Ebene verbleibt; auf der Ebene persönlicher Sehnsüchte und Träume. Ein universelles Element liegt in der Vision einer moralisch guten Beziehung, die von Fürsorge, Vertrauen und Respekt dem Tier gegenüber gekennzeichnet ist – dieses universelle Element kann auch sozial und politisch wirksam werden. Gleichwohl handelt es sich hier eben nicht um einen „Versuch, das Glück festzuschreiben",

> einen gesamtgesellschaftlichen Totalentwurf, in welchem allen per staatlicher Verordnung das gleiche Glück zuteil wird, sei es, wie in den klassischen Utopien in Gestalt einer anerzogenen Tugend, die dem einzelnen die Maximierung des Gemeinwohls als größtmöglichen Genuß suggeriert, sei es wie in den Anti-Utopien in Gestalt einer durch lebenslange Manipulation am Menschenmaterial hergestellten körperlichen Verfassung, die unausweichlich auf ein für die Gemeinschaft unschädliches Wohlbefinden und Lustgefühl programmiert ist.[7]

Die Idee, dass im Mensch-Tier-Verhältnis eine Utopie gelebt wird oder jedenfalls implizit eine Rolle spielt, soll keinesfalls eine Idealisierung dieses Verhältnisses bedeuten. Neuere Publikationen zum Mensch-Tier-Verhältnis betonen völlig zu Recht, wie ambivalent, widersprüchlich und konfliktbeladen unsere Beziehung zu Tieren, auch zu Haustieren, ist.[8] Es findet sich auf beiden Seiten auch Aggression, Gleichgültigkeit oder Ablehnung. Gerade gegenüber Haustieren ist der Mensch, Kinder eingeschlossen, zu großen Grausamkeiten fähig. De facto finden sich in der Beziehung zum Tier sowohl positive als auch negative Gefühle und Verhaltensweisen. Dass diese Widersprüche aufgezeigt und thematisiert werden, tut diesem Befund keinen Abbruch – im Gegenteil: Die Utopie einer intensiven Beziehung zwischen Mensch und Tier bewahrt nämlich ein Element, dessen Verlust Pieper den von ihr geschilderten Utopien zum Vorwurf macht – die Freiheit. Utopien, die einen gesamtgesellschaftlichen Totalentwurf vorstellten, so Pieper, sind zum

---

[5] Annemarie Pieper: *Utopische Glücksentwürfe*. In: *Glück und Ethik*. Hg. von Joachim Schummer. Würzburg: Königshausen & Neumann 1998, S. 69 – 81, hier 69.
[6] Man kann Filme wie *Lassie Come Home* (USA 1943, dt. *Heimweh*, Regie: Fred M. Wilcox) *Flipper* (USA 1963, Regie: James B. Clark) oder *Black Beauty* (D, E 1971, Regie: James Hill) als Kitsch abtun. Gleichwohl scheint mir ihr Erfolg darauf zu beruhen, dass hier elementare Sehnsüchte angesprochen und mit den quasi unbeholfenen Mitteln des Films oder der entsprechenden Fernsehserien eine Utopie in Szene gesetzt wird.
[7] Pieper, *Utopische Glücksentwürfe* (Anm. 5), 76.
[8] Vgl. u. a. Herzog, *Wir streicheln und wir essen sie* (Anm. 1) sowie Hanna Rheinz: *Zwischen Streichelzoo und Schlachthof. Über das ambivalente Verhältnis zwischen Mensch und Tier*. München: Kösel 2011.

Scheitern verurteilt, weil sie die Freiheit suspendieren. Damit machen sie aber zugleich das Glück unmöglich, denn zum Glück gehören die individuelle Suche, die Freiheit der individuellen Wahl, persönliche Gestaltungs-, Handlungs-, und Entscheidungsspielräume. In der persönlichen, individuell erfahrenen Utopie vom Glück mit dem Tier bleiben sie im vollen Umfang erhalten. Hier gestaltet der Mensch die Beziehung, er lässt sich ein und bleibt dabei zugleich frei und ganz bei sich. *Ein* Ort der Utopie liegt auf der individuellen Ebene in diesen intensiven Mensch-Tier-Freundschaften. Es ist zugleich ein *Nicht*-Ort, weil das Ideal, die Sehnsüchte oder Träume die Realität grundsätzlich übersteigen.[9]

Gelebte Dystopie: Das Tier und die Technisierung

Wo findet sich die Dystopie im Mensch-Tier-Verhältnis? Die Antwort muss lauten: Die Dystopie wird gelebt, sie ist real und ereignet sich überall dort in der Welt, wo dem Tier gegenüber rücksichtslos gehandelt und seine Leidensfähigkeit und seine Bedürfnisse nicht zählen oder systematisch ausgeblendet werden. Die Verhältnisse sind grauenhaft. Das kann, wie bereits erwähnt, natürlich auch in individuellen Mensch-Tier-Beziehungen beabsichtigt oder auch unbeabsichtigt der Fall sein. Entscheidend für die Dimension einer (realen) Dystopie ist allerdings die systematisch betriebene Ignoranz gegenüber den Bedürfnissen von Tieren, die nur noch als ‚Masse' erscheinen. Die *Qualität* der Lebensverhältnisse und des Umgangs ist extrem schlecht, und die *Quantität* der betroffenen Tiere ist extrem hoch. Diese reale doppelte dystopische Dimension findet sich hauptsächlich in zwei Kontexten: der im Zuge der Sicherung eines kostengünstigen und damit unbeschränkten Fleischkonsums betriebenen *Massentierhaltung* und den zwar reglementierten, aber der Sache nach gleichwohl quantitativ erheblichen *Tierversuchen*. Mögen auch die Argumente moraltheoretisch unterschiedlich aussehen, so würden sich doch die meisten Tierethikerinnen und Tierethiker in Hinblick auf die Massentierhaltung dem Votum Peter Singers, der selbst utilitaristisch argumentiert, anschließen:

> Das Argument gegen die Nutzung von Tieren als Nahrung ist dort am stärksten, wo die Tiere zu einem elenden Leben gezwungen werden, damit ihr Fleisch zu einem niedrigen Preis verfügbar gemacht wird. Moderne Formen intensiver Agrarwirtschaft bedienen sich wissenschaftlicher und technischer Methoden so, als ob Tiere für uns Gebrauchsgegenstände wären. Um Fleisch zu erschwinglichen Preisen auf den Tisch zu bekommen, toleriert unsere Gesellschaft Methoden der Fleischproduktion, durch die empfindungsfähige Tiere für die gesamte Dauer ihres Lebens unter beengenden, unzuträglichen Bedingungen gehalten werden. Die Tiere werden wie Maschinen behandelt, die Futter in Fleisch verwandeln, und jede Neuerung, die zu einem höheren ‚Umwand-

---

[9] Viele Menschen träumen davon, mit Tieren sprechen zu können. Vielleicht ist dies auch ein Motiv für jene Menschen, die Vogelstimmen perfekt imitieren können.

lungs-Verhältnis' führt, hat die Chance angenommen zu werden. Zitat eines Kenners der Materie: „Grausamkeit wird erst dann eingestanden, wenn die Rentabilität sinkt."[10]

Moraltheoretiker sind sich weitgehend einig, dass die von Massentierhaltung und Tierversuchen wesentlich betroffenen Tiere wie Rinder, Schweine, Hunde, Katzen ja sogar Mäuse moralisch relevant sind – auch wenn die Gründe für diesen Befund divergieren. Für Pathozentriker und Utilitaristen wie Peter Singer und andere sind Tiere insofern moralisch relevant, als sie leiden können. Da sie leidens- bzw. empfindungsfähig sind, kann man wie bei Menschen davon ausgehen, dass sie das Interesse haben, nicht zu leiden. Einen moralischen Standpunkt einzunehmen bedeutet aber im Kern, die Interessen aller von einer Handlung Betroffenen gleichermaßen in den Blick zu nehmen und ihnen Rechnung zu tragen. Wer sich über die Leidensfähigkeit von Tieren hinwegsetzt, wo er bei Menschen Rücksicht nehmen würde, muss sich des *Speziesismus* bezichtigen lassen: Er zieht willkürlich eine Grenze zwischen den Spezies und ignoriert die Bedürfnisse und Interessen der Tiere, nur *weil* sie Tiere sind. Damit verhält er sich ähnlich wie ein Rassist oder Sexist. Für Tierrechtler wie zum Beispiel Tom Regan haben Tiere moralische Rechte, weil ihnen, sofern sie „Subjekt ihres Lebens"[11] sind, ein inhärenter Wert zukommt, den es zu respektieren gilt. Wesen mit inhärentem Wert sind moralisch zu berücksichtigen. Beide Begründungsstrategien laufen darauf hinaus, in Hinblick auf den Fleischkonsum einen weitgehenden Verzicht auf Fleisch, auf jeden Fall aber ein vollständiges, kategorisches Verbot der Massentierhaltung für moralisch geboten zu halten. Bei Tierversuchen sieht die Lage etwas anders aus: Während Regan sie zumindest für Tiere mit inhärentem Wert für absolut verboten hält, räumt Singer prinzipiell die Möglichkeit einer Abwägung zwischen Schaden für das Tier und dem qua Tierversuch gestifteten Nutzen ein. Obwohl es seiner Ansicht nach extrem selten vorkomme, wäre es denkbar, in einigen Fällen Tierversuche zuzulassen.

Außerhalb des akademisch-philosophischen Diskurses hat sich in der Öffentlichkeit in vielen Ländern eine breite Tierschutzbewegung etabliert, die auch eine spezielle vegane Bewegung integriert. Sie kann durchaus auf breite Zustimmung in der Gesellschaft zählen, denn die Sensibilität für die qualvolle Praxis der Massentierhaltung hat ebenso zugenommen wie eine kritische Haltung gegenüber Tierversuchen. Aber es besteht gleichwohl kein Grund zu voreiligem Optimismus:

> Tierschützer behaupten manchmal, dass die Amerikaner zuhauf auf Spareribs und Chicken Wings verzichten, um stattdessen Veggi-Burger und Tofubratlinge zu essen. Es stimmt zwar, dass eine wachsende Anzahl der Amerikaner der Ansicht ist, dass Tiere gewisse Rechte haben, zu denen auch, wie man annehmen könnte, das Recht auf Leben zählt. Warum ein Tier töten, nur weil es zufällig aus Fleisch besteht? Doch trotz unserer

---

[10] Peter Singer: *Praktische Ethik* [1979]. Übers. aus d. Engl. von Jean-Claude Wolf. 2. Aufl. Stuttgart: Reclam 1994, S. 92.
[11] Tom Regan: *Wie man Rechte für Tiere begründet* [1985]. In: *Texte zur Tierethik*. Hg. von Ursula Wolf. Übers. aus d. Engl. von Oscar Bischoff u. a. Stuttgart: Reclam 2008, S. 33–39.

erklärten Tierliebe essen wir Amerikaner jedes Jahr 32,6 Milliarden Kilo Fleisch, und nur ein Bruchteil der amerikanischen Bevölkerung ernährt sich konsequent vegetarisch. [...] Entgegen der öffentlichen Darstellung hat die Tierrechtsbewegung in den letzten 30 Jahren kein wesentliches Umdenken bei unserem Wunsch bewirkt, andere Arten zu verzehren.[12]

Die reale Dystopie geht unvermindert weiter. Gleiches gilt auch für die Tierversuchsproblematik. Hier sind die Tierethiker allerdings nicht so einig wie bei der Massentierhaltung. Einige fordern ein absolutes Verbot, andere hingegen halten eine Abwägung für moralisch gerechtfertigt und damit auch Tierversuche für prinzipiell denkbar, sofern der dadurch gestiftete Nutzen den Schaden der Tiere bei weitem überwiegt und die generelle Linie, Tierversuche möglichst zu vermeiden (*Reduction*), nach Alternativen zu suchen (*Replacement*) und die Anzahl der benötigten Tiere zu minimieren (*Refinement*), in der Praxis strikt beachtet wird. Auch hier sieht die Realität aber völlig anders aus: Zum einen hat sich gezeigt, dass die Beurteilungspraxis der Tierversuchskommissionen de facto eine große Willkür in Hinblick auf die Bewilligungskriterien an den Tag legen.[13] Die Zahlen der bei Tierversuchen eingesetzten Tiere haben sich weltweit erhöht. Hinzu kommt, dass diejenigen Tiere, die nötig sind, um zu bestimmen, wie viele Tiere für einen Tierversuch benötigt werden, in keiner Statistik auftauchen; ebenso wenig wie diejenigen Tiere, vor allem transgene Mäuse, die benötigt (und getötet) werden, um einen genetisch veränderten Stamm mit spezifischen Merkmalen herzustellen – *vor der Nutzung in Tierversuchen*.[14] Auch wenn inzwischen für die Tests von Kosmetika und anderen, eng definierten Zwecken Tierversuche verboten sind, finden sie in Wissenschaft und Industrie gleichwohl in großem Umfang statt.

Die dystopische Dimension der beiden Praktiken Massentierhaltung und Tierversuche liegt allerdings, wie oben angedeutet, nicht in ihrem rein quantitativen Aspekt. Besonders interessant ist vor allem der qualitative Aspekt. Er liegt meines Erachtens darin, dass hier genau das Gegenteil der Utopie auszumachen ist, die wir in der individuellen Mensch-Tier-Beziehung, der Freundschaft zwischen Mensch und Tier, ausgemacht haben: Während hier das Tier als Individuum wahrgenommen wird, wird es dort in seiner Individualität geleugnet, unkenntlich gemacht und

---

[12] Herzog, *Wir streicheln und wir essen sie* (Anm. 1), 192. Verschiedene Gründe dafür: unsere evolutionären Wurzeln, kulturelle Konditionierung und individuelle Willensschwäche.
[13] Ebd., 245 – 248. Er schreibt im Kontext der Auswertung seiner empirischen Vergleichsstudie: „Unsere Erkenntnis, dass verschiedene Tierschutzkommissionen oft unterschiedliche Entscheidungen treffen, war nichts Ungewöhnliches. Es gibt bereits seit 30 Jahren Studien, die zeigen, dass Peer Reviews zur Qualität in der Wissenschaft sehr widersprüchlich sein können. Dabei wurde die Vergabe von Fördergeldern untersucht, die Beurteilung wissenschaftlicher Artikel und die Entscheidungen von Ethikkommissionen zur Forschung an Menschen und Tieren. Wissenschaftler haben Probleme, die Qualität und Bedeutung von Forschungsprojekten zu erkennen, das steht fest." Ebd., 247.
[14] Vgl. zur Problematik transgener Tiere u. a. Ariana Ferrari: *Gentechnisch veränderte Tiere – ein Sonderfall?* In: *Der ethisch vertretbare Tierversuch. Kriterien und Grenzen.* Hg. von Dagmar Borchers und Jörg Luy. Paderborn: Mentis 2009, S. 265 – 296.

systematisch und planmäßig zu einem winzigen, unerheblichen Teil einer Tier*masse*, die es zu bearbeiten und zu verwerten gilt. Dafür gibt es viele Beispiele: sei es die teils manuell, teils maschinell betriebene Vernichtung von männlichen Küken in der Hühnermassentierhaltung, sei es die massenhafte Schlachtung von Tieren am Fließband, sei es die milliardenfache Züchtung von Mäusen und die massenhafte Verwendung von anderen Versuchstieren in Forschung und Industrie.

Natürlich gibt es auch Tierversuche, vor allem mit Primaten, in denen die Tiere individuell wahrgenommen werden. Das macht die Sache nicht unbedingt (moralisch) besser. Dystopisch mutet allerdings die planmäßige Ent-Individualisierung an, bei der das Tier überhaupt nicht mehr als empfindungsfähiges Lebewesen wahrgenommen wird. Es ist nicht nur Teil einer Masse; es wird zu einer Masse, einer Biomasse, die ver- oder bearbeitet werden muss. Wie bei planvoll betriebenen humanitären Katastrophen, bei denen dem Genozid oder dem Massenmord an Minderheiten eine systematische Entrechtlichung und Entindividualisierung vorausgeht, ist meines Erachtens auch bei Tieren die Entindividualisierung ein erster wichtiger Schritt, eine vielleicht sogar notwendige, wenn auch nicht unbedingt hinreichende erste Maßnahme für ein im großen Stil betriebenes, grausames, zumindest aber moralisch vollkommen rücksichtsloses Verhalten.

Der Anthrozoologe Hal Herzog beschreibt sehr anschaulich, wie sich für den Akteur sowohl im Hinblick auf die Tötung eines Tieres für den Fleischkonsum als auch für einen Versuch die emotionale Lage verändert, wenn er das Tier als Individuum wahrnimmt. Plötzlich kommt das Gewissen ins Spiel, die Tötungshandlung erhält ein ganz anderes moralisches Gewicht, selbst wenn der Akteur sie im Grunde für moralisch legitim hält. Es ist eine Art Paradox: Während die massenhafte Tötung kein emotional-moralisches Problem ist, wird die Tötung eines bestimmten Tieres, zu dem man plötzlich in einer bestimmten Situation eine persönliche Beziehung aufnimmt, zu einer großen, ja unüberwindlichen Schwierigkeit. Herzog beschreibt die moralischen Skrupel des eigentlich eher kaltblütigen Wissenschaftlers Phil, der ermitteln sollte, wann genmodifizierte Mäuse im Unterschied zu normalen Mäusen ermüden und sie zu diesem Zweck (in einer speziellen Vorrichtung) schwimmen lassen sollte, bis sie kurz vor dem Ertrinken sind:

> Phil probierte es mit genau einer Maus. „Irgendwann sah ich, dass die Maus begriffen hatte, was los war und sich sagt „Okay, ich weiß, dass ich sterben muss, ich schaffe es einfach nicht mehr", erzählte Phil. „Ich sollte den Versuch fortsetzen, bis die Maus endgültig aufgibt und sinkt und nicht mehr weiterkämpft. Ich goss das Wasser ab und die Maus lag keuchend da. Sie war so erschöpft." Phil hatte genug. Er sagte dem Professor, für den er arbeitete, dass er sich nicht länger an der Studie beteilige. [...] Wie die meisten Wissenschaftler, die Mäuse als Versuchstiere bei der biologischen Grundlagenforschung benutzen, hat Phil keine besondere Vorliebe für Mäuse, aber auch keine besondere Abneigung. Sie sind für ihn einfach die Tiere, die sich zufällig am besten dafür eignen, mehr über die Funktionsweise von Muskelzellen zu erfahren. Im Lauf der Jahre hat er ohne Reue zahlreiche Mäuse getötet. [...] Aber als es hart auf hart kam, war

Phil kein Cartesianer.[15] Er blickte einer ertrinkenden Maus in die Augen und sah ein Geschöpf, das leben will. „Was mir Probleme bereitete, war, dass die Maus aufgegeben hatte, dass die Maus wusste, dass sie sterben würde. Ich hätte sehr gerne das Experiment durchgeführt und die Ermüdung der Muskeln gemessen. Aber ich konnte es nicht".[16]

Was passiert hier? Es ist die Veränderung des Blickes – von der Fernsicht, in der das einzelne Tier gar nicht vorkommt und nur als unscheinbares Element einer Masse wahrgenommen wird, auf die Nahsicht, auf das individuelle Tier und seinen aktuellen Zustand. Plötzlich ist sie da, die Utopie – die individuelle Mensch-Tier-Beziehung, eine spontane Nähe, ein unmittelbares tiefes Verständnis über die Speziesgrenzen hinweg. Plötzlich ist klar, was das Tier empfindet, es ist direkt erfahrbar und teilbar; und die Empathie – das Mitleiden – wird zum *moralischen* Gefühl. Plötzlich ist unmöglich, was soeben nichts als Routine war.

Es gibt zahllose weitere Beispiele und Belege für dieses Phänomen. So beschreibt die Biologin und Publizistin Elisabeth Tova Bailey eine Gehäuseschnecke, die ihr ans Krankenbett gebracht wurde. Die lange, sorgfältige Beobachtung der Schnecke ergab: Sie hatte Vorlieben. Sie hatte Gewohnheiten.[17] Die Rezensentin ihres Buches Hilal Sezgin erläutert:

> Sie schläft unter einem Farnwedel oder im Moos, trinkt kopfüber aus einer Muschel und verzehrt mit ihren 2640 Zähnchen Champignons und Blüten. […] Ein solcher Einblick in das Privatleben einer Schnecke wirft beunruhigende Fragen auf. Versuche mit Schnecken sind nicht genehmigungspflichtig, und laut Corina Gericke[18] werden jedes Jahr etwa 46000 Wirbellose, darunter Schnecken, an deutschen Hochschulen von Biologie- und Medizinstudenten zum Sezierenüben im Grundstudium verbraucht. Sind etwa alle 46000 Individuen wie Baileys Schnecke? Und was für Persönlichkeiten mögen dann Wirbeltiere wie Ratten und Mäuse sein? Man möchte beinahe nicht darüber nachdenken. Aber genau hier fängt das Reflektieren über Moral an. Das wäre eine spezifische, ja sogar faszinierende Kulturtätigkeit, die untersucht, wann Wissen für unser Handeln relevant wird.[19]

Die zunehmende Technisierung in Industrie und Forschung hat der Anonymisierung und Entindividualisierung von Tieren, ihrer massenhaften und skrupellosen Ausbeutung und Quälerei mit Sicherheit Vorschub geleistet und diese Praktiken erleichtert. *In diesem Sinne trägt die Technisierung erheblich zur realen Dystopie bei.* Allerdings ist es der Mensch, der Technik entwickelt und einsetzt. Und es steht ihm jederzeit frei, seinen Kopf zu benutzen und sich zu fragen, was er tut.

---

[15] René Descartes (1596 – 1650) sprach Tieren jede Empfindungsfähigkeit ab und hielt sie für Automaten ohne jede moralische Relevanz, mit denen man machen kann, was man will.
[16] Herzog, *Wir streicheln und wir essen sie* (Anm. 1), 229.
[17] Elizabeth Tova Bailey: *Das Geräusch einer Schnecke beim Essen.* Übers. aus d. Engl. von Kathrin Razum. München: Nagel & Kimche 2012.
[18] Corina Gericke: *Was Sie schon immer über Tierversuche wissen wollten.* Göttingen: Echo 2011.
[19] Hilal Sezgin: *Wieviel Persönlichkeit hat eine Schnecke?* In: *Die Zeit* vom 27. 3. 2012.

Kein Ort, nirgends: die Utopie in der Tierethik

Die umfassende und systematische Reflexion über Moral ist Aufgabe der Moralphilosophie. Spielen Utopien und Dystopien dort eine Rolle? Die Antwort lautet: nein. Das hat verschiedene Gründe. In der Moralphilosophie (der Ethik) geht es darum, universelle Prinzipien zu entwickeln, die vom Einzelfall absehen und zudem für eine genau definierte Situation absolute Geltung beanspruchen. Für diese Geltung müssen Gründe angeführt werden, deren Prämissen möglichst plausibel sind. Die utopischen Elemente der Mensch-Tier-Beziehung auf der individuellen Ebene spielen da keine Rolle. Es handelt sich aus der Perspektive der Ethik um subjektive, nicht verallgemeinerbare Gefühle und Erfahrungen, die nicht stabil genug sind, um zur Grundlage moralphilosophischer Erwägungen zu taugen. Sie sind zudem dem Einwand ausgesetzt, dass es sich dabei um Projektionen oder bloßen Anthropomorphismus handeln könnte. Die hier auszumachenden Sehnsüchte und Fantasien sind keine Basiselemente ethischer Begründungen. Da sie hoffnungslos subjektiv und individuell sind und sich nicht auf einer soliden empirischen Basis verallgemeinern lassen, können sie auch keinen Wahrheitsanspruch erheben. Aus der Perspektive der Erkenntnistheorie handelt es sich hier nicht um verallgemeinerbare Beobachtungen, sondern um subjektive Empfindungen, Meinungen oder Haltungen. Diese Ebene nimmt die Ethik also aus argumentationstheoretischen Gründen nicht in den Blick. Hier geht es vielmehr darum, Erwägungen anzustellen, die intersubjektiv so plausibel und nachvollziehbar sind, dass man sie nur schwer in Abrede stellen kann. Die Leidens- und Empfindungsfähigkeit der Tiere ist so eine Prämisse. Zwar ist auch sie prinzipiell anzweifelbar, aber das ist nicht sehr überzeugend. Zu viele empirische Untersuchungen und Beobachtungen sprechen *für* diese These. Da hat es die Idee eines inhärenten Wertes schon schwerer – vielen Tierethikern ist dies bereits zu viel Metaphysik.[20]

Eine gesamtgesellschaftliche Utopie wiederum verbietet sich ebenfalls aus geltungslogischen Gründen. Viele Tierethiker erheben weitreichende Forderungen. Sie kommen aufgrund ihrer (logisch korrekten und damit zwingenden) Argumentationen zu dem Ergebnis, dass Fleischverzehr (weitgehend) aufzugeben sei oder dass Tierversuche nur in minimalem Umfang moralisch vertretbar sind. So ist etwa die Moralphilosophin Mary Anne Warren der Ansicht, dass man von Völkern wie den Inuit oder den Massai nicht fordern könne, auf Fleisch zu verzichten, da dies ihnen die Lebensgrundlage entziehen würde – sie hätten keine Alternative. Diese Forderung würde mit ihren elementaren moralischen Rechten kollidieren. Aber:

> Trotzdem könnte man behaupten, dass Menschen, die Zugang zu pflanzlichen Lebensmitteln haben und deren Kultur und Ökonomie nicht grundsätzlich auf der Jagd oder der Aufzucht von Nutztieren basieren, die moralische Verpflichtung haben, eine

---

[20] Vgl. u. a. die Kritik an Tom Regans Position von Norbert Hoerster: *Haben Tiere eine Würde? Grundfragen der Tierethik*. München: Beck 2004.

vegetarische Ernährungsform anzunehmen. Der Grundsatz der Vermeidung von Grausamkeit verbietet es, empfindungsfähigen Lebewesen Schmerz zuzufügen oder sie zu töten; es sei denn, es liegen wichtige und moralisch erlaubte Ziele vor, die nicht anderweitig erreicht werden können; und es darf behauptet werden, dass es, solange andere Nahrungsmittel zur Verfügung stehen, keine wichtigen menschlichen Bedürfnisse oder Interessen gibt, die nur durch Fleischessen befriedigt werden können.[21]

Die Forderung nach einer Gesellschaft, in der der Verzehr von Fleisch komplett eingestellt worden ist, ist natürlich eine Utopie – in der veganen Bewegung wird das genauso vertreten. Aus der Perspektive der Moralphilosophie respektive der Tierethik handelt es sich aber keinesfalls um eine Utopie: Die moralischen Forderung ist ein *Gebot*, das *Geltung* beansprucht. *Ultra posse nemo obligatur* – sofern dies niemanden grundsätzlich überfordert: Weil die Umsetzung aus logischen, biologischen oder anderen Gründen unmöglich ist, besteht eine kategorische Forderung, entsprechend zu handeln. Nun mag es zwar de facto ziemlich schwierig sein, diese Forderung umzusetzen, prinzipiell unmöglich ist es aber nicht. Eine fleischlose Gesellschaft mag zwar derzeit noch keinen Ort haben, weil sie noch nicht realisiert ist, sie ist aber nicht ortlos im Sinne eines paradiesischen Zustands, bei dem uns freisteht, ob wir ihn erstrebenswert finden oder nicht. Moralische Forderungen sind *Gebote* und verstehen sich nicht als *Angebote*.

Ein letzter Grund für den Verzicht auf Utopien in der (Tier-)Ethik mag in dem von Pieper überzeugend dargelegten Umstand gegründet sein, dass Utopien in der Regel einen gesamtgesellschaftlichen Glückszustand entwerfen, dem sich der Einzelne einzugliedern hat. Die Preisgabe individueller Freiheit durch die Integration in das große Ganze wird mit einem dauerhaften Glückszustand entlohnt – so das Angebot der Utopie. Dieser Perfektionismus, der leicht ein Element des Zwangs enthalten kann, stößt bei den meisten Ethikern auf Skepsis oder Abneigung. Die neuzeitliche Moralphilosophie gründet in einem Paradigma individueller Autonomie und Selbstbestimmung. Moralische Erkenntnis und die Akzeptanz moralischer Normen und Werte beruhen letztlich auf einer freien Entscheidung des Individuums. Es erkennt etwas als moralisch geboten und akzeptiert es deshalb als verbindlich. Der neuzeitlichen Ethik geht es nicht darum, einen perfekten gesellschaftlichen Zustand zu entwerfen, eine Gesamtkonstellation, in die sich der Einzelne einzupassen hat. Es geht vielmehr darum, das Individuum, den moralischen Akteur, von der Richtigkeit einer moralischen Argumentation zu überzeugen und eine bestimmte, daraus abgeleitete moralische Norm in ihrer Geltung anzuerkennen und entsprechend zu handeln.

Im Hintergrund stehen dabei meistens ganz konkrete, eher kleinteilige Fragen: Sind Tiere moralisch relevant? Wenn ja, was heißt das dann? Dürfen wir sie essen? Dürfen wir sie töten? Dürfen wir Versuche mit ihnen durchführen, die für sie Schmerzen, Leiden oder den Tod bedeuten? Der Moralphilosoph Richard Hare hat besonderen Nachdruck darauf gelegt, dass moralische Urteile *präskriptiv* sind.

---

[21] Mary Anne Warren: *Sollen alle Menschen Vegetarier werden?* [1997]. In: *Texte zur Tierethik*, Hg. Wolf (Anm. 11), 314–317, hier 317.

Demnach habe ich nicht verstanden, was es heißt, ein moralisches Urteil zu fällen, wenn ich nicht erkenne, dass es mir eine bestimmte Handlung *vor*schreibt, mich also auch selbst bindet.[22] Das ist aber kein Zwang im Sinne einer Instanz, Institution oder Autorität, welche die Mitglieder einer Gemeinschaft auf die Etablierung eines bestimmten gesellschaftlichen Gesamtzustandes drängt.

Auch eine Anti-Utopie wird man in der Tierethik vergebens suchen. Wie oben beschrieben, sind die realen Verhältnisse erschreckend genug; da braucht es keine dramaturgischen Kniffe. Schreckensvisionen sind überflüssig. Ein Besuch in einer Massentierhaltung oder einem industriell arbeitenden Massenschlachthof dürfte genügen.[23] Vielen reicht es auch schon, einem Tiertransport auf der Autobahn zu begegnen. Die Utopie hat in der modernen Ethik tatsächlich keinen Ort – nirgends. So scheint es jedenfalls.

Respekt vor dem Tier als reale Utopie

Sollte die Tierethik umdenken? Ist es sinnvoll, die Utopie in die moralphilosophische Reflexion zu integrieren? Die Antwort lautet in normativer Hinsicht: Ja, das könnte sinnvoll sein. Und in deskriptiver Hinsicht: Es gibt bereits Ansätze und Ideen dieser Art, die hier Erwähnung finden müssen. Warum Utopien wichtig sind, bringt Pieper besonders klar und einleuchtend auf den Punkt. Sie erachtet utopisches Denken mehr denn je als nötig

> – nicht unbedingt für die Konstruktion von gesamtgesellschaftlichen Interaktionsformen, sondern für Zukunftsentwürfe kleineren Zuschnitts – im Sinne von Realutopien. Utopien öffnen die Augen für das, was wir wollen, und was wir auf keinen Fall wollen können. Utopien machen darauf aufmerksam, dass wir verantwortlich sind für unsere Antizipationen des Glücks und das damit verbundene Unglück.[24]

Ich halte dies für eine Heuristik, die ein innovatives und kreatives Element in die Ethik bringen würde. Wichtig ist dabei aber die von Pieper vorgeschlagene Beschränkung auf „Zukunftsentwürfe kleineren Zuschnitts", Realutopien. Sie sind insbesondere für die Tierethik von großem Interesse. Wir hatten bereits gesehen, dass es hier um konkrete, kleinteilige Fragen geht; etwa ob man Tiere töten oder essen darf. Um zu ermessen, was bestimmte moralische Forderungen konkret bedeuten, könnte man jeweils Realutopien konzipieren, die wie ein Gedankenexperiment erkennen lassen, was diese Forderungen konkret bedeuten würden, worin ihr Charme liegt und in was für einer Welt wir dann leben würden. Wie in einer künstlichen Schneekugel könnte man auf diese Weise eine kleine Welt oder deren Ausschnitt betrachten und möglicherweise auch besser abschätzen, wo die Schwierigkeiten liegen und wie man ihnen begegnen müsste.

---

[22] Vgl. Richard M[ervyn] Hare: *Moral Thinking. Its Levels, Method, and Point.* Oxford: Oxford University Press 1981, passim.
[23] Vgl. dazu den Dokumentarfilm von Nikolaus Geyrhalter: *Unser täglich Brot.* D 2005.
[24] Pieper, *Utopische Glücksentwürfe* (Anm. 5), 81.

Die außeruniversitäre vegane und Tierschutz-Bewegung ist hier weiter als die akademisch-philosophische Tierethik. So finden sich zum Beispiel im Internet ganz unterschiedliche Utopien: Vegane werben für die Idee einer Welt ohne Tiere, die eigentlich keine „tierbefreite Welt", sondern eine „befreite Tierwelt" sein soll. Es wäre eine Welt ohne Haus- und Nutztiere, nur einige robuste und prinzipiell in der freien Wildbahn überlebensfähige Arten würden zunächst in Reservate ausgewildert. Es gäbe keine Jagd, keine Zoos, keinen Reitsport und selbstredend keinen Fleischkonsum sowie keine Tierversuche mehr. Dahinter steht die Vision einer „gleichberechtigten Beziehung zwischen Menschen und Nichtmenschen",[25] in der die Menschen Tiere nicht mehr besitzen, kontrollieren oder nutzen dürfen. Etwas kleinteiliger sind die Utopien einer weltweiten veganen Ernährung und den damit verbundenen Vorteilen für die Umwelt, das Klima, die Welternährungssituation oder die Gesundheit sowie die Utopie der Herstellung von Laborfleisch, das die Umstellung auf eine fleischlose Ernährung erleichtern soll. Andererseits ist vielen gerade diese Kleinteiligkeit ein Dorn im Auge: Sie fordern die Integration der veganen Utopie einer befreiten Tierwelt in eine umfassende Kapitalismuskritik.

Für die Tierethik, die aus den genannten Gründen etwas skeptisch gegenüber perfektionistischen Totalkonzeptionen sein sollte, sind vor allem die kleinteiligen Utopien wichtig. Wenn man wie Singer, Regan oder Warren weitreichende moralische Forderungen erhebt, die im Wesentlichen den Verzicht von Praktiken bedeuten, die derzeit noch massenhaft betrieben werden, dann sollte man sich darüber im Klaren sein, dass diese Überlegungen – so gut sie auch begründet sind – etwas Utopisches haben. Die Ignoranz gegenüber dem utopischen Gehalt ihrer eigenen Konzeptionen mutet manchmal sogar etwas arrogant an. Damit setzen sich die Philosophinnen und Philosophen nämlich über ein großes Problem hinweg, das eigentlich direkt vor ihren Füßen liegt: das Motivations-, Umsetzungs- oder Implementierungsproblem. Wie die Empirie zeigt, tun sich sogar viele Vegetarier schwer mit dem Verzicht auf Fleisch, und viele Menschen sind dazu überhaupt nicht bereit. Wie begegnet man mangelnder Motivation und Ignoranz? Wie könnte man mit den weitereichenden ökonomischen Folgen, die die Auflösung der Fleischindustrie nach sich ziehen würde, umgehen? Was würde der vollständige Verzicht auf Tierversuche für Diagnose und Therapie in der Medizin und für die medizinische Forschung bedeuten?

Unbedingt zu erwähnen ist hier allerdings auch, dass es in der Tierethik erste Beispiele dafür gibt, die Utopie heuristisch ernst zu nehmen. So hat der Schweizer Tierethiker Beat Sitter-Liver in verschiedenen Vorträgen und Publikationen[26]

---

[25] http://veganfeminist.blogsport.de/2009/10/09/vegane-utopie-eine-welt-ohne-tiere vom 27. 8. 2012. Abruf am 13. 9. 2012.
[26] Vgl. Beat Sitter-Liver: *Recht und Gerechtigkeit auch für Tiere. Eine konkrete Utopie.* In: *Animal Law – Tier und Recht. Developments and Perspectives in the 21st Century. Entwicklungen und Perspektiven im 21. Jahrhundert.* Hg. von Margot Michel, Daniela Kühne und Julia Hänni. Berlin: BWV – Berliner Wissenschaftsverlag 2012, S. 29 – 51. Und: *Ethik als utopische*

sowohl das Konzept einer „Würde der Kreatur", das in der Schweiz Eingang in die Gesetzgebung gefunden hat, als auch die Idee eines gerechten Umgangs mit Tieren als *konkrete Utopie* bezeichnet, die allerdings Zeit zur Verwirklichung brauche. Die Würde der Kreatur lässt, anders als die Menschenwürde, eine Güterabwägung zu, sodass dem Tier keine unabwägbaren moralischen Rechte zukommen. Dennoch kann es nicht auf seinen Nutzen für den Menschen reduziert werden kann, sondern muss besser geschützt werden. Der Respekt vor dem Tier als Wesen mit einem Eigenwert findet hier seinen konzeptionellen Ausdruck. Diesen Konzepten eine utopische Dimension zu verleihen, wertet sie nicht *ab*, sondern *auf*: Es wird damit deutlich, wie anspruchsvoll sie sind – und dass es eine gesellschaftliche und individuelle Herausforderung bedeutet, ihrem ethischen Gehalt Rechnung zu tragen. In diesem Sinne ist das Auftauchen der Utopie in der Tierethik sehr zu begrüßen.

Schlussbemerkung

In der Mensch-Tier-Beziehung lassen sich sowohl utopische als auch dystopische Elemente ausmachen. Die utopischen Elemente finden sich im respektvollen Umgang mit dem Tier sowohl im Kontext einer individuellen, persönlichen Mensch-Tier-Beziehung als auch auf gesamtgesellschaftlicher Ebene: durch die Beschränkung auf Arten der Tierhaltung und -Nutzung, die Schmerzen und Leiden für das Tier vermeiden oder sein Wohlbinden befördern. Dystopische Elemente finden sich vor allem dann, wenn das Tier nur noch als amorpher Teil einer Masse wahrgenommen wird und sein individuelles Befinden völlig aus dem Blick gerät. *Durch die Technisierung von industriellen Abläufen und technisch verfeinerte Möglichkeiten, auch die Tiere selbst (genetisch) zu verändern, werden diese Tendenzen noch verstärkt.* In der Tierethik haben Utopien und Dystopien, anders als in der Tierschutzbewegung, bisher keine wesentliche Rolle gespielt. Es gibt aber gute Gründe dafür, insbesondere konkrete Utopien stärker in die ethische Reflexion einfließen und sich von ihnen auch inspirieren zu lassen.

Zeitkritik. In: *Die Gegenwart der Utopie. Zeitkritik und Denkwende.* Hg. von Julian Nida-Rümelin und Klaus Kufeld. Freiburg/Br., München: Alber 2011, S. 88 – 100.

Achim Geisenhanslüke

Die verlorene Ehre der Mia Holl. Juli Zehs *Corpus Delicti*

« La divise du libéralisme, c'est ‹ vivre dangereusement › . »
Michel Foucault, *Naissance de la biopolitique*

Risiko und Dystopie

Dystopien sind ein beständiger Begleiter der Moderne. Als literarisches Gegenmodell zu den Verheißungen des utopischen Denkens begegnen sie dem aufmerksamen Leser bei Jules Verne und H. G. Wells, bei Alfred Kubin und Alfred Döblin, bei George Orwell und Ray Bradbury, bei Anthony Burgess, Paul Auster und bei vielen anderen mehr, die hier nicht alle genannt werden können – die Liste wäre beinahe beliebig erweiterbar. Die erstaunliche Präsenz der Dystopie in der Literatur vom 19. Jahrhundert bis zur Gegenwart verweist über die Grenzen der Diskurse hinaus auf die Frage nach der Genese der Moderne, die für die Sozial- und Geschichtswissenschaften anders als für die Literaturwissenschaft ihren Beginn in der Sattelzeit um 1800 hat. Dass die Dystopie seit dem 19. Jahrhundert einen so großen Raum in der Literatur einnimmt, scheint vor diesem Hintergrund mit der Ablösung einer stratifikatorischen durch eine funktionale Gesellschaftsform zusammenzuhängen. Wie Niklas Luhmann und Reinhart Koselleck betont haben, geht die Ausdifferenzierung der funktionalen Moderne mit Prozessen der Verzeitlichung einher, die ein neues Tempo vorgeben. So hat Reinhart Koselleck schon im Blick auf die Frühe Neuzeit, in der die Utopie ihren Ursprung nahm, von einer „Verzeitlichung der Geschichte" gesprochen, die mit einer „Beschleunigung" korrespondiert,[1] aus der heraus in der Sattelzeit um 1800 überhaupt erst so etwas wie Geschichte entsteht.

Allerdings gehen die Entstehungsbedingungen von Geschichte als einem „singulären Leitbegriff"[2] mit einer eigentümlichen Bestimmung der Zeit einher, die insbesondere die Dimension der Zukunft betrifft. Eine wesentliche Dimension der Zeiterfahrung der Moderne beruht darauf, dass menschliche Pläne und ihre Durchführungen in der Zeit auseinandertreten: Geschichte an und für sich, so Koselleck, „vollzieht sich immer im Vorgriff auf Unvollkommenheit und hat deshalb eine offene Zukunft".[3] Es ist diese Vorstellung einer offenen Zukunft, die zunächst die Utopie ermöglicht, im gleichen Maße aber auch die Dystopie – unter

---

[1] Reinhart Koselleck: *Vergangene Zukunft*. Frankfurt/M.: Suhrkamp 1979, S. 19.
[2] Ebd., 264.
[3] Ebd., 272.

der Voraussetzung, dass die Offenheit auch mit Unverfügbarkeit einhergehen und der utopische Ausblick auf ein gutes Ende der Geschichte jederzeit von der stillen Macht der Dystopie durchkreuzt werden kann.

Die Verschränkung von Vergangenheit und Zukunft, die Koselleck anhand der Begriffe Erinnerung und Hoffnung diskutiert, hat in der Moderne nicht nur die Differenz zwischen Erfahrung und Erwartung vergrößert. In der Kluft, die sich zwischen vergangener und zukünftiger Gegenwart aufbaut, hat sie zugleich ein Dispositiv errichtet, das sich um die Begriffe des Risikos und der Sicherheit dreht. In dem Maße, in dem sich die Erwartung zunehmend von der Erfahrung löst, entsteht ein offener, aber deswegen auch riskanter Raum, der, wie Joseph Vogl jüngst in einer anderen Begrifflichkeit anhand der gespenstischen Genese des Kapitals gezeigt hat, insbesondere das ökonomische Denken der Moderne zu wesentlichen Teilen bestimmt.[4] Die Soziologie hat dem schon früh Rechnung zu tragen versucht, indem sie dem Risiko einen besonderen Platz in der Moderne zubilligt. Für Niklas Luhmann ist der Begriff des Risikos fast deckungsgleich mit dem der Kontingenz aufgrund der simplen Tatsache,[5] „daß man mit der Zukunft nicht rechnen kann."[6] In Luhmanns Perspektive ist das Risiko als Entscheidung, die Möglichkeit nachteiliger Folgen in Kauf zu nehmen, daher zugleich der Grund für ein umfassendes Szenario der Dystopie, für die Vorstellung einer kontingenten und daher ganz und gar katastrophalen Zukunft: „In der Risikoperspektive erscheint dagegen die Zukunft als das ganz Andere – einerseits in ihrer Unsicherheit, andererseits in der Form durchgreifender Katastrophen, die alles ‚danach' ins Unerkennbare versetzen."[7] Die Folge für die soziologische Theorie in der Ausprägung, die sie durch Luhmann bekommen hat, besteht darin, dass die Beschreibung des sozialen Systems zu einer Selbstbeschreibung der Gesellschaft im Zeichen des Risikos wird.

Die Selbstbeschreibung der Moderne als eine Risikogesellschaft hat Ulrich Beck in seiner gleichnamigen Studie unternommen. Für Beck markiert die Risikogesellschaft einen Bruch innerhalb der Moderne, der eine ähnliche katastrophische Ausprägung nimmt, wie sie Luhmanns Zusammenführung von Kontingenz, Risiko und Dystopie vorgenommen hat: „Die Risikogesellschaft ist eine *katastrophale* Gesellschaft. In ihr droht der Ausnahmezustand zum Normalzustand zu werden."[8] Mit solch markanten Äußerungen, die nicht unwesentlich zum Erfolg des Begriffes

---

[4] Vgl. Joseph Vogl: *Das Gespenst des Kapitals*. Zürich: Diaphanes 2011. Vogl diskutiert das Risiko abschließend unter den Namen des Zufalls und der Ungewissheit, die die gegenwärtige Epoche prägen. Vgl. ebd., 178.

[5] In der systemtheoretischen Begrifflichkeit lautet das dann so: „Komplexität in dem angegebenen Sinne heißt Selektionszwang. Selektionszwang heißt Kontingenz, und Kontingenz heißt Risiko." Niklas Luhmann: *Soziale Systeme. Grundriß einer allgemeinen Theorie*. Frankfurt/M.: Suhrkamp 1987, S. 47.

[6] Niklas Luhmann: *Das Recht der Gesellschaft*. Frankfurt/M.: Suhrkamp 1995, S. 23.

[7] Ebd., 142 f.

[8] Ulrich Beck: *Risikogesellschaft. Auf dem Weg in eine andere Moderne*. Frankfurt/M.: Suhrkamp 1986, S. 31.

Risikogesellschaft beigetragen haben, folgt die Soziologie selbst einem dystopischen Szenario: Sie stellt eine Katastrophe in Aussicht und bezieht sie zugleich auf die eigene Gegenwart zurück. Beck bezieht die Risikogesellschaft in diesem Zusammenhang nicht nur auf die gesamte Wissenschafts-, Medien- und Informationsgesellschaft, er macht darüberhinaus deutlich, dass sie in ihrer modernen Ausprägung auf die Entfesselung der Produktivkräfte durch den Menschen zurückgeht: „Wo Risiken die Menschen beunruhigen, liegt der Ursprung der Gefahren also nicht mehr im Äußeren, Fremden, im Nichtmenschlichen, sondern in der historisch gewonnenen Fähigkeit der Menschen zur Selbstveränderung, Selbstgestaltung und Selbstvernichtung der Reproduktionsbedingungen allen Lebens auf dieser Erde."[9] Das affektive Korrelat des Selbstbezugs, den Beck der Risikogesellschaft zuschreibt, ist das der Angst. Die Risikogesellschaft, und, wie hinzuzufügen wäre, mit ihr die literarische Form der Dystopie, ist wesentlich auf Angst bezogen,[10] jedoch nicht mehr auf die Angst, nicht über genügend Wissen zu verfügen, um Krisen bewältigen zu können, sondern vielmehr auf die Angst, die das Wissen selbst für den Menschen bereithält: „Das aber heißt: Die Quellen der Gefahren sind nicht länger Nichtwissen, sondern *Wissen*, nicht fehlende, sondern *perfektionierte* Naturbeherrschung".[11] Am Ende der Dialektik der Aufklärung ist es nicht das Scheitern der Naturbeherrschung, sondern ihre umfassende Perfektion, die die Angst hervorbringt, wie sie in der Dystopie zur literarischen Darstellung findet. Die Risikogesellschaft, wie sie Beck skizziert, bedeutet das Ende der Utopie und die Geburt der Dystopie.

Wenn die Dystopie im Rahmen der Verunsicherung, die Joachim Fest zufolge das Ende des utopischen Zeitalters bedeutet, geradezu den Platz der Utopie eingenommen hat, dann stellt sich die Frage, ob sie auch ihre diskursiven Funktionen übernommen hat. Über die Rolle der Utopie hält Michel Foucault in *Les mots et les choses* fest: « Les *utopies* consolent: c'est que si elles n'ont pas de lieu réel, elles s'épanouissent pourtant dans un espace merveilleux et lisse ; elles ouvrent des cités aux vastes avenues, des jardins bien plantés, des pays faciles, même si leur accès est chimérique. »[12] Der Utopie traut Foucault nur wenig zu. Im Diskurszusammenhang der Moderne schreibt er ihr allenfalls die Rolle eines kompensatorischen Trostes zu. Wie aber sieht es mit der Dystopie aus? Verstört sie, wie es Foucault allein den Heterotopien zubilligt, oder tröstet und vertröstet auch sie, indem sie den Erwartungshorizont, der schon die Utopie bestimmt, einfach ins Negative verkehrt?

Um der Frage nach der Präsenz der Dystopie in der Literatur der Gegenwart und ihrer Funktion im Diskurs der Moderne nachzugehen, konzentrieren sich die

---

[9] Ebd., 300.
[10] Beck zufolge lautet ihr Grundsatz „*Ich habe Angst!*" Hervorhebung im Original. Ebd., 66, vgl. auch 98.
[11] Ebd., 300.
[12] Michel Foucault: *Les mots et les choses. Une archéologie des sciences humaines*. Paris: Gallimard 1966, S. 9.

folgenden Ausführungen exemplarisch auf Juli Zehs Roman *Corpus Delicti* aus dem Jahre 2009. Der Grund, sich auf diesen und keinen anderen Text zu konzentrieren, liegt zunächst in der einfachen Tatsache beschlossen, dass *Corpus Delicti* mehrere Diskurszusammenhänge miteinander verknüpft, die für die Frage nach dem Ort der Dystopie in der Moderne bestimmend sind: das Recht, die Medizin und Literatur, und das in der sehr zeitgemäßen Form der biopolitischen Frage nach dem Umgang mit gesundheitlichen Risiken, dem Problem des Terrorismus und den Möglichkeiten einer Opposition gegen totalitäre Herrschaftsformen. Im Mittelpunkt der hier versuchten Auseinandersetzung mit Juli Zehs Roman steht also nicht allein der Begriff der Dystopie, sondern der Zusammenhang zwischen Biopolitik, Risikogesellschaft und dem Diskurs der Literatur, wie er sich im Anschluss an die Arbeiten Niklas Luhmanns und Michel Foucaults ergibt. Etwas verkürzt gesagt geht es darum, Juli Zehs Roman *Corpus Delicti* in einer Biopolitik zu verankern, deren wesentlicher Grund in einer technologischen Herrschaft der Menschen durch ein Dispositiv des Risikos und der Sicherheit liegt.

Hexenjagd und Rechtsprozess: Juli Zehs „Corpus Delicti"

Dass Juli Zehs Roman *Corpus Delicti* sich auf eine sehr zeitgemäße Art und Weise mit Fragen des Rechts wie der Medizin auseinandersetzt, zeigt nicht zuletzt die Tatsache, dass diverse literarische Vorbilder in den Text Eingang gefunden haben. So ist es mehr als offensichtlich, dass Juli Zeh, die schon im Namen ihrer Protagonistin auf die Figur der Sophie Scholl anspielt, in ihrem Roman eine modernisierte Variante der Geschichte erzählt, die Heinrich Böll in *Die verlorene Ehre der Katharina Blum* entwickelt hat.[13] Beide Romane erzählen in einer Neufassung der Hexenjagd, der die jeweilige Protagonistin zum Opfer gefallen ist, von einer unbescholtenen Bürgerin, die in einem infamen Prozess beschuldigt wird, gegen das Gesetz verstoßen zu haben und die erst aus der eigenen Erfahrung des Ehrverlustes heraus zur Verbrecherin oder Terroristin wird. Beide Texte geben den Medien, bei Böll vertreten durch die Figur des Zeitungsredakteurs Tötges, bei Zeh durch den Fernsehredakteur Heinrich Kramer, einen wesentlichen Anteil an dem Verhängnis, das die unschuldigen weiblichen Protagonisten überfällt, und beide Texte räumen Fragen der Sexualität dabei eine zentrale Rolle ein. Und schließlich lassen sich beide Texte als eine Art Fallstudie lesen, in der es darum geht, wie ein eigentlich konformistisches Mitglied der Gesellschaft zu einer Terroristin werden kann.

Damit hören die Gemeinsamkeiten allerdings auch schon auf. Wo Böll aus einem kritischen Impuls gegen die *Bild*-Zeitung und ihre dubiose Rolle in Fragen der

---

[13] Das Feuilleton, das *Corpus Delicti* enthusiastisch begrüßt hat, verweist zwar auf die dystopische Dimension des Romans und stellt ihn in die Tradition von Huxley und anderen Klassikern der Anti-Utopie, versäumt es allerdings überraschenderweise, auf den rechtshistorischen Kontext des Romans und die damit verbundenen intertextuellen Bezüge zu Böll und Sophokles hinzuweisen. Vgl. etwa Christian Geyer: *Geruchlos im Hygieneparadies*. In: *Frankfurter Allgemeine Zeitung* vom 1. 3. 2009.

öffentlichen Meinungsbildung agierte, um zugleich das Augenmerk auf die in den siebziger Jahren virulente Frage nach den Gründen des Terrorismus zu richten, da wendet sich Juli Zeh in ihrem Roman nicht der Gegenwart, sondern einer dystopischen Darstellung der Zukunft zu, die diese als eine trügerische Idylle entlarvt: „Hier stinkt nichts mehr. Hier wird nicht mehr gegraben, gerußt, aufgerissen und verbrannt; hier hat eine zur Ruhe gekommene Menschheit aufgehört, die Natur und damit sich selbst zu bekämpfen."[14] Was Juli Zeh zu Anfang ihres Romans beschreibt, ist der Sachverhalt, den Ulrich Beck in seiner Studie der Risikogesellschaft zugrunde gelegt hat: eine perfektionierte Naturbeherrschung, die den Gesetzen der *Dialektik der Aufklärung* zufolge in einen neuen Totalitarismus umschlägt.

Den Totalitarismus, der mit der Naturbeherrschung einhergeht, zeigt Juli Zeh, wie bereits angedeutet, an zwei Diskursen auf: dem des Rechts und dem der medizinischen Gesundheit. Schon zu Beginn des Romans führt die auktoriale Erzählerin, die das Geschehen in der nahen Zukunft spielen lässt – „Von allen Seiten durchziehen Magnetbahn-Trassen in schnurgeraden Schneisen den Wald. Dort, wo sie sich treffen, irgendwo inmitten des reflektierenden Dächermeers, also mitten in der Stadt, mitten am Tag und in der Mitte des einundzwanzigsten Jahrhunderts – dort beginnt unsere Geschichte",[15] heißt es eingangs: zunächst mit der Figur der jungen Richterin Sophie, einer Art Zwillingsfigur der Hauptperson Mia Holl. „Unter dem besonders lang gezogenen Flachdach des Amtsgerichts geht Justitia ihren Routinegeschäften nach."[16] Mit dem Amtsgericht ruft Juli Zeh schon zu Beginn einen Ort auf, der in Anknüpfung an den Titel *Corpus Delicti* auf Fragen des Rechts verweist. Die allegorische Figur der Sophie, der weisen Richterin, entpuppt sich im weiteren Verlauf des Romans allerdings ebenso wie die der Mia Holl als zunehmend hilflose Vertreterin eines Rechts, die zunehmend von einer umfassenden Bewegung der Verunsicherung erfasst wird, die zu einem ganz und gar unverhofften Ende der zunächst vielversprechenden beruflichen Karriere führt. Die Richterin Sophie ist die erste der Figuren des Romans, anhand derer sich der auf die Zukunft bezogene Erwartungshorizont der Logik der Dystopie zufolge ins Negative verkehrt.

Die zentrale Figur, anhand derer die Geschichte eines Ehr- wie Rechtsverlustes dargestellt wird, ist jedoch die der Mia Holl. Die Erzählerin führt sie als eine scheinbar makellose Erscheinung ihrer Zeit ein: „Die Frau auf der Präsentationswand könnte ebenso gut vierzig wie zwanzig Jahre alt sein. Das Geburtsdatum beweist, dass die Wahrheit wie so oft in der Mitte liegt. Ihr Gesicht strahlt jene besondere Anmutung von Sauberkeit aus, die wir auch an den Anwesenden beobachten können und die allen Mienen etwas Unberührtes, Altersloses, fast Kindliches gibt: den Ausdruck von Menschen, die ein Leben lang von Schmerz

---

[14] Juli Zeh: *Corpus Delicti. Ein Prozess*. Frankfurt/M.: Schöffling 2009, S. 11.
[15] Ebd., 12.
[16] Ebd.

verschont geblieben sind."[17] Die scheinbare Unberührtheit der Protagonistin, ihre zunächst kindlich anmutende Naivität, verstärkt noch der Blick, den die Richterin auf ihre Lebensgeschichte wirft. „Erfolgreiche Biologin mit Idealbiographie. Keine Anzeichen von physischen oder sozialen Störungen",[18] konstatiert sie. Juli Zeh öffnet damit zugleich den zweiten Diskurs, der den Roman neben dem des Rechts bestimmt: den der Medizin und der Biologie. Dem äußeren Erscheinungsbild nach eine erfolgreiche Biologin mit Idealbiografie, erscheint Mia Holl zu Beginn des Romans als Verkörperung eines neuen politischen Menschenbildes der Reinheit, mit dem sie sich ganz in Übereinstimmung zu befinden scheint.

Dabei lässt der Text keinen Zweifel daran, dass dieses neue Menschenbild, als dessen Prototyp Mia Holl erscheint, auf Techniken beruht, die ihren totalitären Ursprung nicht verleugnen können. Allerdings richten sich die Techniken des Überwachens und Strafens nicht, wie etwa in der klassischen politischen Dystopie bei Orwell oder Bradbury, auf das Ziel einer vollständigen Kontrolle über das Denken, sondern auf das einer totalen Beherrschung des Körpers. Die neue Technologie beruht auf einer minutiösen Körperüberwachung, auf einer Diktatur der Hygiene, die die reizbare Maschine Mensch gegen alle Gefahren und Risiken zu immunisieren sucht.[19] Die Körperkontrolle; die Zentrale Partnerschaftsvermittlung, die die gentechnischen Vorbedingungen einer jeden Partnerwahl bestimmt; die Zeitung mit dem sprechenden Titel GESUNDER MENSCHENVERSTAND; Wächterhäuser, die für ihre besondere Zuverlässigkeit in allen Fragen der Hygiene und der Sicherheit ausgezeichnet werden: Das alles spricht dafür, dass die dystopische Darstellung des Romans den Leser in eine Diktatur der Reinheit und Sauberkeit entführt. Den Terror der biologischen Vernunft, den der Roman präsentiert, fasst der Fernsehredakteur Heinrich Kramer kurz und bündig zusammen: „Wir gehorchen allein der Vernunft, indem wir uns auf eine Tatsache berufen, die sich unmittelbar aus der Existenz von biologischem Leben ergibt."[20] Der Begriff des biologischen Lebens wird zum Regulativ der Politik, zum Grund einer Biopolitik im foucaultschen Sinne, die auf einer vollständigen Herrschaft und Kontrolle über den Körper beruht: „Wir haben eine METHODE entwickelt, die darauf abzielt, jedem Einzelnen ein möglichst langes, störungsfreies, das heißt, gesundes und glückliches Leben zu garantieren."[21] Gesundheit setzt die biopolitische Herrschaft, die Kramer präsentiert, mit Glück gleich. Der Begriff des Ethischen wird auf den des Politischen reduziert. Jeder Versuch, gegen die biologische Vernunft zu verstoßen, wird daher als ein politischer Angriff auf die Grund-

---

[17] Ebd., 17.
[18] Ebd., 19.
[19] Zur Geschichte der Hygiene vgl. Philipp Sarasin: *Reizbare Maschinen. Eine Geschichte des Körpers, 1765 – 1914*. Frankfurt/M.: Suhrkamp 2001.
[20] Zeh, *Corpus Delicti* (Anm. 14), 36.
[21] Ebd.

lagen des Staates gewertet. An der Stelle der Vernunft des biologischen Lebens, die Kramer propagiert, droht die „Willkürherrschaft des Herzens".[22]

Aber selbst in der perfekten und gerade darum beunruhigenden Idylle der Hygiene, die der Roman schildert, geschehen Unfälle, in diesem Fall ein Kriminalfall: Moritz Holl, der Bruder Mias, wird beschuldigt, eine junge Frau namens Sybille vergewaltigt und ermordet zu haben. Die Sperma- und DNS-Spuren sind eindeutig und lassen keinen Zweifel an der Schuld des Angeklagten aufkommen. Überraschend ist einzig, dass Moritz Holl ein Geständnis verweigert, auf seiner Unschuld beharrt und sich in der Folge im Gefängnis selbst erhängt.

Der Roman erzählt die Geschichte seiner Schwester nach dem Selbstmord des unschuldigen Bruders im Gefängnis. Er verweist damit auf ein zweites Vorbild, das schon für Bölls Geschichte von der verlorenen Ehre der Katharina Blum von Bedeutung und das damit verbundene Problem des Terrorismus war, auf Sophokles' *Antigone*. Wie in der *Antigone* ist es unbedingte Bruderliebe, die den Konflikt mit dem Gesetz auslöst, der dem Roman zugrundeliegt. Nur ist an die Stelle Kreons das System mit seinem Propagandisten Heinrich Kramer getreten, an die Stelle des Bestattungsverbotes die Frage nach Schuld oder Unschuld des Bruders, als deren Rächerin sich Mia Holl zeigt: „Ich verurteile alles und jeden, der ursächlich ist für seinen Tod!"[23] Auf ebenso unbedingte und selbstzerstörerische Art und Weise wie ihr griechisches Vorbild beharrt Mia Holl auf der Unschuld des Bruders und dem Unrecht des Systems, das ihn verurteilt hat. Aus diesem Wissen heraus legitimiert sie den immer weiter wachsenden Widerstand gegen den Staat, der zugleich in den Ehr- und Rechtsverlust führt, den der Roman erzählt.

Die Geschichte von der Aufklärung des Mordes, den Moritz Holl begangen haben soll, ist zugleich die des allmählichen sozialen Abstiegs seiner Schwester nach seinem Selbstmord. Sie beginnt mit Auffälligkeiten ihrer bis dahin hervorragenden Gesundheitswerte, einer ersten Verwarnung durch die Richterin Sophie aufgrund des Missbrauchs toxischer Substanzen – in diesem Fall des Zigarettenkonsums, der sie an ihren toten Bruder und dessen Versuche erinnert, sich der Überwachung zu entziehen. Die Ernennung eines wenig befähigten Pflichtverteidigers namens Rosentreter, der mit ganz eigenen Problemen zu kämpfen hat, führt, statt zum Freispruch, zu einer Geldstrafe von 20 Tagessätzen, seine Verteidigung der Klientin unter Berufung auf die Härtefallregelung im Blick auf die Trauer um den toten Bruder wird abgelehnt und Mia für zwei Jahre auf Bewährung bestraft, bis sie an einem Fluss, an dem ihr Bruder früher heimlich geangelt und sich mit ihr getroffen hat, verhaftet und wegen methodenfeindlicher Umtriebe angeklagt wird. Schritt für Schritt führt die Trauer um den Tod des Bruders tiefer in einen Konflikt mit dem Recht, der mit einem Schauprozess gegen die widerständige Sünderin enden soll.

---

[22] Ebd., 38.
[23] Ebd., 32.

Der scheinbar eindeutige Prozess kippt jedoch, als eine frühe Leukämieerkrankung des Bruders an den Tag kommt, die eine Transplantation notwendig gemacht hat, welche das genetische Material verändert hat. Der Knochenmarkspender Moritz Holls, Walter Hannemann, entpuppt sich als der eigentliche Mörder von Sybille. In dem darauf folgenden Justizskandal gerinnt Mia Holl zu einer Heldin des Widerstandes gegen das System. Erneut festgenommen wird sie jedoch, als sie Heinrich Kramer ein Pamphlet gegen die Methode diktiert. Der Methodenschutz, der in ihre Wohnung eindringt, sieht sich selbst als „Immunsystem des Landes",[24] das vor kranken Gedanken schützen müsse, und bestätigt damit die biopolitischen Prämissen des Romans, indem die Macht der Öffentlichkeit, verkörpert durch Presse und Fernsehen, über Mia Holl siegt. Im Rahmen einer umfassenden Strategie der Diffamie, die den Ruf der unschuldigen Heldin beschädigt, erfindet Heinrich Kramer eine Widerstandszelle namens ‚Die Schnecken', an der sowohl Mia und Moritz Holl als auch der Mörder Hannemann beteiligt gewesen sein sollen. Der Mord an Sybille sei nur ein Vorwand gewesen, um aus Moritz einen Märtyrer zu machen und durch das Auftreten Mias als seiner Verteidigerin das System zu stürzen. Zugleich wird Mia Holl ein Mittel namens Botulinum untergeschoben – Bakterienkulturen, mit deren Hilfe sie versucht haben soll, das Land zu kontaminieren und zu vernichten. Der Versuch, von Mia ein Geständnis zu erpressen, scheitert allerdings wie schon bei ihrem Bruder an ihrem Widerstand. Die Drohung der Anwendung von körperlicher Folter, die angesichts des Widerstands von Mia Holl schließlich auch umgesetzt wird, entlarvt die Körperbezogenheit der biologischen Vernunft als eine Form des Terrors, die Mia dem Ehrverlust aussetzt, der schon Friedrich Schiller und Heinrich Böll in ihren Geschichten von der Infamie des Verbrechers bewegt hat: „Nennen wir es doch einfach Ehrgefühl",[25] formuliert Kramer zynisch über die eigene Motivation, die Existenz Mias durch den Ruin ihres Rufes zu vernichten. Der Ehrverlust, dem sie unterzogen wird, findet seine letzte Gestalt in einem Chip, der alle Daten Mia Holls enthält und den sie ihrem intimen Feind Kramer überreicht: „Der Rest bleibt hier und gehört niemandem mehr."[26] Zum bloßen Rest geworden, der aller Rechte und Ehren verlustig gegangen ist, sieht sich Mia Holl zum Schluss des Romans als Führerin einer terroristischen Vereinigung zum Tode durch Einfrieren verurteilt und erst in letzter Sekunde durch den Präsidenten des Methodenrats begnadigt – nicht aus Humanität, sondern aus politischen Gründen, da die Methode aus Mia Holl keine Märtyrerin machen möchte: „Denn erst jetzt ist sie – erst jetzt ist das Spiel – erst jetzt ist wirklich alles zu Ende."[27] Mit diesen beunruhigenden Worten entlässt der Roman den Leser in eine ungewisse Zukunft.

[24] Ebd., 201.
[25] Ebd., 212.
[26] Ebd., 248.
[27] Ebd., 264.

Am anderen Ende der Utopie. Von der Biopolitik zum Roman der Gegenwart

Wo alles zu Ende ist, da sichert sich die Dystopie ihr Recht. Die Utopien trösten, hatte Foucault im Vertrauen auf die beunruhigende Macht der Heterotopien formuliert, die er in den Texten Jorge Luis Borges' am Werk sah. Wie die Heterotopien, so scheinen auch die Dystopien zunächst zu beunruhigen, indem sie die Zukunft in den Horizont einer umfassenden Katastrophe stellen, die zugleich die Risiken der modernen Gesellschaft vor Augen führt.

Gerade angesichts dieser beunruhigenden Macht der Dystopie stellt sich allerdings die Frage, wie sie sich zur Biopolitik der Moderne letztlich verhält. Dass die Biopolitik sich auf die zeitliche Dimension der Zukunft bezieht und sich mit Fragen der Planbarkeit, des Risikos und der Sicherheit auseinandersetzt, wie es auch die Dystopie tut, hat Michel Foucault in seinen Vorlesungen zum Zusammenhang von *Sécurité, territoire, population* am Collège de France in den Jahren 1977–1978 dargelegt, als er den Begriff der Bio-Macht in seine Theorie des Politischen einführte. Unter Biomacht versteht Foucault dort « l'ensemble des mécanismes par lesquels ce qui, dans l'espèce humaine, constitue ses traits biologiques fondamentaux va pouvoir entrer à l'intérieur d'une politique, d'une stratégie politique, d'une stratégie générale de pouvoir ».[28] Das Neue an der Bio-Macht, so Foucault, ist die Tatsache, dass sich die Politik als eine Form des Herrschaftsdenkens auf den Körper richtet. Foucault erkennt in der Bio-Macht daher die Nachfolge der alten politischen Ordnungen der Souveränität und der Disziplin im Zeichen der Sicherheit. Was die Bio-Macht auszeichnet, ist die Frage nach « une économie générale de pouvoir qui a la forme [de], ou qui est en tout cas dominée par la technologie de sécurité »,[29] wobei sich die Technologien der Sicherheit nicht mehr auf den Körper allein richten, sondern auf eine ganze Population. Im Zeichen des Falls, des Risikos, der Gefahr und der Krise ist die Technologie der Sicherheit daher zugleich Bestandteil einer Politik der Normalisierung, die die alte normative Unterscheidung zwischen dem Normalen und dem Anormalen zugunsten neuer gradueller und daher flexibler Unterscheidungen ablöst. Gerade diese neue Form der Normalität wertet Foucault aber als Ergebnis einer umfassenden Form der ‚Gouvernementalität' als einer Macht « qui a pour cible principale la population, pour forme majeure de savoir l'économie politique, pour instrument technique essentiel les dispositifs de sécurité ».[30] Als wesentlichen Bestandteil dieser Gouvernementalität, deren Ursprung er in der christlichen Pastorale erkennt, nennt Foucault die Polizei als eine Institution, die sicherstellt, dass die

---

[28] Michel Foucault: *Sécurité, territoire, population. Cours au Collège de France (1977–1978)*. Hg. von François Ewald, Alessandro Fontana und Michel Senellart. Paris: Seuil 2004, S. 3.
[29] Ebd., 12 f.
[30] Ebd., 111.

Kontrolle über das biologische Leben der Verfassung nützlich ist,[31] und die Medizin, die das Erbe der christlichen Pastorale angetreten hat, indem sie die körperliche Gesundheit der Menschen überwacht. Zugleich fragt er nach den « contre-conduites dans le système moderne de la gouvernementalité »,[32] ohne zu einem abschließenden Ergebnis zu kommen.

Wie auch immer Foucaults Geschichte der Gouvernementalität zu bewerten ist:[33] Es ist offensichtlich, dass sich Juli Zehs Darstellung einer zukünftigen Gesellschaft, die sich ganz der politischen Kontrolle über den Körper anvertraut hat, als literarische Ausarbeitung einer zukünftigen Biopolitik im Sinne Foucaults verstehen lässt. Das betrifft sowohl die Darstellung der Gesundheitspolizei als einer umfassenden Technologie der Sicherheit, die jedes Risiko der Erkrankung und Vererbung zu verhindern sucht, als auch die gesamte Konstruktion des Romans, der seine Protagonisten an der Terrorherrschaft der biologischen Vernunft scheitern lässt, indem er sie einem Ehrverlust ausliefert, der an die Vorbilder Schillers und Bölls, aber auch an die heroische Geschichte der Antigone erinnert. Von diesen Vorbildern unterscheidet sich Juli Zehs *Corpus Delicti* allerdings zugleich, da sie die eigene Gegenwart nicht selbst in den Blick nimmt, sondern durch den für die Dystopie charakteristischen Ausgriff auf die Zukunft vermittelt. Standen schon bei Sophokles und Böll aktuelle politische Krisen im Mittelpunkt, bei Böll vor allem die Konfrontation der modernen bürgerlichen Gesellschaft mit dem Terrorismus, so deutet Juli Zeh in *Corpus Delicti* nur an, wohin die neuen Technologien der Sicherheit, die sich insbesondere an der Debatte um die Gentechnik und deren prognostischer Kraft entzünden, führen können, wenn ihnen keine politische Form des Widerstandes entgegengesetzt wird. In diesem Sinne beunruhigt auch die Dystopie nicht, sie tröstet, indem sie vor Auswüchsen warnt, die in der Zukunft drohen. Die Literatur, die sich der Dystopie anvertraut, wäre entsprechend keinesfalls mit den « contre-conduites dans le système moderne de la gouvernementalité » gleichzusetzen, nach denen Foucault gefragt hat. Im Gegenteil: Als ein Warnsystem innerhalb der Gesellschaft übernimmt auch die Literatur die Funktion einer Technologie der Sicherheit, die das Risiko zu mindern sucht. Wer nicht nach Trost, sondern nach Beunruhigung sucht, ist daher schlecht beraten, sich der Dystopie zuzuwenden, die ihre tröstende Kraft mit der Utopie teilt. Ob die Heterotopien, von denen Foucault träumte, eine Form der Widerständigkeit aufbieten können, die der Utopie wie der Dystopie abgehen, ob sie überhaupt in der Gegenwart noch möglich sind, ist eine andere Frage, die nach anderen Antworten verlangt als denen, die hier gegeben werden konnten.

---

[31] « La police, c'est l'ensemble des interventions et des moyens qui assurent que vivre, mieux que vivre, coexister, sera effectivement utile à la constitution, à la majoration des forces de l'État. » Ebd., 334.
[32] Ebd., 363.
[33] Vgl. in diesem Zusammenhang *Gouvernementalität der Gegenwart. Studien zur Ökonomisierung des Sozialen*. Hg. von Ulrich Bröckling, Susanne Krasmann und Thomas Lemke. Frankfurt/M.: Suhrkamp 2000.

André Steiner

Neurowissenschaft in fiktionalen Dystopien

Determinismus in der Hirnforschung und in totalitären Systemen

Im Verlauf des vergangenen Jahrzehnts hat es zwischen Neurowissenschaftlern auf der einen und Philosophen sowie anderen Geisteswissenschaftlern auf der anderen Seite eine lang anhaltende Debatte über die Konsequenzen neurobiologischer Forschungsergebnisse für das den meisten Geisteswissenschaften und auch der Philosophie zugrunde liegende Menschenbild gegeben. Während die Neurowissenschaftler dafür plädieren, dass letztlich das Gehirn für uns entscheidet und sich dabei auf empirische Evidenz stützen, wie sie etwa die Libet-Experimente liefern, glauben Philosophen wie Jürgen Habermas nicht daran, dass die Reduktion des Geistes auf neuronale Mechanismen wirklich gelingen kann.[1]

Ich möchte mich im Folgenden einigen der debattierten neurowissenschaftlichen Thesen annehmen und sie im Zusammenhang literarischer und filmischer Dystopien diskutieren, weil mir scheint, dass die Alternative von Freiheit oder Determinismus, wie sie in der skizzierten Debatte verhandelt wurde, auch für den Entwurf dystopischer Wirklichkeiten große Relevanz beanspruchen kann. Dies umso mehr, als es zwischen den beiden Positionen – vielleicht erwartungsgemäß – bisher keine weitere Annäherung gegeben hat. Projiziert man diesen Dissens auf das thematische Feld der Dystopie, fällt auf, dass die Konflikte, die aus der Differenz der Selbsterfahrung des Subjekts und der neurobiologischen Fremdbeschrei-

---

[1] Die in der Neurowissenschaft etwa von Wolf Singer, Gerhard Roth und Wolfgang Prinz vertretenen Positionen gehen davon aus, dass ein emphatischer Freiheitsbegriff im alltagspsychologischen Sinn nicht mit der Neurophysiologie des Gehirns kompatibel ist. Titel wie *Verschaltungen legen uns fest: Wie sollten aufhören von Freiheit zu sprechen* (Singer), *Wir sind determiniert. Die Hirnforschung befreit von Illusionen* (Roth) und *Der Mensch ist nicht frei* (Prinz) legen nahe, dass es sich bei der alltagspsychologischen Vorstellung von Freiheit um nichts weiter als eine Illusion handelt, die auf dem Feld der „neurobiologische[n] Fremdbeschreibung" einer Determination von Denken und Verhalten durch kausale, letztlich von Naturgesetzen bestimmte neuronale Mechanismen weichen muss. Die genannten Aufsätze finden sich in dem Sammelband: *Hirnforschung und Willensfreiheit. Zur Deutung der neuesten Experimente*. Hg. von Christian Geyer. Frankfurt/M.: Suhrkamp 2004. Vgl. zum Thema außerdem: *Hirn als Subjekt? Philosophische Grenzfragen der Neurobiologie*. Hg. von Peter Krüger. Berlin: Akademie 2007.

bung resultieren,² Anknüpfungspunkte an die Verfasstheit des Subjekts bereits in den klassischen Dystopien Huxleys und Orwells bieten. Dabei wird es auch um die für den Themenschwerpunkt *Technik in Dystopien* wichtige Frage gehen, ob die Ergebnisse neurobiologischer Forschung, dystopisch gewendet, im Sinne einer Psychotechnik zu Buche schlagen oder lediglich als Beschreibung einer dystopischen Wirklichkeit zu verstehen sind, die sich letztlich unserem Eingriff entzieht.

Die Abwesenheit eines Ichs im Sinne einer Substanz, die sich als Konsequenz aus den Ergebnissen der neurowissenschaftlichen Forschung ergibt, lässt die Frage offen, was anstelle des Ichs als Träger von mentalen Eigenschaften in Frage kommt.³ Damit wird denkmöglich (logisch möglich), dass kognitive Funktionen ohne Ich respektive ohne Bewusstsein realisiert werden können. Interessant scheint da die Möglichkeit, dass sich kognitive Funktionen technisch substituieren lassen, wie das auch gegenwärtig in der KI-Forschung betrieben wird. Im Kontext der Dystopie wird dies zumeist als Kontrollübernahme im Sinne von Überwachung und Steuerung menschlicher Individuen durch Maschinen beschrieben. Daraus ergeben sich die folgenden Anknüpfungspunkte zu Dystopien in Literatur und Film:

1. Die These der Determination von Denken und Handeln durch neuronale Verschaltungen gewinnt vor dem Hintergrund der klassischen literarischen Dystopien *Schöne neue Welt* (1932) von Aldoux Huxley und *1984* (1949) von George Orwell sowie George Lucas' Film *THX 1138* (1971) ungeahnte Relevanz, denn jede der genannten Fiktionen kreist um das Problem des freien Willens oder der Abweichung von der Norm innerhalb eines totalitären Systems. Einem ähnlichen Szenario begegnet man auch in Ridley Scotts Film *Blade Runner* (1982), der das Schicksal, anders zu sein als die Mehrheit, am Beispiel von künstlich erzeugten Androiden in Menschengestalt thematisiert, denen man menschliche Emotionen und Erinnerungen artifiziell eingepflanzt hat.

2. Weiterhin ergibt sich aus dem Umstand, dass neuronale Netze im menschlichen Gehirn algorithmisch arbeiten,⁴ rein funktionalistisch eine Nähe zur Cyber-

---

² Vgl. dazu den einschlägigen Aufsatz von Wolf Singer: *Selbsterfahrung und neurobiologische Fremdbeschreibung. Zwei konfliktträchtige Erkenntnisquellen.* In: *Hirn als Subjekt?* Hg. Krüger (Anm. 1), 39–59.

³ Interessanterweise ist in den Neurowissenschaften davon die Rede, dass es ein Ich oder Selbst im substanzialistischen Sinn nirgendwo im Gehirn gibt. Es müsste ja als Schaltzentrale oder zumindest als hierarchisch übergeordnete Kontrollebene in Form eines bestimmten Hirnareals im neuronalen Substrat identifizierbar sein. Doch ist dies nicht der Fall. Vgl. dazu Wolf Singer: *Wann und warum erscheinen uns Entscheidungen als frei? Ein Nachtrag.* In: *Hirn als Subjekt?* Hg. Krüger (Anm. 1), 187. Folglich ist das Ich gar keine einheitliche Instanz, sondern wird in Form von bewussten Ich-Zuständen mit neuronalen Aktivitäten in bestimmten Hirnarealen assoziiert. Unklar ist aber bisher, wie es dem Gehirn gelingt, diese verschiedenen Zustände zu einem einheitlichen Erleben zusammenzubinden.

⁴ Dass dies keine Zukunftsmusik ist, zeigt die Entwicklung künstlicher neuronaler Netze, die der Funktionsweise biologischer Informationsverarbeitung im menschlichen Gehirn

technologie. Die gegenwärtig erst in Ansätzen realisierte Möglichkeit von technischen Neuro-Implantaten, wie etwa der Retinachip,[5] erscheint in fiktionalen Szenarios der Literatur und des Films in Form von Hybriden technischer und biologischer Intelligenz bereits realisiert. Gemeint sind damit neben der *Neuromancer*-Trilogie (1984 – 1988) von William Gibson, Alban Nicolai Herbsts *Anderswelt*-Romane (1998 – 2001) und David Cronenbergs cinematografisches Realitätsexperiment *eXistenZ* (1998).

3. Eine andere Möglichkeit besteht schließlich darin, die Cybertechnologie zur absoluten Kontrolle und Versklavung von Menschen einzusetzen. Dieses Szenario wird besonders in den Filmen *Welt am Draht* (1973) von Rainer Werner Fassbinder und in der *Matrix*-Trilogie (1999 – 2003) der Wachowski-Brüder thematisiert. Hier berühren sich, ähnlich wie unter Punkt 1, Willensfreiheit und die technische Dystopie absoluter Kontrolle, allerdings unter den Bedingungen einer Digitalisierung von Wirklichkeit und Bewusstsein, die in den älteren Dystopien noch nicht vorkommt. Damit einher geht eine Dichotomisierung der Realität in eine Wirklichkeit des Systems – der „Matrix" oder des Supercomputers „Simulacron-1" in *Welt am Draht* – und eine Wirklichkeit außerhalb des Systems, die von der Cyberintelligenz bedroht wird. Eine solche Dichotomisierung der fiktionalen Welt, wobei die Wahrnehmbarkeit einer Differenz tendenziell aufgehoben wird, findet man auch in den unter 2 genannten Fiktionen.[6]

nachempfunden sind. So ist man bereits in der Lage, einzelne Neuronen zu modellieren. Vgl. dazu Wolfram-Manfred Lippe: *Soft-Computing mit Neuronalen Netzen, Fuzzy-Logic und Evolutionären Algorithmen*. Berlin, Heidelberg: Springer 2006, S. 45 – 243. Zu neuronalen Algorithmen vgl. auch Geoffrey E. Hinton: *Wie neuronale Netze aus Erfahrung lernen*. In: *Gehirn und Bewußtsein*. Heidelberg u. a.: Spektrum, Akademie 1994, S. 136 – 145.
[5] Zum Retinachip vgl. Lippe, *Soft-Computing* (Anm. 4), 6 – 9.
[6] Man könnte die von mir vorgeschlagene Klassifizierung (Punkt 1 – 3) bezweifeln, weil wichtige Unterscheidungskriterien wie weitgehende Immersion der Cybernauten und Lebensechtheit der künstlichen virtuellen Welten sowohl von den unter 2 als auch unter 3 genannten Werken erfüllt werden. Daher erhebt die vorgenommene Zuordnung keinen weiteren systematischen Anspruch. Sie ist vielmehr begründet im erzählerischen Plot und dessen synoptischer Darstellung im vorliegenden Aufsatz. Soviel sei noch angemerkt: Selbst wenn man sich an der Chronologie der Produktion und dem jeweiligen Stand der zeitgenössischen Informationstechnik orientiert hätte, besagt dies nicht, dass die inhaltlichen Szenarios deckungsgleich wären. So findet sich etwa in *eXistenZ* (1998) ein ähnliches Spiel mit den Ebenen von virtueller Realität und realer Welt wie in *Welt am Draht* (1973), obwohl beide Produktionen fünfundzwanzig Jahre trennen.

Die klassischen Dystopien

Zu 1:[7] Der Umstand, dass die gesellschaftliche Struktur der dystopischen Staaten in *Schöne neue Welt* und *1984* streng hierarchisch organisiert ist, bringt es an sich schon mit, dass der Freiheitsspielraum für die Individuen, die in ihnen leben, äußerst gering ist. Im Grunde genommen kann man weder von Freiheit noch von Individuen sprechen, denn die Zugehörigkeit zu einer gesellschaftlichen Schicht ist nicht von der freien Wahl und den Willensanstrengungen der Bürger abhängig, sondern wird von der Macht des Systems bestimmt, die sich in beiden dystopischen Staaten in den Händen einer Minderheit befindet.

In Huxleys Roman werden Menschen mithilfe von künstlicher Befruchtung, dem sogenannten Bokanovsky-Verfahren,[8] erzeugt und durch Hypnopädie (Lernen im Schlaf)[9] und Verhaltenskonditionierung so geprägt, dass sie für ein Leben in einer der fünf Kasten, aus denen die Gesellschaft besteht, determiniert sind. Dieser Hierarchie, deren Kasten nach den Buchstaben des griechischen Alphabets von Alpha bis Epsilon benannt sind, entsprechen bei Orwell drei Schichten, die aus Arbeitern, Mitgliedern der äußeren Partei mit exekutiven Funktionen sowie Mitgliedern der inneren Partei, den eigentlichen Machthabern, bestehen. Letztere sind den Angehörigen der Alpha-Kaste in *Schöne neue Welt* homolog.

In Huxleys Staat werden somit durch Biotechnologie (künstliche Insemination) und Psychotechniken wie Hypnopädie Bedingungen geschaffen, die ein Freiheitsbewusstsein gar nicht erst aufkommen lassen. Propaganda, die von den staatlichen Organen produziert und in Form von Zeitungen wie der „Grünen Gamma Post", dem „Kleinen Delta Blatt[..]"[10] oder Parteislogans verbreitet wird, ergänzt die Bewusstseinskontrolle. Hinzu kommen psychotrope Drogen wie das Soma, das ein kritisches Realitätsbewusstsein der Staatsbürger weitgehend ausschaltet. Dem entspricht die Wirkung des Alkohols in *1984*.

Konsum- und Unterhaltungszwang führen neben der ständigen Beobachtung durch die Mitbürger dazu, dass authentische Erfahrungen wie Liebe, Tod oder

---

[7] Zur Analyse der klassischen Dystopien von Huxley und Orwell vgl. besonders die Dissertation von Elena Zeißler: *Dunkle Welten. Die Dystopie auf dem Weg ins 21. Jahrhundert*. Marburg: Tectum 2008, S. 37–58.

[8] Es handelt sich dabei um ein Reproduktionsverfahren, das es gestattet, bis zu sechsundneunzig identische Zwillinge aus einer Eizelle zu klonen. Vgl. auch Aldoux Huxley: *Schöne neue Welt. Ein Roman der Zukunft* [1932]. Übers. aus d. Engl. von Herberth E. Herlitschka. 65. Aufl. Frankfurt/M.: Fischer 2008, S. 22–25. Der Übersetzer verlegt die Handlung der deutschen Ausgabe von London nach Berlin. Zudem sind wichtige Figuren wie Bernard und John im deutschen Text in Sigmund bzw. Michel umbenannt. Die Figur „Helmholtz Watson" im englischen Original heißt in der deutschen Übersetzung „Helmholtz Holmes-Watson".

[9] Vgl. ebd., 40.

[10] Ebd., 78.

Geburt nicht mehr als solche wahrgenommen werden können. Analog dazu wird das Urteilsvermögen in Orwells Dystopie durch die permanente Überwachung der Bürger via Teleschirm, Agenten der Gedankenpolizei und Parteigenossen, die jederzeit zur Denunziation bereit sind, unselbstständig gehalten. Zudem unterliegt in beiden Staaten der Sprachgebrauch einer strengen Reglementierung. Zulässig sind in *Schöne neue Welt* offiziell nur Floskeln einer entindividualisierten Sprache, die bereits den Kindern hypnopädisch eingeflösst werden. Zusammen mit Propagandaparolen und Maximen aus den gleichgeschalteten Massenmedien bestimmen sie weitgehend die Kommunikation.

Dem entspricht bei Orwell die sogenannte „Neusprache".[11] Begriffe wie „Gedankenverbrechen"[12] (subversive Gedanken), „Gutdenke[n]"[13] (konformes Denken), „Verbrechenstop"[14] (das Erkennen und die Elimination unerlaubter Gedanken noch während ihrer Genese) und „Zwiedenken"[15] (Auslöschung von Gedächtnisinhalten, bei der gleichzeitig der Akt des Löschens aus der Erinnerung entfernt wird) belegen, dass auch hier eine unbewusste Konditionierung die Bürger schon in Ansätzen daran hindert, ein kritisches Bewusstsein zu entwickeln. Die radikale Reduktion des Vokabulars soll verhindern, dass subversive Gedankeninhalte überhaupt gedacht werden können.

Wie in *Schöne neue Welt* und später auch in Ray Bradburys *Fahrenheit 451* (1953) sind Werke authentischer Literatur verboten und werden rücksichtslos ausgemerzt oder umgeschrieben. Hier wie dort ist die sprachliche Kommunikation vor allem in den unteren Bevölkerungsschichten so weit reduziert, dass die Bürger keinen Zugang zu den eigenen Innenwelten aufbauen können.

Das beschriebene Szenario entspricht weitgehend dem in George Lucas' Film *THX 1138*. Die Televisoren in *1984* sind durch Überwachungskameras ersetzt, die aus der Gesellschaft bis in die privaten sanitären Anlagen hinein ein benthamsches Panoptikum machen.[16] Anstelle eines großen Bruders gibt es Telefonzellen, die wie Beichtstühle benutzt werden können. Die klaustrophobische mentale Enge und Ausweglosigkeit der Welt in *1984* ist hier allerdings noch durch den Umstand gesteigert, dass die Zivilisation nach einer nuklearen oder ökologischen Katastrophe, einem Insektenstaat vergleichbar, unter der Erdoberfläche verschwunden ist. Ihre Bürger sind denn auch rechtlose, nummerierte Drohnen, die durch staatlich kontrollierte Drogeneinnahme psychisch für verschiedene Arbeitsaufgaben konditioniert werden. Ähnlich wie in *Schöne neue Welt* wird der Fortbestand des

---

[11] George Orwell: *1984* [1949]. Übers. aus dem Engl. von Kurt Wagenseil. 42. Aufl. Berlin: Ullstein 2009, S. 10.
[12] Ebd., 20.
[13] Ebd., 195.
[14] Ebd.
[15] Ebd., 34.
[16] Vgl. die Ausführungen zum Panoptismus in Michel Foucault: *Überwachen und Strafen. Die Geburt des Gefängnisses*. Frankfurt/M.: Suhrkamp 1994, S. 251 – 291.

Staates nicht durch sexuelle Reproduktion gesichert, sondern in der Retorte gezüchtet.

Im Zentrum des Plots steht die Liebesbeziehung zwischen dem Arbeiter THX 1138 (Robert Duvall) und seiner Mitbewohnerin LUH 3417 (Maggie McOmie), die ihn davon überzeugt, seine Drogen nicht mehr einzunehmen. Doch die Drogenverweigerung und in der Folge auch die verbotene Liebesaffäre werden von der staatlichen Überwachung entdeckt und mit Internierung bestraft. Während Winston in *1984* Opfer eines Umerziehungsprozesses wird und der Rebell Michel in *Schöne neue Welt* schließlich in den Selbstmord getrieben wird, kann THX 1138 die Grenzen des Überwachungsstaates durchbrechen und entkommt den Polizeiandroiden durch einen Kanalisationsschacht an die Erdoberfläche. Doch ist dies gleichbedeutend mit seinem Tod, denn aus der Ökosphäre ist eine lebensfeindliche Wüste geworden, die ein dauerhaftes Überleben nicht zulässt.

Es sind also letztlich Techniken der Kommunikation (und der Medien), der Bewusstseinsindustrie, der Pharmakologie, Psychologie und Biologie, die in den bisher genannten Dystopien dazu benutzt werden, eine staatliche Ordnung aufrecht zu erhalten, die nicht an humanistischen Werten und einer freiheitlichen Rechtsordnung orientiert ist. Die Zunahme der Perfektibilität durch wissenschaftlich-technischen Fortschritt dient dabei nur der weiteren Vervollkommnung von Ausbeutung und Überwachung der Bürger und damit dem Machterhalt einer Führungselite.

Begibt man sich nun an den Ausgangspunkt der Überlegungen, die Anknüpfung an die Neurowissenschaften zurück, so wird klar, dass die Determination von Denken und Handeln, die dort durch das biologische Substrat, also das Gehirn als Organ bedingt ist, im Fall der Dystopien durch die genannten Techniken von außen auf die Subjekte appliziert wird. Damit ist auch so etwas wie der Tod des Subjekts verbunden, der in der Literaturwissenschaft mit den Werken der postmodernen Literatur in Verbindung gebracht wird.[17] Indem das Subjekt seit dem Poststrukturalismus nicht mehr als essenzielles, also als ursprüngliches, autonomes und einheitliches Selbst gedacht wird, sondern als Funktion innerhalb von Diskursen erscheint, rückt es aus dem Zentrum von Textgenese- und Interpretation, das nunmehr von literarischen Prozessen, wie der Rolle des Autors, des Erzählers und des Lesers eingenommen wird.[18]

In den besprochenen Dystopien hingegen ist das Verschwinden der Subjektivität ganz an die staatlichen Unterdrückungsmechanismen gebunden, die mit Psychotechniken, künstlicher Reproduktion sowie medialer Überwachung und Kontrolle das Bewusstsein von außen zu steuern versuchen. Im Innenraum des

---

[17] Dies bezieht sich auf den von Jean François Lyotard proklamierten „Tod des Subjekts". Vgl. dazu auch Peter Bürger: *Das Verschwinden des Subjekts. Eine Geschichte der Subjektivität von Montaigne bis Barthes*. Frankfurt/M.: Suhrkamp 1998.
[18] Vgl. *Metzler Lexikon Literatur- und Kulturtheorie*. Hg. von Ansgar Nünning. 2. Aufl. Stuttgart: Metzler 2001, Lemma *Subjekt und Subjektivität*.

Subjekts existieren dabei gleichwohl noch Residuen, die mithilfe der staatlich gelenkten Bewusstseinskontrolle nicht erreichbar sind. Dies wird besonders deutlich an den Hauptfiguren, die als Außenseiter gegen das herrschende System rebellieren. Typisch sind die emotionalen Defizite, die in allen Fällen dazu führen, dass der Mangel an humanitären Werten wie Würde, Liebe und Freiheit zu einer inneren Distanzierung vom System und der Suche nach dem eigenen unverwechselbaren Ich führen.

Sind es in *Schöne neue Welt* Angehörige der höchsten Kaste der Alpha-Plus wie Sigmund und Helmholtz, die intuitiv spüren, dass sie sich in der an Durchschnittlichkeit orientierten Systemlogik geistig nicht werden entfalten können, so ist es in *1984* Winston Smith, der mithilfe des Tagebuchschreibens seiner eigenen Lebensgeschichte auf die Spur kommt, weil dabei plötzlich Erinnerungsschichten erreichbar werden, die sich der Kontrolle des Systems entziehen.[19] Bei Helmholtz und Sigmund führen Normabweichungen wie überragende Intelligenz und Kleinwüchsigkeit dazu, dass beide in der mit dem Anderssein verbundenen Einsamkeit beginnen, sich für die eigene Persönlichkeit zu interessieren, während es Michel, der als Jugendlicher in einem Indianerreservat aufwuchs und dort wegen seiner hellen Hautfarbe diskriminiert wurde, vorbehalten bleibt, aktiv gegen das System zu rebellieren. Ähnlich ergeht es THX 1138, der aufgrund von verbotener erotischer Liebe straffällig wird, jedoch trotz der Sanktionen seinen Gefühlen treu bleibt. In den dystopischen Fiktionen geht es folglich um nichts anderes als den Kampf devianter Subjekte gegen eine deterministische Ordnung des Kollektivs.

Dies ist auch ein zentrales Motiv in Ridley Scotts *Blade Runner*, wo die Replikanten Roy Batty (Rutger Hauer) und seine Geliebte Pris (Daryl Hannah) darum kämpfen, ein menschenwürdiges Leben jenseits ihrer Funktion als Arbeitssklaven auf erdfernen Planeten zu führen. Als eine Gruppe von ihnen rebelliert und auf die Erde zurückkehrt, um von ihrem Konstrukteur Tyrell eine Verlängerung ihrer begrenzten Lebensdauer technisch implementieren zu lassen, bekommt der Replikantenjäger (= Blade Runner) Deckard (Harrison Ford) den Auftrag, die menschenähnlichen Androiden zu liquidieren. Bei den Recherchen im Vorfeld erfährt er, dass die Replikanten mit artifiziellen Erinnerungen ausgestattet wurden und sich daher selbst für menschlich halten. Dies wird besonders deutlich an dem Modell Rachael (Sean Young), das von Deckard einem „Voight-Kampff-Test"[20] zur Messung der emotionalen Reaktionen unterzogen wird und ihm gegenüber erotische Gefühle entwickelt.

Das Subjekt in der Hirnforschung ist nun, könnte man sagen, in analoger Weise den neuronalen Verschaltungen seines zentralen Nervensystems „ausgeliefert", die ihrerseits wiederum das Ergebnis eines Anpassungs- und Lernprozesses an die soziale wie biologische Umwelt darstellen. Die deterministische Ordnung kommt in diesem Fall nur nicht von außen wie in den genannten Dystopien, sondern ist

---

[19] Vgl. Orwell, *1984* (Anm. 11), 11 f.
[20] Scott Bukatman: *Blade Runner*. London: British Film Institute 1997, S. 9.

vielmehr Resultat eines hochkomplexen, internen Prozesses, in dem letztlich auch alle kognitiven Fähigkeiten des Subjekts generiert werden. Zu diesen zählt freilich auch das Denken in der Möglichkeitsform. Anders gesagt, wäre damit auch die Fähigkeit *anders* zu denken, also die Proposition: ‚was wäre, wenn Gedanken nicht determiniert, sondern substanzlogisch vom neuronalen Substrat des Gehirns getrennt existierten (Descartes) und damit frei wären', in Betracht zu ziehen, selbst wieder nur Resultat deterministischer Zusammenhänge neuronaler Mechanismen. Das Denken müsste also gemäß dem Verdikt des neurobiologischen Determinismus gegen seine eigenen Ermöglichungsbedingungen verstoßen können, wollte es seine Entstehung im neuronalen Substrat in Abrede stellen. Dies wäre aber nach dem gegenwärtigen Stand der Neurowissenschaften der klassische Fall eines Widerspruchs in der Herleitung der Argumentation für die Freiheit und gegen die kausale Determiniertheit des Denkens.

Anders herum ließe sich nun jedoch argumentieren, dass die deterministischen Prozesse der Genese von kognitiven Fähigkeiten wie Denken, Wahrnehmen und Fühlen als Voraussetzung gerade für ein freies Leben, worin die Subjekte potenziell frei zu denken und zu handeln vermögen, begriffen werden können. Diese Überlegung gründet darauf, dass zwar subjektintern die Genese der Kognitionen deterministischen Prinzipien unterliegen mag, dass aber die Subjekte, sobald man sie als Teilnehmer an Kommunikation in gesellschaftlichen Zusammenhängen versteht, an Freiheitsspielräumen partizipieren, ohne die eine freiheitliche Gesellschaftsordnung gar nicht denkbar wäre.[21] Würde man im Gegenteil danach streben, den Determinismus, der auf elektrochemischer oder physiologischer Ebene im neuronalen Substrat zweifellos von eminenter Bedeutung ist, auf die Ebene des Kollektiven zu übertragen, so wäre das Ergebnis sicher vergleichbar mit den Gesellschaftsentwürfen, wie sie in den besprochenen Dystopien dargestellt sind.

Ich möchte an dieser Stelle noch einmal zurück zu dem Widerspruch in der Argumentation des Substanzdualisten, der die Unabhängigkeit des Denkens von der Determination durch neuronale Vorgänge behauptet. Man mag den Dualismus zwar als überkommen, zudem als nicht vereinbar mit dem avancierten Projekt der Naturalisierung des Geistes/Bewusstseins ablehnen, so hat er diesem gegenüber doch den Vorteil, dass eine irreführende Verquickung von geistigen mit materiellen Kategorien vermieden wird. Bei genauerem Hinsehen entstehen nämlich auf dem Terrain der Neuroforschung genau damit zusammenhängende Paradoxien, die in den folgenden Fragen zum Ausdruck kommen.

---

[21] Wie die Freiheit von Handlungen mit dem Bewusstsein von Alternativmöglichkeiten zusammenhängt, erläutert Ernst Tugendhat in seinen *Vorlesungen zur Einführung in die sprachanalytische Philosophie*. Frankfurt/M.: Suhrkamp 1976, S. 110 f. Zum Problem Freiheit und Determinismus sowie zur Funktion des Überlegungsspielraums in Bezug auf den freien Willen vgl. auch ders.: *Selbstbewußtsein und Selbstbestimmung. Sprachanalytische Interpretationen*. 6. Aufl. Frankfurt/M.: Suhrkamp 1997, S. 216 – 221.

Wenn all das, was ich denke, wahrnehme, mir vorstelle, vom Gehirn erzeugt wird, wo ist dann genau der epistemische Ort dieses Gehirns? Ist es ein Teil der Vorstellungswelt des Subjekts oder befindet es sich außerhalb davon? Dieses Dilemma hat der renommierte Hirnforscher Gerhard Roth in Form von zwei Paradoxien zum Ausdruck gebracht. Die erste Paradoxie, auch Paradoxie „der verschwundenen Welt und des nicht vorhandenen Gehirns" genannt,[22] entsteht durch den Widerspruch der neurobiologischen Beschreibung des Gehirns, die davon ausgeht, dass alle Wahrnehmung im Gehirn entsteht, und unserem Erleben, dass die Gegenstände, die wir wahrnehmen, nicht in unserem Gehirn sondern außerhalb davon existieren.

Die daraus in Bezug auf das Gehirn resultierende Vorstellung, dass sich dann mein Gehirn in meinem Kopf, der sich zusammen mit meinem Körper in einem Raum zwischen den wahrnehmbaren Dingen befindet, sich wiederum in meinem Gehirn befindet und so fort (zweite Paradoxie), zeigt, dass hier zwei Ebenen miteinander kurzgeschlossen werden. Es sind dies die Ebenen von Subjekt und Objekt. Ich kann eben nicht beobachten, wie das, was ich jetzt denke, mir vorstelle, wahrnehme, realiter im neuronalen Substrat meines Gehirns entsteht. Ich kann in diesem Sinn eben nicht *bottom up* Zeuge der Genese meines Denkens sein. Wie mein Bewusstsein intern konstruiert wird, bleibt mir unzugänglich. Ich kann höchstens versuchen, das an anderen Exemplaren meiner eigenen oder einer nahe verwandten Spezies durch Versuchsanordnungen herauszubekommen.

Diese Lagebeschreibung ist eng verbunden mit dem, was man in der Neurophilosophie als Perspektivendualismus bezeichnet. Die Welt erscheint uns entweder aus der Perspektive eines Ichs (1. Person) oder sie begegnet uns in Form von äußeren Gegenständen, die beobachtet werden (3. Person). Beide Perspektiven scheinen, wie auch aus den Ausführungen von Roth hervorgeht, sobald sie auf das (eigene) Gehirn angewendet werden, nicht ohne Weiteres vermittelbar zu sein.[23]

Perspektivität und die Suche nach so etwas wie einem Selbst sind natürlich auch Momente, die in der Literatur, wie überhaupt in den Künsten, eine große Rolle spielen.[24] Das deutet schon darauf hin, dass das Ich oder Selbst wohl eher etwas

---

[22] Gerhard Roth: *Das Gehirn und seine Wirklichkeit*. Frankfurt/M.: Suhrkamp 1997, S. 21. Vgl. zum Thema auch ebd., 21 f.
[23] Zur Möglichkeit einer komplementären Verschränkung von Beobachter- (‚ich', ‚er') und Teilnehmerperspektive (‚du') vgl. Jürgen Habermas: *Freiheit und Determinismus*. In: *Hirn als Subjekt?* Hg. Krüger (Anm. 1), 101 – 120, hier 112 – 115.
[24] Beispiele dafür findet man im Werk des sächsischen Erzählers Wolfgang Hilbig, das an vielen Stellen dystopische Elemente enthält, so in den Erzählungen *Der Heizer* (1980) und *Der Brief* (1981). Während in *Der Brief* die Dualität zwischen einer durch Wahrnehmung erfassbaren äußeren Wirklichkeit und einer damit nicht erreichbaren „unzugängliche[n] Höhle" in der Innenwelt des Subjekts thematisiert wird, entwickelt der Protagonist in *Der Heizer* eine externalisierte visuelle Perspektive auf sich selbst, wie sie auch für die Eigenkörper-Illusionen typisch ist, die Thomas Metzinger als Heautoskopie bezeichnet hat. Diese Dualität wächst sich dann im Schreibprozess zu einer Selbstspaltung aus, die

sprachlich, sozial und kulturell Konstruiertes ist und nicht auf eine Organfunktion reduziert werden kann.[25] Für die literarische Beschreibung des eigenen Ichs gibt es sogar ein eigenes Genre: die Autobiografie. Allerdings gilt dies nur unter der Voraussetzung, dass das zurückliegende Leben des Autors, von diesem selbst zu Papier gebracht, so etwas wie die Beschreibung seines Ichs ergibt. Das könnte man durchaus bezweifeln, denn es ist ja doch nur eine Sichtweise, eine Interpretation dessen, woran er sich erinnern kann oder will. Daher gibt es aus der subjektiven Perspektive auch für die Replikanten in *Blade-Runner* keine Möglichkeit zu entscheiden, ob es sich bei ihren Erinnerungen um authentische oder um *false memories* handelt. Anders verhält es sich im Fall von Winston Smith' diaristischen Aktivitäten, denn diese ermöglichen es ihm schließlich, zu einer Schicht individueller Erinnerung Kontakt zu bekommen, die sich von der offiziellen, ständigen Umarbeitungen unterworfenen Version der Vergangenheit signifikant unterscheidet.

Dystopien des Cyberspace

Zu 2: Den Figuren der *Neuromancer*-Romane von William Gibson, darunter der „Cyberspace-Cowboy"[26] und Datenräuber Case sowie seine Gefährtin Molly, eine „prothetisch[ ]"[27] veränderte ehemalige Prostituierte, liegt ein Menschenbild zugrunde, das den Menschen prinzipiell als kybernetische Maschine versteht. Ausgehend von den aus der Neurobiologie stammenden Einsichten in die Konstruiertheit menschlicher Wahrnehmung, ja von Kognition allgemein,[28] wird an der Konzeption der Figuren deutlich, dass das Paradigma der Konstruktion hier vom Körper auf das menschliche Bewusstsein erweitert ist. Damit steht der technischen Substitution von Bewusstseinsfunktionen nichts mehr im Weg. Voraussetzung dafür ist freilich ein direkter Kontakt zwischen den nervösen Potenzialen des menschlichen Gehirns und dem Cyberspace, der am Beispiel der Hauptfigur Case genau beschrieben wird. Dies geschieht mithilfe von sogenannten „Dermatroden",[29] die an seinem Kopf angelegt werden und ihn über eine Konsole mit den

---

wiederum im Sinne der Entfaltung einer Paradoxie – zugleich mit ihrer Erzeugung – als Ziel ihre Überwindung durch das Schreiben motiviert, besonders in *Der Brief.* Vgl. Wolfgang Hilbig: *Der Brief*. In ders.: *Der Brief. Drei Erzählungen*. Frankfurt/M.: Fischer 1985, zit. S. 122. Siehe auch Thomas Metzinger: *Der Ego-Tunnel. Eine neue Philosophie des Selbst: Von der Hirnforschung zur Bewusstseinsethik*. Berlin: Berlin-Verlag 2010, S. 137 – 139.
[25] Vgl. auch Wolf Singer: *Das Subjekt als kulturelles Konstrukt*. In ders.: *Der Beobachter im Gehirn. Essays zur Hirnforschung*. Frankfurt/M.: Suhrkamp 2002, S. 73 – 76.
[26] William Gibson: *Die Neuromancer-Trilogie*. Übers. aus dem am. Engl. von Reinhard Heinz und Peter Robert. Bearbeitete Neuausgabe. München: Heyne 2000, S. 31.
[27] Thomas T. Tabbert: *Künstliche Menschen in den Romanen William Gibsons*. Hamburg: Artislife Press 2008, S. 34.
[28] Vgl. Roth, *Das Gehirn und seine Wirklichkeit* (Anm. 22), 314 – 324.
[29] Gibson, *Neuromancer* (Anm. 26), 88.

künstlichen Intelligenzen (KI) des Cyberspace verbinden.[30] Das Eintauchen in die virtuelle Realität der Cybermatrix hat dabei den Charakter einer lebensechten Erfahrung, die darin nicht von der gewöhnlichen Offlinerealitätserfahrung unterscheidbar ist.

Einer derartigen Verschmelzung von Mensch und Maschine begegnet man auch in David Cronenbergs Film *eXistenZ*. Dort sind es die Softwareentwicklerin Allegra (Jennifer Jason Leigh) und ihr Kollege Ted (Jude Law), die über einen Bioport im Rückenmark direkt mit der virtuellen Realität des Computerspiels „eXistenZ" verbunden sind. Auch hier ist die Immersion so vollkommen, dass es im weiteren Verlauf der Handlung weder für den Rezipienten noch für die Filmcharaktere entscheidbar ist, ob sie sich gerade in der künstlichen Realität des Spiels oder wieder in der realen Welt befinden. Die Komplexität erhöht sich noch dadurch, dass die beiden Protagonisten auf der Ebene der virtuellen Realität des Spiels wiederum ein ähnliches Spiel spielen, sodass sich die Verschachtelung der Realitätsebenen imaginativ potenziert. Als es Ted und Allegra am Schluss des Films gelingt, die Erfinder eines Spiels namens „transCendenZ" zu erschießen, in dem der gesamte Film stattgefunden hat, kommt damit auch das Spiel mit den Realitätsebenen an ein Ende, ohne dass jedoch die Hierarchie der Ebenen, abgesehen von den genannten strukturellen Relationen, intern durch eine qualitativ andere Realitätswahrnehmung und -darstellung ausgezeichnet wäre.

Dieser Konzeption von Bewusstsein, ob natürlich oder künstlich, liegen die folgenden von dem Artifizialanthroplogen Thomas T. Tabbert am Beispiel von Gibsons Hauptfigur Case erläuterten Prämissen zugrunde:

> die Herstellung von ‚presence' und ‚immersion' in virtuellen Umgebungen sei[31] deshalb möglich, weil das menschliche Gehirn die Kognitionen des Menschen im ‚real life' auf die gleiche Weise ‚konstruiere' wie in virtuellen Umgebungen. In diesem genauen Sinn ließe sich feststellen, Case „merges with and hence becomes, in part, a machine", wobei in der ‚Erfahrung' des ‚cyberspace' der Reiz, den für gewöhnlich die Außenwelt in der menschlichen Wahrnehmung auslöst, nun selbst an die Stelle der Außenwelt tritt, somit funktional gewissermaßen selbst zur Außenwelt wird. Weil dabei ‚Realität' und maschinale ‚Informationsmuster' für die menschliche Kognition austauschbar werden, scheint nach dieser Auffassung die menschliche Kognition mit diesen ‚Informationsmustern' eben deshalb direkt verbindbar zu sein, weil die menschliche Kognition im wörtlichen Sinne mit einem maschinalen ‚Informationsmuster' gleichsetzbar ist.[32]

Wie hier deutlich wird, ist die „Mensch-Computer-Symbiose"[33] in Gibsons Romanen so weit fortgeschritten, dass die Cybermatrix nahtlos die Stelle der natürlichen Außenwelt einnimmt. In *Neuromancer* kann diese Authentizität nur

---

[30] Vgl. ebd., 87 f.
[31] Man beachte, dass der Autor des Zitats hier durchweg die Möglichkeitsform verwendet. Dies impliziert, dass das geschilderte Szenario ein nur mögliches ist.
[32] Tabbert, *Künstliche Menschen* (Anm. 27), 57 f.
[33] Ebd., 58.

dadurch erzeugt werden, dass „das menschliche Gehirn die Wahrnehmung des ‚In-der-Welt-seins' [...] auf die gleiche Weise konstruiert wie die Wahrnehmung einer virtuellen Umgebung".[34]

Damit bleibt die Symmetrie zwischen Sensorium und Außenwelt gewahrt. Erinnern wir uns an die erste von Gerhard Roth beschriebene „Paradoxie der verschwundenen Welt", so scheint nun die Dualität einer Welt der Gegenstände außerhalb des Gehirns (Wahrnehmung) und ihre hirninterne Generierung durch die direkte Konnexion von Nervenzellen und künstlichen Intelligenzen im Cyberspace zugunsten einer monolithischen bioelektrischen Wirklichkeit aufgelöst. Ob durch die Umgehung der natürlichen Sinneskanäle deren Input allerdings vollkommen aus dem Bewusstsein herausfällt, wäre eine Frage, auf die die literarische Fiktion freilich keine Antwort geben kann.

Damit wäre auch die Geltung der zweiten Paradoxie berührt. Wenn die etwa auf der Netzhaut eintreffenden Sinnesreize vom Gehirn nicht weiter verarbeitet werden können, weil die zuständigen Hirnareale mit Informationen aus dem Cyberspace überschwemmt werden, kann auch der paradoxe Schluss entfallen, dass das Gehirn als Konstrukteur von Wirklichkeit nicht selbst Teil dieser Wirklichkeit sein kann, daher aus der Wahrnehmung herausfällt, obwohl es doch ein räumlicher und damit prinzipiell wahrnehmbarer Gegenstand ist, so das Argument des zweiten Paradoxes. In der konnexionistisch-symbiotischen Wahrnehmung à la Case scheinen folglich beide Paradoxien in einem einheitlichen Sensorium aufgelöst, wobei die Frage, wie sich die Koexistenz von Cyberspace und Wirklichkeit offline auf die Wahrnehmung der Subjekte, etwa im Sinne eines konkurrierenden gleichzeitigen Angebots von Wahrnehmungsinhalten, auswirkt, vorerst offen bleiben muss.

Grundlegend für das Szenario der *Neuromancer*-Romane ist weiterhin der von der Neurophilosophie adaptierte, ursprünglich aus der analytischen Philosophie des Geistes stammende funktionalistische Denkansatz (funktionaler Materialismus). Demnach sind mentale Zustände funktionale Zustände, die zwar beim Menschen durch hirninterne Prozesse realisiert werden, jedoch prinzipiell auch auf andere Weise, in einem anderen Substrat erzeugt werden könnten. Die zugrunde liegende Modellvorstellung ist die eines Computersystems, dessen Zustände zu verschiedenen Zeitpunkten funktional äquivalent den mentalen Zuständen eines neuronalen Systems gedacht werden. Entscheidend ist dabei, dass die funktionale Organisation des Systems durch das Computerprogramm über Input/Output-Operationen eine Zustandsveränderung des Computers herbeiführt. Ein solches Programm kann nun, wie Peter Bieri mit Daniel Dennett konstatiert, als Beschreibung eines abstrakten Automaten verstanden werden, der durch verschiedene

---

[34] Ebd., 46.

physikalische Systeme, und auch durch menschliche Gehirne realisiert werden kann.[35]

Diese Überlegungen können als neurophilosophische Grundlage für die in *Neuromancer* beschriebene technische Implementierung der sogenannten „MIRAMAIDs (MInd RAndom MAtter IDentity)"[36] begriffen werden. Hierbei handelt es sich um Datenaggregate, in denen das Bewusstsein, also die kognitiven Fähigkeiten und die Persönlichkeitsmerkmale eines Menschen abgespeichert sind.[37] Im Roman braucht Case die Unterstützung von McCoy Pauley, einst geschicktester Hacker und Lehrer von Case, in Form eines solchen Datenaggregats, um die Vereinigung der beiden KIs Neuromancer und Wintermute herbeizuführen, worin zugleich die Hauptaufgabe seines Auftraggebers Armitage besteht, den er durch Molly kennengelernt hat. Genau wie in der philosophischen Theorie werden hier kognitive Fähigkeiten, sogar das gesamte Bewusstsein eines Menschen auf eine anorganische materielle Grundlage übertragen und mithilfe von Software interaktiv zur Lösung von Problemen herangezogen.

Nicht zuletzt bilden die beschriebenen funktionalistischen Grundlagen überhaupt die Voraussetzung, die es Figuren wie Case erlauben, sich durch Konnexion mit der Matrix in einen prothetischen Cyborg (Hybrid von Bewusstsein und Maschine) zu verwandeln. Welche Konsequenzen die Verschmelzung von Mensch und Maschine im Cyberspace hat, führt Thomas Tabbert folgendermaßen aus:

> Der ‚normale' Mensch, der sich in dieser Umgebung behaupten will, ist demnach darauf angewiesen, sich (zumindest vorübergehend) in einen prothetischen Kyborg zu verwandeln, um mit einer solchen errechneten ‚Welt' interagieren zu können, in der Menschen lediglich in Gestalt von telematischen Kyborgen repräsentiert werden können, eben weil es sich um eine errechnete ‚Welt' handelt. In diesem Sinne schildert William Gibsons ‚Neuromancer' ein Szenario, welches das kybernetische Erklärungsmodell des Menschen zunächst anhand des Problems der ‚Verschmelzung von Mensch und Maschine' und im Anschluß daran anhand der Frage nach der Austauschbarkeit von Mensch und Maschine (und damit der Austauschbarkeit von Menschen und telematischen Kyborgen) hinterfragt. Auf diese Weise veranschaulicht der Roman, was der Fall sein könnte, wenn das kybernetische Welt- und Menschenbild im wörtlichen Sinn auf den Menschen zuträfe. Die ‚Anschließbarkeit' von Mensch und Maschine, welche die Benutzer der ‚cyberspace'-Technologie zumindest vorübergehend zu einem prothetischen Kyborg macht, geht dabei der Austauschbarkeit von Mensch und Maschine voraus, wobei die Gleichsetzung von Mensch und ‚Informationsmuster' gemäß dem metaphorischen Erklärungsmodell der Kybernetik die kategoriale Gleichsetzung von Menschen und telematischen Kyborgen ermöglicht und damit ferner erlaubt, virtuellen künstlichen Menschen die Eigenschaft ‚Lebendigkeit' zuzuschreiben.[38]

---

[35] Vgl. *Analytische Philosophie des Geistes*. Hg. von Peter Bieri. 2. Aufl. Bodenheim: Athenäum 1993, S. 47–51, hier 48 f. Als einer der Begründer und wichtigsten Vertreter des Funktionalismus gilt, neben Daniel Dennett, Hilary Putnam.
[36] Tabbert, *Künstliche Menschen* (Anm. 27), 63.
[37] Siehe ebd., 63–69.
[38] Ebd., 60 f.

Die damit aufgeworfene Gleichsetzung von Mensch und Informationsmuster, die in der Lebensechtheit der virtuellen Umgebung des Cyberspace mit einer Verflüssigung des Körpers oder besser der Körpergrenzen unter Bedingungen postsymbolischer Kommunikation aufgeht, führt beinah zwangsläufig zu einer Verschiebung dessen, was man als ‚belebt' und ‚unbelebt' verstehen will. Dies wiederum hat weitgehende Konsequenzen für den Begriff der Identität, der unter Bedingungen der Veränderbarkeit des Körpers (Implantate und Prothesen) sowie der mentalen Fusion von Maschine und Bewusstsein wichtige Bestimmungen wie Kohärenz und Kontinuität verliert.[39] Dass diese technisch substituierbar und damit auf der Ebene des phänomenalen Bewusstseins der Subjekte als Bruch zur wirklichen Realität (oder Realität 1. Ordnung) kaum wahrnehmbar sind, kann doch nicht darüber hinwegtäuschen, dass sie künstlich implantierte sind.

Hier nun ergibt sich eine wichtige Differenz zu den klassischen Dystopien von Huxley und Orwell. Während dort, sei es durch hypnopädische Normung oder ständiges Umschreiben der Vergangenheit nach den Maßstäben des Kollektivs, authentische individuelle Erinnerungen als Voraussetzung von personaler Identität weitgehend verschwunden sind, wird dieses Problem in der Welt von Case und Molly gar nicht eigens thematisiert. Zwar stellt sich die Frage nach der Authentizität von wahrgenommenen Dingen an manchen Stellen im Roman, so etwa, ob das Tattoo auf der Hand eines japanischen Geschäftsmanns („Sararimann") echt sei oder nicht,[40] doch wird diese kritische Attitüde gerade nicht gegenüber Bewusstseinsinhalten eingenommen, die für die Genese einer stabilen Ich-Identität unverzichtbar sind. Die Bedingungen der eigenen Existenz werden nicht bis an ihre Grenzen hinterfragt. Die literarischen Figuren in der erzählten Welt der *Neuromancer*-Trilogie verfügen folglich nicht über das, was man eingedenk der Frankfurter Schule als kritisches Bewusstsein bezeichnet. Dies bleibt in Form der Ironie Figuren wie Herrn Drehmann aus Alban Nicolai Herbsts Roman *Thetis. Anderswelt* vorbehalten. Drehmann fragt sich dort, „ob er, wenn er eine Bestellung aufgab, das tatsächlich tat, oder ob, dies nur anzunehmen, Teil seines Programms war".[41]

Herbsts Romanwelt wird von „Holomorfen"[42] wie Drehmann bevölkert, die als computergenerierte Hologramme jederzeit auch löschbar sind. Anders als in Gibsons Romanen gibt es hier so etwas wie eine Rahmenerzählung, wo der Ich-Erzähler und Flaneur Hans Deters das komplexe Geschehen der eigentlichen Romanhandlung initialisiert, die sich dann jedoch multiperspektivisch und simultan – analog einer biologischen oder gesellschaftlichen Matrix[43] – fortsetzt. Herbst charakterisiert die von ihm als Kybernetischer Realismus bezeichnete Schreibweise

---

[39] Zum Identitätsbegriff bei Gibson vgl. ebd., 31 – 36.
[40] Gibson, *Neuromancer* (Anm. 26), 39.
[41] Alban Nicolai Herbst: *Thetis. Anderswelt*. Fantastischer Roman. Reinbek: Rowohlt 1998, S. 69.
[42] Ebd., 68 f.
[43] Gemeint sind damit etwa Fortpflanzungsreihen in der biologischen Populationsgenetik.

wie folgt: „Die kybernetische Erzählweise ähnelt biologischen, bzw. gesellschaftlichen Matrices: diese, als sublimierte Natur, stellen die Vorlagen für die literarisch-mimetische Organisation nachpostmoderner Texte. Deshalb wird Selbstreferentialität als weiteres Form-Erbe der Moderne in den Kybernetischen Realismus übernommen [...]".[44]

Dies heißt nichts anderes, als dass der Schreibprozess sich im Roman unter den Bedingungen der Nachpostmoderne, mithin der Globalisierung, der Digitalisierung und einer Pluralisierung in fast allen Bereichen der Lebens- und Arbeitswelt, selbst thematisiert. Damit folgen die Romane des Kybernetischen Realismus herbstscher Prägung im Vergleich zu Gibson einer anderen ästhetischen Ontologie, die sich zwar auch an kybernetischen Begriffen wie Regelkreis und Selbstreferenz orientiert, jedoch nicht, indem sie diese im Sinne einer technischen Voraussetzung des Mensch-Maschine-Hybrids postulieren, sondern vielmehr deren Form in der Textgenese mimetisch reproduzieren. Die Rückkopplungsmechanismen der Kybernetik sind folglich für den Schreibprozess bei Herbst selbst operationell. So gesehen können Herbsts *Anderswelt*-Romane literarhistorisch durchaus als evolutionäre Fortsetzungen der *Neuromancer*-Trilogie Gibsons gelesen werden.[45]

Kann man Freiheit des Handelns verstehen als Freiheit in einer gegebenen Situation und im Bewusstsein eines Freiheitsspielraums begründet, das heißt nach einer Abwägung von Gründen, die nicht von vornherein festlegt, so, aber eben auch anders handeln zu können,[46] dann war diese Freiheit in den klassischen Dystopien durch die deterministischen Prinzipien der in ihnen herrschenden politischen Totalitarismen getilgt worden. In den neueren Dystopien Gibsons und in der Folge Herbsts zeigt sich nun, dass der neurobiologische Determinismus à la Singer oder Roth implizit durchaus in den ästhetischen Prinzipien (Herbst) oder der inhaltlichen Darstellung von Mensch-Maschine-Interaktionen im Cyberspace (Gibson) enthalten ist. Auch in Cronenbergs *eXistenZ* erfährt Ted schließlich von Allegra, dass die Handlungen seines virtuellen Körpers (Avatar) von der Intelligenz des Spiels kontrolliert werden. Damit scheint das Bewusstsein eines Freiheitsspielraums innerhalb der Matrix des Spiels genauso wie in den genannten Texten irrelevant geworden zu sein.

Erinnern wir uns einiger Überlegungen vom Beginn des Aufsatzes: ‚Wir sollten aufhören von Freiheit zu sprechen' (Singer): ‚Wir sind determiniert. Die Hirn-

---

[44] Alban Nicolai Herbst: *Kybernetischer Realismus. Heidelberger Vorlesungen.* Heidelberg: Manutius 2008, S. 106.
[45] Herbst übernimmt das architektonische Konzept der Arkologien von Gibson. Dieser erscheint explizit in der Rolle des Architekten in *Thetis*. Vgl. Herbst, *Thetis* (Anm. 41), 106.
[46] Zur Frage, wie Handeln als freies Handeln qualifizierbar ist, vgl. Habermas, *Freiheit und Determinismus.* In: *Hirn als Subjekt?* Hg. Krüger (Anm. 1), besonders 102–106. Mit Rekurs auf Bieri führt Habermas hier aus: „Der Handelnde ist dann frei, wenn er will, was er als Ergebnis seiner Überlegungen für richtig hält. Als Unfreiheit erfahren wir nur einen von außen auferlegten Zwang, der uns nötigt, anders zu handeln, als wir nach eigener Einsicht handeln wollen." Ebd., 105.

forschung befreit von Illusionen' (Roth), so ist das darin beschriebene Szenario im Grunde identisch mit den Möglichkeitsbedingungen der Romanwelten von Gibson und Herbst. Technische Kybernetik und neuronale Netzwerke herrschen und interagieren in beiden Welten, nur auf unterschiedliche Weise und mit vollkommen anderen Mitteln der Darstellung. Die Sprache des neuronalen oder digitalen Codes,[47] die eine völlig deterministische ist, bildet die Matrix dieser Welten, nicht die Sprache des freien politischen Diskurses freier Subjekte.

Hinzu kommt, dass sich die Romanhelden in Umwelten bewegen, in denen die nackte materielle Not das Handeln angesichts von ökologischen Katastrophen (*Thetis*) oder elektronischer Kriminalität (*Neuromancer*) bestimmt. Dies mag auch der Grund dafür sein, dass einzig Winston die Differenz erkennt, die große Differenz, die etwas bedeutet, weil sie das System als solches sichtbar werden lässt. Darin vergleichbar den Protagonisten Hilbigs aber auch den Cybernauten Cronenbergs, die sich zwar durch die abschließende Liquidierung der Spielerfinder vom System zu befreien suchen, doch letztlich innerhalb der künstlichen Welt des Films als solchem verbleiben. Huxleys Helden hingegen ahnen oder fühlen zwar, dass sie anders sind, dass es also eine Differenz geben muss, doch ohne dass dies zu einem klaren Bewusstsein der inhumanen Natur des Systems führt, sei es nun virtuell oder politisch real.

Kontrolle durch Simulation

Zu 3: Auch in *Welt am Draht* kann mithilfe eines Datenhelms der Kontakt zum Cyberspace, hier in Form des Computers Simulacron, hergestellt werden. Die virtuelle Realität innerhalb des Computers ist von „Identitätseinheiten" bevölkert, die sich rein äußerlich nicht von realen Personen außerhalb des Systems unterscheiden. Zudem scheinen sie wie alle nicht simulierten Personen ein Bewusstsein zu besitzen. Es gibt nun in der simulierten Welt von Simulacron, ähnlich wie in *eXistenZ*, sogenannte „Kontakteinheiten", die im Unterschied zu den übrigen Simulationseinheiten wissen, dass ihre Wirklichkeit und damit auch ihr eigenes Leben nur eine Simulation ist. Selbst die Mitarbeiter des Instituts für Kybernetik und Zukunftsforschung (IKZ), wo Simulacron entwickelt wurde, werden darüber nicht aufgeklärt, ja sogar in Unwissenheit gehalten.

Als der Direktor des Instituts Vollmer (Adrian Hoven) unter mysteriösen Umständen an einem Stromschlag stirbt und kurze Zeit später sein Mitarbeiter Lause (Ivan Desny) spurlos verschwindet, bevor er dem neuen Direktor Fred Stiller (Klaus Löwitsch) das Geheimnis anvertrauen kann, schöpft dieser den schrecklichen Verdacht, dass beide einem Komplott zum Opfer gefallen sein könnten.

---

[47] Die mentale Interaktion von Mensch und Maschine setzt natürlich voraus, dass beide Codes via Interface ineinander übersetzbar wären. Dies ist jedoch bisher nur in Romanwelten realisierbar, da der neuronale Code, wenn es sich denn überhaupt um einen Code handelt, noch nicht entschlüsselt ist.

Offenbar will man von Seiten der Institutsleitung in Gestalt von Siskins (Karl-Heinz Vosgerau) und Sicherheitschef Holm (Kurt Raab) verhindern, dass geheimes Wissen publik wird. Stillers Verdacht bestätigt sich, als seine Recherche ergibt, dass die Daten des verschwundenen Lause aus der Systemkartei gelöscht wurden und auch niemand von den Mitarbeitern eine Person gleichen Namens gekannt haben will.

Stiller wird nun selbst zum Opfer von Anfeindungen und lebensbedrohlichen, mysteriösen Anschlägen, die offenbar programmiert sind. Schließlich erfährt er auf der Flucht von seiner Geliebten Eva (Mascha Rabben), der Tochter des ehemaligen Direktors Vollmer, dass die Wirklichkeit, in der er lebt, selbst nur eine Simulation ist. Eva, die als Kontaktperson in seiner Welt fungiert, verhilft ihm im Augenblick seiner Ermordung durch einen Bewusstseinsaustausch zu einem neuen Leben in der, von seinem zurückbleibenden leblosen Körper aus gesehen, höheren Wirklichkeit, in der Eva ihn bereits erwartet.

Das Problem der Hierarchie von Gehirn oder Bewusstsein und äußerer, wahrnehmbarer Wirklichkeit, das Gegenstand der genannten Paradoxien war und auch in den unter 2 behandelten fiktionalen Werken eine Rolle spielte, erscheint hier erneut, ähnlich wie im Werk des sächsischen Erzählers Wolfgang Hilbig, unter dem Aspekt der paradoxen Entfaltung. Während sich bei Hilbig die Dualität von wahrnehmbarer äußerer Wirklichkeit und Innenwelt des Subjekts im Schreiben fortsetzte, findet sich in *Welt am Draht* das Verhältnis von realer Welt und simulierter elektronischer Wirklichkeit in unendlicher Vervielfachung, sowohl nach unten wie nach oben, von der in der Filmhandlung dargestellten Bezugsebene aus gesehen, iterierbar. Analog zum Paradigma der Konstruktion von Wahrnehmung im Gehirn oder Bewusstsein wird ein Wechsel der Ebenen im Film durch kybernetische Rückkopplung im Bewusstsein der Figur(en) qua Datenhelm herbeigeführt.

Die strukturelle Form dieser hierarchischen Konstellation lässt sich nun auf die Literatur zurück übertragen. Hier entspricht diese Hierarchie der Dichotomie zwischen Autor und Erzähler oder Erzähler und erzählter Figur in der heterodiegetischen Erzählweise, da in beiden Fällen der Produzent in der von ihm erzählten Geschichte ja nicht vorkommen kann.[48] Man könnte also durchaus sagen, dass die Relation von Autor, Erzähler und erzählter Geschichte sowie Figur in dem Sinne epistemisch ist, dass sie eine strukturelle Analogie aufweist zum Gehirn oder Bewusstsein als Konstrukteur einer Wirklichkeit, das in dieser Wirklichkeit nicht selbst enthalten sein kann.

Douglas R. Hofstadter hat nun, um aus dieser hierarchischen Dichotomie von Schöpfer und Geschöpf, Fantasie und Artefakt, Autor und Figur herauszukommen, die zwar ganz dem Muster der Subjekt-Objekt-Teilung aber nicht dem wirklichen Erleben entspricht, die Vorstellung von einer verwickelten Hierarchie

---

[48] Vgl. Matías Martínez und Michael Scheffel: *Einführung in die Erzähltheorie.* 5. Aufl. München: Beck 1999, S. 80–84.

ins Spiel gebracht.⁴⁹ Am Modell einer Möbiusschleife bringt er zur Anschauung, wie eine Bewegung auf der Oberfläche der Schleife bruchlos von der Ober- auf die Unterseite wechselt. Damit gibt es so etwas wie einen unmerklichen Übergang von einer Ebene auf die andere. Mit Bezug auf die gesamte Oberfläche des Bandes lassen sich streng genommen oben und unter sowie innen und außen gar nicht voneinander trennen, obwohl an jedem beliebigen Punkt der Schleife oben und unten, innen und außen unterscheidbar bleiben. Man kann darum das Möbiusband auch als Visualisierung einer Paradoxie verstehen, die von der Unvereinbarkeit beider Perspektiven handelt. Der Möglichkeit, bruchlos von der einen in die andere Ebene überzuwechseln (Kontinuum), steht die scheinbare Differenz von zwei Ebenen an jeder Stelle des Bandes gegenüber.

Genau diese paradoxe Struktur nun findet man auch in literarischen Texten. Der vielleicht illustrativste Text dieser Art stammt von dem argentinischen Erzähler Jorge Luis Borges und trägt den Titel *Borges und Ich* (1960). Am Ende dieser kurzen Prosaskizze gibt das erzählende Ich, das sich selbst als fremdes Double des Dichters Borges sieht, zu: „Ich weiß nicht, wer von beiden diese Seite schreibt."⁵⁰ Wie man sieht, ist hier das Modell des homodiegetischen Erzählens, bei dem der Erzähler, anders als in der Heterodiegese, Teil der von ihm erzählten Welt ist, auf die Position des Autors erweitert, sodass verschiedene Ebenen, die in der Erzähltheorie strikt getrennt sind, ineinander diffundieren können. Die hier am Beispiel von Borges gezeigte Durchdringung der Erzählebenen, die ja auch epistemische Ebenen sind, gilt freilich in ganz ähnlicher Weise für die Verschachtelung der Realitätsebenen in *eXistenZ* und *Welt am Draht*. Analog dazu verwendet Hofstadter in seinem Buch *I am a Strange Loop* (2007) das Modell der seltsamen Schleife auch als Metapher für die Darstellung des menschlichen Bewusstseins, denn auch hier durchdringen sich ja verschiedene Ebenen, etwa äußere Wahrnehmung mit imaginativer Vorstellung. Nach Hofstadter wird das Selbst als Konzept des Bewusstseins durch Signifikationsprozesse erzeugt, die gerade nicht logische oder hierarchische Ordnung oder die Kategorisierung von Information zum Ziel haben, sondern durch das Ineinanderfalten verschiedener Ebenen so etwas wie die holistische Ganzheit des Selbsterlebens erzeugen.⁵¹

Im Film *Matrix* hingegen sind virtuelle Realität (Matrix) und wirkliche Welt durch verschiedene Ontologien unterscheidbar.⁵² So können in der Matrix, einem

---

⁴⁹ Douglas R. Hofstadter: *Gödel, Escher, Bach. Ein endlos geflochtenes Band* [1979]. Stuttgart: Klett-Cotta 1987, S. 736.
⁵⁰ Jorge Luis Borges: *Im Labyrinth. Erzählungen, Gedichte, Essays*. Hg. von Alberto Manguel. Frankfurt/M.: Fischer 2003, S. 258.
⁵¹ Dieses Modell ist auch für die Faltungen des Bewusstseins in Hilbigs Erzählung *Der Heizer* eine gute Analogie. Zu Hofstadters Bewusstseinsmodell vgl. auch den Band *Fiktionen von Wirklichkeit. Authentizität zwischen Materialität und Konstruktion*. Hg von Wolfgang Funk und Lucia Krämer. Bielefeld: Transcript 2011, S. 232 – 235.
⁵² Einige der im Folgenden verwendeten Informationen über die Ontologie der Matrix (z. B. Levitation), die Zuchtanlagen und die Farbtönungen verdanke ich dem Wikipedia-

fortgeschrittenen Computerprogramm, physikalische Gesetze durch Willenskraft überwunden werden. Gleich zu Beginn des Films ist denn auch eine junge Frau zu sehen, die sich durch übernatürlich schnelle Kampfbewegungen und Levitationen ihren Verfolgern, Agenten aus der Matrix, zu entziehen vermag. Trinity (Carrie-Anne Moss), Mitglied des Widerstands gegen die Diktatur der Maschinen, gelingt es, sich gerade noch rechtzeitig in eine Telefonzelle zu flüchten, um von dort durch eine Wählverbindung in die reale Welt zu entkommen. Interessanterweise findet sich das gleiche Motiv auch in *Welt am Draht*, wo die Kontakteinheiten ebenfalls Telefonzellen benutzen, um aus der Simulation zurück in die „Wirklichkeit" zu gelangen. Man kann darin zweifellos eine Anspielung auf das Internet sehen, in das man sich ja auch über das Telefonnetz einwählen kann. Nachdem Neo (Keanu Reeves), die Hauptfigur der *Matrix*-Trilogie, Computerprogrammierer mit Namen Thomas A. Anderson im bürgerlichen Beruf, von der Widerstandsgruppe um Trinity und den Anführer Morpheus (Laurence Fishburne) in die besondere Ontologie der Matrix eingeweiht und in fernöstlicher Kampfkunst und Weisheitslehre unterrichtet worden ist, schickt man ihn per Bioport vom elektromagnetisch gesteuerten Hoovercraft-Schiff Nebukadnezar zum Kampf gegen feindliche Agenten in die Matrix.

In der *Matrix*-Trilogie laufen weitere Motivlinien aus den besprochenen dystopischen Romanen und Filmen zusammen. Nicht nur der Bioport aus *eXistenZ*, sondern auch die Brutanlagen aus *Schöne neue Welt* finden sich, wenn auch in abgeänderter Form, in den Zuchtanlagen, in denen adulte menschliche Körper – keine Embryos – in künstlichen Schlaf versetzt von den Maschinen zwecks Energiegewinnung gehalten werden, wieder. Auch die bisherigen Erinnerungen von Neo, der von den Rebellen aus einer solchen Zuchtanlage befreit werden kann, erweisen sich wie in *Blade Runner* als künstlich erzeugte, in diesem Fall von den Maschinen mithilfe eines Computerprogramms.[53] Anders als in den genannten filmischen Dystopien wird jedoch in *Matrix* die ontologische Differenz zwischen der künstlichen und der realen Welt, abgesehen von den willensgesteuerten parapsychologischen Phänomen wie Levitation und Telekinese innerhalb der virtuellen Realität, auch durch verschieden Farbtönungen akzentuiert. Dabei wurde für die in der Matrix spielenden Szenen ein Grünfilter verwendet, während die reale Welt durch einen Blaufilter gesehen wird. Schließlich kann die Schrift, die in ihrer literarischen Form, wie bei Hilbig oder Borges, der Erzeugung von Doppelgängern des Autors dient, auch im Sinne einer Technologie verstanden werden.

Artikel zum Film auf der Website http://de.wikipedia.org/wiki/Matrix_(Film) Abruf am 1. 6. 2012.
[53] Bei Georg Seeßlen findet sich folgende Beschreibung der Brutanlagen: „Sie versklaven [...] die Menschheit vermittels eines umfassenden Programms zur Erzeugung einer künstlichen Wirklichkeit, in deren Traumwelt sich die Menschen geborgen fühlen. Und während die Menschen sich in einer ‚normalen' Wirklichkeit wähnen, sind sie in Wahrheit nichts anderes als Nutzvieh, dem die Maschinen benötigte Energie absaugen." Georg Seeßlen: *Die „Matrix" entschlüsselt*. Berlin: Bertz 2003, S. 76.

Denn die virtuelle Realität mit ihren Avataren, den Agenten der Matrix à la Smith, wird ja durch Computerprogramme erst erzeugt, die zunächst im Computercode – der maschinenlesbaren, in Form von Algorithmen verfassten Schrift – geschrieben werden müssen.[54] Diese Programme erscheinen im Film auf den Computermonitoren an Bord der Nebukadnezar als grüne Zeichenkaskaden.

Ähnlich wie in der eingangs zitierten Debatte finden sich die bisher unvermittelten Positionen von kausalem Determinismus und freiem Willen in den beiden Figuren des Merowingers (Lambert Wilson) und Neos verkörpert.[55] Als Neo in *Matrix Reloaded* gemeinsam mit Morpheus und Trinity den Merowinger aufsucht, um von ihm den Aufenthaltsort des „Schlüsselmachers" (Randall Duk Kim) zu erfahren, weil nur dieser den Zugangscode zum Zentralcomputer der Matrix kennt, erläutert er den Gästen seine Philosophie: „Es gibt nur eine Konstante: [...] Kausalität. Aktion, Reaktion – Ursache und Wirkung." Dem widerspricht Morpheus: „Alles beginnt mit einer Entscheidung." Worauf der Merowinger entgegnet: „Entscheidung ist eine Illusion, entstanden zwischen denen mit Macht und denen ohne."[56]

Nachdem es der Widerstandgruppe mithilfe von Persephone (Monica Bellucci), der Frau des Merowingers, gelingt, mit dem Schlüsselmacher Kontakt aufzunehmen, trifft Neo schließlich den „Architekten" (Helmut Bakaitis) im Zentrum der Matrix. Von ihm erfährt er, dass seine Existenz das Resultat einer systembedingten Anomalie, eines Programmfehlers der Matrix, ist. Der damit verbundene Kontrollverlust hat dazu geführt, dass Neo aus den programmdeterminierten Routinen entkommen konnte. Auf die Erklärungen des Architekten antwortet Neo: „Entscheidung. Das Problem ist die Entscheidung."[57]

Im letzten Teil der Trilogie *Matrix Revolutions* gelingt es Neo, mit Trinitys Hilfe in die Stadt der Maschinen einzudringen und mit der zentralen Intelligenz, einem aus zahllosen Maschinenpolypen geformten, lebendigen Bildcluster in Gestalt eines überdimensionalen Gesichts, Kontakt aufzunehmen. Als er darum bittet, das außer Kontrolle geratene Programm Smith stoppen zu dürfen, wird er von den Maschinen an die Matrix angeschlossen. In dem abschließenden Kampf behauptet sich Neo angesichts der drohenden Niederlage gegen den Agenten Smith, indem er sich

---

[54] Auch in der Sprachwissenschaft wird Schrift im Sinne einer Technologie begriffen. So schreibt Harald Haarmann mit Bezug auf die gründerzeitliche akademische Schriftgeschichte bei Carl Faulmann: „Schrift wurde damals nicht als das verstanden, was sie tatsächlich ist, eine Technologie, die sich der Mensch geschaffen hat, um Informationen für den Wiedergebrauch zu konservieren." Harald Haarmann: *Geschichte der Schrift. Von den Hieroglyphen bis heute.* München: Beck 2009, S. 7.

[55] Vgl. dazu das Kapitel *The Problem is Choice: Control, Free Will, and Causal Determinism.* In: Matt Lawrence: *Like a Splinter in Your Mind. The Philosophy behind the Matrix Trilogy.* Oxford u. a.: Blackwell 2004, S. 56–68.

[56] Vgl. das Gespräch in *Matrix Reloaded.* USA 2003. Regie: Andy und Larry Wachowski. DVD: 1:01:19 – 1:06:35.

[57] Ebd., 1:47:47.

auf den freien Willen beruft. Von Smith vor die Frage gestellt, warum er unbedingt weiterkämpfen wolle, antwortet Neo: „Weil ich mich so entschieden habe."[58] Kurz darauf wird er von der Matrix assimiliert, indem er sich von Smith mit dessen Code „überschreiben" lässt.[59] Da die Matrix ein selbstregulierendes System ist, reagiert sie auf das Ungleichgewicht, das durch Neos Löschung entstanden ist, mit der Zerstörung Smith'. Dies ist zugleich das Signal für die Maschinen, den Angriff gegen Zion, die letzte Enklave der Menschen, einzustellen.

Wenn sich aus den dargestellten Handlungszusammenhängen auch entnehmen lässt, dass die deterministische Kausalität letztlich dem freien Willen unterliegt, so könnte, einmal abgesehen davon, dass dieses Szenario einem Filmplot entstammt, der neurobiologische Determinismus immer noch argumentieren, dass dies dann keinen Unterschied machen würde, wenn der Umstand, dass jemand in seinen mentalen und physischen Akten kausal determiniert ist, ihm nicht bewusst werden kann, weil dies die unhintergehbare, notwendig im Unbewussten verbleibende Voraussetzung seiner kognitiven Existenz wäre. Er mag, wie Neo, subjektiv den Eindruck haben, frei zu handeln, objektiv ist er aber durch neuronale Verschaltungen, die als Dispositionen die Summe seiner Auseinandersetzungen mit der Umwelt enthalten, determiniert. Dieses Problem wird freilich im Film nicht eigens thematisiert. Es wäre auch ziemlich sicher aufgrund des darin enthaltenen performativen Widerspruchs gar nicht filmisch darstellbar. Unzweifelhaft ist jedoch, dass Neo sich trotz seiner Unterlegenheit dafür entscheidet, den Kampf gegen den kausal determinierten Agenten Smith fortzusetzen, und damit schließlich auch den Freiheitskrieg gegen die Maschinen erfolgreich zu beenden vermag.

Neuronale Funktionsmechanismen und Willensfreiheit

Vor diesem Hintergrund scheint abschließend die folgende Richtigstellung gegenüber dem neurobiologischen Determinismus angebracht. Vermieden werden soll damit die Verwechselung eines Determinismus auf der Ebene neuronaler Funktionsmechanismen mit einem handlungsbestimmenden Determinismus, der die Freiheit von Handeln und Denken innerhalb der Lebenswelt essenziell beschränken würde. Ohne diese Richtigstellung könnte nämlich auch zweckgebundenes Handeln durch die darin enthaltene Zielorientierung als deterministisch erscheinen. Freiheitseinschränkend auf der Handlungsebene wirken natürlich ganz andere Faktoren, die mit den Voraussetzungen neuronaler Informationsverarbeitung nichts zu tun haben. Faktoren, die den Freiheitsspielraum des Einzelnen bedrohen,

---

[58] *Matrix Revolutions*. USA 2003. Regie: Andy und Larry Wachowski. DVD: 1:45:30.
[59] Die Interpretation des im Film dargestellten Vorgangs als Überschreiben verdanke ich dem Wikipedia-Artikel http://de.wikipedia.org/wiki/Matrix_Revolutions. Abruf am 4. 6. 2012.

gründen in den gesellschaftlichen Verhältnissen, denen das Individuum wie Winston in *1984* exemplarisch ausgeliefert ist.

Typisch ist jeweils, dass die Errungenschaften wissenschaftlich-technischen Fortschritts, sei es in der Biotechnologie, der Kybernetik und Informatik oder den Neurowissenschaften in dystopischen Kontexten nicht im Dienst einer Befreiung des Menschen aus gesellschaftlichen Zwangsverhältnissen stehen, sondern ihn als Opfer dieser Verhältnisse oder im Kampf dagegen zeigen. Dabei ist zu bedenken, dass die aufgrund der Zwangsverhältnisse reduzierte Komplexität von Entscheidungssituationen tendenziell den unterkomplexen Versuchsbedingungen der Libet-Experimente nahekommt, wo es für die Probanden nur darum ging, willentlich die rechte Hand zu heben.[60] Dies lässt es als sehr zweifelhaft erscheinen, ob damit die komplexen Abwägungsprozesse erfasst werden können, die sowohl durch eigene Motivationen als auch durch Restriktionen Dritter modelliert werden, bevor es in der Praxis zur Ausführung der eigentlichen Handlung kommt. Als Beispiel für einen solchen komplexen Entscheidungsprozess auf Ebene der Fiktion kann beispielsweise Neos Handeln am Schluss von *Matrix Revolutions* verstanden werden.

Zwischen den Konklusionen des neurobiologischen Determinismus und neueren Dystopien der Literatur lässt sich noch ein weiterer gemeinsamer Zug feststellen. Dies betrifft den Stellenwert und die Konsequenzen eines hypertrophen Individualismus, der sich in der westlichen Hemisphäre in vielen Bereichen der Lebenswelt etabliert und mitunter die gesellschaftliche Kommunikation und Kooperation blockiert. Wenn Neurobiologen wie Wolf Singer und Gerhard Roth argumentieren, dass man künftig auf die Zuweisung individueller moralischer Schuld in strafrechtlichen Kontexten verzichten solle, weil strafrechtlich relevantes Fehlverhalten auf verursachende neuronale Prozesse, die nicht dem Willen unterliegen, zurückgeführt werden kann, so soll damit einem Individualismus philosophischer Provenienz, der sich daran klammert, dass jede Handlung zurechenbar sein muss, um moralisch bewertbar zu sein, der Riegel vorgeschoben werden.[61] Damit hält die Formel vom Tod des Subjekts auch hier Einzug.

Diese bildet zweifellos auch den Hintergrund für Thomas Glavinic' dystopischen Roman *Die Arbeit der Nacht*. Der Roman erzählt die Odyssee von Jonas, der eines Morgens in Wien erwacht und feststellen muss, dass alle anderen Einwohner aus der Stadt verschwunden sind. Als er verzweifelt versucht, Kontakt zu seinen Freunden und Familienmitgliedern aufzunehmen, wird das ganze Ausmaß der Katastrophe deutlich. Niemand geht ans Telefon, Radio und Fernsehen sind tot. Bei der Ausfahrt aus der Stadt zeigt sich, dass die Welt menschenleer ist und, soweit er fährt, auch bleibt. Er plündert Supermärkte, Restaurants, dringt in

---

[60] Vgl. dazu Benjamin Libet: *Haben wir einen freien Willen?* In: *Hirnforschung und Willensfreiheit*, Hg. Geyer (Anm. 1), 268 – 289.
[61] Vgl. dazu die Aufsätze von Wolf Singer: *Verschaltungen legen uns fest* und Gerhard Roth: *Worüber dürfen Hirnforscher reden – und in welcher Weise?* In: *Hirnforschung und Willensfreiheit*, Hg. Geyer (Anm. 1), 30 – 65 und 66 – 83.

öffentliche Gebäude ein, löst Alarm aus und hinterlässt überall seine Adresse und Telefonnummer. Als sein Gedächtnis beginnt, ihm Streiche zu spielen, verfällt er schließlich auf die Idee, an verschiedenen Stellen der Stadt Videokameras zu installieren, um auf diese Weise mit einer inkonsistenten Wahrnehmung der Wirklichkeit zurechtzukommen. Die Welt liegt ihm zu Füßen. Er kann materiell alle Dinge haben, er muss sie sich nur noch nehmen. Doch verlieren die Dinge als Statussymbole, sobald der soziale Kontext verschwunden ist, der ihnen Bedeutung verleiht, zugleich ihren Wert, so wie auch das Gedächtnis unter solchen Bedingungen plötzlich brüchig wird.

Wenn die Intention der klassischen Dystopien darin bestand, den Leser schockhaft auf bedrohliche Entwicklungen in Politik und Gesellschaft aufmerksam zu machen, die aus Gründen der Verfremdung in die Zukunft verlegt wurden, so gilt dies sicher auch für die hier besprochenen postmodernen Dystopien.[62] Gleichwohl sind die Mechanismen der Kontrolle und Manipulation subtiler geworden. Dies wiederum steht in enger Wechselbeziehung zu den technologischen Fortschritten der Kybernetik mit den daraus sich entwickelnden Möglichkeiten der Computertechnik bis hin zur künstlichen Intelligenz. Filme wie *Welt am Draht* oder *Matrix* belegen eindrucksvoll, dass sich die Fragen nach Willensfreiheit und Identität unter den Bedingungen von digitalisierter Wirklichkeit und Mensch-Maschine-Immersion neu und anders stellen als in der ersten Hälfte des 20. Jahrhunderts, wo das nicht-konforme Individuum sich bedroht sah vom totalitären Kollektiv. Individualismus ist, das wird in der Auseinandersetzung mit den postmodernen Dystopien à la Glavinic deutlich, zu einer allzu oft unhinterfragt aus der politischen Theorie übernommenen Worthülse geworden. Dass die Grenzen und Fähigkeiten des eigenen Ichs neu und in jedem Fall durch Rückgriff auf die eigene Erfahrung mit den neuen Medien bestimmt werden müssen, ist eine Einsicht, die durch Charaktere wie Fred Stiller oder Neo, aber auch die Protagonisten in Wolfgang Hilbigs Prosa transportiert wird.

Nicht zuletzt enthalten die genannten Filme und Texte zumeist implizit die Warnung vor einer technischen Implementierung von Bewusstsein auf Maschinen. Genau in diesem Sinn ist auch der Kampf der Bewohner von Zion gegen die übermächtig gewordenen Maschinen in der *Matrix*-Trilogie zu verstehen. Eben davor warnt auch der Neurophilosoph Thomas Metzinger. Die Konstruktion von solchen „postbiotischen Ego-Maschinen" würde jedoch, wie Metzinger vorab feststellt,[63] vor allem eine Menge von ethischen Problemen mit sich bringen. Weil sie ein körperliches Selbstmodell besäßen, könnten sie auch körperlichen Schmerz empfinden, denn es wären fühlende Selbste in unserem Sinne. Es würde damit eine neue Form von Leiden in die Welt kommen, die an artifizielle Subjektivität gebunden wäre.[64] Vor dem Hintergrund der Tatsache, dass „RoboRoach" und die

---

[62] Vgl. Zeißler, *Dunkle Welten* (Anm. 7), 56 – 66.
[63] Metzinger, *Ego-Tunnel* (Anm. 24), 273.
[64] Vgl. ebd., 272 – 276.

getunte Ratte, deren Bewegungsrichtung mithilfe von Funksignalen manipuliert werden kann, bereits Realität sind,[65] möchte ich abschließend mit Thomas Metzinger fragen: „Wenn man über eine präzise Definition von Bewusstsein und Subjektivität in kausalen Begriffen verfügt, hat man das, was Philosophen eine *funktionale Analyse* nennen. An diesem Punkt verflüchtigt sich das Mysterium, und künstliche Ego-Maschinen werden – zumindest im Prinzip – technologisch machbar. Aber *sollten* wir wirklich alles tun, wozu wir in der Lage sind?"[66]

[65] Ebd., 264.
[66] Ebd., 272.

IV
Anhang

Bildquellenverzeichnis

Abb. 1: Kleomenes (?): *Aphrodite Medici* (1. Jh. v. Chr.)
Quelle: http://www.aeria.phil.uni-erlangen.de/photo_html/plastik/weiblich/stehend/un
bekleidet/aphrodite/medici1.html[1]

Abb. 2: Giovanni Pisano: *Die Klugheit* (1302)/Masaccio: *Adam und Eva* (1426)
Quelle: http://www.wga.hu/tours/brancacc/pudica.html

Abb. 3: Jacopo Carucci da Pontormo: *Pigmalione* (1529/30)
Quelle: http://www.virtualuffizi.com/uffizi1/Uffizi_Pictures.asp?Contatore=294

Abb. 4: Étienne-Maurice Falconet: *Pygmalion aux pieds de sa statue qui s'anime* (1763)
Quelle: http://www.digischool.nl/ckv1/studiew/smaak/falconet/falconet.htm

Abb. 5: Peter Kintzing und David Roentgen: *Mechanische Musikantin der Marie Antoinette* (1772), Quelle: *Künstliche Menschen. Dichtungen und Dokumente über Golems, Homunculi, Androiden und liebende Statuen.* Hg. von Klaus Völker. München: Hanser 1971, S. 66

Abb. 6: Virtueller Sex im *Second Life* (2007)
Quelle: http://www.wired.com/culture/lifestyle/multimedia/2005/12/69878?slide=7&slideView=3

Abb. 7: Die Mutter aller filmischen Androiden: Die falsche Maria und die echte. *Metropolis.* D 1927. Regie: Fritz Lang. Quellen 1 – 4:
http://www.hypergrid.org/metropolis/wiki/de/index.php/Metropolis-Film,
http://zoe-delay.de/2010/02/13/metropolis-neupremiere/,
http://www.germanposters.de/graul-werner-metropolis-37607.html,
http://zinema.wordpress.com/2008/07/07/metropolis-recuperada/,

Abb. 8: Wir bauen eine neue Welt: *Metropolis* Oberstadt
Quelle: http://www.cineclub.de/filmarchiv/2011/metropolis.html

Abb. 9: Der Mittler in *Metropolis* rettet den durch die Technik ausgebeuteten Menschen der Unterstadt. Quelle: http://www.monstersandcritics.de/artikel/201201/article_197472.php/Metropolis-Do-09-02-3sat-21-00-Uhr

Abb. 10: *Things to Come*. GB 1936. Regie: Wiliam Cameron Menzies
Quelle: http://www.technologytell.com/hometech/83244/double-play-blu-ray-review-pt-2-things-to-come-on-blu-ray-still-a-long-way-to-go/

Abb. 11: Die Dame und die Herren der technikgestützten Postapokalypse: *Terminator 3.* USA, D, GB 2003. Regie: Jonathan Mostow. *Tank Girl.* USA 1995. Regie: Rachel Talalay. *Mad Max 2.* AUS 1981. Regie: George Miller. *Waterworld.* USA 1995. Regie: Kevin Reynolds und Kevin Costner. Quellen 1 – 4:
http://wallse.net/wp/Terminator_3,_The_Redemption,
http://repartocostumi.wordpress.com/2012/03/07/classics-tank-girl-1995,
http://mygeekblasphemy.com/2011/01/12/im-just-here-for-the-gasoline,
http://thepostapoc.com/?p=60

[1] Abruf aller hier angeführten Internetquellen am 1. 10. 2012.

Abb. 12: Krieg der Maschinen gegen die Menschheit. *Terminator 2 – Judgment Day*. USA 1991. Regie: James Cameron
Quelle: Standbild aus der DVD James Cameron: *Terminator 2. Tag der Abrechnung*. München: Süddeutsche Zeitung Cinemathek, Bd. 21, 2005.

Abb. 13: Genozid durch Gutmenschentum. *28 Days Later*. GB 2002. Regie: Danny Boyle
Quelle: Standbild aus der DVD Danny Boyle: *28 Days Later*. O. O.: Twentieth Century Fox Home Entertainment 2003

Abb. 14: Liebe ist nicht kälter als die Technik. *Alphaville*. F 1965. Regie: Jean-Luc Godard
Quellen: http://laranjapsicodelicafilmes.blogspot.de/2012/06/alphaville-1965.html
http://djardine.blogspot.de/2011/07/welcome-to-godard-101-unofficial-and_17.html

Abb. 15: Der Mensch genügt der Technik nicht mehr. *Sunshine*. GB 2007. Regie: Danny Boyle
Quelle: Standbild aus der DVD Danny Boyle: *Sunshine* [*Was passiert, wenn die Sonne stirbt?*] [Frankfurt/M.]: Twentieth Century Fox Home Entertainment 2007

Abb. 16: Aliens im Ghetto – Verlust der technischen Überlegenheit. *District 9*. USA, NZ, CDN, ZA 2009. Regie: Neill Blomkamp
Quelle: http://www.wired.com/underwire/2009/08/review-gritty-lead-performance-drives-district-9s-alien-verite/

Abb. 17: Der Weltuntergang ist schauerlich. *The War of the Worlds*. USA 1953. Regie: Byron Haskin. Der Weltuntergang macht Spaß. *Mars Attacks*. USA 1996. Regie: Tim Burton
Quellen: http://movietonecameos.blogspot.de/2010/06/war-of-worlds-1953.html, http://www.jonathanrosenbaum.com/?p=6692

Abb. 18: Technik heißt Werkzeuge nutzen – eine Frage der Macht. *2001. A Space Odyssey*. GB 1968. Regie: Stanley Kubrick
Quelle: http://viefag.wordpress.com/2011/11/22/mystery-babylon-bill-cooper-stunde-1-the-dawn-of-man/

Abb. 19: Der große Bruder liebt alle. *1984*. GB 1984. Regie: Michael Radford
Quellen: http://www.jonathanrosenbaum.com/?p=16999,
http://video.fnac.com/a1562342/1984-Richard-Burton-DVD-Zone-2

Abb. 20: Anachronismus und Groteske. *La Antena*. RA 2007. Regie: Esteban Sapir und *Brazil*. GB 1985. Regie: Terry Gilliam
Quellen: http://www.tucumanhoy.com/VerPagina.py?fecha=2008.03.20, Standbild aus der DVD Terry Gilliam: *Brazil*. München: Süddeutsche Zeitung Cinemathek, Bd. 14, 2005

Abb. 21: Technikhybride in *Brazil*. GB 1985. Regie: Terry Gilliam
Quelle: Standbilder aus der DVD Terry Gilliam: *Brazil*. München: Süddeutsche Zeitung Cinemathek, Bd. 14, 2005

Abb. 22: Das Alter(n) der Zukunft: *Fahrenheit 451*. F 1966. Regie: François Truffaut
Quelle: Standbilder aus der DVD François Truffaut: *Fahrenheit 451*. München: Süddeutsche Zeitung Cinemathek, Bd. 16, 2005

Abb. 23: Krank und seine ‚hochmodernen' Apparaturen. *La cité des enfants perdus*. F 1995. Regie: Jean-Pierre Jeunet und Marc Caro
Quelle: http://www.toutlecine.com/images/film/0005/00050901-la-cite-des-enfants-perdus.html

Bio-bibliografische Notiz

Zu den Autorinnen und Autoren des Bandes

ANDREAS BÖHN, Prof. Dr., Jahrgang 1963, lehrt Literaturwissenschaft/Medien an der Fakultät für Geistes- und Sozialwissenschaften, KIT, Institut für Literaturwissenschaft, KIT-Campus Süd, Postfach 6980, 76049 Karlsruhe. Andreas.Boehn@KIT.edu. Arbeits- und Forschungsgebiete: Intertextualität und Intermedialität; Metareferenz in Literatur, Film und anderen Medien und Künsten; Erinnerung und Medialität; Komik und Normativität; Technik und Kultur. Neuere Veröffentlichungen: *Mediengeschichte. Eine Einführung* (mit Andreas Seidler). Tübingen: Narr 2008. *Gender and Laughter. Comic Affirmation and Subversion in Traditional and Modern Media* (hg. gemeinsam mit Gaby Pailer, Ulrich Scheck und Stefan Horlacher). Amsterdam, New York, NY: Rodopi 2009. *Techniknostalgie und Retrotechnologie* (hg. gemeinsam mit Kurt Möser). Karlsruhe: KIT Scientific Publishing 2010. *"The Resentment of One's Fellow Citizens Intensified into a Strong Sense of Community." Psychology and Misanthropy in Frosch's "Total Therapy", Flicker's "Hold-Up", and Haneke's "Caché".* In: *New Austrian Film.* Hg. von Robert von Dassanowsky und Oliver Speck. New York, NY, Oxford: Berghahn 2011, S. 242–250. *Das Sonett im World Wide Web.* In: *Sonett-Künste. Mediale Transformationen einer klassischen Gattung.* Hg. von Erika Greber und Evi Zemanek. Dozwil: Signathur 2012, S. 511–526.

DAGMAR BORCHERS, Prof. Dr., Jahrgang 1965, Institut für Philosophie der Universität Bremen, Enrique-Schmidt-Strasse 7, 28357 Bremen. borchers@uni-bremen.de. Arbeitsgebiet: Angewandte Philosophie. Zu ihren Forschungsgebieten zählen Ethik: Theorienvergleich, Kritik der modernen Tugendethik; Angewandte Ethik: insbesondere Bioethik, Tierethik, Neuroethik sowie Argumentationsstrategien in der Angewandten Ethik; Politische Philosophie: Liberalismus, Minderheitenrechte; Wissenschaftstheorie: Gütekriterien normativer und deskriptiver Theorien. Neuere Veröffentlichungen: *On Exit. Interdisciplinary Perspectives on the Right of Exit in Liberal Multicultural Societies.* Hg. mit Annamari Vitikainen. Berlin: de Gruyter 2012. *Der ethisch vertretbare Tierversuch. Kriterien und Grenzen.* Hg. mit Jörg Luy. Paderborn: Mentis 2009. *Schritt zurück im Zorn? Die Diskussion um die neue Tugendethik in der Analytischen Philosophie.* Paderborn: Mentis 2001.

OLAF BREIDBACH, Prof. Dr. Dr., Jahrgang 1957, lehrt Geschichte der Naturwissenschaften an der Universität Jena, ist Direktor des dortigen Institutes für Geschichte der Medizin, Naturwissenschaft und Technik und des Museums Ernst-Haeckel-Haus, Berggasse 7, 07745 Jena. Olaf.Breidbach@uni-jena.de. Neben der Wissenschaftsgeschichte der Moderne interessieren ihn die theoretische Biologie, die Weiterentwicklung einer experimentellen Wissenschaftsgeschichte, die Frage der Strukturierung nichtdiskursiver Praktiken und Perspektiven einer Neuronalen Ästhetik. Er ist Mitglied der Deutschen Akademie der Naturforscher Leopoldina. Die letzten drei Bücher betreffen: *Goethes Naturverständnis.* München: Fink 2011, *Radikale Historisierung. Kulturelle Selbstversicherung im Postdarwinismus.* Berlin: Suhrkamp 2011 und mit Federico Vercellone *Anschauung denken.* München: Fink 2011.

VIVIANA CHILESE, Dr., Jahrgang 1973, Università degli Studi di Ferrara, Dipartimento di Scienze Umane. Adresse (privat): Hiddenseer Straße 9, 10437 Berlin. viviana.chilese@unife.it. Arbeitsgebiete: deutsche Literatur des 20. und 21. Jahrhunderts, das Verhältnis von Literatur und Geschichtsschreibung, ökonomische Diskurse in der Literatur, das utopische und dystopische Denken in Literatur, Film und Medien. Publikationen: *Menschen im Büro: Zur Arbeitswelt in der deutschen Gegenwartsliteratur.* In: *Gedächtnis und Identität. Die deutsche Literatur nach der Vereinigung.* Hg. von Fabrizio Cambi. Würzburg: Königshausen & Neumann 2008, S. 293 – 303. *Leben im Arbeiterparadies: Arbeit und Alltag in U. Johnsons „Mutmaßungen über Jakob", B. Reimanns „Ankunft im Alltag" und W. Bräunigs „Rummelplatz".* In: *Alltag als Genre.* Hg. von Heinz-Peter Preußer und Anthonya Visser. Heidelberg: Winter 2009, S. 77 – 92. *Die Macht der Familie. Ökonomische Diskurse im Familienroman.* In: *Deutsche Familienromane. Literarische Genealogien und internationaler Kontext.* Hg. von Simone Costagli und Matteo Galli. München: Fink 2010, S. 121 – 130. *"...quer über die Gleise." Zu Uwe Johnsons „Mutmassungen über Jakob".* In: *Wendejahr 1959?* Hg. von Matthias N. Lorenz und Maurizio Pirro. Bielefeld: Aisthesis 2011, S. 131 – 144.

WOLFGANG COY, Prof. Dr., Jahrgang 1947, Institut für Informatik, Humboldt-Universität zu Berlin, Unter den Linden 6, 10099 Berlin. coy@hu-berlin.net. Arbeits- und Forschungsgebiete: Digitale Medien, Informatik im gesellschaftlichen und kulturellen Kontext. Neuere Publikationen: Hg. mit Claus Pias: *Powerpoint. Macht und Einfluss eines Präsentationsprogramms.* Frankfurt/M.: Fischer 2009. Mit Deborah Weber-Wulff, Christina Class, Constanze Kurz und David Zellhöfer: *Gewissensbisse. Ethische Probleme der Informatik.* Bielefeld: Transcript 2009. Hg. mit Peter Schirmbacher: *Informatik in der DDR.* Berlin: Humboldt-Universität 2010.

ELENA ESPOSITO, Prof. Dr., lehrt Kommunikationssoziologie am Dipartimento di Comunicazione ed Economia, Università di Modena e Reggio Emilia, viale Allegri n.15, I-42100 Reggio Emilia (Italien). elena.esposito@unimore.it. Aktuelle Forschungsschwerpunkte: soziologische Medientheorie, Gedächtnisforschung, Soziologie der Finanzmärkte. Zu den neuesten Monografien zählen: *Die Zukunft der Futures. Die Zeit des Geldes in Finanzwelt und Gesellschaft.* Heidelberg: Auer 2010 (engl. 2011), *Die Fiktion der wahrscheinlichen Realität.* Frankfurt/M.: Suhrkamp 2007, *Die Verbindlichkeit des Vorübergehenden. Paradoxien der Mode.* Frankfurt/M.: Suhrkamp 2004; Soziales Vergessen. Formen und Medien des Gedächtnisses der Gesellschaft. Frankfurt/M.: Suhrkamp 2002.

ACHIM GEISENHANSLÜKE, Prof. Dr., Jahrgang 1965, Universität Regensburg, Institut für Germanistik, Lehrstuhl für Deutsche Philologie (Neuere deutsche Literaturwissenschaft), Universitätsstraße 31, 93053 Regensburg. achim.geisenhanslueke@sprachlit.uni-regensburg.de. Seine Arbeitsgebiete sind Literaturtheorie und Europäische Literatur des 17. bis 21. Jahrhunderts. Neuere Publikationen: *Masken des Selbst. Aufrichtigkeit und Verstellung in der europäischen Literatur.* Darmstadt: Wissenschaftliche Buchgesellschaft 2006. *Das Schibboleth der Psychoanalyse. Freuds Passagen der Schrift.* Bielefeld: Transcript 2008. *Gegendiskurse. Literatur und Diskursanalyse bei Michel Foucault.* Heidelberg: Synchron 2008. *Dummheit und Witz. Poetologie des Nichtwissens.* München: Fink 2011. *Nach der Tragödie. Lyrik und Moderne bei Hegel und Hölderlin.* München: Fink 2012.

SIGRID GRAUMANN, Prof. Dr. rer. nat. Dr. phil., Jahrgang 1962, ist verantwortlich für Ethik im Fachbereich Heilpädagogik und Pflege, Evangelische Fachhochschule Rheinland-Westfalen-Lippe, Immanuel-Kant-Str. 18-20, 44803 Bochum. graumann@efh-bochum.de. Arbeits- und Forschungsgebiete: Bioethik, Ethik und Behinderung. Neuere Veröffentlichungen: *Assistierte Freiheit. Von einer Behindertenpolitik der Wohltätigkeit zu einer Politik der Menschenrechte.* Frankfurt/M.: Campus 2011. *Zulässigkeit später Schwangerschaftsabbrüche und Behandlungspflicht von zu früh und behindert geborenen Kindern – ein ethischer Widerspruch?* In: *Ethik in der Medizin* 22 (2011), Heft 2, S. 123 – 134. *Gerechtigkeit und Behinderung. Herausforderungen für ein Verständnis sozialer Gerechtigkeit, das behinderte Menschen gleichermaßen berücksichtigt.* In: *Zeitschrift für politische Theorie* 2 (2011), Heft 1, S. 23 – 40. *Anerkennung und Sorgebeziehungen.* In: *Akteur – Individuum – Subjekt: Fragen zu ‚Personalität' und ‚Sozialität'.* Hg. von Nico Lüdtke und Hironori Matsuzaki. Wiesbaden: VS 2011, S. 385 – 399. *Genforschung, genetische Diagnostik und Eugenik* sowie *Gentherapie.* Beide Einträge in: *Handbuch Angewandte Ethik.* Hg. von Ralf Stoecker. Stuttgart: Metzler 2010, S. 432 – 439.

WOLFGANG KROHN, Prof. Dr., Jahrgang 1941, Institut für Wissenschafts- und Technikforschung, Universität Bielefeld, PF 100131, 33501 Bielefeld. wolfgang.krohn@uni-bielefeld.de. Arbeits- und Forschungsgebiete: Entstehung der neuzeitlichen Wissenschaft, Wissenschafts- und Techniksoziologe, Epistemologie von Inter- und Transdisziplinarität. Neuere Veröffentlichungen: mit Matthias Bergmann, Thomas Jahn, Tobias Knobloch, Christian Pohl und Engelbert Schramm: *Methods for Transdisciplinary Research.* Frankfurt/M.: Campus 2012. *Realexperimente – Laboratorien der Gesellschaft.* In: *Philosophie in Experimenten. Versuche explorativen Denkens.* Hg. von Gerhard Gamm und Jens Kertscher. Bielefeld: Transcript 2011, S. 283 – 302. *Interdisciplinary Cases and Disciplinary Knowledge – Epistemic Challenges of Interdisciplinary Research.* In: *Oxford Handbook of Interdisciplinarity.* Hg. von Robert Frodeman, Julie Thompson Klein und Carl Mitcham. Oxford: Oxford University Press 2010, S. 31 – 49. *Francis Bacons literarische Experimente.* In: *„Es ist nun einmal zum Versuch gekommen" – Experiment und Literatur,* Bd. 1, *1580 – 1790.* Hg. von Martin Gamper, Martina Wernli und Jörg Zimmer. Göttingen: Wallstein, S. 33 – 52. *Francis Bacon* [1987]. 2. überarbeitete Aufl. München: Beck 2006.

PETER MATUSSEK, Prof., Jahrgang 1955, Lehrstuhl für Medienästhetik am Medienwissenschaftlichen Seminar, Universität Siegen – Fakultät I, Adolf-Reichwein-Straße 2, 57068 Siegen. matussek@medienaesthetik.uni-siegen.de Arbeits- und Forschungsgebiete: Historische Anthropologie medialer Praktiken, Phänomenologie der Wahrnehmung, Erinnerungstechniken als Inspirationstechniken, Human Computer Interaction, Psychohistorie. Neuere Buchveröffentlichungen: *Orientierung Kulturwissenschaft* (mit Hartmut Böhme und Lothar Müller). 3. Aufl. Reinbek: Rowohlt 2007 (korean. 2004). *Hitler – Karriere eines Wahns* (mit Paul Matussek und Jan Marbach). München: Herbig 2000 (ital. 2002, engl. 2007). *Auslassungen – Leerstellen als Movens der Kulturwissenschaft* (Hg. mit Natascha Adamowsky). Würzburg: Königshausen & Neumann 2004. *Gelebter Wahn. Prekäre Biographien aus zwei Jahrhunderten.* Würzburg: Königshausen & Neumann 2012.

DOMINIK ORTH, Dr., Jahrgang 1974, Graduiertenkolleg „Kunst und Technik", Arbeitsgruppe Humanities, Technische Universität Hamburg-Harburg, Schwarzenbergstraße 95 E, 21073 Hamburg. dominik.orth@tuhh.de. Arbeitsgebiete: Kulturwissenschaftlich ausgerichtete Literatur-, Film- und Medienwissenschaft. Neuere Publikationen: Mit-Herausgeber von *Rabbit Eye – Zeitschrift für Filmforschung.* www.rabbiteye.de (seit 2010). *Nach-Wende-Narrationen. Das wiedervereinigte Deutschland im Spiegel von Literatur und Film.* Hg. von Gerhard Jens Lüdeker und Dominik Orth. Göttingen: V & R Unipress 2010. *Narrative Wirklichkeiten. Eine Typologie pluraler Realitäten in Literatur und Film.* Marburg: Schüren 2013 (im Erscheinen).

HEINZ-PETER PREUSSER, Dr., Jahrgang 1962, Akademischer Rat, Fachbereich 10, Sprach- und Literaturwissenschaften der Universität Bremen, Postfach 330440, 28334 Bremen. preusser@uni-bremen.de. Arbeitsgebiete: Neuere und neueste Literatur, Ästhetik, Medien-, insbesondere Filmwissenschaft. Neuere Publikationen als Hg.: *Amazonen. Kriegerische Frauen* (mit Udo Franke-Penski). Würzburg: Königshausen & Neumann 2010. *Pandora. Zur mythischen Genealogie der Frau. Pandore et la généalogie mythique de la femme* (mit Françoise Rétif und Juliane Rytz). Heidelberg: Winter 2012. *Literatur inter- und transmedial – Inter- and Transmedial Literature* (mit David Bathrick). Amsterdam, New York, NY: Rodopi 2012. Seit 2006 erscheint regelmäßig das *Jahrbuch Literatur und Politik*, Heidelberg: Winter, zuletzt 2011 hg. mit Alexandra Pontzen der Band 6, *Alternde Avantgarden*. Es folgen demnächst die Monografien *Transmediale Texturen. Lektüren zum Film und angrenzenden Künsten*. Marburg: Schüren 2013 sowie *Pathische Ästhetik. Ludwig Klages und die Urgeschichte der Postmoderne*. Heidelberg: Winter 2013.

ANDRÉ STEINER, Dr., Jahrgang 1961, Mitglied des Instituts für kulturwissenschaftliche Deutschlandstudien (IfkuD) und Lehrbeauftragter im Studiengang Germanistik am Fachbereich 10: Sprach- und Literaturwissenschaften der Universität Bremen, Postfach 330440, 28334 Bremen. steiner@uni-bremen.de. Arbeits- und Forschungsgebiete: Erzähltheorie, interkulturelle Literatur, Philosophie des Kinos, Erforschung der Beziehungen zwischen Autoridentität und literarischem Text. Neuere Veröffentlichungen: *Wolfgang Hilbig – ein Schriftsteller des Samizdat?* In: *Monatshefte für deutschsprachige Literatur und Kultur* 103 (2011), Heft 4, S. 559 – 574. *Komplexität im Film. Multiperspektivisches Erzählen bei Alejandro G. Iñárritu und Pete Travis*. Online in: *Rabbit Eye – Zeitschrift für Filmforschung* 3 (2011). *Von „Kanak Sprak" zu „Zwölf Gramm Glück" – Feridun Zaimoglus Frühwerk als Beispiel eines literarischen Neomanierismus*. In: *Zeitschrift für interkulturelle Germanistik* 3 (2012), Heft 1, S. 99 – 116.

HERIBERT TOMMEK, Dr., Jahrgang 1971, Akademischer Rat an der Universität Regensburg, Universitätsstraße 31, 93053 Regensburg. Heribert.Tommek@sprachlit.uni-regensburg.de. Forschungsgebiete: Gegenwartsliteratur, Literatursoziologie, Literatur um 1800. Neuere Veröffentlichungen: *„Ihr seid ein Volk von Sachsen". Zu Bert Papenfuß' „Arke"-Dichtung vom Prenzlauer Berg*. In: *Literatur und Anarchie. Das Streben nach Herrschaftsfreiheit in der europäischen Literatur vom 19. bis ins 21. Jahrhundert*. Hg. von Rainer Barbey und Heribert Tommek. Heidelberg: Synchron 2012, S. 187 – 208. *Zur Entwicklung nobilitierter Autorpositionen am Beispiel von Raoul Schrott, Durs Grünbein und Uwe Tellkamp*. In: *Transformationen des literarischen Feldes in der Gegenwart. Sozialstruktur – Diskurse – Medien-Ökonomien – Autorpositionen*. Hg. von Klaus-Michael Bogdal und Heribert Tommek. Heidelberg: Synchron 2012, S. 303 – 327. *Il lungo viaggio verso la letteratura contemporanea. Trasformazioni del campo letterario tedesco dagli anni '60 a oggi* [Der lange Weg in die Gegenwartsliteratur. Transformationen des literarischen Feldes seit den 60er Jahren; eingeleitet und übersetzt von Michele Sisto]. In: *Allegoria* 62 (2010), S. 29 – 56. *Das bürgerliche Erbe der DDR-Literatur. Eine Skizze*. In: *Weimarer Beiträge* 56 (2010), Heft 4, S. 544 – 563.

NIELS WERBER, Prof. Dr., Jahrgang 1965, Germanistisches Seminar, Philosophische Fakultät, Universität Siegen, Raum AR-K 301, Adolf-Reichwein-Str. 2, 57074 Siegen. werber@germanistik.uni-siegen.de. Arbeits- und Forschungsschwerpunkte: Geopolitik der Literatur. Medien und Selbstbeschreibungen der Gesellschaft. Soziale Insekten. Neuere Veröffentlichungen: *Ameisengesellschaften. Eine Faszinationsgeschichte*. Frankfurt/M.: Fischer 2012. *Systemtheoretische Literaturwissenschaft, Begriffe – Methoden – Anwendungen*. Berlin: de Gruyter 2011. Als Hg.: *Niklas Luhmann: Schriften zu Literatur und Kunst*. Frankfurt/M.: Suhrkamp 2008. *Jüngers Bienen*. In: *Deutsche Zeitschrift für Philologie* 153 (2011), Heft 2, S. 245 – 260. *Ameisen und Aliens: Zur Wissensgeschichte von Soziologie und Entomologie*. In: *Berichte zur Wissenschaftsgeschichte* 34 (2011), Heft 3, S. 242 – 263.

Personenregister

Berücksichtigt wurden nur Personen im Haupttext und die wichtigsten Verweise in den Fußnoten: Autor vor Herausgeber, Regisseur vor Stab etc. Nennungen allein in den Anmerkungen erscheinen *kursiv*.

Abrams, Jerold J. *153*
Adamowsky, Natascha *114*
Addams, Jane 33
Adorno, Theodor W[iesengrund] [eigtl. Theodor Ludwig Wiesengrund] 23, 95 f., 99 f., 102, 138 f., 152
Aelianus, Claudius 51
Agamben, Giorgio 101, 103, *104*, 107
Agar, Nicholas 202
Aldridge, Alexandra 14
Alembert, Jean-Baptiste Le Rond d' 41
Alpers, Hans Joachim *76*
Ammann, Andreas 28
Anders, Günther [eigtl. Günther Stern] 114
Anderson, Chris *66*
Anderson, Michael *17*
Anderson, Paul W[illiam] S[cott] *174*
Anderson, Thomas 251
Anderson, W[illiam] French *198*
Andreae, Johann Valentin 12 f.
Antinori, Severino 201
Arendt, Hannah 35 f., *104*
Arens, Peter 19
Aristoteles 35, 43, 47, *148*
Artaud, Antonin 104
Asimov, Isaac 75, *76*, 81, *179*
Assange, Julian 188 f.
Assmann, Aleida *78*
Assmann, Jan 140
Atwood, Magret [Elanor] *156*, 163
Augustus [urspr. Gaius Octavius] 145
Auster, Paul 223
Aversa, Francesco Valerio 28

Bacon, Francis 9, *10*, *12*, 21, 31, 34, 37–44, 128, *160*
Baczko, Bronisław *66*
Bailey, Elizabeth Tova 217
Bainbridge, William Sims *181*

Bakaitis, Helmut 252
Bann, Stephan *9*
Baroin, François *186*
Bartels, Adolf *96*
Barthes, Roland 98, *238*
Baudrillard, Jean 23, 95, *170*
Bay, Michael 17–19, *156*
Bayertz, Kurt 41, *196*, *201*
Beck, Ulrich 224 f., 227
Beckett, Samuel [Barclay] 133, 139
Bellucci, Monica 252
Benjamin, Walter [eigtl. Benedix Schönflies] 21, 23, 93, 108, *134*
Berghahn, Klaus L. *13*
Besson, Luc 169
Bieri, Peter 244, *245*, 247
Bigelow, Kathrin 171 f.
Bijker, Wiebe E. *44*
Blackbourn, David *77*
Blomkamp, Neill *157*
Boccolini, Raffaella *9*
Bogdal, Klaus-Michael *104*
Böhler, Christine *143*
Böhler, Michael *143*
Böhn, Andreas 23
Böll, Heinrich 27, *109*, 226, 229 f., 232
Boltanski, Luc *190*
Bolz, Norbert 142
Bonabeau, Eric 49, *50 f.*, 59
Bopp, Matthias 121
Borchers, Dagmar *18*, *26*, *215*
Borges, Jorge Luis 143, 231, 250 f.
Böttiger, Helmut *108*
Boyle, Danny *18*, 25, 155 f., 173 f.
Boysen, Mathias *199*
Bradbury, Ray [Douglas] *170*, 223, 228, 237
Brady, Seán G. *55*
Brain, Robert M. *87*
Breidbach, Olaf 22, *76*, *79*, 86–88, *90*

Brisson, Luc *64*
Brock, Dan 202, *203*, 205
Bronner, Edwin B. *33*
Brunner, John 128
Buchanan, Allen 202, *203 f.*, 205
Bukatman, Scott *239*
Bürger, Peter *238*
Burgess, Anthony [eigtl. John Anthony Burgess Wilson] *171*, 223
Burton, Tim [Timothy] 157, *169*
Bush, Vannevar 113
Butler, Samuel 130

Cabet, Étienne 13
Cambiano, Giuseppe *64*, *66*
Cameron, James *18*, 24, 113, 119, 121 f., *125*, 151, *154*, *166*
Campanella, Tommaso [eigtl. Giovanni Domenico Campanella] 12 f., *160*
Campbell, Donald 34
Cannon, Danny *167*
Čapek, Karel 128
Caro, Marc *163*, 169
Cartwright, Nancy *39*
Cassirer, Ernst *44*, 136 f.
Chan, Gordon *171*
Chiapello, Ève *190*
Chilese, Viviana 25, 28
Cicero, Marcus Tullius *144*
Clarke, Arthur C[harles] 81
Clarke, David *94*, *105*
Clinton, William Jefferson [eigtl. William Jefferson Blyth] 181
Coenen, Christoper *46*, *180 – 183*, *185*
Cohen, Robert Stanley *87*
Colombo, Arrigo *184*
Colpe, Carsten *148*
Comte, [Isidore Marie] Auguste [Francois Xavier] 41
Costner, Kevin *154*
Cournot, Antoine Augustin *133*
Coy, Wolfgang 24, *134*
Crichton, [John] Michael 18, 22, 49, 52 – 59, 61 f., 83, 129
Crick, Francis [Harry Compton] 206
Cronenberg, David 172, 235, 243, 247 f.
Crosthwaite, Paul 56, *57*
Cubitt, Sean *169*

Dadoun, Roger *153*
Daele, Wolfgang van den 35, *39*
Daniels, Norman 202, *203*, 204 f.
Dannemann, Karen *95*, *109*
Dante Alighieri *180*
Darwin, Charles [Robert] 61, 88, 145, 181, *183*, 185, 192, 194,
Dath, Dietmar 192, *193*, 194
Dawkins, Marian *211*
Dawley, J[ames] Searle *195*
Dean, Wendy *206*
Dennett, Daniel [Clement] 244, *245*
Derrida, Jacques 62
Descartes, René *217*, 240
Desny, Ivan [eigtl. Ivan Desnitzky] *248*
Dewey, John 33, *170*
Dick, Philip K[indred] *154*, 164
Dickel, Sascha *7*, *11*, *180*
Dicson, Alexander 148
Diderot, Denis 41
Dinter, Annegret *147*
Döblin, Alfred 139, 223
Dodds, Eric Robertson 143, *144*
Domasch, Silke *199*
Dorigo, Marco 49, *50*, 59
Dostojewskij, Fjodor Michailowitsch 104
Drux, Rudolf *179*
Dürig, Sven *32*
Duvall, Robert *238*

Eberhart, Russel C. 49, *50*
Eckermann, Johann Peter 146, *147*
Eckstein, Friedrich *44*
Eisner, Lotte [Henriette] *154*
Eliade, Mircea *119*, *144*
Elias, Norbert 11, 13
Emmerich, Roland *157*
Emmerich, Wolfgang *154*
Engler, Jürgen *134*
Enzensberger, Hans Magnus *97*, 139
Erler, Rainer 18
Erzgräber, Willi *160*, *184*
Esposito, Elena 22, *66*, *71*
Esselborn, Hans *7*, *11*, 13, *14*, *160*

Falconet, Étienne-Maurice 148
Fassbinder, Rainer Werner *170*, 235
Faulmann, Carl *252*

Feng, Peter X *171*
Ferrari, Ariana *46*, *215*
Fest, Joachim 9, 225
Fincher, David *18*, *166*
Fishburne, Lawrence 251
Fleischer, Richard *17*, *167*
Flores, Francisco *63*
Fluck, Winfried *125*
Flusser, Vilém 23, 95
Ford, Harrison 184, 239
Forster, Edward Morgan 160
Foucault, Michel 23, 87, 94, 96, 98, 101 – 103, 223, 225 f., 228, 231 f., *237*
Fourier, Charles 13
Fraunholz, Uwe *10*
Frenssen, Gustav *96*
Fresnadillo, Juan Carlos *155*
Freyer, Hans 45
Frisby, David *137*
Fukuyama, Francis 9, 133, 137
Fülöp Miller, Rene [eigtl. Philipp Müller] 44
Funk, Wolfgang 250

Galilei, Galileo 34
Galli, Matteo 28
Gamper, Michael *32*, *40*
Garber, Klaus *162*
Gaycken, Sandro *7*, *11*, *180*
Gehlen, Arnold 25, 45, 133, 136 f., 152, *157*, *169*, 177 f., 181
Geimer, Peter *32*
Geisenhanslüke, Achim *19*, 27
Genette, Gérard *122*
Gericke, Corina 217
Gershenfeld, Neil 114
Gervinus, Georg Gottfried 133
Geyer, Christian *226*, *233*, *254*
Geyrhalter, Nikolaus *220*
Gibson, William [Ford] 82, *83*, 128 f., 235, 242 f., 245 – 248
Giedion, Siegfried *151*, 152
Gilliam, Terry 156, 162, *169*
Glavinic, Thomas 254 f.
Gnüg, Hiltrud 13
Godard, Jean-Luc 156, *158*, 170
Goethe, Johann Wolfgang von 145 – 147
Goldmann, Stefan *49*, *144*

Gordin, Michael D. *14*, *160*, 168
Graumann, Sigrid *19*, 26, *165*, *198*, *200*, *202*
Green, Kelly *206*
Greiffenhagen, Martin *152*
Griese, Friedrich *96*
Griffin, Donald *211*
Grimm, Erk 94, *95 f.*
Gröger, David Marcel 28
Gross, Matthias *33*
Guinard, Dominique *114*
Gurney, James *83*
Gymnich, Marion *125*

Haarmann, Harald *252*
Habermas, Jürgen 202, 205, 233, *241*, *247*
Hacking, Ian 88
Hahn, Alois *178*
Handyside, Alan H. *199*
Hanenberger, Nina *160*
Hannah, Darryl 239
Hänseroth, Thomas *10*
Harbou, Thea von 153
Hardt, Michael 59 – 62
Hardy, Kate *199*
Hare, Richard M[ervyn] 219, *220*
Harris, John 202
Harrison, Mark *114*
Hartmann, Bernd *121*
Haskin, Byron 157
Hassan, Ihab *179*
Hauer, Rutger 239
Haufschild, Thomas *160*
Havelock, Eric A. *140*
Heering, Peter *86*, *90*
Hegel, Georg Wilhelm Friedrich 44, 133
Heidegger, Martin 23, 40, 101 f., 146, 158, *159*
Heine, Heinrich [eigtl. Harry] 133
Heisenberg, Werner [Karl] 45
Hensel, Jana *143*
Hensel, Thomas *170*
Herbst, Alban Nikolai 235, 246 – 248
Hertzka, Theodor 13
Herzinger, Richard *96*
Herzog, Hal [eigtl. Harold] *209*, *212*, *215*, 216, *217*

Hettche, Thomas 143
Highfield, Roger 50, 201
Hilbig, Wolfgang 241 f., 248 f., 250, 251, 255
Hill, James 212
Hillegas, Marc R. 11, 159, 161
Hinton, Geoffrey E. 235
Hirsch, Hartmut 13 f.
Hobbes, Thomas 104
Hoerster, Norbert 218
Hofstadter, Douglas R[ichard] 249 f.
Holbrook, M[orris] B. 209
Hölderlin, [Johann Christian] Friedrich 101
Hölldobler, Bert 50, 54, 55
Holzhausen, Jens 148
Horaz [eigtl. Quintus Horatius Flaccus] 50
Hörisch, Jochen 143
Horkheimer, Max 95, 99, 152
Houellebecq, Michel 146
Hoven, Adrian 248
Hubbard, Ruth 197
Hucho, Ferdinand 199
Hudson, Richard L. 72
Hughes, Thomas P. 44
Huntemann, Georg 13
Husserl, Edmund 64, 65
Huxley, Aldous [Leonard] 8, 13, 16, 47, 160, 165, 184, 185, 186, 226, 234, 236, 246, 248
Huxley, Sir Julian [Sorrell] 47, 184, 196

Idensen, Heiko 143
Irrgang, Bernhard 180
Ishiguro, Kazuo 190

Jameson, Fredric 163, 167, 168
Jefferson, Thomas 33,
Jeunet, Jean-Pierre 18, 163, 166, 169
Jirgl, Reinhhard 23, 93 – 103, 105 – 109
Jobs, Steve [eigtl. Steven Paul] 188
Johannes der Evangelist 155, 168
Johnston, John 56, 59
Joy, Bill 183
Joyce, James [Augustine Aloysius] 139
Jünger, Ernst 48, 96
Jünger, Friedrich Georg 152

Kachel, Jörg C. 167
Kafka, Franz 104, 162
Kammler, Clemens 102, 105
Kant, Immanuel 32 – 34, 135
Kastenhofer, Karin 46
Kautsky, Karl 129
Kelly, Kevin 49
Kennedy, James 49, 50 f., 60
Kerr, Philip 24, 113, 115
Kersken, Uwe 19
Kessler, Eckard 36
Kiefer, Bernd 158
Kilb, Andreas 153
Kim, Randall Duc 252
Kirsner, Inge 173
Kittler, Friedrich 25, 141 f.
Klages, Ludwig 152
Klee, Paul 21
Kleist, Heinrich von 25, 149 f.
Kleomenes 147
Kluge, Friedrich 157 f.
Knight, Debora 167
Knobloch, Tobias 7, 11, 180
Knudsen, Ole 87
Kolbenheyer, Erwin Guido 96
Kollek, Regine 197, 199
Konersmann, Ralf 87, 136
Kontogianni, Elena H. 199
Kordon, Arthur 57
Körner, Jürgen 210
Koselleck, Reinhart 223 f.
Kracauer, Siegfried 153
Kracht, Christian 191
Kraft, Werner 138
Krah, Hans 168, 169
Krämer, Hans 195
Krämer, Lucia 251
Kraus, Karl 25, 133, 137 – 139
Krause, Marcus 32
Kristeller, Paul O. 36
Krohn, Wolfgang 10, 21, 32 f., 35, 37 – 41, 43, 64
Kroll, Jürgen 196
Kropotkin, Pjotr Alexejewitsch Fürst 48
Krüger, Oliver 179 f.
Krüger, Peter 233 f., 241, 247
Kubin, Alfred 223
Kubrick, Stanley 19, 156, 159, 171, 174

Kühle, Jürgen C. *85*
Kumar, Krishan *9*, *11*, *159 f.*
Kümmel, Albert *141 f.*
Kurzweil, Raymond 181
Küstenmacher, Werner *20*

Lämmert, Eberhard 134
Lang, Fritz *15*, 153
Langbehn, August Julius *96*
Latour, Bruno *77*
Law, Jude 243
Lawrence, Francis *156*
Lawrence, Matt *252*
Leder, Mimi *156*
Lederberg, Joshua 196
Leibniz, Gottfried Wilhelm *9*, 88, *161*
Leigh, Jennifer Jason 243
Leinkauf, Thomas *88*
Lem, Stanisław 81 f., 128, 173
Lemke, Thomas *197*, *232*
Lepenies, Wolf *145*
Lessing, Gotthold Ephraim *138*, 149
Lethen, Helmut *169*
Leverkühn, Adrian 138
Levinson, Barry *174*
Libeskind, Daniel *106*
Libet, Benjamin 233, 254
Libman, Leslie *165*
Lilienthal, Otto *100*
Lippe, Wolfram-Manfred *235*
Lobsien, Verena Olejniczak *17*, *134*, *168*
Locke, John *33*
Löwitsch, Klaus *248*
Lublinski, Jan *84*
Lucas, George *17*, *154*, 155, *195*, 234, 237
Luck, Georg *143*
Luckner, Andreas *159*
Lugowski, Clemens 118
Luhmann, Niklas 64 f., *66 – 68*, *70*, *72 f.*, 223 f., 226
Lyotard, Jean-François *238*
Lysias 140

MacKenzie, Donald *71*
Madeła, Andrzej *96*, *98*
Malek-Mahdavi, Judith *181*
Mandelbrot, Benoît B. 71, 72
Mann, Thomas 25, 138 f.

Manthey, Dirk *154*
March, James G. *70*
Marquand, Richard *154*
Marquardt, Ulf *19 – 21*
Marschall, Susanne *162*
Martínez, Matías *249*
Marx, Karl 22, 44, *61*, 75, *129*
Masaccio [eigtl. Tommaso di Giovanni di Simone Guidi] 148
Mattern, Friedemann *114*
Maturana Romesín, Humberto *187*
Matussek, Peter 24, *137*, *139*, *142 f.*, 145
Matz, Wolfgang *107*
Mayer, Hans 138
McG [eigtl. Joseph McGinty Nichol] *125*, *154*
McKibben, Bill *45*
McKnight, George *167*
McLuhan, [Herbert] Marshall 25, 42, 134, 141
McOmie, Maggie 238
McTeigue, James *165*
Menichinelli, Massimo *130*
Menzies, William Cameron *17*, *153*
Mercier, Louis-Sébastien 10
Merkel, Angela 23
Merton, Robert King *74*
Mettrie, Julien Offray de La 149 f.
Metzinger, Thomas *242*, 255 f.
Meyer, Stephan *10 f.*, *13*, 14, *121*, *159 f.*
Meyer-Abich, Klaus Michael 36
Milburn, Colin *46*, 56, *57*
Mill, John Stewart 160
Miller, George *154*
Minghella, Anthony *165*
Mohr, Dunja M. *156*
Monaco, James *158 f.*
Moog-Grünewald, Maria *17*, *134*, *168*
Morus, Thomas [eigtl. More] 8, *11*, 12 f., *17*, 22, 75, 128 f., 159 f., *184*
Morgan, Hugh 206
Morrison, Jim [eigtl. James Douglas Morrison] *186 f.*
Mosebach, Martin 48
Moss, Carrie-Anne 251
Mostow, Jonathan *125*, *154*
Moylan, Tom *9*, *160 f.*
Müller, Heiner 96, 133
Müller, Lothar *137*

Müller, Matthias 86, *90*
Müller-Röber, Bernd *199*
Mumford, Lewis 151
Murphy, Geoff 155
Muzzioli, Francesco 11

Nagel, Thomas 210
Negley, Glenn Robert 14
Negri, Antonio 59–62
Neitzel, Britta 121, 126
Niccol, Andrew 19, *165*, *195*
Niekisch, Ernst 96
Nietzsche, Friedrich [Wilhelm] 25, 100, 102, 104, 177, *191*
Nohr, Rolf F. 121, 126
Nordmann, Alfred 182
Nöske, Thomas 170
Nowak, Martin A. 50
Nünning, Ansgar 125, *238*

Ogilvie, George 154
Olsberg, Karl 19–21
Olsen, Johan P. 70
Orth, Dominik 24, *121*, *171*
Orwell, George [eigtl. Eric Arthur Blair] 8, 13, *14*, 16, 128, 161, 163, *170*, *184*, 185, 189, *190*, 223, 228, 234, 236 f., *239*, 246
Ovid [eigtl. Publius Ovidius Naso] 25, 144 f., 147

Pal, George 161
Panofsky, Erwin 35
Park, Robert. E. 34
Parmenides von Elea 66
Patrick, J. Max 14, 160
Penley, Constance 153, *164*, 167
Penn, William 33
Perkins, William 148
Perler, Dominik 211
Pethe, Nicolas 32
Pico della Mirandola, Giovanni 36
Pieper, Annemarie 211 f., 219 f.
Pinch, Trevor J. 44
Pinter, Harold 163
Pisano, Niccolò 148
Plasger, Georg 17, *134*, *168*
Platon 12, 25, 35, 37, *64*, 66, 75, 129, 139–142, 148

Plessner, Helmuth 25, 168, 178 f.
Plinius der Ältere [eigtl. Gaius Plinius Secundus] 51
Poltermann, Andreas 202
Pontormo, Jacopo da [eigtl. Jacopo Carrucci] 148 f.
Pontzen, Alexandra 28, *147*
Pörksen, Uwe 145
Post, Ted 169
Prakash, Gyan 14, *160*, *167 f.*
Preußer, Heinz-Peter 17 f., 25, *96*, *134*, *147*, *154*, *166*, *168*
Prinz, Wolfgang 233
Proyas, Alex 167, *172*
Pusch, Harald 76
Putnam, Hilary 245

Quintilian [eigtl. Marcus Fabius Quintilianus] 144

Raab, Kurt 249
Rabben, Mascha 249
Radford, Michael 17, *124*, *161*
Raimi, Sam 167
Ransmayr, Christoph 25, 145
Raulet, Gérard 21
Rauscher, Andreas 154
Rawls, John 203 f.
Rebonato, Riccardo 71
Reeves, Keanu 171, 251
Regan, Tom 214, *218*, 221
Reik, Wolf 206
Reinfeldt, Sebastian 96
Reynolds, Kevin 154
Rheingold, Howard 59, 62
Rheinz, Hanna 212
Rieger, Frank 128 f., *131*
Riepl, Wolfgang 134
Rimbaud, [Jean Nicolas] Arthur 61
Ritter, Henning 151
Ritter, Johann Wilhelm 87
Roco, Mihail C. 181
Romanek, Mark 190, *195*
Rosa, Hartmut 76
Rösch, Erich 144
Rossi, Paolo 88
Roth, Gerhard 233, 241, *242*, 244, 247 f., 255
Rousseau, Jean-Jacques 150, 185

Ruby, Claudia *19 – 21*
Ruddiman, William F. *79*
Rüdenauer, Ulrich *189*
Runtenberg, Christa *201*
Rusnak, Josef *170*

Saage, Richard *8*, *10*, 11 – 13, 123, 183 f., *186*, *190*
Sakaguchi, Hironobu *169*
Saldanha, Carlos *167*
Salutati, Coluccio 35 f.
Samerski, Silja *197*
Samjatin, Jewgeni [Iwanowitsch] 8, 13, 128, 160, 185
Sandel, Michael 202, 205
Santos, Fátima *206*
Sapir, Esteban *162*
Sarasin, Philipp *228*
Sarte, Jean-Paul *147*, 164
Schaffner, Franklin J. *169*
Schanze, Jens *181*
Schätzing, Frank 24, 113, 116, 118 f.
Scheffel, Michael *249*
Schiller, [Johann Christoph] Friedrich von 230, 232
Schipper, Bernd Ulrich *17*, *134*, *168*
Schirrmacher, Frank 181, *183*
Schlink, Bernhard *105*
Schlöndorff, Volker *18*, 156, 163
Schmidgen, Henning *32*
Schmidt, Jan C. *46*
Schmitz, Helmut 28
Schmitz, Hermann *210*
Schnädelbach, Herbert *135*
Schulte Herbrüggen, Hubertus *11*, 13, 14
Schulz, Martin 28
Schumpeter, Joseph [Alois] *131*
Schütt, Hans Peter *211*
Schwarz, Richard *96*
Schwarz, Stephanie *164*
Schwonke, Martin *10*, 13
Scott, Ridley *18*, *154*, *166*, 234, 239
Seeber, Hans Ulrich 13
Seeßlen, Georg *251*
Seneca, Lucius Annaeus, der Jüngere 93
Serpell, James *210*
Serres, Michel *48*, *88*
Sezgin, Hilal *217*

Sforza, Ludovico, gen. il Moro [der Dunkle, der Mohr] 36, *37*
Shannon, Claude [Elwood] 141
Shapiro, Andrew L. *68*
Shelley, Mary *195*
Sicker, Tina *161*
Simmel, Georg 136 f.
Simonides 144
Singer, Peter [Albert David] 213 f., 221
Singer, Wolf *233 f.*, *242*, 247, 254
Sitter-Liver, Beat 221 f.
Skopas von Paros 144
Sloterdijk, Peter *98*, 146
Sobchack, Vivian 164
Soderbergh, Steven [Andrew] 173
Sokrates 140
Sommer, Roy *125*
Sophokles *226*, 229, 232
Soros, George [eigtl. György] 72
Spengler, Oswald 23, 96 f., 103, 133, 136
Sperry, Roger Wolcott *187*
Spielberg, Steven *18*, *157*, 164 f.
Stein, Benjamin 186 f., *189*, 190
Steiner, André 27, *158*
Steltemeier, Rolf *7*, *11*, *180*, *183*
Sterling, Bruce 129
Strasser, Otto *96*
Strohman, Richard *206*
Suarez, Daniel 24, 127 – 132
Suter, Beat *143*
Suvin, Darko *9*, *160*
Swift, Jonathan 41

Tabbert, Thomas T. *242*, 243, *244*, 245
Talalay, Rachel *154*
Tarkowskij, Andrej 156, 169, 173 f.
Taylor, Don *169*
Telotte, J[ay] P. *153*, *155*, *166*
Teuber, Sven *143*
Théraulaz, Guy 49, *50*, 59
Thompson, J[ohn] Lee *169*
Thoreau, Henry David 130
Tilley, Helen *14*, *160*, *167 f.*
Tolstoi, Alexandra 44
Tolstoi, Lew Nikolajewitsch Graf 44
Tommek, Heribert 23
Tornitore, Tonino *12*
Trianni, Vito *51*

Trier, Lars von [eigtl. Lars Trier] 174
Trifa, Vlad *114*
Trimbuch, Sonja *19*
Trojanow, Ilja 16, *182*
Truffaut, François 162, 170
Trumbull, Douglas *170*
Tugendhat, Ernst *240*
Tykwer, Tom *17*

Vergil [eigtl. Publius Vergilius Maro] 144
Verhoeven, Paul *18*, *167*, 171 f.
Vernant, Jean-Pierre *64*
Verne, Jules 223
Vinci, Leonardo da 36, *37*
Vint, Sherryl *168*
Virilio, Paul 141
Visser, Anthonya 28
Vogl, Joseph 224
Voltaire [eigtl. François Marie Arouet] 9, 41, *161*
Vondung, Klaus *134*, *168*
Vosgerau, Karl-Heinz 249
Voßkamp, Wilhelm *11*

Wachowski, Andy [eigtl. Andrew] *17*, *19*, *83*, *125*, *155*, 171, 235, *252 f.*
Wachowski, Larry [eigtl. Laurence, seit 2012 Lana] *17*, *19*, *83*, *125*, *155*, 171, 235, *252 f.*
Wald, Elijah *197*
Walsh, Chad *11*
Wanning, Berbeli 117 f.
Warren, Mary Anne 218, *219*, 221
Washington, George 33
Watt, James 186
Weber, Heiko *86*, *90*
Weber, Joseph 87
Weber, Marianne *45*
Weber, Max 21, 32, 44, *45*, 101
Weber, Thomas *168*, *171*, 172
Wedge, Chris *167*
Weick, Karl E. *70*
Weiner, Charles *196 f.*
Weingart, Peter *64*, *196 f.*
Weizman, Eyal *52*
Welles, Orson *157*

Wells, H[erbert] G[eorge] 10, *11*, 121 f., 124, 153, *157*, 159, 161, 182, *184*, 223
Wells, Simon *161*
Welzer, Harald *105*
Werber, Niels 22
Wernli, Martina *32*
Weyth, Florian Felix *182*
Weß, Ludger *196*
Whale, James *167*, *195*
Wheeler, William Morton 59
White, Tony *51*
Wikler, Daniel 202, *203*, 205
Wilcox, Fred M. *212*
Wild, Markus *211*
Wilde, Erik *114*
Williams, Larry *165*
Wilmut, Ian *201*
Wilson, Edward Osborne 50, *54*
Wilson, Lambert *252*
Winde, Arne De *94*, *102*
Winkler, Hartmut *141*
Winner, Langdon 45
Winograd, Terry *63*
Winston, Robert M. L. *199*
Wolf, Christa 159
Wolf, Ulrich *206*
Wolfschlag, Claus M. *165*, *169*
Woschech, Anke *10*

Yates, Frances Amalia *148*
Yoo Hyun-Joo *143*
Young, Sean *239*
Yuen Wo Ping *171*

Zavos, Panayiotis *201*
Zeh, Juli 16, *19*, 27, *182*, 185, 223, 226–230, 232
Zeißler, Elena *14*, *184*, *192*, *236*, *255*
Zilsel, Edgar *35*, 36, *37*
Zimmer, Jörg *32*
Zirnstein, Chloé *153*, *167*
Zuckerberg, Mark 188
Zyber, Erik *7*